Der Weg nach Rom

Europäische Hochschulschriften

Publications Universitaires Européennes
European University Studies

Reihe II
Rechtswissenschaft

Série II Series II
Droit
Law

Bd./Vol. 3902

PETER LANG
Frankfurt am Main · Berlin · Bern · Bruxelles · New York · Oxford · Wien

Gregor Kemper

Der Weg nach Rom

Die Entwicklung völkerrechtlicher Strafgerichtsbarkeit und die Errichtung des Ständigen Internationalen Strafgerichtshofs

PETER LANG
Europäischer Verlag der Wissenschaften

Bibliografische Information Der Deutschen Bibliothek
Die Deutsche Bibliothek verzeichnet diese Publikation in der Deutschen Nationalbibliografie; detaillierte bibliografische Daten sind im Internet über <http://dnb.ddb.de> abrufbar.

ISSN 0531-7312
ISBN 3-631-52189-8

www.peterlang.de

Vorwort

Die vorliegende Arbeit hat zum Wintersemester 2002/2003 der Juristischen Fakultät der Europa-Universität Viadrina Frankfurt (Oder) als Dissertation vorgelegen.

Mein besonderer Dank gilt Herrn Professor Dr. Theodor Schweisfurth, nicht zuletzt auch für den Freiraum, den er mir bei der Auswahl des Themas und beim Verfassen der Arbeit gewährte. Herrn Professor Dr. Gerhard Wolf danke ich für die Erstellung des Zweitgutachtens.

Schließlich möchte ich für die umfassende Unterstützung meinen Eltern danken, denen ich diese Arbeit widme.

Köln, im Dezember 2003 Gregor Kemper

Inhaltsverzeichnis

Einleitung

Ziel der vorliegenden Abhandlung ist es, den Weg zum Ständigen Internationalen Strafgerichtshof nachzuzeichnen, dessen Gründung im Juli 1998 auf einer von den Vereinten Nationen einberufenen Staatenkonferenz in Rom beschlossen wurde. Dabei liegt der Schwerpunkt primär in der rechtshistorischen Darstellung. Aus Gründen der Übersichtlichkeit können ausführliche Bewertungen nur vereinzelt vorgenommen werden.

Die Abhandlung beginnt mit dem Verfahren gegen den Landvogt Peter von Hagenbach im Jahre 1474 in Breisach, das insbesondere aufgrund der Zusammensetzung des Richtergremiums als das erste internationale Strafverfahren überhaupt bezeichnet werden kann.
Den ersten konkreten theoretischen Ansatz bildet der Statutentwurf des Genfers Gustave Moynier aus dem Jahre 1872. Unter dem Eindruck der im Deutsch-Französischen Krieg von 1870/71 begangenen Kriegsverbrechen entwarf Moynier ein zehn Artikel umfassendes Statut zur Gründung eines Internationalen Strafgerichtshofs mit dem Ziel, die Bestimmungen der Genfer Konvention aus dem Jahre 1864 wirksam durchsetzen zu können. Der Statutentwurf Moyniers geriet jedoch nach kurzer Diskussion für lange Zeit in Vergessenheit. Es bedurfte erst weiterer leidvoller Erfahrungen mit Völkerrechtsverstößen während des Ersten Weltkrieges, bis der Gedanke an eine internationale Strafgerichtsbarkeit wieder aufgegriffen wurde. Dies fand zunächst seinen Niederschlag in den Strafbestimmungen des Versailler Vertrages. Eine Umsetzung dieser Bestimmungen scheiterte jedoch daran, dass die Niederlande dem dorthin geflohenen deutschen Kaiser Wilhelm II. politisches Asyl gewährten und seine Auslieferung an die Alliierten verweigerten, die ihn vor einem interalliierten Tribunal anklagen wollten. Auch kam es nicht zu den geplanten Strafverfahren gegen die der Kriegsverbrechen beschuldigten deutschen Personen vor internationalen Militärgerichten, da sich Deutschland erfolgreich gegen ihre Auslieferung zur Wehr setzte.
Es folgten die zwischen den beiden Weltkriegen ausgearbeiteten Statutentwürfe für einen Internationalen Strafgerichtshof, die zwar umfangreiche theoretische Vorarbeit für die Zukunft leisteten, aber nicht zu einem praktischen Erfolg führten.
Nach dem Zweiten Weltkrieg wurde dann mit der Einsetzung des Internationalen Militärgerichtshofs von Nürnberg der für lange Zeit wohl größte Meilenstein in der Geschichte des Völkerstrafrechts gesetzt. Trotz der teilweise sicherlich zu Recht geübten Kritik an der Einsetzung und den Urteilen dieses Tribunals - die in Nürnberg gesammelten Erfahrungen sollten für die weitere Entwicklung des Völkerstrafrechts von äußerst bedeutendem Wert sein. Dass es in den Jahren nach dem Zweiten Weltkrieg nicht zu der erneut in Angriff genommenen Gründung eines Internationalen Strafgerichtshofs kam, kann daher auch nicht als Abwertung

der Errungenschaften von Nürnberg bewertet werden, sondern hat seine Ursache vor allem in den politischen Spannungen des Kalten Krieges.
Nach dem Ende des "Ost-West-Konfliktes" kam es im Zuge der Unabhängigkeitsbestrebungen vieler Volksgruppen vermehrt zu Verstößen gegen das humanitäre Völkerrecht, welche insbesondere auf europäischem Boden nach den Geschehnissen des Zweiten Weltkrieges nicht mehr für möglich gehalten worden waren. Die zunehmend umfangreiche Berichterstattung in den Medien trug ihren Teil dazu bei, dass die Weltöffentlichkeit dem nicht mehr länger tatenlos zusehen wollte. Begünstigt durch das politische Weltklima nach dem Ende des Kalten Krieges war nicht nur der Weg frei für die Einsetzung der Kriegsverbrechertribunale für das ehemalige Jugoslawien und Ruanda. Inner- und außerhalb der Vereinten Nationen wurden auch die längst verloren geglaubten Bemühungen um eine konsequente Durchsetzung des humanitären Völkerrechts, mittels eines Ständigen Internationalen Strafgerichtshofs, wieder aufgenommen. Im Gegensatz zu den auf den Ersten und Zweiten Weltkrieg folgenden Versuchen, eine solche Strafgerichtsbarkeit ins Leben zu rufen, sollten die Bemühungen diesmal nicht scheitern. Über 500 Jahre nach dem Verfahren von Breisach und 50 Jahre nach dem Prozess vor dem Internationalen Militärgerichtshof von Nürnberg wurde in Rom das Statut für einen Ständigen Internationalen Strafgerichtshof verabschiedet.
Mit der Wiederaufnahme der Bemühungen zur Realisierung dieses Vorhabens wuchs wieder das Interesse am Völkerstrafrecht, was sich in der steigenden Anzahl diesem Rechtsgebiet gewidmeter Publikationen, Vorträge und Diskussionsrunden sowie universitärer Veranstaltungen widerspiegelt.

Als sich der Verfasser im Rahmen einer Ausarbeitung zum Jugoslawienkonflikt an die Thematik des Völkerstrafrechts annäherte, zeigte sich, dass eine – auch die jüngere Entwicklung berücksichtigende und nicht auf Detailfragen begrenzte – rechtshistorische Darstellung des Völkerstrafrechts nicht vorhanden war. Dies galt insbesondere für die Entwicklung der internationalen Strafgerichtsbarkeit. Diese Erkenntnis führte zur Konturierung des Forschungsgegenstandes vorliegender Abhandlung. Dabei wurde sehr schnell deutlich, dass eine Einbeziehung des materiellen Völkerstrafrechts mit der angestrebten Übersichtlichkeit der Darstellung nicht vereinbar gewesen wäre. Es war daher geboten, sich auf die Entwicklung des institutionellen Teils des Völkerstrafrechts, die internationale Strafgerichtsbarkeit, zu beschränken. Aus diesem Grund wird das materielle Völkerrecht nur in Ausnahmefällen in die Darstellung einbezogen, beispielsweise bei zentralen Fragen wie die strafrechtliche Verantwortlichkeit von

Staatsoberhäuptern oder die strafausschließende Wirkung des Handelns auf höheren Befehl.[1]

Die Problematik der strafrechtlichen Verantwortlichkeit von Staaten kann hier ebenfalls nicht berücksichtigt werden.[2] Zwar ist nicht auszuschließen, dass Strafandrohungen gegen Staaten eine gewisse abschreckende Wirkung entfalten können, doch begründet die Staatenhaftung eine Verantwortlichkeit des Staates als abstrakter Rechtsperson, was bedeutet, dass das gesamte Volk für die Wiedergutmachung begangenen Unrechts aufzukommen hat. Und dies nur kraft seiner kollektiven Verbindung und ohne Rücksicht auf die persönliche Schuld oder Nähe zu dem begangenen Unrecht. Strafe aber sollte zum einen immer an die persönliche Schuld anknüpfen und zum anderen dürfte es kaum der Wahrung oder Wiederherstellung des Weltfriedens und der internationalen Sicherheit im Sinne der UN-Charta dienen, Menschen für Unrecht zu bestrafen, bei dessen Begehung sie möglicherweise noch nicht einmal geboren waren. Vom Konzept des völkerrechtlichen Verbrechens im Zusammenhang mit der Staatenverantwortlichkeit ist die *International Law Commission* (ILC) in ihren im Jahre 2001 in zweiter Lesung verabschiedeten *Draft Articles on Responsibility of States for Internationally Wrongful Acts* auch wieder abgerückt.[3] Eine Assoziation mit strafrechtlichen Sanktionen für schweres Individualunrecht sollte vermieden werden.[4] Einen Hinweis darauf, dass es beim Völkerstrafrecht nur um die

---

1 Zu den Bemühungen um ein Internationales Strafgesetzbuch vgl. Bassiouni, M. Cherif: A Draft International Criminal Code and a Draft Statute for an International Criminal Court, Dordrecht/Boston/Lancaster 1987 (zit.: Bassiouni, Draft Code and Draft Statute) sowie Tomuschat, Christian: Die Arbeit der ILC im Bereich des materiellen Völkerstrafrechts, in: Hankel, Gerd/Stuby, Gerhard (Hrsg.): Strafgerichte gegen Menschheitsverbrechen, Hamburg 1995, S. 270 ff.

2 Zur Staatenverantwortlichkeit siehe Pella, Vespasien V.: La Criminalité Collective des États et le Droit Pénal de l'Avenir, 2. Auflage, Bucarest 1926 (zit.: Pella, Criminalité Collective des États); ders.: La Guerre-Crime et les criminels de guerre, Paris/Genf 1946 (zit.: Pella, Guerre-Crime), S. 54 ff.; Bassiouni, M. Cherif/Nanda Ved P.: A Treatise on International Criminal Law, Springfield (Ill.) 1973, Vol. II, Jurisdiction and Cooperation (Triffterer), S. 86 ff.; Bassiouni, M. Cherif (Hrsg.): Inernational Criminal Law, Vol. III Enforcement (Triffterer), New York 1986, S. 99 ff.; Sunga, Lyal S.: Individual responsibility in international law for serious human rights violations, Dordrecht/Boston/London 1992, S. 124 ff.; Dahm, Georg: Zur Problematik des Völkerstrafrechts, Göttingen 1956, S. 5 ff.

3 Draft Articles on Responsibility of States for Internationally Wrongful Acts, in: Report of the International Law Commission on the work of its fifty-third Session, 23 April to 1 June and 2 July to 10 August 2001, General Assembly, Official Records, fifty-sixth Session, Supplement No. 10, UN Doc. A/56/10 (2001), Chapter IV.E.1.

4 Vgl. noch Art. 19, 51 ff. des ersten Entwurfs zur Staatenverantwortlichkeit: Draft Articles on Responsibility of States for Internationally Wrongful Acts, in: Report of the International Law Commission on the work of its forty-eighth Session, 6 May - 26 July

strafrechtliche Verantwortlichkeit von Individuen gehen kann, enthält auch Art. 25 Abs. 4 des Statuts für den Ständigen Internationalen Strafgerichtshof.[5]

Im Folgenden soll kurz erläutert werden, mit welchem Inhalt der Begriff Völkerstrafrecht in der vorliegenden Abhandlung verstanden wird. Die auf dem Weg zum Ständigen Internationalen Strafgerichtshof in der Vergangenheit geplanten oder auf *ad hoc*-Basis errichteten Internationalen Strafgerichtshöfe waren dazu bestimmt, primär dem Völkerrecht angehörende Normen strafrechtlichen Inhalts anzuwenden. In Übereinstimmung mit der von Hans-Heinrich Jescheck gewählten Definition ist unter dem Begriff des Völkerstrafrechts somit die Gesamtheit aller Normen strafrechtlicher Natur zu verstehen, die dem Völkerrecht angehören.[6] Dabei müssen sich die Duldungspflicht strafrechtlicher Sanktionen sowie die Pflicht, sich der mit Sanktionen bedrohten Handlungen zu enthalten, unmittelbar aus dem Völkerrecht ergeben.[7] Vom Völkerstrafrecht abzugrenzen ist der Bereich des internationalen Strafrechts. Dieser gehört nicht dem Völkerrecht an. Das internationale Strafrecht enthält nur innerstaatliche Normen über das räumliche Geltungsgebiet der Strafrechtssätze. Es dient der Abgrenzung der Geltung von Strafnormen eines Staates gegenüber den Strafnormen eines anderen Staates. Der Einzelne oder der sonstige Normadressat wird hier nicht vom Völkerrecht mit Strafe bedroht und mit bestimmten Verpflichtungen belegt, sondern allein vom nationalen, innerstaatlichen Recht.[8] Die Unterscheidung zwischen dem Völkerstrafrecht und dem internationalen Strafrecht spiegelt sich auch im französischen Sprachgebrauch wieder. Dort wird zwischen dem *droit international pénal* (Völkerstrafrecht) und dem *droit pénal international* (internationales Strafrecht) unterschieden.[9] Im Englischen hingegen wird einheitlich der Begriff *international criminal law* verwendet.

Ob sich die Strafduldungspflicht sowie die Unterlassungspflicht aus Völkerrecht oder aus innerstaatlichem Recht ergibt, ist nicht immer eindeutig erkennbar, da völkerrechtliche Straftatbestände von landesrechtlichen Normen aufgegriffen und mit Strafandrohungen verknüpft werden. Dies betrifft die Anwendung von

---

1996, General Assembly, Official Records, fifty-first Session, Supplement No. 10, UN Doc. A/51/10 (1996), Chapter III.

5 Rome Statute of the International Criminal Court, Adopted by the United Nations Diplomatic Conference of Plenipotentiaries on the Establishment of an International Criminal Court on 17 July 1998, UN Doc. A/CONF.183/9 (17 July 1998).

6 Vgl. Jescheck, Hans-Heinrich: Die Verantwortlichkeit der Staatsorgane nach Völkerstrafrecht, Bonn 1952, S. 9.

7 Hoffmann, Gerhard: Strafrechtliche Verantwortung im Völkerrecht, Frankfurt am Main, Berlin 1962, S. 24.

8 Ebenda, S. 21; Oehler, Dietrich: Internationales Strafrecht, 2. Auflage, Köln/Berlin/Bonn/München 1983, S. 41.

9 Glaser, Stefan: Droit international pénal conventionnel, Bruxelles 1970, S. 15 ff. (20 f.).

Völkerstrafrecht durch einzelstaatliche Gerichte, sodass diese Thematik im Rahmen der hier behandelten rein internationalen Strafgerichtsbarkeit nicht weiter zu vertiefen ist.

Wenn internationale Tribunale das Völkerstrafrecht direkt anwenden, wird daraus geschlussfolgert, dass Individuen Subjekte des Völkerrechts sein müssen. Das Beispiel der Piraterie wird häufig als Beweis dafür angeführt, dass Einzelpersonen Verpflichtungssubjekte des Völkerstrafrechts sind.[10] Es wird zwar auch der Standpunkt vertreten, dass der Einzelne im Falle der Piraterie aufgrund innerstaatlichen Rechts bestraft wird und das Völkerrecht selbst den Staaten diese Befugnis nur verleihen würde[11], doch spätestens seit den Nürnberger Prozessen ist die völkerstrafrechtliche Verantwortlichkeit von Individuen nahezu unumstritten. Dass dieser Aspekt bei der Einsetzung der Internationalen Strafgerichtshöfe für das ehemalige Jugoslawien und für Ruanda durch den Sicherheitsrat der Vereinten Nationen keine besondere Rolle spielte, unterstreicht dies.

---

10 Seidl-Hohenveldern, Ignaz: Völkerrecht, 7. Auflage, München 1992, Rn. 47 f., 929 f.; eingeschränkt auch Malache, M.K.A.: De la piraterie, in: RÉDI 26 (1970), S. 124 ff.

11 Pella, Vespasian V.: La répression de la piraterie, in: RdC 15 (1926 V), S. 145 ff.

1. Kapitel: Das Verfahren gegen Peter von Hagenbach von 1474

Am 9. Mai 1474 wurde der sundgauische Ritter Peter von Hagenbach in Breisach von einem Gericht, bestehend aus 28 Richtern und einem Vorsitzenden, zum Tode verurteilt.[1]

Dieses Tribunal wird häufig als Vorläufer des Nürnberger Militärgerichts und als das erste internationale Tribunal überhaupt bezeichnet.[2]

1.1 Historischer Hintergrund

Erzherzog Siegmund von Österreich sah sich 1469 aufgrund finanzieller Schwierigkeiten dazu gezwungen, die seiner Herrschaft unterstehenden Gebiete entlang des deutschen Oberrheins Herzog Karl dem Kühnen von Burgund zu verpfänden. Im Rahmen dieser durch den Vertrag zu St. Omer vereinbarten Verpfändung wurde Karl von Burgund die Ausübung der Hoheitsrechte in den Gebieten eingeräumt.[3] Letzterer wollte die Gelegenheit nutzen und die Gebiete seinem burgundischen Reich einverleiben, anstatt sie dem Erzherzog zurückzugeben.[4] Während der burgundischen Herrschaft am Oberrhein wurde Peter von Hagenbach durch Karl von Burgund zur Verwaltung dieser Gebiete mitsamt der Stadt Breisach als Landvogt eingesetzt.[5] Den Plänen seines Herrn entsprechend versuchte er, sich die Bürger Breisachs unterwürfig zu machen. Dabei schreckten er und seine Handlanger nicht vor Mord, Raub, Vergewaltigung, willkürlicher Erhebung von Steuern und Eigentumsentziehung zurück.[6] So ließ er

---

1 Heimpel, Hermann: Das Verfahren gegen Peter von Hagenbach zu Breisach (1474), in: Zeitschrift für die Geschichte des Oberrheins, Bd. 55 der Neuen Folge, Karlsruhe i. B., 1942, S. 321 ff. (324, 334 f.); Knebel, Hans: Tagebuch Sept. 1473 - Jun. 1476, in: Basler Chroniken, Bd. 2, Leipzig 1880, S. 85, 90; de Barante: Histoire des ducs de Bourgogne de la Maison de Valois, Tome Sixième, Paris 1842, S. 399 (dort wird der 4. Mai als Tag des Verfahrens angegeben), 401.

2 Bassiouni, M. Cherif: Draft Statute International Criminal Tribunal, Érès 1992 (zit.: Bassiouni, Draft Statute 92), S. 29; ders.: International Criminal Law: A Draft International Criminal Code, Alphen/Germantown 1980 (zit.: Bassiouni, Draft Code), S. 8; Schwarzenberger, Georg: International Law as Applied by International Courts and Tribunals, Vol. 2, London 1968, S. 462; ders.: A Forerunner of Nuremberg: The Breisach War Crime Trial of 1474, in: Manchester Guardian, 28. September 1946, S. 4, Spalte 1.

3 Heimpel, Fn. 1, S. 321; Mone, Fridegar I.: Einleitung zur Reimchronik über Peter von Hagenbach und die Burgunderkriege, in: Quellensammlung der badischen Landesgeschichte, Bd. 3, Karlsruhe 1863, S. 183 ff. (203 f.).

4 Heimpel, Fn. 1, S. 347, 349, 356.

5 de Barante, Fn. 1, S. 360.

6 Reimchronik über Peter von Hagenbach und die Burgunderkriege, in: Quellensammlung der badischen Landesgeschichte, Bd. 3, Karlsruhe 1863, S. 257 ff. (285 ff.); Schwarzenberger, Fn. 2, S. 462.

die Stadt von hunderten seiner Soldaten besetzen, wobei die Bürger nicht nur ihre Häuser zur Verfügung stellen, sondern die Besatzer zudem bewirten mussten, ohne dafür eine Entschädigung zu erhalten.[7] Auch wurden Stadtrat und Richter sofort abgesetzt.[8] Die Bewohner benachbarter Städte blieben ebenfalls nicht verschont. Selbst Schweizer Kaufleute auf dem Weg zum Markt nach Frankfurt am Main wurden Opfer der Plünderungen.[9]

Die burgundische Herrschaft am deutschen Oberrhein sollte 1476 ein Ende haben. Die von Burgund bedrohten Österreicher und Eidgenossen - obgleich sich seit 150 Jahren bekriegend - schlossen sich im März 1474 unter französischer Vermittlung in der zu Konstanz vereinbarten "Ewigen Richtung" erfolgreich gegen die Herrschaft Karls von Burgund am Oberrhein zusammen. Dieser fiel schließlich 1476 nach einem erfolglosen Zug gegen Bern bei Nancy.[10] Die Allianz zwischen Siegmund von Österreich und den Eidgenossen, der sich die Reichsstädte der Niederen Vereinigung für zehn Jahre anschlossen[11], sollte Auswirkungen auf die Zusammensetzung des Tribunals haben.

Im April 1474 wurde Hagenbach gefangen genommen.[12] Seine unter Folter gemachten Aussagen wurden zu Protokoll genommen und es wurde beschlossen, am 9. Mai desselben Jahres über Hagenbach Gericht zu halten.[13]

1.2 Einsetzung des Tribunals

Auf dem Marktplatz von Breisach, vor dem Haus des Bürgermeisters, setzte der Landvogt Hermann von Eptingen als Vertreter Siegmunds von Österreich am Morgen des 9. Mai 1474 formell das Gericht über Peter von Hagenbach ein.[14] Entsprechend der Anweisung Erzherzog Siegmunds, als Richter ehrbare und weise Abgeordnete aus den Städten der Allianz gegen Burgund zu bestellen, waren Straßburg, Schlettstadt, Kolmar und Basel als Reichsstädte der Niederen Vereinigung, die österreichischen Landstädte Kenzingen, Neuenburg, Thann und Freiburg i. Br., die eidgenössischen Städte Bern und Solothurn mit je zwei und die

[7] de Barante, Fn. 1, S. 360, 368; Knebel, Fn. 1, S. 58, 61 f.
[8] Knebel, Fn. 1, S. 42.
[9] de Barante, Fn. 1, S. 364.
[10] Ebenda, S. 391 ff.; Knebel, Fn. 1, S. 68 f.; Mone, Fn. 3, S. 205 f.
[11] Knebel, Fn. 1, S. 71.
[12] Reimchronik über Peter von Hagenbach, Fn. 6, S. 366, 374.
[13] Knebel, Fn. 1, S. 75, 78 f., 83 f.
[14] Ebenda, S. 85.

Stadt Breisach mit acht Richtern vertreten.[15] Zum "die Urteile erfragenden"[16] Vorsitzenden wurde der Schultheiß von Ensisheim, Thomas Schütz, bestimmt.[17] Letzterer kam der Bitte des Klägers wie des Beklagten um die Bestellung je eines Rechtsbeistands ("Fürsprechs") nach.[18]

1.3 Das Verfahren

Nach der Bestellung der "Fürsprechen" wurde Peter von Hagenbach vor Gericht geführt. Der Vertreter der Anklage, Heinrich Iselin aus Basel, erhob im Namen des Landvogts Hermann von Eptingen die Klage. Die Anklage beinhaltete insbesondere, dass Hagenbach vier Bürger aus Thann ohne Recht und Gericht hatte köpfen lassen, dass er entgegen seiner eidlichen, beurkundeten und besiegelten Erklärung Neuerungen vor allem in Form von neuen Steuern eingeführt und die Stadt durch seine Truppen besetzt sowie mit Frauen, insbesondere mit Nonnen, Notzucht getrieben hatte. Hagenbach habe damit gegen die Gesetze Gottes und der Menschheit verstoßen.[19] Der Vertreter der Anklage bat daher durch Urteil feststellen zu lassen, dass Peter von Hagenbach als Totschlächter, Übeltäter, Eidbrecher und Notzüchter an Leib und Leben zu bestrafen sei.[20]

Der Rechtsbeistand Hagenbachs, Hans Irmi aus Basel, konnte und wollte zwar die von der Anklage vorgetragenen Tatbestände an sich nicht leugnen, berief sich jedoch auf schuldaufhebende Motivationen des Beklagten. Bezüglich der Hinrichtung der vier Thanner Bürger, der Einführung von Neuerungen und der Besetzung der Stadt Breisach habe Hagenbach auf Befehl seines Herrn, des Herzog Karl von Burgund, gehandelt.[21] Hinsichtlich der Vergewaltigungen wurde behauptet, dass auch einige derer, welche nun über Hagenbach zu Gericht saßen, mit fremden Frauen den Beischlaf vollzögen. Im Übrigen sei dies ohne Zwang und gegen gute Bezahlung geschehen.[22] Außerdem seien die Geständnisse Hagenbachs unter Folter erzwungen worden und daher als Beweis nicht zuzulassen.[23]

---

[15] Heimpel, Fn. 1, S. 324 f.; de Barante, Fn. 1, S. 398; Knebel, Fn. 1, S. 85; vgl. a. A. hinsichtlich Anzahl und Herkunft der Richter: Anmerkung Nr. 4 der Hrsg. der Basler Chroniken auf S. 85.

[16] Knebel, Fn. 1, S. 85.

[17] Reimchronik über Peter von Hagenbach, Fn. 6, S. 375 f.; Knebel, Fn. 1, S. 85; Heimpel, Fn. 1, S. 324.

[18] Knebel, Fn. 1, S. 85; Heimpel, Fn. 1, S. 324.

[19] de Barante, Fn. 1, S. 399 f.; vgl. Bassiouni, Draft Code, Fn. 2, S. 8; Schwarzenberger, Fn. 2, S. 465.

[20] Knebel, Fn. 1, S. 86 f.; Heimpel, Fn. 1, S. 327.

[21] Reimchronik über Peter von Hagenbach, Fn. 6, S. 379 f.; Knebel, Fn. 1, S. 87; de Barante, Fn. 1, S. 400.

[22] de Barante, Fn. 1, S. 401; Heimpel, Fn. 1, S. 328 f.

[23] Knebel, Fn. 1, S. 88; Heimpel, Fn. 1, S. 330 f.

Die Zeugen der Folterungen wurden als geschworene Zeugen vernommen und sagten aus,
dass Hagenbach mit einem Seil die Hände auf den Rücken gebunden wurden und er an diesem Seil hochgezogen wurde. Man habe ihn dann zu den einzelnen Vorwürfen befragt und er habe gerufen, dass er gestehen wolle, wenn man ihn herablasse. Daraufhin sei er herabgelassen worden und er habe dann die ihm zur Last gelegten Taten gestanden. Er habe also von der Folter erlöst und frei gestanden.[24] Der dem symbolgebundenen Denken der damaligen Zeit entsprechenden Vorstellung hat Hagenbach tatsächlich freiwillig ausgesagt, sodass die Einrede bezüglich der Verwertbarkeit des Geständnisses zurückgewiesen wurde.[25]
Der Einwand, dass Hagenbach auf Befehl und somit mit schuldaufhebender Motivation gehandelt habe, beeindruckte stärker. Im Einzelnen wurde diesbezüglich geltend gemacht, dass Herzog Karl einen bedingungslosen Treueid der Stadt Breisach erhalten habe und Hagenbachs eidliches Versprechen, keine Neuerungen einzuführen, somit erloschen sei. Außerdem habe er vom Herzog besonderes Mandat gehabt, ohne Gericht, also "polizeilich", gegen rebellierende Bürger vorzugehen. Die Tötung der vier Bürger aus Thann, die sich seinen Anordnungen widersetzt hätten, sei nach Benachrichtigung und auf Befehl Kaiser Friedrichs und Herzog Karls veranlasst worden, sodass niemand anders als sein Herr, der Herzog, über ihn zu richten habe.[26] Hagenbach selbst sei bloß der lange Arm des Herzogs. Es stünde ihm nicht zu, die Befehle seines Herrn auf ihre Rechtmäßigkeit zu kontrollieren.[27] Der Prozess sei daher zu vertagen, um Herzog Karl zu befragen und um entsprechende, die Unschuld Hagenbachs beweisende Dokumente aus der Kanzlei in Burgund herbeischaffen zu können.[28]
Diese Argumentation verfing so stark, dass der Vertreter der Klägerseite, ein Laie, aufgab und nunmehr durch einen Rechtsgelehrten ersetzt werden musste. Zum neuen Anklagevertreter wurde daher der Marschall Erzherzog Siegmunds, Hildebrand Rasp, bestellt.[29] Dieser führte aus, das, selbst wenn Herzog und Kaiser die Tötung der rebellierenden Bürger angeordnet hätten, ein Verfahren ohne Recht und Gericht dennoch nicht erwünscht gewesen wäre.[30] Dem Kaiser und dem Herzog einen solchen Rechtsverstoß zuzumuten sei Majestätsbeleidigung. Der Bitte Hagenbachs, seinen Herrn zu befragen und die entsprechenden, ihn

---

[24] Heimpel, Fn. 1, S. 331 f.
[25] Ebenda, S. 332 f.
[26] Ebenda, S. 333 f.; de Barante, Fn. 1, S. 401; Knebel, Fn. 1, S. 89.
[27] de Barante, Fn. 1, S. 400.
[28] Heimpel, Fn. 1, S. 334; Knebel, Fn. 1, S. 89; vgl. Reimchronik über Peter von Hagenbach, Fn. 6, S. 380.
[29] Knebel, Fn. 1, S. 88; Heimpel, Fn. 1, S. 329, 351.
[30] Reimchronik über Peter von Hagenbach, Fn. 6, S. 382.

entlastenden Dokumente aus der Kanzlei in Burgund herbeizuschaffen, wurde daher nicht entsprochen.[31]
Der Vorsitzende erfragte das Urteil bei jedem der 28 Richter, welche sich allesamt dafür aussprachen, dass Hagenbach hingerichtet werden sollte.[32] Danach wurde das Urteil hinsichtlich der Strafart erfragt. Hagenbach erhielt zuvor das Wort und bat die Richter, sie mögen gnädig sein und ihn enthaupten.[33] Das Urteil der Richter ordnete dann auch nicht an, dass Hagenbach seinen Befürchtungen entsprechend zu Tode gefoltert[34], sondern enthauptet werden sollte.[35] Hagenbach wurde noch am selben Tag zur Vollstreckung des Urteils vor die Tore der Stadt geführt und enthauptet.[36]

1.4 Das Breisacher Tribunal - Der erste internationale Strafgerichtshof?

Hinsichtlich der Zusammensetzung und des angewandten Rechts wird teilweise bezweifelt, dass es sich bei dem Breisacher Tribunal um ein internationales Gericht gehandelt habe.
Die Behauptung geht dahin, dass das Verfahren von Breisach in einer Zeit stattfand, in welcher die Hegemonie des Heiligen Römischen Reichs Deutscher Nation dazu führte, dass die am Verfahren beteiligten Städte einer staatlichen Einheit angehörten. Das Verfahren gegen Hagenbach soll daher innerhalb des Reichs und ausschließlich unter Beteiligung von Angehörigen desselben stattgefunden haben. Auch aus der Partizipation der Schweizer Städte könne die Internationalität des Verfahrens nicht abgeleitet werden.[37]
Diese Auffassung ist, rein formal betrachtet, insofern richtig, als dass Basel und Solothurn Reichsstädte waren und nicht vor 1501 beziehungsweise 1481 Mitglieder der Schweizer Eidgenossenschaft wurden. Auch löste sich die reichsverwandte eidgenössische Schweiz erst 1499 im Frieden von Basel vom Reich. Dies wurde völkerrechtlich erst 1648 im Westfälischen Frieden bestätigt.[38]
Das Festhalten an der Loslösung der Schweiz erst im Jahre 1499 wird teilweise aber als eine zu formalistische Vorgehensweise angesehen. Das Heilige Römische Reich sei schon zur Zeit des Breisacher Tribunals so weit auseinander gefallen, dass die Beziehungen seiner Mitgliedsstaaten kaum noch von tatsächlich

---

31 Ebenda; Knebel, Fn. 1, S. 89; Heimpel, Fn. 1, S. 333 f.
32 Knebel, Fn. 1, S. 90; Heimpel, Fn. 1, S. 334.
33 de Barante, Fn. 1, S. 401; Heimpel, Fn. 1, S. 335.
34 Heimpel, Fn. 1, S. 337.
35 Ebenda, S. 335; Knebel, Fn. 1, S. 91.
36 Reimchronik über Peter von Hagenbach, Fn. 6, S. 387; de Barante, Fn. 1, S. 403; Knebel, Fn. 1, S. 91; Heimpel, Fn. 1, S. 335.
37 Woetzel, Robert K.: The Nuremberg Trials in International Law, London/New York 1960, S. 21.
38 Ebenda.

internationalen Beziehungen zu unterscheiden gewesen seien. In dieser Zeit seien Desintegration, Allianzen und Gegenallianzen, Beistandsverträge sowie Neutralitäts- und Gleichgewichtspolitik für das Reich von weit größerer Bedeutung gewesen, als der Kaiser oder andere für das Reich stehende Institutionen. Die Beziehungen der sich zur Allianz gegen Burgund zusammengeschlossenen Gebiete seien im Wesentlichen von einer Gleichrangigkeit der Staaten geprägt gewesen. Bei der Vereinbarung ihres Bündnisses seien die Partner vorgegangen, als ob sie nicht nur *de facto*, sondern *de jure* Subjekte des Völkerrechts gewesen wären.[39]
Im Übrigen war es nicht der deutsche Kaiser, der die Allianz gegen Burgund mitgestaltete oder gar anordnete, sondern der französische König, mithilfe dessen Vermittlung dieses Bündnis zustande kam.

Gegen den internationalen Charakter des Breisacher Verfahrens wird weiterhin vorgebracht, dass es sich bei dem angewandten Recht nicht um internationales, sondern ausschließlich um deutsches Recht gehandelt habe. Zudem habe Hagenbach seine Verbrechen vor dem Ausbruch des Krieges begangen, sodass eine Verurteilung wegen allgemein anerkannten Kriegsrechts ebenfalls ausscheide. Hagenbach sei daher ausschließlich aufgrund des gewöhnlichen Verbrechens des Mordes verurteilt worden.[40]
Da sich im Prozessverlauf Rede und Gegenrede zunehmend auf die Hinrichtung der vier Thanner Bürger konzentrieren, scheint Hagenbach letztendlich ausschließlich wegen Mordes verurteilt worden zu sein.[41] Gerade aber der gleich vierfache Angriff auf das höchste Rechtsgut, das menschliche Leben, dürfte ohne Zweifel einen Verstoß gegen die Gesetze Gottes und die der Menschheit dargestellt haben. Einen solchen würde man heute als Verbrechen gegen die Menschlichkeit bezeichnen[42], die einen der drei Tatbestände des Statuts des Internationalen Nürnberger Militärgerichtshofs bildeten.[43] Im Übrigen soll der Verlauf des Verfahrens nicht dem deutschen, sondern dem schweizerischen und dem burgundischen Strafverfahren nachgeahmt worden sein.[44]
Das Argument betreffend, Hagenbach habe die Verbrechen vor Ausbruch des Krieges begangen, ist zu konstatieren, dass das humanitäre Recht einen weitaus größeren Schutzbereich entfaltet, wenn dessen Tatbestände nicht mit dem Erfordernis verknüpft werden, dass eine Tat im Zusammenhang mit einem

---

[39] Schwarzenberger, Fn. 2, S. 464.
[40] Woetzel, Fn. 37, S. 21.
[41] Knebel, Fn. 1, S. 86 ff.; Mone, Fn. 3, 248; vgl. Heimpel, Fn. 1, S. 337.
[42] Vgl. Schwarzenberger, Manchester Guardian, Fn. 2, S. 4, Spalte 2.
[43] Vgl. Art. 6 c IMT-Statut, in: Internationaler Militär-Gerichtshof, Nürnberg: Der Prozeß gegen die Hauptkriegsverbrecher vor dem Internationalen Militärgerichtshof, Bd. I, Einführungsband (zit.: Nürnberg I), S. 7 ff.
[44] Mone, Fn. 3, S. 246.

bewaffneten Konflikt begangen werden muss.[45] Diese Loslösung von dem Erfordernis eines Zusammenhangs mit einer kriegerischen Auseinandersetzung sollte in der Neuzeit erst nach dem Zweiten Weltkrieg beginnen. Insofern darf das Breisacher Tribunal als überaus fortschrittlich bezeichnet werden.

In einem Punkt kann das Tribunal von Breisach zweifelsohne als Vorläufer der Internationalen Strafgerichtshöfe von Nürnberg beziehungsweise Tokio und Den Haag bezeichnet werden. Der Einwand des Angeklagten, nur auf höheren Befehl gehandelt zu haben, enthebt ihn nicht von seiner strafrechtlichen Verantwortlichkeit.[46]

---

[45] Vgl. Schwarzenberger, Manchester Guardian, Fn. 2, S. 4, Spalte 2.

[46] Vgl. Art. 8 des Statuts für den Internationalen Militärgerichtshof von Nürnberg, in: Nürnberg I, Fn. 43, S. 7 ff.; Art. 7, Abs. 4 ICTY-Statut, in: United Nations, Statut des Internationalen Gerichts zur Verfolgung der Verantwortlichen für die seit 1991 im Hoheitsgebiet des ehemaligen Jugoslawien begangenen schweren Verstöße gegen das humanitäre Völkerrecht, in: Anlage zu UN Doc. S/25704 (03.05.1993).

2. Kapitel: Der Statutentwurf Gustave Moyniers von 1872

2.1 Hintergrund

Während bei dem Breisacher Tribunal von dem ersten internationalen Gericht überhaupt gesprochen werden kann, dürfte es sich bei dem Vorschlag des Genfers Gustave Moynier um den ersten Statutentwurf für einen Internationalen Strafgerichtshof handeln.[1] Moynier war einer der Gründer und langjähriger Präsident des Internationalen Komitees des Roten Kreuzes. Unter dem Eindruck der im Deutsch-Französischen Krieg von 1870/71 auf beiden Seiten begangenen Humanitätsverbrechen legte Moynier bei einem Treffen dieses Komitees im Januar 1872 einen Vorschlag zur Einrichtung eines ständigen internationalen Strafgerichtshofs zur Verfolgung von Verstößen gegen die Genfer Konvention aus dem Jahre 1864 vor.[2]

Moyniers relativ allgemein gehaltener Statutentwurf enthielt lediglich 10 Artikel. Dennoch sah sich Moynier bei seinem Versuch, eine Grundlage für die völkerstrafrechtliche Verfolgung von Kriegs- und Humanitätsverbrechen zu schaffen, vielfach mit den gleichen Problemen konfrontiert wie über hundert Jahre später die staatlichen Delegationen im *Preparatory Committee* beziehungsweise auf der Konferenz von Rom im Juni und Juli 1998.
Im Jahre 1870 war Moynier noch der Auffassung, der Druck der öffentlichen Meinung reiche aus, Kriegsverbrechern Einhalt zu gebieten.[3] Er erkannte aber bald, dass der Genfer Konvention von 1864 ein Durchsetzungsmechanismus fehlte.[4] Denn als wenig später der Deutsch-Französische Krieg ausbrach, musste Moynier einsehen, dass der Druck der öffentlichen Meinung Kriegsverbrechen weder verhindern noch ihre strafrechtliche Verfolgung auf internationaler Ebene sicherstellen würde.[5]

---

1 Vgl. Hall, Christopher Keith: The first proposal for a permanent international criminal court, in: IRRC March 1998 (No. 322), S. 57 ff. (65).

2 Moynier, Gustave: Note sur la création d'une institution judiciaire internationale propre à prévenir et à réprimer les infractions à la Convention de Genève, in: Bulletin international des Sociétés de secours aux militaires blessés, Comité international de la Croix-Rouge, No. 11, avril 1872, S. 122 ff. (zit.: Moynier, Note sur la création), S. 129 ff.

3 Moynier, Gustave: Étude sur la Convention de Genève pour l'amélioration du sort des militaires blessés dans les armées de campagne, Paris 1870 (zit.: Moynier, Étude sur la Convention), S. 300 ff.

4 Moynier, Note sur la création, Fn. 2, S. 122 f.; ders.: Conférence sur la Convention de Genève, Genève 1891 (zit.: Moynier, Conférence sur la Convention), S. 14.; ders.: Considérations sur la Sanction Pénale a donner à la Convention de Genève, Lausanne 1893 (zit.: Moynier, Considérations), S. 6.

5 Moynier, Note sur la création, Fn. 2, S. 122 ; vgl. ders., Considérations, Fn. 4, S. 11.

2.2 Die einzelnen Bestimmungen

Der Statutentwurf Moyniers sah zur Durchsetzung der Genfer Konvention einen Internationalen Gerichtshof vor, der im Falle einer kriegerischen Auseinandersetzung gebildet werden sollte (Art. 1). Sobald ein Staat einem anderen den Krieg erklärt hätte, wäre der Präsident des Schweizer Staatenbundes nach Art. 2 Abs. 1 dazu verpflichtet gewesen, durch Losverfahren drei Signatarstaaten der Konvention auszuwählen, von denen keiner den Kriegsparteien angehören durfte. Diese drei Staaten und die beiden Kriegsparteien sollten nach Art. 2 Abs. 2 jeweils einen Richter für das Tribunal bestimmen, die nicht *juges* (Richter) genannt, sondern als *arbitres* (Schiedsrichter) bezeichnet werden. Sollte eine Seite des Konfliktes aus einer Allianz mehrerer Staaten bestehen, so wären diese nach Art. 2 Abs. 3 nur zur Bestimmung eines Richters befugt. Nach Art. 3 sollten die Richter die Einzelheiten hinsichtlich der Organisation des Gerichtshofs und des Verfahrens festlegen sowie den Sitz des Tribunals bestimmen. Auch die Dauer der Aktivitäten des Gerichtshofs lag im Ermessen der Richter.

Nur "interessierte Regierungen" waren gemäß Art. 4 Abs. 1 befugt, den Gerichtshof anzurufen. Moynier befürchtete, dass der Gerichtshof ansonsten mit einer Flut sinnloser Klagen konfrontiert und zum Spielball der Konfliktparteien würde. Daher sollten Fälle nur dann vor das Tribunal gebracht werden, wenn die einzelstaatlichen Regierungen Beschwerden ihrer Staatsangehörigen als ausreichend fundiert einstuften. Den einzelstaatlichen Regierungen sollte es nicht möglich sein, Angehörige anderer Staaten des Schutzes durch den internationalen Strafgerichtshof zu berauben.[6] Daher verpflichtete Art. 4 Abs. 2 die Staaten, alle Fälle vor den Gerichtshof zu bringen, von denen Ausländer betroffen waren. Über solche Fälle hatte der Gerichtshof somit die ausschließliche Zuständigkeit. Moynier gibt keine Auskunft darüber, welche Staaten zum Kreis der "interessierten Staaten" gehören sollten. Im *Preparatory Committee* zur Vorbereitung der Konferenz von Rom wurde erneut der Vorschlag gemacht, die Befugnis zur Anrufung des Gerichtshofs auf "interessierte Staaten" zu beschränken. Hier wurden mit diesem Begriff folgende Staaten bezeichnet: der Staat, in dessen Gewahrsam sich der Täter befindet, der Staat, in dem das Verbrechen begangen wurde, der Staat, dessen Angehöriger der Täter ist, und der Staat der Nationalität der Opfer.[7]

Nach einem von einer Untersuchungskommission durchzuführenden Ermittlungsverfahren, bei dem die Signatarstaaten der Genfer Konvention, insbesondere jedoch die Kriegsparteien, zur Kooperation verpflichtet waren (Art. 4 Abs. 3), sollte das Gericht über die Schuld oder Unschuld in jedem einzelnen Fall entscheiden (Art. 5 Abs. 1). Das Verhängen von Kollektivstrafen war somit nicht gestattet. Im Falle eines Schuldspruchs sollte das Gericht eine Strafe in Einklang

---

[6] Moynier, Note sur la création, Fn. 2, S. 128.

[7] Siehe dazu unten: 14.1.3.2.

mit dem Völkerstrafrecht aussprechen, welches diesbezüglich zum Gegenstand eines die Genfer Konvention ergänzenden Abkommens gemacht werden sollte (Art. 5 Abs. 2). Die individuelle strafrechtliche Verantwortlichkeit war in der Genfer Konvention selbst nicht vorgesehen.[8] Der Strafrahmen sollte nicht dem nationalen Recht beispielsweise des Tatortstaates oder des Staates, dessen Staatsangehöriger der Täter oder das Opfer war, entnommen werden. Das hätte dazu führen können, dass vergleichbare kriminelle Handlungen in verschiedenen Staaten unterschiedlich bestraft worden wären, was Moynier aber vermeiden wollte.[9] Nach Art. 6 sollte der Gerichtshof die Urteile den "interessierten Staaten" zustellen, die wiederum - in Übereinstimmung mit nahezu allen folgenden Statutentwürfen - die Urteile vollstrecken sollten.

Nach Moyniers Auffassung war es selbstverständlich, wenn die für schuldig befundene Person neben der Verbüßung einer Strafe auch Wiedergutmachung in Form von Schadensersatz leisten müsse. So wie nationale Rechtsordnungen die Wiedergutmachung eines durch ein Fehlverhalten entstandenen Schadens vorsähen, müsse auch der Gerichtshof befugt sein, die Wiedergutmachung eines durch Verletzung der Genfer Konvention entstandenen Schadens anzuordnen.[10] Nach Art. 7 Abs. 1 sollte der Gerichtshof daher die Höhe des Schadens bestimmen und die Leistung von Schadensersatz an ein Opfer anordnen können. Voraussetzung dafür war allerdings ein entsprechender Antrag des Staates, der den Fall vor den Gerichtshof gebracht hatte. Moynier ging davon aus, dass Staaten die Verursacher aller Kriegsübel sind. Verbrechen des Krieges und damit die Verletzung der Genfer Konvention sind ohne staatliche Beteiligung nicht möglich. Ein Staat war folglich verantwortlich für seine Staatsangehörigen und somit für den bei deren Verurteilung auferlegten Schadensersatz (vgl. Art. 7 Abs. 2). Das Risiko der Zahlungsunfähigkeit der individuell Verantwortlichen sei daher von deren Krieg führender Regierung, nicht jedoch von den Opfern zu tragen.[11]

Die Urteile und sonstige wichtige Entscheidungen des Gerichts sollten von den Richtern an die Signatarstaaten der Genfer Konventionen zur Veröffentlichung übersandt werden (Art. 8). Damit sollte eine möglichst große Anerkennung der Arbeit des Gerichtshofs gewährleistet werden. Das öffentliche Bewusstsein sollte im Sinne und dem Zweck des Gerichtshofs entsprechend geschärft werden und die Grundlage zu dessen Unterstützung bilden.[12]

Die Kosten des Gerichts, einschließlich der Gehälter und Auslagen der Richter, sollten zu gleichen Teilen von den Kriegs- und damit den Streitparteien getragen werden (Art. 9 Abs. 1). Ein Bericht über die Finanzen des Gerichtshofs sollte in der gleichen Weise veröffentlicht werden wie seine Entscheidungen (Art. 9

8 Moynier, Note sur la création, Fn. 2, S. 125 f.
9 Moynier, Considérations, Fn. 4, S. 15 f.
10 Moynier, Note sur la création, Fn. 2, S. 127.
11 Ebenda, S. 127.
12 Ebenda, S. 128.

Abs. 2). Nach Art. 10 sollten die Archive des Gerichtshofs denen des Schweizer Staatenbundes in Bern angegliedert werden.

2.3 Die Kritiker

Der Statutentwurf Moyniers erfuhr im Jahre seiner Veröffentlichung lebhafte Resonanz, bevor er für lange Zeit in Vergessenheit geriet. Die kritische Würdigung durch seinerzeit bedeutende Völkerrechtler wie Francis Lieber, den Verfasser des Lieber-Code, sowie durch von Holtzendorff, John Westlake oder Achille Morin deutete bereits an, welche Probleme es zur Durchsetzung von Völkerstrafrecht noch aus dem Weg zu räumen galt.

Lieber betrachtete den Vorschlag Moyniers realistisch und wies darauf hin, dass ein Internationaler Strafgerichtshof ohne Durchsetzungs- und Vollstreckungsmechanismus wenig Sinn mache. Freiwillig würden Staaten, die in der Lage seien, die in der Genfer Konvention festgehaltenen elementarsten Kriegsgesetze zu missachten, sich einer solchen Gerichtsbarkeit nicht unterwerfen. Lieber war daher der Auffassung, dass vorerst am traditionellen Modell der Schiedsgerichtsbarkeit festzuhalten sei.[13]

Von Holtzendorff zweifelte ebenfalls an der Bereitschaft der Staaten, sich einem dem Vorschlag Moyniers entsprechenden Strafgericht zu unterwerfen. Gerade in der Zeit einer kriegerischen Auseinandersetzung, für die der Gerichtshof explizit vorgesehen war, wäre das sehr unwahrscheinlich. Selbst in Friedenszeiten würden die Staaten ihre der Kriegsverbrechen beschuldigten Staatsangehörigen auch an verbündete Staaten nicht ausliefern. Es sei daher nicht zu erwarten, dass sie einer Auslieferung an eine fremde Gerichtsbarkeit in Kriegszeiten zustimmen würden. Von Holtzendorff sprach sich daher dafür aus, dass die Regierungen ihre Streitkräfte besser über die Gebote der Genfer Konvention informieren und entsprechende Verstöße gemäß ihren Militärstrafgesetzen ahnden sollten.[14] Auch Westlake war für die Durchsetzung der Genfer Konvention mittels nationaler Strafgesetze.[15]
Zur Aufklärung von Kriegsverbrechen schlug von Holtzendorff statt eines Strafgerichts eine internationale Untersuchungskommission ohne richterliche

---

[13] Brief von Francis Lieber an G. H. Dufour vom 10. April 1872, veröffentlicht von Gustave Rolin-Jaequemyns, in: RDILC, Tome IV 1872, S. 330 ff. (zit.: Francis Lieber an G. H. Dufour), 330, 331.

[14] Brief von Holtzendorffs an Moynier vom 25. Februar 1872, veröffentlicht von Gustave Rolin-Jaequemyns, in: RDILC, Tome IV 1872, S. 332 ff. (zit.: Holtzendorff an Moynier), 332, 333.

[15] Brief von John Westlake an G. H. Dufour vom Februar 1872, veröffentlicht von Gustave Rolin-Jaequemyns, in: RDILC, Tome IV 1872, S. 334 f. (zit.: John Westlake an G. H. Dufour), 335.

Befugnisse vor, da die Staaten aus den genannten Gründen ein internationales Kriegsverbrechertribunal weder akzeptieren noch sich dessen Jurisdiktion unterwerfen würden. Die Untersuchungskommission sollte aber diejenigen Staaten zu Schadensersatzleistungen verpflichten können, die eine Verletzung der Genfer Konvention zu verantworten hätten.[16]

Achille Morin bewertete eine internationale Strafgerichtsbarkeit als positive Neuerung gegenüber der für den Alabama-Fall eingesetzten Schiedsgerichtsbarkeit.[17] Ein internationaler Strafgerichtshof sollte jedoch nur zur Verfolgung der schwersten Völkerrechtsverbrechen zuständig sein.[18] Solche Verbrechen sollten in einer separaten Konvention tatbestandlich definiert und mit Strafandrohung versehen werden. Ein internationaler Strafgerichtshof sollte dann über die Schuld oder Unschuld eines Angeklagten entscheiden und die Festsetzung des Strafmaßes entsprechend der separaten Konvention sowie die Strafvollstreckung dem Herkunftsstaat des Angeklagten überlassen. Ein solches Verfahren würde es den auf uneingeschränkte Erhaltung ihrer Souveränitätsrechte bedachten Staaten ermöglichen, einem internationalen Tribunal zuzustimmen, da sie nicht auf ihr Strafmonopol verzichten müssten.[19]

Auch das Zentralkomitee des Spanischen Roten Kreuzes äußerte sich zum Statutentwurf Moyniers und begrüßte seinen Vorschlag nahezu ausnahmslos. Es vertrat allerdings die Auffassung, dass sich das internationale Gericht ausschließlich aus Richtern neutraler Staaten zusammensetzen sollte. Auch würde es schwierig sein, den Staaten die Pflicht aufzuerlegen, für Schadensersatzansprüche der Opfer gegen ihre Staatsangehörigen zu bürgen, welche durch Entscheidungen des Gerichtshofs begründet werden könnten.[20]

Gustave Rolin-Jaequemyns, der die vorstehend wiedergegebenen Kritiken zum Vorschlag Moyniers zusammenstellte, äußerte sich relativ ausführlich zu dem Statutentwurf. Er war wie Moynier der Auffassung, dass nicht zuletzt der Deutsch-Französische Krieg deutlich gemacht habe, dass es der Genfer Konvention an einer Institution zu ihrer Durchsetzung fehle. Kein Ziel sei ohne entsprechende Mittel zu verwirklichen. Grundsätzlich beinhalte der Statutentwurf Moyniers daher

---

[16] Holtzendorff an Moynier, Fn. 14, S. 333, 334.

[17] Brief von Achille Morin an Moynier vom 23. Mai 1872, veröffentlicht von Gustave Rolin-Jaequemyns, in: RDILC, Tome IV 1872, S. 335 ff. (zit.: Achille Morin an Moynier), 336; zum Alabama-Fall siehe unter 2.4.

[18] Achille Morin an Moynier, Fn. 17, S. 337.

[19] Ebenda.

[20] Bericht von Antonio Balbin de Unquera und Gregorio Robledo für das Zentralkomitee des Spanischen Roten Kreuzes (28. April 1872), veröffentlicht von Gustave Rolin-Jaequemyns, in: RDILC, Tome IV 1872, S. 338 f. (338).

ein Erfolg versprechendes Mittel zur Durchsetzung der Ziele der Genfer Konvention.[21]
In verfahrenstechnischer Hinsicht bemängelte Rolin-Jaequemyns, dass Moyniers Entwurf kein eigenes Exekutivorgan zur Urteilsvollstreckung vorsieht. In den Händen der "interessierten Staaten" allein sei die Urteilsvollstreckung jedenfalls nicht gut aufgehoben. Die Durchsetzung von Schadensersatzforderungen beispielsweise sei einem schwächeren Staat gegenüber einem stärkeren kaum möglich.[22]
Des Weiteren war Rolin-Jaequemyns der Auffassung, der Statutentwurf sei nicht mit dem Grundsatz vereinbar, nach dem niemand seinem gesetzlichen Richter entzogen werden darf. Gegen diesen Grundsatz würde verstoßen, wenn Personen möglicherweise fernab ihres Heimatortes von fünf Richtern verurteilt würden, von denen vier anderer Nationalität seien. Darüber hinaus garantierten die Verfassungen einiger Staaten den Angeklagten ein Geschworenenverfahren. Es sei daher fraglich, ob es sich bei einem Gericht im Sinne Moyniers nicht um ein Ausnahmegericht handle.[23] Die Aufgabe des zu schaffenden internationalen Organs sollte daher weniger im Richten und Verurteilen, als vielmehr im Feststellen und Anklagen bestehen.
Wie Holtzendorff schlug Rolin-Jaequemyns daher eine sich aus fünf Vertretern neutraler Staaten zusammensetzende Untersuchungskommission vor, an die sich "interessierte Staaten" mit Klagen hinsichtlich der Verletzung der Genfer Konvention wenden sollen.[24] Für die Ermittlungen, unter anderem in Form von Ortsbesichtigungen oder Zeugenvernehmungen, solle die Untersuchungskommission eine Unterkommission bilden. Auf Grundlage des Berichts dieser Unterkommission solle die Untersuchungskommission dann ein generelles und kein einzelne Handlungen umfassendes Urteil über die Schuld oder Unschuld der wegen Verletzungen der Genfer Konvention beschuldigten Konfliktpartei fällen. Dieses Urteil könne dann als Grundlage weiterer Gerichtsverfahren - insbesondere Schadensersatzprozesse - vor nationalen Gerichten herangezogen werden, deren Zuständigkeit in multilateralen oder bilateralen Abkommen geregelt sei.[25] Ein solches Verfahren habe auch den Vorteil, dass es weniger in die Souveränitätsrechte der Staaten eingreife als ein internationales strafgerichtliches Verfahren.[26]

---

[21] Rolin-Jaequemyns, Gustave: Note sur le Projet de M. Moynier avec lettres de MM. Lieber, Ach. Morin, de Holtzendorff et Westlake, in: RDILC, Tome VI 1872, S. 339 ff. (zit.: Rolin-Jaequemyns, Note sur le Projet), 339.
[22] Ebenda, S. 340.
[23] Ebenda, S. 341.
[24] Ebenda, S. 343.
[25] Ebenda, S. 343 f.
[26] Ebenda, S. 344.

2.4 Bewertung

Der Statutentwurf Moyniers ist in vielerlei Hinsicht sicherlich mangelhaft. Bei aller Kritik ist jedoch zu beachten, dass Moynier den ersten Statutentwurf für einen Internationalen Strafgerichtshof formulierte und, anders als etwa das *Preparatory Commitee* in den Jahren 1996 bis '98, nicht auf eine Vielzahl von Statutentwürfen oder auf die Erfahrungen der internationalen *ad hoc*-Tribunale von Nürnberg oder Den Haag zurückgreifen konnte.
Einige der aufzuzeigenden Schwächen des Vorschlags Moyniers liegen darin begründet, dass er das kurz zuvor im Jahre 1871 durch den Vertrag von Washington zur Klärung des Alabama-Falles errichtete Schiedsgericht zum Vorbild nahm.[27] Dieses hatte über Schadensersatzansprüche der Vereinigten Staaten gegen Großbritannien zu entscheiden. Die Vereinigten Staaten warfen Großbritannien vor, die Kaperfahrten des Südstaatenkreuzers Alabama während des US-Sezessionskrieges unterstützt zu haben. Jenes Schiedsgericht setzte sich, so wie es auch Moynier in Art. 2 vorsah, aus fünf Richtern zusammen, von denen drei von neutralen und zwei von den Konfliktparteien entsendet wurden. Eine weitere Vorschrift, die auf das Vorbild der Schiedsgerichtsbarkeit hindeutet, ist Art. 3. Danach sollte das Gericht jedes Mal, wenn es angerufen wurde, erneut über seine Organisation und den Verfahrensablauf entscheiden. Abgesehen von der Tatsache, dass jedem Verfahren eine Zeit raubende Anlaufphase vorausgegangen wäre, hätten Art. 2 und 3 zur Folge gehabt, dass das Gericht jedes Verfahren in anderer Zusammensetzung und nach immer wieder neuen Verfahrensregeln entschieden hätte. Die für die Anerkennung solch einer neuen Institution so wichtige Kontinuität und Einheitlichkeit in Organisation und Rechtsprechung wäre nicht möglich gewesen. Ohne die Akzeptanz unter den Staaten wäre ein Tätigwerden des Gerichtshofs nahezu ausgeschlossen. Entsprechend dem Vorbild der Schiedsgerichtsbarkeit spricht Moynier von *arbitres* (Schiedsrichtern) und nicht von *juges* (Richtern) und bei den Verfahren hätte es sich eher um solche informellen Charakters vor einer Untersuchungskommission gehandelt. Die Entscheidung über Schuld oder Unschuld der Angeklagten sollte wohl ausschließlich in den Händen der *arbitres* liegen, die daher zutreffender mit *juges* zu bezeichnen sind.[28]

Sofern an dem Vorschlag Moyniers bemängelt wird, dass er kein Instrumentarium zur Urteilsvollstreckung oder zur Durchsetzung von Auslieferungsersuchen vorsieht, ist dem zuzustimmen. Andererseits ist zu bedenken, dass heutzutage zwar ein solches Durchsetzungsorgan mit dem Sicherheitsrat der Vereinten Nationen vorhanden ist[29], dessen Effektivität aber nicht zuletzt aufgrund des politischen

---

[27] Moynier,Note sur la création, Fn. 2, S. 127.
[28] Vgl. Hall, Fn. 1, S. 60.
[29] Vgl. Art. 87 Abs. 5 und 7 ICC-Statut sowie die Ziffern 125 ff. des Berichts des

Charakters dieses Organs beschränkt bleibt. Dennoch stimmt die Tatsache zuversichtlich, dass die gegen Libyen durch Resolutionen des Sicherheitsrats verhängten Sanktionen[30] nach jahrelangen Verhandlungen im April 1999 zur Überstellung der beiden mutmaßlichen Lockerbie-Attentäter an die Niederlande geführt haben, wo sie vor ein schottisches Gericht gestellt wurden.
Der Vorwurf, dass der Vorschlag Moyniers zu einer Verletzung des Grundsatzes führe, nachdem niemand seinem gesetzlichen Richter entzogen werden darf, trifft aus heutiger Sicht nur insoweit zu, als der Statutentwurf diesbezüglich keine differenzierten Regelungen bereithält. Denn es gilt die allgemeine Regel des Völkerrechts, nach der Kriegsverbrecher entweder durch den Einzelstaat selbst zu bestrafen oder zur Bestrafung auszuliefern sind (*aut dedere aut punire* bzw. *try or extradite*).[31] Erforderlich ist aber eine klare Abgrenzung der Zuständigkeit zwischen einzelstaatlichen Gerichten und einem internationalen Strafgerichtshof, wie sie im Statut von Rom für den Ständigen Internationalen Strafgerichtshof[32] (Art. 17) vorgenommen wurde.

Sicherlich konnte Moynier nicht vorhersehen, dass die Staaten von den ihnen in verschiedenen Konventionen[33] eingeräumten Beschwerdebefugnissen nahezu keinen Gebrauch machen würden.[34] Hinsichtlich ihrer Signalwirkung bedauerlich ist dennoch die Entscheidung Moyniers, die Befugnis, den Gerichtshof anzurufen,

---

Generalsekretärs gemäß Ziffer 2 der Resolution 808 (1993) des Sicherheitsrats, UN Doc. S/25704 (03.05.1993).

30 Security Council Resolution 731, 21 January 1992, UN Doc. S/RES/731 (1992); Security Council Resolution 748, 31 March 1992, UN Doc. S/RES/748 (1992).

31 CSCE Rapporteurs, Proposal for an International War Crimes Tribunal for the former Yugoslavia (1993), UN Doc. S/25307 (1993), S. 46-49; United Nations, Report of the International Law Commission on the work of its forty-forth session, 4 May-24 July 1992, in: General Assembly, Official Records, forty-seventh session, Supplement No. 10, UN Doc. A/47/10 (1992) (zit.: 1992 Report of the International Law Commission), Ziff. 115, 170; Bassiouni, M. Cherif (Hrsg.): International Criminal Law, Vol. I (Crimes), New York 1986 (zit.: Bassiouni I (Bearbeiter)), S. 7 f.; Dinh, Nguyen Quoc/Daillier, Patrick/Pellet, Alain: Droit International Public, 4. édition, Paris 1992, Rn. 428.

32 "Rome Statute of the International Criminal Court", Adopted by the United Nations Diplomatic Conference of Plenipotentiaries on the Establishment of an International Criminal Court on 17 July 1998, UN Doc. A/CONF.183/9 (17 July 1998).

33 Vgl. Art. 41 des Internationalen Paktes über bürgerliche und politische Rechte vom 19. Dezember 1966, BGBl. 1973 II, S. 1534; Art. 21 des Übereinkommens gegen Folter und andere grausame, unmenschliche oder erniedrigende Behandlung oder Strafe vom 10. Dezember 1984, BGBl. 1990 II, S. 246; Art. IX der Konvention über die Verhütung und Bestrafung des Völkermordes vom 9. Dezember 1948, BGBl. 154 II, S. 730; Art. 24 und 46 der Europäischen Konvention zum Schutze der Menschenrechte und Grundfreiheiten vom 4. November 1950, BGBl. 1952 II, S. 685, 953, zuletzt geändert durch Prot. Nr. 9 vom 6. November 1990, BGBl. 1990 II, S. 491.

34 Vgl. Hall, Fn. 1, S. 68 und Anm. 27).

auf "interessierte Staaten" zu begrenzen. Die an einem Konflikt beteiligten Parteien dürften nahezu identisch mit dem Kreis der "interessierten Staaten" sein. Dies würde ihnen die Möglichkeit geben, sich darauf zu verständigen, den Gerichtshof nicht anzurufen und mit der Umgehung der Bestimmung des Art. 4 Abs. 1 eine Durchsetzung des humanitären Völkerrechts unmöglich zu machen. Daran vermag auch der Ausnahmefall der Involvierung einer Person fremder Staatsangehörigkeit nichts zu ändern. Neben der Entscheidung über die Zuständigkeit des internationalen Gerichtshofs im Sinne Moyniers lag die Entscheidung darüber, ob in dem betreffenden Fall ein Angehöriger eines anderen Staates betroffen war, im Ermessen der Staaten. Es wäre daher erforderlich gewesen, auch eine von politischer Beeinflussung unabhängige Instanz mit der Befugnis auszustatten, den Gerichtshof anzurufen, wie dies in Bezug auf den Ankläger des Ständigen Internationalen Strafgerichtshofs auf der Konferenz von Rom geschehen ist.[35]

Weitsichtigkeit bewies Moynier wiederum mit der Bestimmung des Art. 4 Abs. 3. Nach dieser wären die Vertragsstaaten der Genfer Konvention zur Zusammenarbeit mit dem Tribunal verpflichtet gewesen, denn ohne die Unterstützung der Staatengemeinschaft kann ein Internationaler Strafgerichtshof nicht existieren. Zu Recht wurde an Moyniers Statutentwurf jedoch kritisiert, dass er keine Regelung darüber enthielt, wie die Verpflichtung zur Zusammenarbeit, insbesondere zur Auslieferung, respektive zur Strafvollstreckung nach Art. 6 notfalls durchzusetzen gewesen wäre. Allerdings gilt es hier zu bedenken, dass es seinerzeit kein von der Staatengemeinschaft getragenes internationales Organ wie den Sicherheitsrat der Vereinten Nationen gab. Auch enthält der Statutentwurf keine verfahrensrechtlichen Garantien. Dies ist jedoch darauf zurückzuführen, dass es damals noch keine allgemein anerkannten Regeln über die Rechte des Angeklagten und ein faires Verfahren gab. Elf Jahre nach der Veröffentlichung seines Statutentwurfs machte Moynier auch verfahrensrechtliche Garantien zum Gegenstand einer weiteren Untersuchung über die strafrechtliche Verfolgung von Verstößen gegen die Genfer Konvention.[36] Darin wies er erneut darauf hin, dass erst ein internationales Strafgesetzbuch das mit der Genfer Konvention begonnene Werk vervollständigen würde.[37] Aus Gründen der Prävention und der Rechtsstaatlichkeit sei es unerlässlich, dass potenzielle Kriegsverbrecher von vornherein wüssten, was sie im Falle eines Verstoßes gegen die Genfer Konvention erwarte. Darin ist Moynier sicherlich beizupflichten. Doch obwohl Moynier sich der Schwierigkeit der Formulierung eines internationalen Strafgesetzbuches bewusst war, scheint er das Schicksal dieses Vorhabens mit

---

[35] Vgl. Art. 13 lit. c ICC-Statut.

[36] Moynier, Considérations, Fn. 4, S. 20 ff.

[37] Ebenda, S. 15; Moynier, Note sur la création, Fn. 2, S. 125.

dem eines internationalen Strafgerichtshofs verbunden zu haben, indem er es zum Gegenstand von Art. 5 Abs. 2 seines Entwurfs machte. Im Fall eines Schuldspruchs sollte das internationale Tribunal den Strafrahmen dem auf Vertragsbasis zu schaffenden Strafgesetzbuch entnehmen. Die Verknüpfung der Vorhaben eines internationalen Strafgerichtshofs mit einem internationalen Strafgesetzbuch sollte hundert Jahre später mit ursächlich dafür sein, dass die Arbeiten an einem Statutentwurf für einen ständigen internationalen Strafgerichtshof lange Zeit auf Eis liegen sollten.[38]

Die Ursache, dass der Vorschlag Moyniers nicht weiterverfolgt wurde, waren die mangelnde öffentliche Unterstützung und besonders die Unwilligkeit der Staaten, auf einen Teil des zu ihrer Souveränitätsausübung gehörenden Strafanspruches zu verzichten. Letzteres wurde auf der zweiten Haager Friedenskonferenz im Jahre 1907 erneut deutlich.[39] Es kann nur darüber spekuliert werden, ob ein internationaler Strafgerichtshof, zuständig für die Verfolgung von Verstößen gegen die Genfer Konvention von 1864 oder auch die Haager Landkriegsordnung von 1907, einen Einfluss auf die Konfliktparteien und ihre Soldaten im Ersten Weltkrieg und auf andere diesem Krieg vorausgegangenen kriegerische Auseinandersetzungen gehabt hätte. Die Tatsache, dass die an sich erfolgreiche Arbeit des 1993 errichteten Internationalen Strafgerichtshofs für das ehemalige Jugoslawien und die wiederholte Ankündigung der Anklagebehörde dieses Tribunals, gegen Kriegsverbrecher im Kosovokonflikt zu ermitteln, die eklatanten Verstöße gegen humanitäres Völkerrecht in diesem Konflikt nicht hat verhindern können, stimmt äußerst pessimistisch. Es scheint seine Zeit zu brauchen, bis das Vorhandensein und die Auswirkung einer internationalen Strafgerichtsbarkeit ins Bewusstsein potenzieller Kriegsverbrecher rückt. Anlass zu der Annahme, als nicht in Kriegsgefangenschaft geratener Angehöriger einer siegreichen Konfliktpartei vor strafrechtlicher Verfolgung wegen Kriegs- oder Völkerrechtsverbrechen sicher zu sein, besteht heutzutage nicht mehr. Wie bereits erwähnt, sah Art. 8 des Statutentwurfs Moyniers vor, dass die Urteile und sonstige wichtige Entscheidungen des Gerichts von den Richtern an die Signatarstaaten der Genfer Konventionen zur raschen Veröffentlichung in offiziellen Sammlungen übersandt würden. Damit sollte eine möglichst breite Öffentlichkeit über die Arbeit des Gerichtshofs informiert werden.[40] Neben der Frage der Zusammenarbeit mit einem Internationalen Strafgerichtshof und der Durchsetzung seiner Entscheidungen und Urteile, erkannte Moynier bereits vor über hundert Jahren eine Problematik, die auch heute nicht unterschätzt werden darf. Eine präventive Wirkung kann die internationale Strafgerichtsbarkeit nur entfalten,

[38] Vgl. unten: 9.4.
[39] Vgl. unten: 3.1.
[40] Moynier, Note sur la création, Fn. 2, S. 128.

wenn sie ins Bewusstsein derer gelangt, die von der Begehung völkerrechtlicher Delikte abgeschreckt werden sollen. Zwar enthält das Statut von Rom für den Ständigen Internationalen Strafgerichtshof ausführliche Bestimmungen über die Verpflichtung zur Zusammenarbeit oder die Vollstreckung von Urteilen, eine dem Art. 8 des Statutentwurfs Moyniers entsprechende Regelung wurde jedoch nicht aufgenommen.

3. Kapitel: Die Strafbestimmungen des Versailler Vertrages

Der VII. Teil des am 28. Juni 1919 unterzeichneten und am 10. Januar 1920 in Kraft getretenen Versailler Vertrages hatte mit den Art. 227 bis 230 die Strafbestimmungen dieses Friedensvertrages zum Gegenstand.[1] In Art. 227 stellten die Alliierten Kaiser Wilhelm II. "wegen schwerster Verletzung des internationalen Sittengesetzes und der Heiligkeit der Verträge unter öffentliche Anklage". Es sollte ein besonderer Gerichtshof eingesetzt werden, um "auf Grundlage der erhabensten Grundsätze der internationalen Politik" das Urteil über Wilhelm II. zu sprechen. Der Gerichtshof sollte mit je einem Richter aus Frankreich, Großbritannien, Italien, Japan und den Vereinigten Staaten von Amerika besetzt werden. Da Wilhelm II. in die Niederlande geflohen war, um sich der internationalen Strafverfolgung zu entziehen, sah Art. 227 ebenfalls vor, an die Regierung der Niederlande das Ersuchen zu richten, den ehemaligen Kaiser zwecks seiner Aburteilung auszuliefern.

In Art. 228 ließen sich die alliierten und assoziierten Mächte ihr Recht bestätigen, deutsche Staatsangehörige, die sie einer Verletzung der Gesetze und Gebräuche des Krieges beschuldigten, vor ihre Militärgerichte zu ziehen. Die deutsche Regierung wurde verpflichtet, die Beschuldigten zur Durchführung der Strafverfahren auszuliefern. Gemäß Art. 229 waren internationale Militärgerichte für die Fälle zu bilden, in denen sich strafbare Handlungen gegen Angehörige mehrerer alliierter und assoziierter Mächte gerichtet hatten. Diese internationalen Militärgerichte sollten sich aus Mitgliedern von Militärgerichten der beteiligten Mächte zusammensetzen.

3.1 Hintergrund

Durch diese Strafbestimmungen wurde zum ersten Mal mit der Tradition des *ius publicum europaeum* gebrochen, nach dem ein Friedensschluss nicht mit Streitfragen zu belasten war, welche Anlass zum Krieg gewesen oder im Verlauf des Krieges hinzugetreten waren.[2] Dies war seit jeher nicht nur gängige Staatenpraxis, sondern wurde auch in der Völkerrechtsliteratur vertreten.

So billigte Hugo Grotius (1583-1645) in seinem Werk *De iure belli ac pacis* entsprechend der scholastischen Lehre der siegreichen Kriegspartei, die gegen einen Rechtsbrecher einen daher "rechtmäßigen" Krieg geführt hatte, das Recht zu, die Verantwortlichen für den Krieg und die Kriegsrechtsverletzungen zu bestrafen. Im Einzelnen sah Grotius eine individuelle und möglichst gerichtlich zu verhängende Strafe sowie eine Schadensersatzpflicht der Gesamtheit auf Seiten der

---

1 RGBl. 1919, S. 687 ff. (980 ff.).

2 Schwengler, Walter: Völkerrecht, Versailler Vertrag und Auslieferungsfrage, Kiel 1980, S. 9; Willis, James F.: Prologue to Nuremberg: The Politics and Diplomacy of Punishing War Criminals of the First World War, Westport (Conn.)/London 1982, S. 85.

besiegten Rechtsbrecher vor.[3] Insofern lässt sich zwischen der Auffassung des Scholastikers Grotius und den Straf- und Wiedergutmachungsbestimmungen der Alliierten im VII. beziehungsweise VIII. Teil des Versailler Vertrages eine bemerkenswerte Übereinstimmung feststellen. Im Abschluss eines Friedensvertrages jedoch erblickte Grotius generell einen Erlass der verwirkten Strafe. Das Recht, Strafen zu verhängen, müsse bei Abschluss eines Friedensvertrages als aufgegeben gelten, weil der Friede keine Sicherheit habe, wenn die alten Ursachen des Krieges gültig blieben.[4]
Auch in der Völkerrechtsliteratur des endenden 19. und beginnenden 20. Jahrhunderts vertrat man die Auffassung, dass die im Krieg zugefügten Verletzungen und Beschädigungen unter den Staaten keinen Grund zu neuen Streitigkeiten geben dürften. Ohne Amnestievereinbarung könne ein Friede nicht von Dauer sein, er sei dann quasi nur ein Waffenstillstand.[5] Die Notwendigkeit einer Amnestie ergebe sich schon aus dem Zweck des Friedensschlusses selbst und sei so selbstverständlich, dass sie auch ohne ausdrückliche Formulierung als gegeben anzusehen sei.[6] Teilweise wird in diesem Zusammenhang zwischen gemeinen Verbrechen und Kriegsverbrechen unterschieden. Letztere seien durch die Parteileidenschaft im Krieg zu entschuldigen und im Gegensatz zu den gemeinen Verbrechen nach Beendigung des Krieges nicht weiterzuverfolgen.[7]

Der Grund für die Abkehr von der bisherigen Staatenpraxis bei Friedensschlüssen liegt in einem veränderten Bewusstsein hinsichtlich des Kriegsrechts. Das praktizierte freie Kriegsführungsrecht wurde zunehmend als Bedrohung empfunden. Logisch aus dem Souveränitätsbegriff, dem grundlegenden Axiom des klassischen Völkerrechts, abgeleitet, stand nach dem freien Kriegsführungsrecht jedem Staat das uneingeschränkte Recht zu, die Lösung politischer Konflikte mithilfe des Krieges zu versuchen.[8] Die von Francis Lieber vorgenommene und 1863 von Präsident Lincoln als für den Bürgerkrieg verbindlich erklärte Kodifikation der Kriegsgebräuche (Lieber Code[9]), die Genfer Konvention zur Verbesserung des Loses der Verwundeten der Armeen im Felde von 1864 sowie

---

[3] Grotius, Hugo: De iure belli ac pacis, libri tres, Amsterdam 1651, lib. II, cap. XX, § XXXVIII.

[4] Ebenda, lib. III, cap. XX, §§ XVII und XVIII.

[5] Bluntschli, Johann Caspar: Das moderne Völkerrecht der zivilisierten Staaten, 3. Auflage, Nördlingen 1878, S. 398 ff.; Heffter, August Wilhelm: Das Europäische Völkerrecht der Gegenwart, 8. Auflage, bearbeitet von Heinrich Geffken, Berlin 1888, S. 380.

[6] Hoppe, Rudolf: Die Kriegsbeendigung nach Völkerrecht und deutschem Reichsrecht, Greifswald 1918, S. 28; von Ullmann, E.: Völkerrecht, 2. Auflage, Tübingen 1908, S. 544.

[7] Hoppe, Fn. 6, S. 29, 30; Bluntschli, Fn. 5, S. 399 f.

[8] Grewe, Wilhelm G.: Epochen der Völkerrechtsgeschichte, Baden-Baden 1984, S. 237 ff.

[9] Text abgedruckt in: Friedmann, Leon (Hrsg.): The Law of War. A Documentary History, Vol. 1, New York 1972, S. 158 ff.

die ebenfalls mit der Kodifikation der Kriegsgebräuche befasste Brüsseler Konferenz von 1874 beschränkten sich noch überwiegend auf die Ausgestaltung des Rechts im Kriege *(jus in bello)*.
Die beiden Haager Friedenskonferenzen von 1899 und 1907 verdeutlichten, dass erstmalig auch die Repräsentanten der Staaten die Notwendigkeit sahen, nicht nur die Inhumanität des Krieges einzudämmen[10], sondern das bisherige Recht zum Krieg, das *jus ad bellum*, zu überdenken und den Frieden bereits im Voraus zu sichern. So wurde auf der ersten Haager Friedenskonferenz ein Abkommen zur friedlichen Erledigung internationaler Streitfälle geschlossen, um die Anwendung von Gewalt als Mittel der Politik zu verhüten.[11] Die durch das Abkommen erfolgte Regelung des Verfahrens der internationalen Schiedssprechung und die Einrichtung des ständigen internationalen Schiedsgerichts konnten ihre Wirksamkeit jedoch nur begrenzt entfalten.
Auf der zweiten Haager Konferenz, die unter anderem deshalb einberufen wurde, um dem acht Jahre zuvor geschlossenen Abkommen mehr Effektivität zu verleihen[12], erklärte die Mehrheit der Staaten, dass sie nur dann bereit sei, sich obligatorisch der internationalen Schiedsgerichtsbarkeit zu unterwerfen, wenn das Obligatorium auf solche Rechtsfragen beschränkt bliebe, die weder die Ehre noch die Lebensinteressen eines betroffenen Staates berührten.[13] Letztlich war keiner der auf der Konferenz vertretenen Staaten zu einer wesentlichen Einschränkung seiner Souveränität bereit. In Anbetracht der Tatsache, dass der staatliche Strafanspruch zu den Wesensmerkmalen der Souveränitätsausübung gehört, war die Errichtung einer ständigen internationalen Strafgerichtsbarkeit nicht realisierbar, wenn sie auch diskutiert wurde. Dennoch verdeutlichten die beiden Haager Konferenzen, dass die Staaten die Notwendigkeit sahen, der ständigen Bedrohung durch den Krieg mit einer dauerhaften Sicherung des Friedens entgegenzutreten. Dafür spricht nicht zuletzt, dass auf der zweiten Haager Friedenskonferenz nahezu die gesamte Staatengemeinschaft vertreten war. Für eine Einschränkung der staatlichen Souveränität zugunsten eines wirksamen Durchsetzungsmechanismus der Abkommen war die Zeit noch nicht reif.

---

10 Vgl. Convention Respecting The Laws and Customs of War on Land, in: Carnegie Endowment for International Peace: The Proceedings of the Hague Peace Conferences, The Conference of 1899, New York 1920 (zit.: The Hague Peace Conference of 1899), S. 251 ff.

11 Convention for the Pacific Settlement of International Disputes, in: The Hague Peace Conference of 1899, Fn. 10, S. 235 ff.

12 Ninth Plenary Meeting, October 16, 1907, in: Carnegie Endowment for International Peace: The Proceedings of the Hague Peace Conferences, the Conference of 1907, Vol. I, New York 1920 (zit.: The Hague Peace Conference of 1907 Vol. I), S. 325 ff. (325).

13 Ebenda; vgl. Lammasch, Heinrich: Compulsory Arbitration at the Second Hague Peace Conference, in: AJIL 4 (1910), S. 83 ff. (84).

3.2 Die Vorbereitung der Pariser Friedenskonferenz

Berichte über den zerstörerischen Rückzug der deutschen Truppen an der Westfront und über die Behandlung von Kriegsgefangenen in Deutschland entfachten eine öffentliche Diskussion über die Bestrafung der Verantwortlichen für Kriegsrechtsverletzungen. Die innerstaatlichen und diplomatischen Vorbereitungen standen - wie später die Friedenskonferenz selbst - unter dem Druck der öffentlichen Meinung. Dieser wog umso schwerer, als in Großbritannien und in den Vereinigten Staaten Parlaments- beziehungsweise Kongresswahlen stattfanden und die Wahlkämpfe nicht ohne Einfluss auf die Vorbereitungen der Friedenskonferenz bleiben sollten.[14] Wahlerfolg sollten nur diejenigen haben, die dem Verlangen der Öffentlichkeit nach Auslieferung und Bestrafung des Kaisers sowie der Kriegsverbrecher und nach hohen Reparationsforderungen nachgaben.

3.2.1 Die Rechtsansichten der alliierten Staaten

Die französische Regierung befürchtete, dass die Rückzugstaktik der Deutschen die französische Wirtschaft für lange Zeit schädigen würde. Im September 1918 ersuchte sie daher ihre Verbündeten, gemeinsam Deutschland eine Warnung zukommen zu lassen, in der Sanktionen und vollständige Wiedergutmachungspflicht angedroht werden sollten.[15] Angesichts des wachsenden Drucks der britischen Öffentlichkeit, in dem sich die Sorge um das Schicksal der Kriegsgefangenen in Deutschland widerspiegelte, gab das britische Kriegskabinett die Erklärung ab, die Kriegsverbrecher müssten zur Verantwortung gezogen werden. Man legte allerdings Wert auf die Einschränkung, dass die Bestrafung der Verantwortlichen nicht zu einer Friedensbedingung gemacht werden dürfe, da es keine Mittel gäbe, sie durchzusetzen.[16] Den Parlamentariern ging die Erklärung jedoch nicht weit genug und das Kriegskabinett setzte ein *Committee of Enquiry into Breaches of the Laws of War* ein. Dieses sollte zu allen Rechtsfragen Stellung nehmen, welche die Verfolgung von Kriegsverbrechern mit sich brachte. Außerdem wurde beschlossen, den Premierminister aufzufordern, die Auslieferung von deutschen Kriegsverbrechern zu einer Bedingung des Waffenstillstandes zu machen.[17] Der Premierminister hielt diese Forderung für zu weitgehend und schloss die Ablehnung eines solchen Waffenstillstandes seitens der Deutschen nicht aus. Bei den Verhandlungen über die Waffenstillstandsbedingungen setzte er sich mit seiner Ansicht durch und die

---

[14] Mayer, Arno J.: Politics and Diplomacy of Peacemaking, London 1968, S. 119 ff., 133 ff.; zum Slogan der britischen Parlamentswahlen: "Hang the Kaiser", siehe Read, James Morgan: Atrocity Propaganda 1914-1919, New York 1972, S. 241.

[15] Ambassador Jusserand to President Wilson, September 9th 1918, erwähnt in: Baker, Ray Stannard: Woodrow Wilson, Life and Letters, Vol. 8 (Armistice), New York 1939, S. 392 f.

[16] Schwengler, Fn. 2, S. 72.

[17] Ebenda, S. 73.

Auslieferungsforderung wurde nicht in den Waffenstillstand einbezogen. Dieser Aspekt sollte erst auf der Friedenskonferenz behandelt werden.[18]

Nach dem am 11. November 1918 unterzeichneten Waffenstillstand zwischen Deutschland und den alliierten Mächten wurden die Erörterungen über die Bestrafung deutscher Kriegsverbrecher wieder aufgenommen und konzentrierten sich zunehmend auf den deutschen Kaiser Wilhelm II. Er wurde als der Hauptschuldige für den Ausbruch des Krieges angesehen. Der britische Premierminister Lloyd George befürwortete ein Gerichtsverfahren gegen den Kaiser, damit Herrscher, welche die Welt ins Unglück stürzten, für alle Zeiten wüssten, dass Strafe auf sie warte.[19] Die Frage nach den damit verbundenen völkerrechtlichen Problemen und der insbesondere von amerikanischer Seite erhobene Einwand, eine Handlung müsse schon zum Zeitpunkt der Tat mit Strafe bedroht gewesen sein, beantwortete der Premierminister damit, dass man gerade dabei sei, neues Völkerrecht zu schaffen.[20] Diese Aussage ist vor dem Hintergrund zu sehen, dass im angelsächsischen *case law* bei der Verhängung von Strafe auch nach Präzedenzfällen entschieden wird, die wiederum erst einmal geschaffen werden müssen. Auch das britische Kriegskabinett war der Auffassung, der Kaiser trage als höchste Autorität des Reiches für alle staatlichen Handlungen die persönliche Verantwortung. Er sei direkt verantwortlich für den schwersten Anschlag auf die internationale Rechtsordnung seit ihrer Ausgestaltung durch Grotius.

Im Kriegskabinett wurden zwei Wege für die Bestrafung Wilhelms II. aufgezeigt. Er könne einerseits wie einst Napoleon verbannt und in seinen persönlichen Rechten beschränkt werden. Andererseits könne man ihn vor einen internationalen, mit alliierten Richtern besetzten Gerichtshof stellen, um ein rechtliche Formen wahrendes Verfahren zu sichern, das auch vor der Weltöffentlichkeit vertretbar sei. Laut Kabinettsbeschluss sollte deshalb die britische Regierung darauf hinwirken, dass der Kaiser wegen Verstoßes gegen das Völkerrecht und gegen die Menschlichkeit vor ein Gericht zu stellen sei.[21]

Die Verfolgung der Verantwortlichen für einzelne Kriegsrechtsverstöße wurde neben der Prüfung der strafrechtlichen Belangung des Kaisers nicht aus den Augen verloren. Das *Committee of Enquiry into Breaches of the Laws of War* sprach sich für die Bildung eines internationalen Gerichtshofs zur Aburteilung von Personen aus, welche sich eines Verstoßes gegen die Gesetze und Gebräuche des Krieges und gegen die Gesetze der Menschlichkeit schuldig gemacht hatten. Ein

---

18 Ebenda, S. 73 f.

19 Lloyd George, David: The Truth about the Peace Treaties, Vol. I, London 1938 (zit.: Lloyd George, Peace Treaties), S. 99 f.

20 Ebenda, S. 100.

21 Ebenda, S. 102 ff.

internationaler Gerichtshof sei deshalb notwendig, da das englische zivile Strafrecht nicht für Taten gelte, die von Angehörigen eines anderen Staates im Ausland begangen worden waren. Der Militärgerichtsbarkeit wiederum unterlägen nur im Ausland befindliche britische Armeeangehörige. In Betracht kämen daher nur die geschriebenen und ungeschriebenen Rechtssätze des Kriegsvölkerrechts. Doch gäbe es aufgrund der gewöhnlich in Friedensverträgen vereinbarten Amnestie selbst auf nationaler Ebene nur wenige Beispiele für die Ausübung einer Strafbefugnis nach einem Friedensschluss.[22] Der zu errichtende internationale Gerichtshof sollte mit Richtern der alliierten Hauptmächte und der Vereinigten Staaten besetzt werden, doch sollte auch Vorsorge für die Wahrnehmung der Interessen anderer direkt geschädigter Staaten getroffen werden.[23]

Ein vom französischen Kabinett in Auftrag gegebenes und sich von der Regierung zu Eigen gemachtes Gutachten der Professoren Larnaude und de Lapradelle erklärte ebenfalls, dass nur ein internationaler Gerichtshof befugt sei, den Kaiser zu verurteilen.[24] Der Kaiser trage für die Verletzungen des Kriegsrechts die oberste Verantwortung, indem er deren Verhinderung unterlassen habe. Die Verbrechen wögen so schwer, dass es unmöglich sei, sie unbestraft zu lassen. Ein nationales Recht sei jedoch nicht anwendbar. Die Militärgerichte seien nicht zuständig, weil sich der Kaiser nicht in französischer Kriegsgefangenschaft befinde[25] und die zivile Strafgerichtsbarkeit scheitere am Grundsatz der Immunität, die dem Kaiser als dem ehemaligen deutschen Staatsoberhaupt zustehe.[26] Die Zuständigkeit eines internationalen Gerichtshofs begründe sich schließlich darauf, dass nicht irgendeine nationale, sondern die internationale Rechtsordnung durch die Vergehen eines Staatsoberhauptes gegen das Völkerrecht berührt sei.[27] Ein internationaler Gerichtshof könne beispielsweise unter dem Dach des Völkerbundes oder unter Ausschluss der Neutralen durch die Vereinigung der nationalen Strafkompetenzen der Alliierten geschaffen werden.[28] Im Einzelnen sei der Kaiser als oberster Kriegsherr persönlich verantwortlich für den

---

[22] First Interim Report from the Committee of Enquiry into Breaches of the Laws of War, in: Public Record Office (London), Cabinett Office 24/85, G.T. Papers No. 7801-7900 (7806); zit. nach Schwengler, Fn. 2, S. 79, Anm. 33.

[23] Schreiben des Committee of Enquiry into Breaches of the Laws of War vom 1. 12. 1918 an The Attorney-General, in: Public Record Office (London), Cabinett Office 24/71, G.T. Papers No. 6401-6500 (6416); zit. nach Schwengler, Fn. 2, S. 79, Anm. 32.

[24] Larnaude, A./de Lapradelle, F.: Examen de la responsabilité pénale de l'empereur Guillaume II d'Allemagne, in: JDI 46 (1919), S. 131 ff. (142 ff.).

[25] Ebenda, S. 136.

[26] Ebenda, S. 140 f.

[27] Ebenda, S. 144.

[28] Ebenda, S. 153.

Kriegsausbruch, die Verletzung der belgischen Neutralität und für Verstöße gegen das geltende Kriegsrecht.[29]
Die amerikanische Regierung stand einem Verfahren gegen Wilhelm II. eher skeptisch gegenüber. In der Rechtsabteilung des State Department befürchtete man, dass durch die Ahndung von Kriegsrechtsverletzungen Präzedenzfälle geschaffen würden, an denen man später selber gemessen werde und die zudem die zukünftige Aktionsfreiheit der Vereinigten Staaten in militärischen Konflikten beeinträchtigen könne. Außerdem sei das Strafverlangen dazu geeignet, die deutsche Regierung in erhebliche Schwierigkeiten zu bringen. Eine Machtübernahme durch die bereit stehenden Kommunisten müsse unbedingt verhindert werden, wolle man nicht die Eindämmung des Bolschewismus auf dem europäischen Kontinent gefährden.[30] In einem von Präsident Wilson in Auftrag gegebenen Gutachten der Rechtsberater der amerikanischen Delegation, Miller und Scott, wurde die strafrechtliche Verantwortlichkeit eher zurückhaltend und streng juristisch geprüft. Nach diesem Gutachten könne ein Verbrechen nur dann vorliegen, wenn die in Betracht kommende Handlung zum Zeitpunkt der Tat gesetzlich mit Strafe bedroht war.[31] Als im Jahre 1914 der Krieg ausbrach, habe es jedoch zu den souveränen Rechten eines Staates gehört, Krieg zu führen. Das Völkerrecht habe 1914 den Krieg als Mittel der Politik nicht verboten. Eine Handlung wie den Angriffskrieg *ex post facto* zum Verbrechen zu erklären, verletze einen von allen zivilisierten Nationen anerkannten Rechtsgrundsatz. Auch seien die Siegermächte nicht befugt, kurzfristig neues, mit Drittwirkung ausgestattetes Völkerrecht zu schaffen. Dies könne nur mit Zustimmung aller Staaten geschehen. Eine individuelle strafrechtliche Verantwortlichkeit der politischen Führung liege daher nicht vor. Dies schließe allerdings nicht aus, dass man mithilfe politischer Maßnahmen gegen die deutsche Führung der Aufrechterhaltung des Friedens gerecht zu werden versuchte. Solche seien, wie der Fall Napoleon zeige, durch Staatenpraxis zu gewohnheitsrechtlich verankertem Völkerrecht geworden.[32]

3.2.2 Vorbereitungen auf internationaler Ebene

Zur Vorbereitung der Friedenskonferenz in Paris sowie zur Klärung von Fragen des Waffenstillstands trafen sich am 2. und 3. Dezember 1918 Regierungsvertreter Frankreichs, Italiens und Großbritanniens in London. Erstmals wurde hier auf internationaler Ebene über die Bestrafung des Kaisers und der für die Kriegsrechtsverletzungen Verantwortlichen diskutiert.

---

29 Ebenda, S. 143.

30 Read, Fn. 14, S. 256, 261; Willis, Fn. 2, S. 41, 116.

31 Miller, David Hunter: My Diary at the Conference of Paris, 3. Bd., New York 1924, Dok. 213.

32 Ebenda.

Während sich die Regierungschefs im Grunde einig waren, dass Wilhelm II., wenn nicht wegen seiner schwer zu beweisenden Schuld am Ausbruch des Krieges, dann zumindest wegen Neutralitätsverletzung und Anordnung oder Duldung von Kriegsverbrechen zu bestrafen sei, standen ihre Außenminister diesem Vorhaben skeptisch gegenüber.
Der italienische Außenminister Sonnino stellte die Frage, ob Staatsoberhäupter für das Verhalten einer ganzen Nation individuell zur Verantwortung gezogen werden können. Darüber hinaus argumentierte er mit der Gefahr einer Idealisierung des Kaisers zu einem Märtyrer und begründete dies damit, dass die Verbannung Napoleons nach St. Helena den Bonapartisten nur genützt habe. Außerdem mutmaßte er, die Niederlande würden an ihrer Tradition, politische Flüchtlinge zu schützen, festhalten und den Kaiser nicht an ein internationales Tribunal ausliefern.[33]
Der französische Ministerpräsident Clemenceau wandte jedoch ein, die demokratische Staatsform, kennzeichnend für die auf der Londoner Konferenz vertretenen Staaten, bringe es mit sich, dass eine Regierung nicht nur der Volksvertretung gegenüber verantwortlich, sondern auch dem Gesetz gegenüber verpflichtet sei. Es müsse jeden mit Genugtuung erfüllen, wenn in Zukunft auch Kaiser und Könige dem Recht unterstünden.[34] Damit war er der gleichen Auffassung wie der britische Premierminister Lloyd George, der sich zuvor schon mit der Bemerkung "we are making international law" über die insbesondere von amerikanischer Seite erhobenen völkerrechtlichen Einwände hinweggesetzt hatte.[35]
Auch der italienische Premierminister war der Auffassung, dass die Bestrafung des Kaisers keine Sache für juristische Experten, sondern eine Frage der höchsten moralischen Grundsätze der Menschheit sei.[36]
Angesichts der Tatsache, dass die Vereinigten Staaten auf der Londoner Konferenz nicht vertreten waren, wurden sich die Konferenzteilnehmer schnell über die Verfahrensweise einig. Der internationale Gerichtshof sollte allein mit Richtern der Siegermächte, die aufgrund ihrer im Krieg gebrachten Opfer zur Jurisdiktion legitimiert seien, besetzt werden.[37] Der Einwand, dass die Unparteilichkeit der Richter angezweifelt werden könne, wies der französische Ministerpräsident Clemenceau mit der Bemerkung zurück, dass alle Gerechtigkeit relativ sei.[38]
Hinsichtlich der Verfolgung der für einzelne Kriegsrechtsverstöße Verantwortlichen meinte Clemenceau, dass er die ranghöchsten Soldaten, die nur Befehlen gehorcht hätten, nicht als Verbrecher ansehe. Vielmehr seien die

[33] Vgl. Lloyd George, Peace Treaties, Fn. 19, S. 138, 142.
[34] Ebenda, S. 140.
[35] Vgl. unter 3.2.1.
[36] Vgl. Lloyd George, Peace Treaties, Fn. 19, S. 140.
[37] Ebenda, S. 143.
[38] Ebenda.

Kommandanten von Kriegsgefangenenlagern zu bestrafen, die sich der Misshandlung von Gefangenen schuldig gemacht hätten.[39]
Der amerikanische Präsident Wilson, der zur Zeit der Londoner Konferenz auf dem Weg nach Europa war, wollte, entsprechend seiner in den "Vierzehn Punkten"[40] zum Ausdruck gebrachten friedenspolitischen Vorstellungen, eine neue Völkergemeinschaft auf der Grundlage des Rechts und nicht der Gewalt aufbauen. Das Völkerrecht, insbesondere das Völkergewohnheitsrecht, war jedoch hinsichtlich der Behandlung von Kriegsrechtsverletzungen durch Amnestieklauseln gekennzeichnet. Insofern verwundert es nicht, dass die Regierung der Vereinigten Staaten einer Bestrafung des Kaisers sowie jener der Kriegsverbrechen beschuldigten Personen ablehnend gegenüberstand. Die Frage nach der Schuld am Ausbruch des Krieges oder nach der strafrechtlichen Verfolgung von Kriegsverbrechern war in den von Präsident Wilson verkündeten "Vierzehn Punkten" folglich mit keinem Wort erwähnt. Seine Ansicht vertrat Wilson auch im Obersten Rat der Alliierten, welcher sich aus den Regierungschefs und den Außenministern der fünf Hauptmächte zusammensetzte ("Rat der Zehn"). In seinem vor diesem Gremium unterbreiteten Vorschlag, betreffend die von den nationalen Delegationen zu behandelnden Themen, wie beispielsweise die Gründung eines Völkerbundes oder die Reparationsforderungen, tauchte die Frage der strafrechtlichen Verantwortlichkeit von Kriegsverbrechern ebenfalls nicht auf .[41] Er konnte sich jedoch nicht gegen die anderen Konferenzteilnehmer, insbesondere gegen Premierminister Lloyd George und Ministerpräsident Clemenceau, durchsetzen, die auf der Behandlung dieser Frage bestanden. So wurden die Delegationen der Staaten aufgefordert, in ihren Stellungnahmen und Vorschlägen zum Arbeitsprogramm der Friedenskonferenz den Fragen der Verantwortlichkeit der Kriegsurheber und der Bestrafung der Kriegsverbrecher besondere Beachtung zu schenken.[42] Damit war eine Vorentscheidung über die Abkehr von der jahrhundertelang geübten Praxis des Friedensschlusses gefallen.[43]

---

39 Ebenda, S. 139.

40 Schwabe, Klaus (Hrsg.): Quellen zum Friedensschluß von Versailles, Darmstadt 1997 (zit.:Schwabe, Quellen), S. 47 ff.

41 Secretary's Notes from January 13, 1919, in: United States of America, Department of State: Papers Relating to the Foreign Relations of the United States, The Paris Peace Conference 1919, Bände I, III, V, VII, Washington 1942-1947 (zit.: Foreign Relations, The Paris Peace Conference Bd.-Nr.), hier Bd. III, S. 531 ff. (537).

42 Ebenda, S. 536 f.

43 Vgl. Schwengler, Fn. 2, S. 84.

3.3 Die Pariser Friedenskonferenz

Am 18. Januar 1919 wurde die Friedenskonferenz im Außenministerium zu Paris mit 70 Delegierten der insgesamt 27 Siegerstaaten, jedoch ohne Vertreter der besiegten Mächte eröffnet.[44] Den Vorsitz führte der französische Ministerpräsident Clemenceau. Zur Klärung der mit Kriegsausbruch und Kriegsführung zusammenhängenden Fragen wurde die *Commission des Responsabilités des Auteurs de la Guerre et Sanctions* eingesetzt. Die Kommission setzte sich aus 15 Delegierten zusammen, wobei die fünf Hauptmächte Großbritannien, Frankreich, Italien, Japan und die Vereinigten Staaten mit je zwei sowie Belgien, Griechenland, Polen, Rumänien und Serbien mit je einem Delegierten vertreten waren.[45] Sie beschloss drei Unterausschüsse einzusetzen. Entsprechend der ihnen zugewiesenen Problembereiche waren dies die *Sous-Commission des Faits criminels*, die *Sous-Commission des Responsabilités de la Guerre* und die *Sous-Commission des Violations des lois et coutumes de la guerre.*[46]

3.3.1 Die Beratungen der *Commission des Responsabilités des Auteurs de la Guerre et Sanctions* und der *Sous-Commissions*

3.3.1.1 Kriegsschuldfrage und Neutralitätsverletzung

Die *Commission des Responsabilités des Auteurs de la Guerre et Sanctions* stellte fest, dass sich Deutschland und Österreich-Ungarn den vielfältigen Vorschlägen der Entente zur friedlichen Beilegung der Krise versagt und somit willentlich versucht hätten, den Krieg unvermeidlich zu machen.[47] Damit sollte und konnte zwar kein Urteil über die gesamte deutsche Vorkriegspolitik gefällt werden. Es handelte sich aber um einen Versuch, anhand bestimmter Kriterien den "Aggressor" festzustellen. Die Schwierigkeit der Aufstellung solcher Kriterien sollte noch über 50 Jahre später bei der Definition des Begriffs der Aggression innerhalb der Vereinten Nationen deutlich werden.[48] Diese Problematik war auch

---

[44] Preliminary Peace Conference, Protocol No. 1, Session of January 18, 1919, in: Foreign Relations, The Paris Peace Conference III, Fn. 41, S. 157 ff.

[45] Preliminary Peace Conference, Protocol No. 2, Plenary Session of January 25, 1919, in: Foreign Relations, The Paris Peace Conference III, Fn. 41, S. 176 ff. (Annex 2, S. 202; Annex 7, S. 203 ff.).

[46] Constitution, Mandat, Composition et Travaux de la Commission, in: Conférence de la Paix, Recueil des Actes de la Conférence, Partie IV, Commissions de la Conférence (Procès-verbaux, Rapports et Documents), B. Questions Générales, (2) Commission des Responsabilités des Auteurs de la Guerre et Sanctions, Paris, Imprimerie Nationale 1922 (zit.: Recueil des Actes de la Conférence P.IV B (2)), S. 1 ff.

[47] Rapport présenté à la Conférence des Préliminaires de Paix par la Commission des Responsabilités des Auteurs de la Guerre et Sanctions (im Folgenden: Rapport de la Commission), in: Recueil des Actes de la Conférence P.IV B (2), Fn. 46, S. 161 ff. (167).

[48] General Assembly Resolution 3314 (XXIX), Definition of Aggression (14 December 1974) - United Nations, General Assembly, Official Records, 29th Session 1974, Supplement No. 31, S. 142 ff.

mit ursächlich dafür, dass die Entwicklung von Durchsetzungsmechanismen für das Völkerstrafrecht, trotz der anfänglichen Euphorie in den Jahren nach dem Zweiten Weltkrieg, lange Zeit nur verschoben anstatt vorangebracht werden sollte.[49]

Nachdem Deutschland als Aggressor feststand, galt es, die Rechtswidrigkeit dieses Verhaltens zu erörtern. Diesbezüglich fiel das Urteil jedoch negativ aus. Nach dem damaligen Stand des Völkerrechts wurde die Rechtswidrigkeit des Angriffskrieges mit der Feststellung verneint, dass die Entfesselung eines Angriffskrieges eine Handlung sei, welche das Gewissen der Welt zwar missbillige und welche einmal durch die Geschichte verurteilt werden würde. Sie könne aber nicht als Verstoß gegen das geltende Völkerrecht angesehen werden. Ereignisse des politischen Machtkampfes der Staaten würden sich für eine Überprüfung durch Historiker, nicht aber für eine Verurteilung durch ein Gericht eignen. Die mangelnde Rechtswidrigkeit wurde darüber hinaus mit dem Fehlen einer obligatorischen Streiterledigung begründet[50], sodass sich das Scheitern eines entsprechenden Vorhabens auf der II. Haager Friedenskonferenz schon wenige Jahre später als großes Versäumnis herausstellen sollte.[51]

Das Urteil bezüglich der Verletzung der belgischen und luxemburgischen Neutralität fiel ebenfalls zu Lasten Deutschlands aus, doch wurde hier die Rechtswidrigkeit bejaht. Mit dem Einmarsch in Belgien und Luxemburg habe sich Deutschland völkerrechtswidrig verhalten, da es durch die Londoner Verträge vom 19. April 1839 und vom 11. Mai 1867 die dauernde Neutralität dieser beiden Staaten anerkannt habe.[52] Uneinig war man sich in der Frage, wie dieser Verstoß sanktioniert werden könne. Da man der Auffassung war, dass eine strafrechtliche Verfolgung der verantwortlichen Staatsorgane, insbesondere des Kaisers, im seinerzeit geltenden Völkerrecht keine Stütze fand, sollte nach französischer Ansicht ein hoher politischer Gerichtshof mit der Urteilsfindung beauftragt werden. Als Richter kämen geachtete Staatsmänner oder auch Delegierte der Friedenskonferenz in Betracht. Da die britische Seite schon der Rechtswidrigkeit

---

[49] Vgl.: General Assembly Resolution 898 (IX), Juridiction criminelle internationale (14 December 1954), United Nations, General Assembly, Official Records, 9th Session 1954, Supplement No. 21, S. 52; General Assembly Resolution 1187 (XII), International criminal jurisdiction (11 December 1957), United Nations, General Assembly, Official Records, 12th Session 1957, Supplement No. 18, S. 52.

[50] Deuxième Sous-Commission, Séance du 17 Février 1919, in: Recueil des Actes de la Conférence P.IV B (2), Fn. 46, S. 306 ff.; Rapport par la Deuxième Sous-Commission, ebenda, S. 67 ff.

[51] Vgl. oben: 3.1.

[52] Deuxième Sous-Commission, Séance du 17 Février 1919, in: Recueil des Actes de la Conférence P.IV B (2), Fn. 46, S. 306 ff.

der Neutralitätsverletzung skeptisch gegenübergestanden hatte, lehnte sie folglich ein Gerichtsverfahren gegen den Kaiser ab und schlug als Kompromiss vor, dass die Friedenskonferenz den Bruch der die Neutralität Belgiens und Luxemburgs garantierenden Verträge förmlich verurteilen solle. Dieser Lösung stimmte der 2. Unterausschuss schließlich zu.[53]
Der Abschlussbericht der *Commission des Responsabilités des Auteurs de la Guerre et des Sanctions* sollte zu den vorangegangenen Feststellungen und Kompromissen in einem gewissen Widerspruch stehen, schlug er doch vor, spezielle Maßnahmen auch gegen die für den Kriegsausbruch Verantwortlichen zu ergreifen und zu deren Durchführung ein spezielles Organ zu schaffen.[54] Die streng juristisch argumentierenden Amerikaner sahen sich daher zur Abgabe eines Sondervotums gezwungen, nach dem das spezielle Organ keinesfalls ein Gericht sein dürfe. Vielmehr müsse Wilhelm II. durch eine bei der Unterzeichnung des Friedensvertrages abzugebende feierliche Deklaration vor aller Welt verurteilt werden.[55] Interessant ist in diesem Zusammenhang, dass in den Vereinigten Staaten die entgegengesetzte Auffassung vertreten wurde, nach der die höchsten deutschen Staatsorgane sehr wohl durch ein internationales Tribunal abgeurteilt werden sollten.[56]
Uneingeschränkte Unterstützung fand die Empfehlung der Kommission an die Friedenskonferenz, in Zukunft für schwerwiegende Verletzungen der elementaren Prinzipien des Völkerrechts, wie sie der Angriffskrieg und die Neutralitätsverletzung darstellen, strafrechtliche Sanktionen vorzusehen.[57]

3.3.1.2 Kriegsverbrechen

Schon zu Beginn der Kommissionsberatungen über die Bestrafung von Kriegsverbrechen wurde befürchtet, dass alle Mühe umsonst sei, wenn es nicht gelänge, der Schuldigen habhaft zu werden, um sie vor Gericht zu bringen.[58] Die Tatsache, dass

---

53 Ebenda, S. 311 f.

54 Rapport de la Commission, in: Recueil des Actes de la Conférence P.IV B (2), Fn. 46, S. 161 ff. (176).

55 Réserves formulées par la Délégation américaine, in: Recueil des Actes de la Conférence P.IV B (2), Fn. 46, S. 219 ff. (225); hinsichtlich des Entwurfes einer entsprechenden feierlichen Deklaration siehe: House, Edward M./Seymour, Charles: What Really Happened at Paris, London 1921, S. 476.

56 Vgl.: Wheeler, Everett P.: Attacks on unarmed merchant vessels - Discussion, in: ASIL Proceedings 11 (1917), S. 35 ff. (36); Gregory, S.S.: Criminal responsibility of sovereigns for willful violations of the laws of war, in: VA. L. Rev. 1919-20, S. 400 ff. (411 ff.); Finch, Gorge A.: The progressive development of international law, in: AJIL 41 (1947), S. 611 ff. (613).

57 Rapport de la Commission, in: Recueil des Actes de la Conférence P.IV B (2), Fn. 46, S. 161 ff. (176).

58 Commission des Responsabilités des Auteurs de la Guerre et Sanctions, Séance du 7 Février 1919, ebenda, S. 29 ff.

man die Auslieferung der Kriegsverbrecher nicht zu einer Bedingung des Waffenstillstandes machte, mag daher ein folgenschweres Versäumnis gewesen sein. Die Verlängerung oder Wiederaufnahme des Krieges wäre jedoch ein hoher Preis für die Auslieferung gewesen. Man war sich bewusst, dass Deutschland auf freiwilliger Basis kaum bereit sein würde, seine Soldaten vor ein internationales Tribunal stellen zu lassen, das sich ausschließlich aus Vertretern der Siegermächte zusammensetzte.[59] Die einzige Alternative wäre somit die völlige Niederschlagung Deutschlands gewesen.

Ein weiteres Problem stellte das Fehlen einer in der Praxis und insbesondere auf internationaler Ebene verwendbaren Definition des Kriegsverbrechens dar. Gab doch erst der Versailler Vertrag der Rechtswissenschaft den Anstoß, sich mit dem bis heute noch nicht eindeutig gelösten Problem der Definition des Kriegsverbrechens zu beschäftigen.[60] Die Kommission stellte daher einen Katalog von 32 Tatbeständen zusammen, anhand derer geprüft werden sollte, ob ein Kriegsverbrechen vorläge.[61] Die heute noch bestehende Verknüpfung der Entwicklung eines internationalen Strafgerichtshofs mit der Ausarbeitung eines internationalen Strafgesetzbuchs hatte also in den Kommissionsberatungen über die Strafbestimmungen des Versailler Vertrages ihren Ausgang genommen. Ein Blick auf die Tatbestände, insbesondere auf Art. 25 zeigt, dass man sich bei der Erstellung des Kataloges eng an die Haager Landkriegsordnung von 1907 anlehnte. Man ging davon aus, dass die 32 Tatbestände nur anerkanntes Kriegsvölkerrecht zusammenfassten, welches zweifelsohne gewohnheitsrechtlich bindend sei.[62] Insofern brauchte nicht die Zweifelsfrage beantwortet zu werden, ob die Haager Landkriegsordnung mit Rücksicht auf die "Allbeteiligungsklausel" des Art. 2 des Haager Abkommens von 1907, dessen Anlage die Haager Landkriegsordnung ist[63],

59 Minutes of the 3rd Meeting of the 13th Session of the Supreme War Council, Paris, February 10, 1919, in: Foreign Relations of the United States, The Paris Peace Conference III, Fn. 41, S. 945 ff. (953 f.).

60 Zander, Jens-Peter: Das Verbrechen im Kriege - Ein völkerrechtlicher Begriff, Würzburg 1969, S. 3 ff.

61 Rapport de la Commission, in: Recueil des Actes de la Conférence P.IV B (2), Fn. 46, S. 161 ff. (172); vgl. auch: Tableau Sommaire des Infractions, ebenda, S. 180 ff.

62 Rapport de la Commission, in: Recueil des Actes de la Conférence P.IV B (2), Fn. 46, S. 161 ff. (171).

63 Ordnung der Gesetze und Gebräuche des Landkriegs (Haager Landkriegsordnung) als Anlage zum Abkommen betreffend die Gebräuche des Landkriegs vom 18. Oktober 1907, RGBl. 10, S. 107; Convention concernant les lois et coutumes de la guerre sur terre, signée à la Haye, le 18 Octobre 1907, in: NRGT 3. Série Tome III, S. 31 ff. Nach Art. 2 des Abkommens finden die Bestimmungen der Haager Landkriegsordnung nur zwischen den Vertragsparteien Anwendung und nur dann, wenn die Kriegführenden sämtlich Vertragsparteien sind.

im Weltkrieg unmittelbar verbindliches Völkerrecht darstellte.[64] Von der gewohnheitsrechtlichen Bindung der durch die Kommission zusammengestellten Tatbestände ging zum Ende des Zweiten Weltkrieges auch die *United Nations War Crimes Commission* aus, welche diesen Katalog bei ihren Nachforschungen hinsichtlich im Zweiten Weltkrieg begangener Kriegsverbrechen zur Hilfe nahm.[65] Gemäß dem Bericht der Kommission an die Friedenskonferenz sollten nicht nur Kriegsverbrechen, sondern auch Verletzungen der elementaren Prinzipien der Humanität strafrechtlich verfolgt werden.[66] Während die französischen und britischen Vertreter dies mit dem Hinweis darauf befürworteten, dass die Gesetze und Gebräuche des Krieges die Grundsätze der Menschlichkeit enthielten, sahen die amerikanischen Vertreter darin die Schaffung eines neuen Delikttatbestandes, der jeder Rechtsgrundlage entbehre und verneinten ihre Strafbarkeit.[67] Nach ihrer Ansicht waren die Prinzipien der Humanität zu unbestimmt und somit einer Ahndung durch ein juristisches Tribunal nicht zugänglich.[68]
Erneut streng juristisch argumentierten die amerikanischen Kommissionsteilnehmer in der Frage der strafrechtlichen Verantwortlichkeit eines Staatsoberhauptes gegenüber den Siegermächten. Staatsoberhäupter seien als Vertreter ihres eigenen Volkes, dem eigentlichen Träger der Souveränität, nur diesem Rechenschaft schuldig. Anderen Staaten gegenüber seien Staatsoberhäupter daher nicht verantwortlich. Der völkerrechtliche Grundsatz der Souveränität verbiete daher eine Verurteilung von Staatsoberhäuptern durch Gerichte. Politische Sanktionen hingegen schlossen die Amerikaner, unterstützt durch die japanischen Vertreter, nicht aus.[69] Die Mehrheit der Kommissionsmitglieder war dagegen der Auffassung, dass der Einwand der Immunität aus internationaler Sicht nicht schlüssig sei. Eine mögliche Souveränitätsverletzung werde schon dadurch ausgeschlossen, dass der betroffene Staat einer strafrechtlichen Verfolgung seines ehemaligen Staatsoberhauptes im Friedensvertrag zustimmen würde. Außerdem erwarte die zivilisierte Menschheit nicht nur eine Bestrafung der rangniedrigen Kriegsverbrecher, sondern gerade der Führungskräfte, insbesondere des Kaisers. Ebenfalls müsse befürchtet werden, dass sich rangniedrigere Kriegsverbrecher

---

64 Jescheck, Hans-Heinrich: Die Verantwortlichkeit der Staatsorgane nach Völkerstrafrecht, Bonn 1952, S. 54.

65 United Nations War Crimes Commission: History of the United Nations War Crimes Commission and the Development of the Laws of War, London 1948, S. 170 f.

66 Rapport de la Commission, in: Recueil des Actes de la Conférence P.IV B (2), Fn. 46, S. 161 ff. (172).

67 Commission des Responsabilités des Auteurs de la Guerre et Sanctions, Séance du 24 Mars 1919, in: Recueil des Actes de la Conférence P.IV B (2), Fn. 46, S. 109 ff. (117 f.).

68 Réserves formulées par la Délégation américaine, in: Recueil des Actes de la Conférence P.IV B (2), Fn. 46, S. 219 ff. (228).

69 Réserves formulées par la Délégation américaine, in: Recueil des Actes de la Conférence P.IV B (2), Fn. 46, S. 229; Réserves formulées par la Délégation japonaise, ebenda, S. 232.

erfolgreich auf die Befehle ihrer Staatsführung beriefen, welche bei Befürwortung ihrer Immunität nicht angeklagt werden könne und somit straffrei ausgehe.[70]
Konsequenterweise waren die eher moralisch und politisch argumentierenden Kommissionsteilnehmer auch in der Frage der Strafbarkeit von Unterlassungstaten anderer Auffassung als die streng juristisch argumentierenden Delegierten, insbesondere die Amerikaner. Um auch die an Kriegsverbrechen nicht unmittelbar handelnd beteiligten Organe der oberen Führung zur Rechenschaft ziehen zu können, sprach sich die Kommissionsmehrheit für eine möglichst weite Ausdehnung der Strafbarkeit einer Unterlassungstat aus. Die Strafbarkeit sollte daher nur von der Kenntnis der Tat und ihrer Verhinderung abhängig gemacht werden.[71] Die Amerikaner hingegen waren der Auffassung, dass zusätzlich eine erfüllbare Rechtspflicht zur Erfolgsabwendung vorliegen müsse, konnten sich jedoch nicht durchsetzen.[72]
Zur rechtlichen Relevanz des Handelns auf Befehl führte die Kommission in ihrem Bericht aus, dass eine mögliche Verurteilung von Vorgesetzten die Untergebenen nicht von ihrer Verantwortung befreie, die sie für dieselben Verstöße gegen das Kriegsrecht trügen. Die Entscheidung darüber, ob die Berufung auf höheren Befehl zur Verneinung der Verantwortlichkeit führe, obliege aber dem Gericht.[73]

3.3.1.3 Gerichtsbarkeit

Zu beantworten war schließlich noch die Frage, durch welche Gerichtsbarkeit die für strafbar erklärten Handlungen geahndet werden sollten. Die Kommission vertrat den Standpunkt, dass bei Kriegsverbrechen die zivil- oder militärrechtliche Strafgewalt des verletzten Staates gegenüber den Angehörigen der feindlichen Armee ohne Rücksicht auf den Tatort vom Völkerrecht anerkannt sei.[74] Vom bisherigen Völkerrecht nicht mehr gedeckt war allerdings der Vorschlag, für bestimmte Kategorien von Verbrechen ein interalliiertes *High-Tribunal* einzurichten. Im Einzelnen sollte das *High-Tribunal* zuständig sein für:

a. Kriegsverbrechen, die gleichzeitig Angehörige verschiedener Nationen verletzten;

---

[70] Troisième Sous-Commission, Séance du 8 Mars 1919, in: Recueil des Actes de la Conférence P.IV B (2), Fn. 46, S. 359 ff.; Rapport de la Commission, ebenda, S. 161 ff. (173).

[71] Troisième Sous-Commission, Séance du 8 Mars 1919, in: Recueil des Actes de la Conférence P.IV B (2), Fn. 46, S. 359 ff.; Rapport de la Commission, ebenda, S. 161 ff. (176).

[72] Réserves formulées par la Délégation américaine, in: Recueil des Actes de la Conférence P.IV B (2), Fn. 46, S. 219 ff. (227).

[73] Rapport de la Commission, in: Recueil des Actes de la Conférence P.IV B (2), Fn. 46, S. 161 ff. (173).

[74] Ebenda, S. 176.

b. die Aburteilung von Staatsorganen, deren Befehlsgewalt sich auf verschiedene Kriegsschauplätze erstreckte;
c. die Aburteilung von Personen in hohen zivilen oder militärischen Stellungen, einschließlich der Staatsoberhäupter, die Kriegshandlungen in Verletzung der Gesetze und Gebräuche des Krieges befahlen oder, trotz Kenntnis und Möglichkeit zur Erfolgsabwendung, davon Abstand genommen hatten, diese zu verhindern;
d. Sonderfälle, in denen die Entscheidung durch ein interalliiertes Gericht zweckmäßig erschien.[75]

Das *High-Tribunal* sollte mit Richtern der höchsten Zivil- und Militärgerichtshöfe der alliierten und assoziierten Staaten besetzt werden und von einer durch die Hauptmächte gebildeten Anklagebehörde unterstützt werden. Anders als die nationalen Gerichte sollte das interalliierte Tribunal unmittelbar nach Völkerrecht urteilen. Die zu verhängenden Strafen sollten dem Strafrecht einer der im Tribunal vertretenen Nationen oder dem Heimatrecht des Beklagten entnommen werden.[76]

Das *High-Tribunal*, das die Strafgewalt der beteiligten alliierten Staaten vereinigt hätte, fasste man teilweise als ein echtes völkerrechtliches Gericht mit einer den besiegten Staaten übergeordneten Strafgewalt auf.[77] Die amerikanischen Delegierten hingegen wollten auch in der Frage der Gerichtsbarkeit den Bereich des positiven Völkerrechts nicht verlassen und bezweifelten die Rechtmäßigkeit dieser neu einzuführenden Strafgewalt.[78] Zwar waren sie grundsätzlich nicht gegen die Vereinigung zweier oder mehrerer nationaler Gerichte zu einem alliierten, welches aus der Souveränität der zu Gericht sitzenden Staaten abgeleitetes "internationales" Recht anwenden würde, aber dem, was sich die Kommissionsmehrheit unter dem interalliierten Tribunal vorstellte, konnten die amerikanischen Delegierten nicht zustimmen. Nicht nur, dass für die Errichtung eines internationalen Gerichts ein Präzedenzfall fehle, die Kommissionsmehrheit würde damit auch eine unzulässige Weiterentwicklung des Völkerrechts *ex post facto* betreiben. In den Vereinigten Staaten sei Voraussetzung jeder Strafgerichtsbarkeit die gesetzliche Festlegung einer Handlung als Straftatbestand, die gesetzliche Bestimmung der Strafe und der Gerichtsbarkeit. Was für die amerikanischen Staaten zutreffe, müsse auch für die losere Verbindung der Völkergemeinschaft gelten. Es gebe jedoch kein internationales Gesetz und keinen

---

[75] Ebenda, S. 176 f.

[76] Ebenda.

[77] Commission des Responsabilités des Auteurs de la Guerre et Sanctions, Séance du 13 Mars 1919, in: Recueil des Actes de la Conférence P.IV B (2), Fn. 46, S. 82 ff. (85); vgl. Larnaude/ de Lapradelle, Fn. 24, S. 154.

[78] Réserves formulées par la Délégation américaine, in: Recueil des Actes de la Conférence P.IV B (2), Fn. 46, S. 228 f.

internationalen Vertrag, der Kriegsrechtsverletzungen zu einem internationalen Verbrechen mache, eine Strafe und eine Gerichtsbarkeit bestimme.[79]
Die Kommissionsmehrheit konnte man wiederum nicht überzeugen. Diese war der Auffassung, dass nur ein internationaler, ein Weltgerichtshof die nötige Autorität besäße und diese vor der Weltöffentlichkeit ausstrahle, um auch eine Staatsführung auf die Anklagebank zu bringen.[80]

3.3.2 Die abschließenden Beratungen der Friedenskonferenz, insbesondere im "Rat der Vier"

Zwar war der Bericht der *Commission des Responsabilités des Auteurs de la Guerre et Sanctions* vom 29. März 1919 an ihre Auftraggeberin, die Friedenskonferenz, gerichtet, doch lag die eigentliche Entscheidung über die Bestimmungen des Friedensvertrages bei den Regierungschefs Frankreichs, Großbritanniens, Italiens und der Vereinigten Staaten, dem "Rat der Vier".[81] Ihre Ansichten sollen im Folgenden jedoch nur wiedergegeben werden, wenn sie sich von denen ihrer Vertreter in der Kommission unterscheiden.
Der britische Premierminister Lloyd George, nun unter dem Druck stehend, die Wahlversprechen einzuhalten, bedauerte vor allem, dass man in der Kommission gegen eine strafrechtliche Verfolgung der Kriegsurheber, insbesondere des Kaisers, votiert habe.[82] Auch die übrigen Völkerrechtsverletzungen müssten bestraft werden, wenn man wünsche, dass der Friedensvertrag und der Völkerbund kein Stück Papier blieben.[83]
Der amerikanische Präsident Wilson hingegen warnte davor, ein gefährliches Präzedenz der Siegerjustiz zu schaffen. Es müsse vermieden werden, dass die Geschichte ihnen einmal vorhalte, als Sieger über die Besiegten gerichtet zu haben und dabei Ankläger und Richter zugleich zu sein, ohne dass ein solches juristisches Prinzip zuvor Anerkennung gefunden habe.[84] Auch würde die Errichtung eines

---

79 Ebenda, S. 229; siehe auch: Mémoire de la Délégation américaine relative à la question de juridiction, 25 Février 1919, in: Recueil des Actes de la Conférence P.IV B (2), Fn. 46, S. 348 f.; Propositions de la Délégation américaine du 27 Février 1919, ebenda, S. 81.

80 Rapport de la Commission, in: Recueil des Actes de la Conférence P.IV B (2), Fn. 46, S. 176 f.; Troisième Sous-Commission, Séance du 4 Mars 1919, in: Recueil des Actes de la Conférence P.IV B (2), Fn. 46, S. 350 ff.; Rapport présenté à la Troisième Sous-Commission par le Comité de Rédaction, ebenda, S. 357 f.

81 Schwengler, Fn. 2, S. 106.

82 Mantoux, Paul: Les délibérations du Conseil des Quatre, Bd. 1: Jusqu'à la remise à la Délégation Allemande des conditions de paix, Bd. 2: Depuis la remise à la Délégation Allemande des conditions de paix jusqu'à la Signature du Traité de Versailles, Paris 1955 (zit.: Mantoux Bd.-Nr.), hier: Mantoux I, Dokument 16, S. 120 ff. (120).

83 Ebenda, S. 122.

84 Ebenda, S. 122 f.

internationalen Gerichtshofs eine individuelle Verantwortlichkeit unmittelbar nach Völkerrecht voraussetzen. Eine solche sei bislang aber nicht anerkannt.[85]
Der italienische Ministerpräsident Orlando wollte sogar entsprechend der bisherigen Praxis das Recht des Krieges nicht mehr in einem Vertrag zur Gestaltung des Friedens behandeln. Man könne allenfalls verlangen, dass Deutschland seine Kriegsverbrecher selbst aburteile.[86]
Präsident Wilson hatte erkannt, dass angesichts der divergierenden Auffassungen ein Kompromiss gefunden werden musste. Die Verhandlungen waren festgefahren und insbesondere Lloyd George würde dem öffentlichen Druck aus seinem Land kaum nachgeben können, zumal dieser sich der Unterstützung des französischen Ministerpräsidenten Clemenceau sicher sein konnte. Er verfasste daher einen Kompromissvorschlag, der daraufhin ohne große Veränderungen von seinen drei Kollegen unterzeichnet wurde.
Danach sollten die Verantwortlichen für Kriegsverbrechen von Militärgerichten zur Verantwortung gezogen werden. In Fällen, in denen mehrere Kriegführende geschädigt worden waren, sollten interalliierte Militärgerichte zuständig sein.[87] Auch setzte Wilson die amerikanische Auffassung durch, welche die Strafbarkeit von Verstößen gegen die Prinzipien der Menschlichkeit, aber auch von Unterlassungsdelikten ablehnte. In Bezug auf den Kaiser sah der Vorschlag vor, dass dessen Auslieferung von Holland zu fordern sei, um ihn vor ein Sondergericht zu stellen, das mit je einem Richter aus den fünf Hauptmächten Großbritannien, Frankreich, Italien, Japan und den Vereinigten Staaten zu besetzen sei. Er sei aber nicht wegen eines Verbrechens im Sinne der Strafgesetze anzuklagen, sondern wegen eines schweren Anschlags auf die internationale Moral und die Heiligkeit der Verträge. Die Strafe solle im Ermessen des Gerichts liegen, das sich bei der Urteilsfindung von den höchsten Grundsätzen der internationalen Politik leiten zu lassen habe.[88]
Während Lloyd George die Einschränkung bezüglich des strafrechtlichen Charakters des Tribunals als bedeutungslos ansehen konnte, da man in der Öffentlichkeit - und darauf kam es ihm zunächst einmal an - einem Verfahren vor einem mit fünf Richtern der Hauptmächte besetzten Tribunal eher strafrechtlichen als politischen Charakter zuschreiben würde, empfanden auch die Amerikaner diese Lösung nicht als Preisgabe ihrer Interessen. Schließlich habe ein amerikanischer Vorschlag die Zustimmung der Verbündeten erhalten und die Formulierung selbst weise auf den politischen Charakter des Verfahrens hin.[89] Schwer nachvollziehbar ist daher, dass Wilson bei den Beratungen über den vom

---

[85] Ebenda, S. 122.
[86] Mantoux I, Fn. 82, Dokument 25, S. 184 ff. (189 f.).
[87] Ebenda, Dokument 26, S. 195 ff. (195).
[88] Ebenda.
[89] Schreiben Lansings vom 10.04.1919 an Wilson, wiedergegeben in: Schwabe, Fn. 40, S. 514.

Redaktionskomitee der Friedenskonferenz ausgearbeiteten Entwurf der Strafbestimmungen dennoch dem Wunsch Lloyd Georges entsprach und der Streichung des Passus, dass die Anklage gegen den Kaiser nicht strafrechtlicher Art sei, zustimmte. Der britische Premierminister befürchtete, dass ansonsten der Eindruck in der Öffentlichkeit entstehen könne, Wilhelm II. habe keinerlei kriminelle Handlungen begangen.[90]

Lloyd George wandte sich auch gegen eine weitere Formulierung, nach der die Strafverfolgungsabsicht der Siegermächte damit gerechtfertigt wurde, dass die deutsche Regierung für die Bestrafung der Kriegsverbrecher nicht ausreichend Sorge getragen habe. Er befürchtete, diese Formulierung könne von Deutschland zur Umgehung der Auslieferungsverpflichtung benutzt werden, indem es Kriegsverbrecher vor eigene Gerichte stelle und nur einer nominellen Bestrafung zuführe.[91] Nach erfolgter Zustimmung der anderen Regierungschefs wurde auch dieser Passus gestrichen. Dies verhinderte jedoch nicht, dass sich die Befürchtungen des britischen Premierministers bewahrheiten sollten. Die Strafbestimmungen des Versailler Vertrages aber hatten nun ihre endgültige Form gefunden.

Hinzuweisen ist letztlich darauf, dass sich die Formulierung, nach der Wilhelm II. "wegen schwerster Verletzung des internationalen Sittengesetzes und der Heiligkeit der Verträge" öffentlich anzuklagen sei, nicht auf die Verursachung des Krieges, sondern allein auf die belgische und luxemburgische Neutralitätsverletzung bezog. Als der französische Ministerpräsident Clemenceau im "Rat der Vier" berichtete, die Belgier wollten nicht die Rolle des Anklägers im Prozess gegen Wilhelm II. übernehmen, stellte Präsident Wilson klar, dass sich diese Frage nicht stelle, da der Kaiser ausschließlich wegen Neutralitätsverletzung zur Verantwortung gezogen werden solle.[92] Auch spricht die englische Fassung des Friedensvertrages von <u>einer</u> schwersten Verletzung ("... <u>a</u> supreme offence ...").[93]

Insgesamt hatte sich die amerikanische Auffassung im "Rat der Vier" also erfolgreicher durchgesetzt als in den Kommissionsberatungen.

3.4 Die Auslieferungsproblematik

3.4.1 Die Auslieferung des Kaisers

Nachdem der Friedensvertrag von Versailles am 10. Januar 1920 in Kraft getreten war, ersuchten die Alliierten am 16. Januar die Regierung der Niederlande, Wilhelm II. zur Verurteilung auszuliefern. In der Note wurde ausdrücklich betont,

---

[90] Council of Four: Notes of a Meeting on May 1, 1919, in: Foreign Relations of the United States, The Paris Peace Conference V, Fn. 41, S. 389 ff. (389).

[91] Ebenda, S. 389 f.

[92] Mantoux I, Fn. 82, Dokument 37, S. 265 ff. (269).

[93] RGBl. 1919, S. 687 ff. (980).

dass es sich um eine politische Anklage handeln werde.[94] Die niederländische Regierung lehnte das Ersuchen jedoch mit dem Hinweis darauf ab, dass eine strafbare Handlung nach niederländischem Strafrecht nicht vorliege und die Niederlande am Friedensvertrag nicht beteiligt seien.[95] Sollte aber in der Zukunft durch den Völkerbund eine internationale Strafgerichtsbarkeit geschaffen werden, die befugt wäre, im Falle eines Krieges über Tatsachen Recht zu sprechen, die vorher durch ein Statut zu Verbrechen gestempelt und als solche sanktioniert worden wären, dann seien die Niederlande bereit, sich diesem universalen Völkerstrafrecht und einer internationalen Strafgerichtsbarkeit anzuschließen. Bis zu diesem Zeitpunkt aber sei man durch seine eigenen Gesetze und seine Tradition gebunden, nach der den in internationalen Konflikten Unterlegenen Asyl gewährt werde.[96]

Damit verhielt sich die niederländische Regierung rechtmäßig im Sinne des Völkerrechts, da man sich in der Auslieferungsfrage streng nach entsprechenden internationalen Verträgen richtete, in denen die Verbrechen, für deren Begehen die Beschuldigten ausgeliefert werden konnten, festgelegt sein mussten.[97] Kein Auslieferungsvertrag beinhaltete aber eine "schwerste Verletzung des internationalen Sittengesetzes und der Heiligkeit der Verträge", wegen der Wilhelm II. angeklagt wurde.[98]

Neben diesem völkerrechtlichen Aspekt war es aber auch die Uneinigkeit der Alliierten, welche die Niederlande in ihrer Auffassung bestärkte, den Kaiser nicht auszuliefern. Nicht zuletzt durch die Sondervoten der Vereinigten Staaten und Japans zum Friedensvertrag war man über die Meinungsverschiedenheiten innerhalb der Alliierten in der Auslieferungsfrage informiert. Dass schließlich der amerikanische Senat den Versailler Vertrag nicht ratifizierte und das italienische Parlament den Artikel 227 bei der Ratifizierung wegen Bedenken bezüglich dessen Rechtmäßigkeit außer Acht ließ[99], dürfte die niederländische Regierung ebenfalls entsprechend zur Kenntnis genommen haben.[100] Selbst in britischen Regierungskreisen bezweifelte man, dass Premierminister Lloyd George gut daran tat, an der Auslieferungsforderung festzuhalten, war Wilhelm II. doch Großenkel Königin Victorias und Cousin König Georgs V., sodass die königliche Familie im Falle der Auslieferung und der in England geplanten Verurteilung Wilhelms II.[101]

---

94 Berber, Fritz: Das Diktat von Versailles, Entstehung-Inhalt-Zerfall, Eine Darstellung in Dokumenten, 2 Bände, Essen 1939 (zit.: Berber Band-Nr.), hier: Berber II, Dokument 443, S. 1195 ff. (1196).

95 Ebenda, Dokument 444, S. 1196 ff. (1197).

96 Ebenda.

97 Vgl. Willis, Fn. 2, S. 101.

98 Ebenda.

99 The Times: The Times, London Newspaper Ltd., 12. September 1919, S. 9.

100 Vgl. Read, Fn. 14, S. 279.

101 Mantoux II, Fn. 82, Dokument 161, S. 511 ff. (513).

in eine prekäre Lage geraten wäre und ihr Ruf großen Schaden hätte nehmen können.[102]
Auch ein weiteres Auslieferungsersuchen der Alliierten vom 14. Februar 1920[103] änderte nichts an der Weigerung der niederländischen Regierung, den Kaiser auszuliefern. Sie verwies erneut darauf, dass sie das Versailler Abkommen nicht unterzeichnet habe und im Falle einer Auslieferung gegen nationales Recht sowie internationale Rechtsgrundsätze verstieße.[104] Die niederländische Regierung hatte zuvor ein Rechtsgutachten über die Auslieferungsfrage in Auftrag gegeben.[105] Dieses kam zu dem Ergebnis, dass die Ablehnung der Auslieferung auf die Bestimmungen des niederländischen Auslieferungsgesetzes vom 6. April 1875 sowie auf die mit Frankreich, Belgien, Großbritannien und den Vereinigten Staaten geschlossenen Auslieferungsverträge gestützt werden könne. Eine strafbare Handlung im Sinne dieser Bestimmungen liege nicht vor und für ein politisches Delikt sei die Auslieferung ohnehin ausgeschlossen.[106] Auch sei die Verletzung des internationalen Sittengesetzes als Straftatbestand nicht nur zu unbestimmt; sie dürfe darüber hinaus auch nicht erst nach dem Tatzeitpunkt für strafbar erklärt werden.[107] Angesichts der Tatsache, dass die Alliierten Anklage und Richter in einer Person wären, sei weiterhin die Unparteilichkeit des geplanten internationalen Gerichts nicht gewährleistet.[108] Damit nicht schon der erste im Namen der internationalen Rechtsordnung geführte Strafprozess gegen die höchsten Prinzipien des Rechts verstieße, sei die Auslieferung des Kaisers zu verweigern.[109]
Die Alliierten schienen sich der Aussichtslosigkeit ihrer Forderung bewusst geworden zu sein und diskutierten die Internierung des Kaisers in den niederländischen Kolonien wie den East Indies.[110] Auf alle Fälle sollte vermieden werden, dass sich der Kaiser nahe an Deutschland aufhalte, da man befürchtete, dass er dort zu leicht wieder politisch aktiv werden könne.[111] Die Niederlande gaben jedoch nur insofern nach, als dass Königin Wilhelmina den Kaiser am 16.

---

[102] Vgl. New York Times, 6. July 1919, S. 5.
[103] Berber II, Fn. 94, Dokument 445, S. 1198 ff.
[104] Zweite Antwortnote der niederländischen Regierung vom 2. März 1920, in: Berber II, Fn. 94, Dokument 446, S. 1201 ff. (1201).
[105] Simons, D.: L'Extradition de l'ex-Empereur d'Allemagne et la Hollande, in: JDI 46 (1919), S. 953 ff.
[106] Ebenda, S. 954, 956 f.
[107] Ebenda, S. 960 f.
[108] Ebenda, S. 958.
[109] Ebenda, S. 961.
[110] Sir R. Graham to Earl Curzon (Telegraphic), February 6, 1920, in: Documents on British Foreign Policy 1919-1939, First Series, Hrsg. von Rohan Butler u. a., Her Majesty's Stationery Office, London 1947-67, (zit.: British Foreign Policy Bd.-Nr), hier: British Foreign Policy IX, Dok. Nr. 604 (S. 662 f.).
[111] British Secretary's Notes of an Allied Conference held on Februry 12, 1920, in: British Foreign Policy VII, Fn. 110, Dok. Nr. 2 (S. 12 ff. (21 ff.)).

März 1920 als Gefahr für die öffentliche Ordnung in der Region Utrecht internierte.[112]
Die britische und französische Öffentlichkeit kritisierte, dass dem Recht in Bezug auf den Kaiser keine Geltung verschafft worden war und erwartete, dass die Alliierten den Kaiser wenigstens *in absentia* verurteilten.[113] Nachdem jedoch Deutschland seine Archive mit dem Ziel öffnete, den Versailler Vertrag zu diskreditieren, kamen tatsächlich Zweifel an der alleinigen Schuld der deutschen Staatsführung am Ausbruch des Ersten Weltkrieges auf. So schrieb Lloyd George in seinen Memoiren, dass Wilhelm II. nicht im Entferntesten daran gedacht habe, den Krieg auszulösen.[114]

3.4.2 Die Auslieferung der Kriegsverbrecher

Seit Mitte des Jahres 1919 bereitete man sich in Deutschland auf die Auslieferung der Kriegsverbrecher vor. Die Regierung errichtete eine Hauptstelle für die Verteidigung Deutscher vor feindlichen Gerichten. Diese sollte denjenigen, die befürchteten, wegen Kriegsverbrechen von den Alliierten vor Gericht gezogen zu werden, rechtlichen Beistand leisten.[115] Die Hauptstelle versuchte aber auch, eine Opposition gegen die Strafbestimmungen und ihre Ausführung zu schaffen.[116] Insbesondere Armeeangehörige planten für den Fall, dass die Regierung der Kriegsverbrechen beschuldigte Soldaten auslieferte, einen Umsturz derselben durch einen Militärstreich.[117] Die Regierung war in eine scheinbar ausweglose Situation geraten. Zum einen war sie gegenüber den Alliierten verpflichtet, die Bestimmungen des Friedensvertrages zu erfüllen, zum anderen benötigte sie die Armee zur Aufrechterhaltung der inneren Sicherheit, was die Auslieferung von Soldaten praktisch ausschloss.[118] Auf Regierungsebene wurde daher diskutiert, einen "Staatsgerichtshof" einzusetzen, der sich mit den Fragen der Schuld am Ausbruch und an der Führung des Krieges auseinandersetzen sollte. Damit sollte

---

[112] Königliches Dekret vom 16. März 1920, wiedergegeben in: British Foreign Policy VII, Fn. 110, Appendix 3 zu Dok. Nr. 64 (S. 552).

[113] Mérignhac, Alexandre: De la responsabilité pénale des actes criminels commis au cours de la guerre de 1914-1918, in: RDILC, Série 3, Tome I (1920), S. 34 ff.

[114] Lloyd George, David: War Memoirs, Bd. VI, London 1936, S. 3346 ff.

[115] Schreiben des Reichsministers des Auswärtigen vom 12.07.1919 an den Reichsfinanzminister, in: Erdmann, Karl Dietrich/Booms, Hans (Hrsg.): Akten der Reichskanzlei: Weimarer Republik. Das Kabinett Bauer: 21. Juni 1919 bis 27. März 1920, bearbeitet von Anton Golecki, Boppard am Rhein 1980 (zit.: Akten der Reichskanzlei, Das Kabinett Bauer), Dok. Nr. 41 (P. 2) und Anm. 3.

[116] Willis, Fn. 2, S. 113.

[117] Erger, Johannes: Der Kapp-Lüttwitz-Putsch, Ein Beitrag zur deutschen Innenpolitik 1919/20, Düsseldorf 1967, S. 26, 30, 43, 108 f.

[118] Ebenda, S. 78 f.

die Ablehnung von Strafverfahren der Alliierten diesen gegenüber gerechtfertigt werden.[119]
Die Alliierten wurden sich der schwierigen Lage der deutschen Regierung bewusst und befürchteten, dass ihr Zusammenbruch oder Sturz zu einem Wiederaufleben der Monarchie oder gar zu einer kommunistischen Revolution mit einer Machtübernahme durch die Bolschewiken führen würde.[120] Ministerpräsident Clemenceau war zeitweise sogar bereit, auf die Ausführung der Art. 228 bis 230 zu verzichten, wenn die Reparationsforderungen dafür um so großzügiger erfüllt würden. Er musste sich jedoch schnell dem Druck der französischen Öffentlichkeit beugen, die kurz vor den Präsidentschaftswahlen, für die Clemenceau kandidierte, nach einer strikten Durchsetzung der Strafbestimmungen des Versailler Vertrages rief.[121]
Eine *Commission on the Organization of Mixed Tribunals* begann im November 1919 Vorschläge hinsichtlich der Zusammensetzung und der Verfahrensweise der Militärgerichte zu entwerfen und stellte eine Auslieferungsliste zusammen, die hauptsächlich einer Addition der einzelnen nationalen Listen entsprach.[122] Dies erklärt die mit 1580 hohe Zahl der Auszuliefernden, die Lloyd George schockiert zur Kenntnis nahm und kritisierte.[123] Clemenceau hingegen war nach ausführlichen Überlegungen zu der Auffassung gelangt, dass eine Reduzierung der Liste unmöglich sei.[124] Auch der britische Solicitor-General Sir Ernest Pollock widersprach seinem Premierminister und behauptete, selbst wenn die Alliierten nicht auch nur eines Kriegsverbrechers habhaft würden, so sei die Liste für alle Zeit ein Zeugnis deutscher Brutalität.[125]
Die Uneinigkeit zwischen und selbst innerhalb der alliierten Staaten beflügelte den deutschen Widerstand gegen das Auslieferungsbegehren. Als deutsche Regierungsvertreter zur Erörterung der Ausführung des Friedensvertrages nach Paris kamen, führte der Präsident der deutschen Friedensdelegation von Versailles, von Lersner, aus, dass keine deutsche Regierung die Auslieferung ihrer Bürger an

---

[119] Vgl. die Protokolle der Kabinettssitzungen vom 18.07. und 16.08.1919, in: Akten der Reichskanzlei, Das Kabinett Bauer, Fn. 115, Dok. Nr. 28 (P. 2) und 49 (P. 7); Rede des Reichsministers des Inneren, David, am 28.07.1919 in: Verhandlungen der verfassungsgebenden Deutschen Nationalversammlung, Bd. 328, Berlin 1920, S. 1995 ff. (1997 ff.).
[120] Vgl. Telegram - General Nudant to Marshal Foch, August 1, 1919, in: Foreign Relations, The Paris Peace Conference VII, Fn. 41, S. 462; Notes of a Meeting of the Heads of Delegations held on September 15, 1919, in: British Foreign Policy I, Fn. 110, Dok. No. 57 (S. 685 ff. (699)).
[121] Willis, Fn. 2, S. 116 f., 119 f.; Schwengler, Fn. 2, S. 326.
[122] Willis, Fn. 2, S. 117.
[123] Secretary's Notes of an Anglo-French conference held on December 13, 1919, in: British Foreign Policy II, Fn. 110, Dok. No. 58 (S. 753 ff. (756)).
[124] Ebenda.
[125] Ebenda, S. 758.

ein ausländisches Gericht überleben würde und kein deutscher Beamter bereit sei, an der Auslieferung mitzuwirken. Da wiederum keine alliierte Regierung vollständig auf die Durchführung der Strafbestimmungen verzichten könne, sollte es Deutschland gestattet werden, alle seinen Staatsangehörigen vorgeworfenen Kriegsverbrechen vor eigenen Gerichten zu verhandeln.[126] Um dahin gehend guten Willen zu zeigen, verabschiedete die Nationalversammlung am 18. Dezember 1919 ein Gesetz, welches die ausschließliche Zuständigkeit des Reichsgerichts in Leipzig für diese Kriegsverbrecherprozesse begründete.[127]
Die *Commission on the Organization of Mixed Tribunals* konnte sich gegen die Stimmen Frankreichs und Belgiens zu einer Reduzierung der Auslieferungsliste auf immerhin noch 854 Personen durchringen. Von diesen reklamierten Großbritannien 100, Frankreich und Belgien je 334, Polen 53, Rumänien 41, Italien 29 und Jugoslawien 4, wobei einige Namen auf mehr als nur einer Liste auftauchten.[128] In der Überzeugung, dass französischer Widerstand keine weitere Reduzierung der Liste mehr zuließe und dass auch die minimierte Liste von Deutschland niemals akzeptiert werde, schlug Lloyd George dem neuen französischen Ministerpräsidenten Millerand vor, über den deutschen Vorstoß nachzudenken und Verfahren vor einem deutschen Gericht unter alliierter Aufsicht zuzulassen.[129] Millerand war zwar gewillt darüber nachzudenken, wollte aber erst das Auslieferungsgesuch stellen, um jedes Zeichen von Schwäche zu vermeiden.[130]
Am 3. Februar wurde von Lersner die Auslieferungsliste übergeben. Jener weigerte sich jedoch, die Liste nach Deutschland weiterzuleiten und erinnerte an seine Erklärung, kein deutscher Beamter, und somit auch er selbst nicht bereit sei, an der Auslieferung mitzuwirken.[131] Bevor von Lersner die Liste zurückgab, ließ er eine

---

[126] Vgl. von Lersner, Kurt: Die Auslieferung der deutschen Kriegsverbrecher, in: Zehn Jahre Versailles, Bd. I, Hrsg. von Heinrich Schnee und Hans Draeger, Berlin 1929, S. 15 ff. (22 f.); Deutsche Note vom 25. Januar 1920, in: Kraus, Herbert/Rödiger, Gustav: Urkunden zum Friedensvertrage von Versailles vom 28. Juni 1919, 2 Teile, Berlin 1920/21 (zit.: Kraus/Rödiger Bd.-Nr.), hier: Kraus/Rödiger II, Dok. Nr. 143 a (S. 942 ff.).

[127] Gesetz zur Verfolgung von Kriegsverbrechen und Kriegsvergehen vom 18. Dezember 1919, RGBl. 1919, S. 2125 f.

[128] Note des Präsidenten der Friedenskonferenz vom 03.02.1920 an den Vorsitzenden der deutschen Friedensdelegation, in: Verhandlungen der verfassungsgebenden Deutschen Nationalversammlung, Band 341, Berlin 1920, Aktenstück 2161, S. 2390 f.; einzelne Namen aufgeführt in: Mérignhac, A./Lémonon, E.: Le Droit des Gens et la Guerre de 1914-1918, Tome II, Paris 1921 (zit.: Mérignhac/Lémonon II), S. 593 ff.

[129] Lord Hardinge to Earl of Derby (Telegraphic), January 30, 1920, in: British Foreign Policy IX, Fn. 110, Dok. Nr. 570 (S. 621).

[130] Earl of Derby to Earl Curzon (Telegraphic), January 31, 1920, in: British Foreign Policy IX, Fn. 110, Dok. Nr. 575 (S. 626 f.).

[131] Note vom 03.02.1920, wiedergegeben in: von Lersner, Zehn Jahre Versailles I, Fn. 126, S. 15 ff. (25 f.).

Abschrift erstellen und nach Berlin telegrafieren.[132] Angesichts der Tatsache, dass sich unter den auszuliefernden Personen berühmte politische und militärische Persönlichkeiten befanden, Frankreich sogar die Auslieferung Hindenburgs und Belgien die des ehemaligen Reichskanzlers Bethmann Hollweg verlangte, war sich die deutsche Regierung in ihrer strikt ablehnenden Haltung parteiübergreifend einig.[133] Diese Einigkeit herrschte unter den Alliierten nicht, was deren Position in der Auslieferungsfrage nach der endgültigen Übergabe der Auslieferungsliste an Reichskanzler Bauer am 7. Februar 1920 weiter schwächen sollte und von der nicht zuletzt deshalb auf Zeit spielenden deutschen Regierung bereits im Vorfeld vorausgesehen wurde.[134] Der britische Premierminister hatte gar Verständnis für die deutsche Haltung, insbesondere in Bezug auf Hindenburg und Bethmann Hollweg. Er teilte dem französischen Ministerpräsidenten mit, dass die britische Regierung sehr überrascht gewesen sei, diese Namen auf der Liste zu entdecken. Man hätte doch wissen müssen, dass keine auch noch so niedergeschlagene Nation solche Persönlichkeiten ausliefern würde. Es sei unvorstellbar, dass die Alliierten als Antwort auf die zu befürchtende strikte Verweigerung Deutschlands womöglich erneut in den Krieg ziehen würden, um die Auslieferung Hindenburgs zu erzwingen.[135] Millerand musste nachgeben.[136]

Am 17. Februar 1920 teilten die Alliierten der deutschen Regierung mit, sie hätten davon Kenntnis genommen, dass Deutschland sich außerstande erkläre, den in Art. 228-230 des Friedensvertrages übernommenen Verpflichtungen nachzukommen. Die Alliierten sähen zudem in dem deutschen Vorschlag, Kriegsverbrecher vor eigene Gerichte zu stellen, einen Weg, der mit der Ausführung des Artikels 228 vereinbar sei. Auch habe man nicht die Absicht, die Verfahren unter alliierte Aufsicht zu stellen. Vielmehr behalte man sich das Recht vor, die Beschuldigten dann vor die eigenen Gerichte zu ziehen, wenn man zu der Auffassung gelangen sollte, dass eine gerechte Sühne der Verbrechen nicht stattfinde.[137]

Vor alliierten Militärgerichten sollten nach dem Ersten Weltkrieg keine Kriegsverbrecherprozesse stattfinden.

---

[132] von Lersner, Zehn Jahre Versailles I, Fn. 126, S. 15 ff. (26).

[133] Protokoll der Kabinettssitzung vom 04.02.1920, in: Akten der Reichskanzlei, Das Kabinett Bauer, Fn. 115, Dok. Nr. 160 (P. 2) sowie S. 574 Anm. 3.

[134] Stellungnahme des Reichskanzlers zur Auslieferungsfrage am 5. Februar 1920, ebenda, Dok. Nr. 161.

[135] British Secreteary's Notes of an Allied Conference held on February 12, 1920, in: British Foreign Policy VII, Fn. 110, Dok. No. 1 (S. 1 ff. (8 f.)).

[136] British Secreteary's Notes of an Allied Conference held on February 12, 1920, ebenda, Dok. No. 2 (S. 12 ff. (19)).

[137] Note Lloyd Georges vom 13.02.1920 an den Reichskanzler, in: Verhandlungen der verfassungsgebenden Deutschen Nationalversammlung, Band 341, Aktenstück Nr. 2161, S. 2391 f.

3.4.3 Die Verfahren vor dem Reichsgericht in Leipzig

Nachdem die Alliierten der Durchführung von Verfahren vor dem Reichsgericht zugestimmt hatten, lag es an der Reichsregierung, ihre Zusagen hinsichtlich der Strafverfolgung deutscher Kriegsverbrecher einzuhalten. Dazu mussten einige Grundsätze deutschen Strafrechts außer Kraft gesetzt werden.
Den Verfahren, die aufgrund der Beschuldigungen der Siegermächte stattzufinden hatten, durfte eine zwischenzeitlich erfolgte Gewährung von Straffreiheit durch Amnestie oder Begnadigung genauso wenig entgegenstehen wie eine Verjährung der Strafverfolgung oder ein früheres Verfahren in gleicher Sache. Außerdem wurde die Entscheidung über die Anklageerhebung der Reichsanwaltschaft entzogen und in die Hände des 1. Strafsenats des Reichsgerichts gelegt.[138] Damit wurde das Verfahren nicht nur entpolitisiert, die Reichsregierung konnte im Falle alliierter Beanstandungen auf die Unabhängigkeit des Reichsgerichts und die Unmöglichkeit eigener Einflussnahme verweisen.[139]
Der entsprechende Gesetzentwurf stieß zwar auf erhebliche juristische Bedenken, doch war die Mehrheit der Nationalversammlung bereit, diesen Preis für den Verzicht der Siegermächte auf die Auslieferung der Beschuldigten zu zahlen.[140]
Schließlich konnte der Oberreichsanwalt in den Fällen, in denen nach seiner Überzeugung kein genügender Anlass zur Anklageerhebung bestand, durch eine erneute Novellierung des Gesetzes über die Verfolgung von Kriegsverbrechen und Kriegsvergehen die Anberaumung einer Hauptverhandlung beantragen.[141] Der sonst übliche Einstellungsbeschluss der Anklagebehörde konnte nun öffentlichkeitswirksam als "Freispruch erster Klasse" durch Entscheidung des Reichsgerichts ergehen. Somit war es der Reichsregierung möglich, nicht nur der ausländischen, sondern auch der inländischen Kritik von vornherein den Wind aus den Segeln zu nehmen.

Die Alliierten bestimmten, dass zunächst 45 Personen angeklagt werden sollten und sandten eine entsprechende Liste nach Berlin (sog. "Erste Liste").[142] Bei der Zusammenstellung der Liste verzichtete man auf Namen wie Hindenburg und

---

[138] Gesetz zur Ergänzung des Gesetzes zur Verfolgung von Kriegsverbrechen und Kriegsvergehen vom 18.12.1919, RGBl. 1920, S. 341 ff.; vgl. Kahl, DJZ 25 (1920), Sp. 337-339.

[139] Vgl. Deutsche Note an Lloyd George vom 7. März 1920, in: Kraus/Rödiger II, Fn. 126, Dok. Nr. 143 d (S. 949 ff. (950)).

[140] Vgl. 149. Sitzung der Nationalversammlung vom 05.03. 1920, Nationalversammlung, Bd. 332, S. 4687 ff. (4694 ff.).

[141] Gesetz vom 12.05.1921 zur weiteren Ergänzung des Gesetzes zur Verfolgung von Kriegsverbrechen und Kriegsvergehen, in: RGBl. 1921, S. 508.

[142] Première liste des Personnes désignées par les Puissances alliées pour être jugées par la Cour suprême de Leipzig, in: British Foreign Policy VIII, Fn. 110, Appendix 11 zu Dok. No. 20 (S. 238 ff.).

Ludendorff und somit auf die Spitze der obersten Heeresleitung. Dies lässt sich dahin gehend interpretieren, dass sich die Siegermächte, anders als nach dem Zweiten Weltkrieg, noch nicht überwinden konnten, eine Staats- bzw. Kriegsführung schlicht als völkerrechtswidrig abzustempeln.

Nach Erhalt der Liste begann das Reichsgericht aber nicht mit der Anklageerhebung. Vielmehr erwiderte das Reichsjustizministerium, dass das beigebrachte alliierte Beweismaterial nicht einmal ausreiche, in auch nur einem Fall das Verfahren zu eröffnen.[143] Dem mussten sogar die Rechtsexperten der Alliierten zustimmen[144], doch gestaltete sich die Sammlung von Beweismaterial äußerst schwierig. Die Begehung der Taten lag schon mehrere Jahre zurück und Täter wie auch Zeugen waren oft schon verstorben. Von den Briten abgesehen zeigten die Alliierten zudem wenig Einsatzbereitschaft bei dem Herbeischaffen von Beweismaterial.[145] So fand das erste Verfahren wegen Kriegsverbrechen vor dem Reichsgericht in Leipzig nicht nur erst im Januar 1921 statt, es war darüber hinaus kein auf alliierter, sondern auf deutscher Initiative beruhendes Verfahren.[146]

Die Alliierten stellten den Deutschen ein Ultimatum von drei Tagen, bis zu dessen Ablauf die Bereitschaft, die Vertragsbedingungen zu erfüllen, deutlich gemacht werden sollte.[147] Als Deutschland versuchte, Zeit zur Vorbereitung der Prozesse zu gewinnen, wurden einige Städte entlang der Ruhr besetzt.[148] Dies erzielte seine Wirkung und am 23. Mai 1920 wurde als Erstes ein von den Briten unterbreitetes Verfahren eröffnet. Von den sieben in diesem Verfahren der Misshandlung von Kriegsgefangenen beschuldigten Personen wurden vier angeklagt und nur drei von ihnen zu wenigen Monaten Freiheitsstrafe verurteilt.[149] Die Strafen waren sehr mild, milder sogar als die in den auf deutsche Initiative zurückgehenden Verfahren.[150]

Milde Strafen, Freisprüche und Verfahrenseinstellungen sollten auch für die übrigen Verfahren kennzeichnend sein. Die auf belgische und französische Initiative zurückgehenden Verfahren sollten dazu noch von chaotischen

---

[143] Erdmann, Karl Dietrich/Booms, Hans (Hrsg.): Akten der Reichskanzlei: Weimarer Republik. Das Kabinett Müller I: 27. März 1920 bis 21. Juni 1920, bearbeitet von Martin Vogt, Boppard am Rhein 1971 (zit.: Akten der Reichskanzlei, Das Kabinett Müller I), Dokument Nr. 77 P.1 (Kabinettssitzung vom 3. Mai 1920).

[144] Minutes of a Sub-Conference at Spa, July 9, 1920, in: British Foreign Policy VII, Fn. 110, Dok. Nr. 54 (S. 500 ff.).

[145] Ebenda.

[146] Kaul, Friedrich Karl: Die Verfolgung deutscher Kriegsverbrecher nach dem ersten Weltkrieg, in: Zeitschrift für Geschichtswissenschaft 1966, S. 19 ff. (31).

[147] British Stenographer's Verbatim Note of an Allied Conference on March 3, 1921, in: Britisch Foreign Policy XV, Fn. 110, Dok. Nr. 31 (S. 257 ff. (265)).

[148] Vgl. Allied Note to the German Government, May 5, 1921, ebenda, Appendix 2 zu Dok. Nr. 85 (S. 579 f.) sowie Dok. Nr. 30 (S. 246 ff. (257)).

[149] Willis, Fn. 2, S. 132 f.

[150] Kaul, Zeitschrift für Geschichtswissenschaft 1966, Fn. 146, S. 19 ff. (32).

Umständen begleitet werden. In- und außerhalb des Gerichtssaals wurden Zeugen der Opfer verspottet und Entlastungszeugen bejubelt.[151] Von sechs Beschuldigten, gegen die es zur Verfahrenseröffnung kam, wurde nur einer verurteilt.[152] Die belgischen und französischen Beobachterkommissionen verließen Leipzig unter Protest und man forderte die Rückkehr zur Durchsetzung der Strafbestimmungen in ihrem eigentlichen Sinne.[153] Der französische Ministerpräsident Briand behauptete, dass die Verhandlungen von empörender Parteilichkeit geprägt seien und bezeichnete sie als Justizparodie und Skandal.[154] Neutrale und britische Beobachter waren dagegen der Auffassung, die Franzosen hätten überreagiert und das Gericht sei juristisch korrekt vorgegangen.[155] Der Vorsitzende der britischen Beobachterdelegation in Leipzig, Pollock, erklärte, dass nach seinem Eindruck das Reichsgericht bemüht gewesen sei, die Wahrheit ans Licht zu bringen, und dass trotz möglicher Zweifel an der Angemessenheit der Urteile die Aufrichtigkeit des Reichsgerichts nicht in Frage gestellt werden könne. Der letztlich erzielte moralische Effekt der Verurteilungen würde deren Milde überwiegen.[156] Die britische Beobachterkommission war daher nicht bereit, sich der französischen Bitte entsprechend ebenfalls aus Leipzig zurückzuziehen.[157] Zwar wurde auf Drängen der Franzosen eine *Inter-Allied Commission on the Leipzig Trials* gegründet, welche die Verfahren vor dem Reichsgericht als höchst unbefriedigend deklarierte und die Auslieferung der Beschuldigten forderte[158], doch ohne Erfolg. Um die Franzosen zu beruhigen, wurde im Frühjahr 1922 ein von ihnen wegen absichtlicher Vernachlässigung von verletzten Kriegsgefangenen beschuldigter Arzt angeklagt. Dass die Franzosen die Wiederaufnahme der Verfahren vor dem Reichsgericht ignorierten und keinen der 14 angeforderten Belastungszeugen nach Leipzig entsandten, ging mit einem weiteren Freispruch einher[159]. Es wurde vermutet - und die mangelnde Mitwirkung der Franzosen unterstreicht dies -, die französische Regierung sei an einer konsequenten Durchführung der Leipziger Prozesse nicht interessiert gewesen, da sie einen entsprechenden Misserfolg als

[151] The Times, Fn. 99, 7 July 1921, S. 9, Spalte 2; 13 June 1921, S. 9, Spalte 1.

[152] Willis, Fn. 2, S. 134.

[153] "Belgique - Criminels de guerre allemande - Jugements de la Cour de Leipzig - Protestations - Dessaisissement", in: JDI 48 (1921), S. 772 f.

[154] Déclaration de M. A. Briand, in: JDI 48 (1921), S. 442 ff. (445).

[155] Vgl. Libal, Gisela: Aspekte der britischen Deutschlandpolitik 1919-1922, Göppingen 1972, S. 184; Wiedersum: Betrachtungen aus Anlaß des Prozesses Stenger-Crusius von Mr. van Slooten, in: Zeitschrift für Völkerrecht 12 (1922-23), S. 174 ff. (178 ff.).

[156] Vgl. Pollock in der Einleitung zu Mullins, Claud: The Leipzig Trials, London 1921, S. 5 ff. (10 ff.).

[157] Willis, Fn. 2, S. 137.

[158] Commission du Conseil suprême des Puissances alliées: Résolutions de la Commission du Conseil suprême des Puissances alliées du 7. Janvier 1922, in: JDI 48 (1921), S. 1077 ff.

[159] The Times, London: Newspaper Ltd., 4 July 1922, S. 9; von Stosch, S. 209 ff.

Druckmittel gegen Deutschland habe nutzen wollen. Ihr sei vielmehr daran gelegen gewesen, die Erfüllung der Reparationsforderung nachdrücklicher fordern zu können und Deutschland beziehungsweise das Ruhrgebiet zu besetzen, um es sich wirtschaftlich zunutze zu machen.[160] Die britische und italienische Regierung waren jedoch eher der Ansicht, dass es Zeit sei, die Verfolgung von Kriegsverbrechern in Vergessenheit geraten zu lassen, und dem Wunsch der Bevölkerung entsprechend, zu einer Normalisierung der Beziehungen zurückzukehren.[161] Zwar führten Franzosen und Belgier noch Verfahren in Abwesenheit der Angeklagten durch[162], vor dem Reichsgericht in Leipzig fand jedoch kein auf alliierte Initiative zurückgehender Kriegsverbrecherprozess mehr statt.

Eine Entscheidung des Reichsgerichts soll hier kurz dargestellt werden, da sie wegen der Berufung des Gerichts unmittelbar auf das Völkerrecht und der Beachtung des höheren Befehls als Schuldausschließungsgrund einen Präzedenzfall für Kriegsverbrecherprozesse in der Neuzeit bildet. Es handelt sich um den Fall *Llandovery Castle.* Großbritannien beschuldigte den Kommandanten des U-Bootes 86, Kapitänleutnant Patzig, der Versenkung des Lazarettschiffs *Llandovery Castle* und der anschließenden Versenkung der Rettungsboote. Patzig stand an erster Stelle der "Ersten Liste", war jedoch flüchtig. Es kam aber zur Anklage der beiden Wachoffiziere Dithmar und Boldt.[163]

Am 27. Juni 1918 wurde die entsprechend dem 10. Haager Abkommen betreffend die Anwendung der Grundsätze des Genfer Abkommens auf den Seekrieg als Lazarettschiff gekennzeichnete *Llandovery Castle* ohne Warnung torpediert. Als die Vernehmung der in die Rettungsboote geflüchteten Offiziere und Mannschaften ergab, dass die *Llandovery Castle* entgegen der Auffassung Patzigs keine Munition an Bord gehabt hatte und somit nicht gegen völkerrechtliche Bestimmungen verstieß, beschloss Patzig die Tatzeugen zu vernichten, um dem Reich die zu erwartenden völkerrechtlichen Schwierigkeiten zu ersparen. Patzig gab die notwendigen Befehle und zwei Rettungsboote wurden unter der Beobachtung der beiden Angeklagten versenkt, während ein drittes entkommen konnte und seine Insassen von einem britischen Kriegsschiff aufgenommen wurden.[164]

---

[160] Orde, Anne: Great Britain and International Security, 1920-1926, London 1978, S. 9 ff.

[161] Libal, Fn. 155, S. 184; Mullins, Claud: The Leipzig Trials, London 1921, S. 23.

[162] Vgl. Note der Botschafterkonferenz an den deutschen Botschafter in Paris vom 23. August 1922, in: Berber II, Fn. 94, Dok. Nr. 456, S. 1217 ff. (1219).

[163] Mullins, Fn. 161, S. 107 f.

[164] Urteil gegen die Angeklagten Dithmar und Boldt, in: Weißbuch enthaltend Abdrucke der vom Reichsgericht auf Grund der Gesetze vom 18. Dezember 1919 / 24. März 1920 erlassenen Urteile, in: Verhandlungen des Reichstags, I. Wahlperiode 1920, Anlagen zu

Das Reichsgericht stellte fest, dass die Beschießung der Boote gegen das Völkerrecht verstieß, da sich aus Art. 23c der Haager Landkriegsordnung ergebe, dass die Tötung wehrloser Feinde nicht gestattet ist. Diese Überschreitung der völkerrechtlichen Grenzen der Kriegsführung sei strafbar, sofern im Übrigen der Tatbestand einer strafbaren Handlung - in diesem Falle des Totschlags - gegeben sei.[165] Weiterhin führte das Reichsgericht aus, "muss dem Täter die Völkerrechtswidrigkeit seines Tuns bewusst sein".[166] Diese Formulierung lässt darauf schließen, dass die Rechtswidrigkeit direkt nach Völkerrecht beurteilt und ein entsprechendes Unrechtsbewusstsein gefordert wurde.[167] Angesichts der Einfachheit und allgemeinen Bekanntheit dieser völkerrechtlichen Regel müsse sich Patzig der Völkerrechtswidrigkeit seines Tuns bewusst gewesen sein, so dass die Tat als strafbarer Totschlag qualifiziert wurde.[168] Hinsichtlich der angeklagten Untergebenen Patzigs stellte das Reichsgericht fest, dass die beiden Wachoffiziere durch Beobachten der Rettungsboote das Schießen willentlich und wissentlich unterstützt und gefördert sowie durch ihr Ausschauen einer anderweitigen Gefährdung des U-Boots vorgebeugt hätten und somit das Vorgehen ihres Kommandanten Patzig erst ermöglichten.[169]

Das Reichsgericht prüfte, ob Dithmar und Boldt nicht straffrei bleiben mussten, weil sie aufgrund höheren Befehls gehandelt haben. Zugunsten der militärischen Untergebenen sei nämlich davon auszugehen, dass sie zu einer Nachprüfung der Befehle ihrer Vorgesetzten nicht verpflichtet sind, sondern vielmehr mit ihrer Rechtmäßigkeit rechnen dürfen. Diese Vertrauenslage fehle aber, wenn sich der Befehl offenkundig und für jedermann erkennbar als rechtswidrig darstellt. Ein solcher, nach Auffassung des Gerichts selten vorkommender Ausnahmefall wurde in Bezug auf die Angeklagten Dithmar und Boldt bejaht und somit die Berufung auf höheren Befehl aus tatsächlichen Gründen abgelehnt.[170]

Die durch das Unterordnungsverhältnis begründete Zwangslage bewertete das Gericht als strafmildernden Umstand und verurteilte die beiden Angeklagten am 16. Juli 1921 wegen Beihilfe zum Totschlag zu je vier Jahren Gefängnis.[171] Im

---

den Stenographischen Berichten, Bd. 368, Aktenstück Nr. 2584, S. 2542 ff. (S. 2579 ff. (2580 ff.)).

[165] Ebenda, S. 2585.

[166] Ebenda.

[167] Vgl. Jescheck, Fn. 64, S. 66.

[168] Verhandlungen des Reichstags I, Fn. 164, S. 2585.

[169] Ebenda, S. 2585 f.

[170] Ebenda, S. 2586; Vgl. S. 2556 f. für das auf Freispruch lautende Urteil des Reichsgerichts gegen den Kapitänleutnant Karl Neumann. Der Freispruch wurde damit begründet, dass Neumann den Befehl zur Versenkung des Lazarettschiffs *Dover Castle* in zulässiger Weise als rechtmäßig angesehen hat. Anders als im Fall *Llandovery Castle* wurde das Lazarettschiff von zwei Kriegsschiffen begleitet.

[171] Verhandlungen des Reichstags I, Fn. 164, S. 2579 f.

Jahre 1928 wurde dieses Urteil in einer unveröffentlichten Entscheidung aufgehoben und in einen Freispruch umgewandelt.[172] Der gewaltsame Tod von 234 unter dem Schutz des Roten Kreuzes stehenden Menschen blieb somit ungesühnt.
Nicht weniger aussagekräftig ist die von der Reichsanwaltschaft gezogene Bilanz der Tätigkeit des Reichsgerichts in den Leipziger Kriegsverbrecherprozessen. Aufgrund der alliierten Auslieferungsliste waren 907 Verfahren anhängig gewesen. Davon wurden neun durch Urteil abgeschlossen, wobei das Urteil in vier Fällen auf Freiheitsstrafe und in fünf Fällen auf Freispruch lautete. Alle übrigen Verfahren wurden eingestellt. Von den 728 auf deutsche Initiative zurückgehenden Verfahren endeten drei mit Verurteilung zu Freiheitsstrafen von bis zu fünf Jahren; alle übrigen ebenfalls mit Einstellung.[173]

3.5 Bewertung

Die Kriegsverbrecherjustiz nach dem Ersten Weltkrieg scheiterte praktisch an der Auslieferungsfrage. Hätten die Alliierten einen auch nur annähernd begehbaren Weg gefunden, der der Kriegsverbrechen beschuldigten Personen habhaft zu werden, dann wäre ihre Zustimmung zu den Prozessen vor dem Reichsgericht kaum erfolgt.[174]
Dass die Anzahl der Anklagen die der Prozesse beim Internationalen Kriegsverbrechertribunal für das ehemalige Jugoslawien in Den Haag weit übersteigt, verdeutlicht, dass die Auslieferungsfrage bis heute eines der zentralen Probleme des Völkerstrafrechts darstellt. Bei der Durchsetzung des letzteren ist sie als das entscheidende und unumgehbare Hindernis einzustufen. An dieser Feststellung ändern die Strafverfahren vor dem Internationalen Militärgerichtshof von Nürnberg nichts, da sich nach dem Zweiten Weltkrieg die Auslieferungsfrage aufgrund der alliierten Territorialgewalt nicht stellte.
Bei genauerer Betrachtung kommen Zweifel auf, ob die Verfahren vor dem Internationalen Sondergerichtshof nach Art. 227 und dem Internationalen Militärgerichtshof gemäß Art. 229 des Versailler Vertrages erfolgreich durchgeführt worden wären, wenn die Alliierten der von ihnen beschuldigten Personen habhaft geworden wären. Es muss angenommen werden, dass das alliierte Richtergremium bei der von diesem noch vorzunehmenden inhaltlichen Konkretisierung der unbestimmten Rechtsbegriffe, wie die "internationalen Sittengesetze" oder die "Grundsätze der internationalen Politik", genauso schwer zu einer Einigung gekommen wäre wie die Delegierten der Friedenskonferenz bei

---

[172] Willis, Fn. 2, S. 146.
[173] Verhandlungen des Reichstags I, Fn. 164, S. 2542 ff.; vgl. Kaul, Fn. 146, S. 31 f.; Berber II, Fn. 94, S. 1216 ff.
[174] Vgl. von Puttkamer, Ellinor: Die Haftung der politischen und militärischen Führung des Ersten Weltkriegs für Kriegsurheberschaft und Kriegsverbrechen, in: ArchVR (I) 1948/49, S. 424 ff. (447).

der Formulierung der Strafbestimmungen selbst. Die Möglichkeit, mit schwammigen Formulierungen eine Entscheidung, beispielsweise im Konflikt zwischen den Befürwortern eines Strafverfahrens und denen eines politischen Verfahrens gegen den Kaiser, zu umgehen oder zu vertagen, wäre dann nicht mehr gegeben. Ob, wann und wie der Sondergerichtshof mit der Aufgabe fertig geworden wäre, das von ihm anzuwendende Recht selbst zu schaffen, lässt sich schwer beantworten. Es spricht jedoch vieles dafür, dass der Sondergerichtshof, wie auch der Internationale Militärgerichtshof nach Art. 229 des Vertrages, nicht mehr die nötige Unterstützung erhalten hätte. Schon bei Inkrafttreten des Versailler Vertrages war der Wunsch zu einer Rückkehr zu normalen Beziehungen vorhanden. Hinzu kamen die zunehmenden Schwierigkeiten bei der Sammlung von Beweismaterial sowie bei der Auffindung von Tätern und Zeugen[175]. Die Tatsache, dass der amerikanische Senat den Versailler Vertrag insgesamt und das italienische Parlament den Artikel 227 nicht ratifizierten, mag zu der Annahme verleiten, die verbleibenden Richter hätten sich leichter auf das anzuwendende Recht geeinigt. Doch abgesehen davon, dass auch Großbritannien, Frankreich und Japan bei den Beratungen zum Friedensvertrag oft unterschiedlicher Auffassung waren, hätte das Fernbleiben amerikanischer und italienischer Richter sicherlich zu einem Autoritätsverlust des Sondergerichts nach Art. 227, aber auch des Internationalen Militärtribunals nach Art. 229 des Friedensvertrages geführt. Ein solcher Autoritätsverlust wurde von deutscher Seite schon vor Inkrafttreten des Friedensvertrages vorhergesehen und man war entschlossen, diesen zum eigenen Vorteil auszunutzen.[176]

Dazu kommt, dass die aus Deutschland stammende Kritik am Friedensvertrag, die sich trotz anderer und in größerem Umfang die Souveränität Deutschlands einschränkender Regelungen auf die Strafbestimmungen konzentrierte[177], in den Sachfragen teilweise auch im Ausland geteilt wurde. In ihrer Note vom 23. Juni 1919 über die vorbehaltlose Annahme der Friedensbedingungen warf die deutsche Regierung den Alliierten vor, dass diese mit den Strafbestimmungen ausschließlich den Zweck verfolgten, dem deutschen Volk seine Ehre zu nehmen.[178] Weiterhin wurde kritisiert, dass die "Schmachparagraphen" das deutsche Volk vor aller Welt

---

[175] Vgl.: Brügel, J. W.: Das Schicksal der Strafbestimmungen des Versailler Vertrages, in: Vierteljahreshefte für Zeitgeschichte, S. 263 ff. (267); Draeger, Hans: Die internationale Erörterung der Kriegsschuldfrage, in: Zehn Jahre Versailles, I. Bd., Hrsg. von Heinrich Schnee und Hans Draeger, Berlin 1929, S. 51 ff. (71).

[176] Vgl. Schwengler, Fn. 2, S. 270 Anm. 164.

[177] Kaul, Fn. 146, S. 21.

[178] Deutsche Note vom 23. Juni 1919 über die vorbehaltlose Annahme der Friedensbedingungen, in: Kraus/Rödiger I, Fn. 126, Dok. Nr. 78 (S. 669 f.); vgl. Stellungnahme des Oberreichsanwalts Ebermayer in: Ebermayer, Ludwig: 50 Jahre Dienst am Recht, Leipzig/Zürich 1930, S. 190 f.

als verbrecherisch brandmarken und einer Siegerjustiz Vorschub leisten würden.[179] Dass Richter und Ankläger in einer Person vereint seien, müsse tiefstes Misstrauen gegenüber der zu erwartenden Rechtsprechung hervorrufen. Die Strafbestimmungen entbehrten jeder Rechtsgrundlage, da das seinerzeit geltende Völkerrecht keine Strafsanktionen gekannt habe und kein Gesetz eines der beteiligten Staaten die Verletzung des internationalen Sittengesetzes oder den Bruch von Verträgen mit Strafe bedrohte. Aus diesem Grund müsse ein Ausnahmegericht geschaffen werden, dessen Urteilsgrundlage ein mit rückwirkender Kraft geschaffenes Ausnahmestrafgesetz sei.[180]
Auch im Ausland und nicht zuletzt in den Ländern der alliierten und assoziierten Mächte wurde der Versailler Friedensvertrag mit seinen Strafbestimmungen kritisiert. Ein Staat, der unnötig einen Krieg provoziere und mit ebenso unnötiger Härte führe, müsse zwar bestraft werden, aber es sei falsch, daraus schlusszufolgern, dass jede erdenkliche Strafe, die einem bezwungenen Staat auferlegt werden könne, auch auferlegt werden müsse. Eine solch kurzsichtige Verfahrensweise stelle eine unnötige Härte dar, die früher oder später in einer weiteren kriegerischen Auseinandersetzung ende.[181] Zu einer solchen unnötigen Provokation gehöre auch die Kriegsschuldklausel des Art. 231 des Versailler Vertrages, Grundlage auch der Strafbestimmungen.[182] Historiker aus aller Welt seien sich darüber im Klaren, dass dieses Urteil des Vertrages, wonach Deutschland und seine Verbündeten alleine für den Kriegsausbruch verantwortlich sind, auf historisch nicht zutreffender Grundlage beruhe und daher revidiert werden müsse.[183] Auch durch den Hinweis der Alliierten, mit den Strafbestimmungen des Vertrages völkerrechtliche Rechtsfortbildung betreiben zu wollen, seien die Forderungen nach Auslieferung und Bestrafung nicht aufrechtzuerhalten. Eine solche Rechtsfortbildung sei nur unter dem Gesichtspunkt der Prävention vertretbar. Angesichts ihrer Unbestimmtheit, nicht zuletzt hinsichtlich des Strafmaßes, seien die Strafbestimmungen des Vertrages zur

---

179 Bemerkungen der deutschen Friedensdelegation zu den Friedensbedingungen, in: Kraus/Rödiger I, Fn. 126, Dok. Nr. 60 a I (S. 437 ff. (504 ff.)); Kaul, Fn. 146, S. 22; von Lersner, Zehn Jahre Versailles I, Fn. 126, S. 18 f.

180 Bemerkungen der deutschen Friedensdelegation zu den Friedensbedingungen, in: Kraus/Rödiger I, Fn. 126, Dok. Nr. 60 a I (S. 437 ff. (504 ff.)); von Lersner, Zehn Jahre Versailles I, Fn. 126, S. 15 ff. (19); vgl. Widmann, Berthold: Die Anklage gegen Deutschlands Kriegsführung, in: Zehn Jahre Versailles I, Fn. 126, S. 81 ff. (102).

181 Cadoux, C. J.: The Punishing of Germany after the War of 1914-1918, in: The Hibbert Journal 43, S. 107 ff. (108).

182 Ebenda, S. 113.

183 Fay, Sidney Bradshaw: The Origins of the World War, Bd. I, New York 1929, Vorwort und S. 1 ff.

Rechtsfortbildung gänzlich ungeeignet.[184] Die Zusammensetzung des Richtergremiums lasse vielmehr befürchten, dass die Strafen in eigener Sache verhängt würden und somit keineswegs geeignet seien, Handlungen für die Zukunft als unzulässig festzulegen. Die Urteile seien allenfalls vom Vergeltungsprinzip her zu rechtfertigen.[185] Vor allem die Tatsache, dass mit den Strafbestimmungen des Versailler Vertrages eine Siegerjustiz geschaffen worden sei, mit der weder das geschlagene Deutschland noch die neutralen Niederlande zu kooperieren bereit sein konnten, sei eine Ursache für den Misserfolg und stelle den Wert der Pariser Vereinbarungen sehr in Frage.[186] Den Kaiser wegen der Verletzung des internationalen Sittengesetzes vor ein Gericht zu ziehen, welches auf Grundlage der Grundsätze der internationalen Politik urteilen sollte, beraube nicht nur den Angeklagten seiner Verteidigungsmöglichkeiten, die ihm ein auf Rechtsgrundsätzen beruhender Prozess sichern würde. Ein solches Vorgehen öffne auch dem Makel der Siegerjustiz in weit größerem Ausmaß Tür und Tor als eine Anklage, die sich zumindest auf einige Grundsätze des Rechts stützen könne. Es sei daher besser gewesen, wenn man in den Beratungen der "großen Vier" den Empfehlungen des Kommissionsberichts gefolgt wäre und den Kaiser wegen Verletzungen der Gesetze und Gebräuche des Krieges angeklagt hätte. Mit einer solchen Vorgehensweise hätte man die relativ klaren kriegsrechtlichen Standards der Haager Konventionen zur Rechtsgrundlage gemacht und sich nicht dem Vorwurf des *ex post facto*-Charakters der Anklage ausgesetzt.[187]

Die vorstehend dargestellte Kritik an den Strafbestimmungen des Versailler Vertrages trifft durchaus zu. Ein Strafgericht nachträglich als Ausnahmegericht einzusetzen, beinhaltet einen nach grundlegendstem Rechtsverständnis unauflösbaren Widerspruch.

Dazu kommt, dass sich das Rechtsbewusstsein hinsichtlich des freien Kriegsführungsrechts zwar in Bewegung befand, ein völkerrechtliches Verbot des letzteren gab es zu Beginn des Ersten Weltkrieges aber noch nicht. Genauso wenig anerkannt war eine Haftung für Kriegsverbrechen über die unmittelbaren Täter, Mittäter und Anstifter hinaus[188]. Doch die Einsicht, dass die entsprechenden und begrüßenswerten Fortschritte nur über einen Konsens in der Völkergemeinschaft, wie zum Beispiel innerhalb des Völkerbundes, entstehen konnten, herrschte offensichtlich nicht vor. Stattdessen wurde mit der Aufnahme der Strafbestimmungen in den Versailler Friedensvertrag und gegen den Widerstand selbst innerhalb der Siegermächte des Ersten Weltkrieges sehenden Auges gleich

[184] Lundstedt, Vilhelm: Die Auslieferungsforderung der Entente nach strafrechtlichen Gesichtspunkten, in: DJZ 25 (1920), Sp. 241 ff. (244).

[185] Ebenda, Sp. 245.

[186] Willis, Fn. 2, S. 86.

[187] Ebenda, S. 80 f.

[188] Von Puttkamer, Fn. 174, S. 427.

ein neuer Unruheherd geschaffen, obwohl Friedensverträge bisher zumindest die Intention hatten, Konfliktpotenzial zu bewältigen oder in positivem Sinne in Vergessenheit geraten zu lassen.

Insgesamt ist festzuhalten, dass nach dem Ersten Weltkrieg eine Gelegenheit vertan wurde, das Völkerstrafrecht einen entscheidenden Schritt voranzubringen. Es wäre durchaus möglich gewesen, die Bestrafung von Kriegsverbrechen zu einem permanenten Bestandteil internationaler Beziehungen werden zu lassen. Erfolg versprechende Wege wurden von den verschiedenen Seiten aufgezeigt. Es kann daher als folgenschweres Versäumnis betrachtet werden, dass die Vorschläge nicht entsprechend gewürdigt wurden, einen internationalen Strafgerichtshof als Bestandteil des Völkerbundes zu schaffen oder zumindest einen neutralen, unter Einbeziehung alliierter Kriegsverbrecher auf die Kriegsverbrechen des Ersten Weltkrieges beschränkten Gerichtshof zu errichten[189].
Den Zweiten Weltkrieg hätte ein internationaler Strafgerichtshof nicht verhindern können. Es lässt sich jedoch nicht ausschließen, dass ein solcher dem Krieg seine Härte genommen hätte. Zumindest aber hätte er dazu beigetragen, dass nach dem Zweiten Weltkrieg nicht erst viel Zeit vergehen musste, bis die Errichtung eines ständigen internationalen Strafgerichtshofs nicht nur ausgehend vom Rechtsempfinden befürwortet, sondern auch als rechtmäßig anerkannt wurde.

---

[189] Bemerkungen der deutschen Friedensdelegation zu den Friedensbedingungen, in: Kraus/Rödiger I, Fn. 126, Dok. Nr. 60 a I (S. 437 ff. (504 ff.)); vgl. Ablehnung dieses Vorschlags durch die Antwort der Alliierten und Assoziierten Mächte vom 16. Juni 1919, a) Mantelnote, ebenda, Dok. Nr. 64 a (S. 555 ff.), insbesondere b) Denkschrift, Dok. Nr. 64 b, Abschnitt II (S. 574 ff. (S. 620 ff.)).

4. Kapitel: Die wissenschaftliche Entwicklung zwischen den Weltkriegen

Während zu Beginn des Ersten Weltkriegs den Staaten das freie Kriegsführungsrecht noch zugebilligt wurde, erfuhr die Rechtslage in der Zeit zwischen den Weltkriegen einen Wandel. Es gelang zwar nicht, den völkerrechtswidrigen Krieg rechtsverbindlich mit strafrechtlichen Sanktionen zu bedrohen, wie es der Kommissionsbericht zum Versailler Vertrag angeregt hatte, doch nahm dieses Problem seinen Platz in der internationalen wissenschaftlichen Diskussion ein.

4.1 Hintergrund

Eine Voraussetzung für die Bestrafung völkerrechtswidriger Handlungen war zunächst, sie als rechtswidrig zu deklarieren. In Bezug auf den Krieg als solchen geschah dies teilweise rechtsverbindlich durch internationale Verträge.
Die Satzung des Völkerbundes[1] von 1919 unterscheidet zwischen erlaubten und verbotenen Kriegen. Letztere liegen nach den Bestimmungen der Art. 12 ff. dann vor, wenn mit einem kriegerischen Angriff begonnen wird, bevor der für den Konflikt ursächliche Streit einem Schiedsgericht oder dem Völkerbundsrat unterbreitet wurde (Art. 12). Verboten ist auch der Krieg gegen eine Partei, welche die gerichtliche Entscheidung annimmt (Art. 13 Abs. 4), gegen einen Staat, der sich einem Gutachten des Völkerbundsrates fügt (Art. 15 Abs. 6), und schließlich dann, wenn der Rat entschieden hat, dass eine der Streitparteien für die Regelung des Falles ausschließlich zuständig ist (Art. 15 Abs. 8 und 10). Gemäß Art. 16 wird das Führen eines verbotenen Krieges vor allem mit dem Abbruch der wirtschaftlichen und finanziellen Beziehungen oder mit dem Ausschluss aus dem Völkerbund sanktioniert. Strafrechtliche Sanktionen sieht der Völkerbundspakt aber nicht vor.
Gleiches gilt für das "Genfer Protokoll betreffend die friedliche Erledigung internationaler Streitigkeiten", welches im Oktober 1924 von der V. Völkerbundsversammlung angenommen wurde[2]. Gemäß Artikel 2 ist jede Art von Krieg, mit Ausnahme des Verteidigungs- und des Sanktionskrieges, verboten. Im Falle eines verbotenen Krieges bestimmen die Abs. 5 und 11, dass der Rat automatisch kollektive Sanktionen anordnet, wobei die Bestimmung des Angreifers durch einstimmigen Beschluss des Völkerbundsrates erfolgt.

---

1 RGBl. 1919, S. 688 ff.

2 Société des Nations, Journal Officiel, Supplément Spécial No. 23, Actes de la Cinquième Assemblée, Compte Rendu des Débats, Genève 1924, S. 501 f. (Resolution), S. 502 ff. (Text des Protokolls); vgl. dazu: Wehberg, Hans: Das Genfer Protokoll betreffend die friedliche Erledigung internationaler Streitigkeiten, Berlin 1927.

Da das Genfer Protokoll in Ermangelung der erforderlichen Anzahl von Ratifikationen nicht in Kraft trat, waren die "Verträge von Locarno" (1925) das erste rechtswirksame, absolute Verbot des Angriffskrieges. Dieser von Deutschland, Italien, Belgien, Frankreich und Großbritannien unterzeichnete regionale Sicherheitspakt zählt gemäß seinem Art. 2 – wie auch das Genfer Protokoll - nur den Verteidigungs- und den Sanktionskrieg zu den erlaubten Kriegen.
Besonders deutlich wird der Fortschritt betreffend die Kriminalisierung eines verbotenen Krieges durch den Wortlaut der "Anti-Kriegsresolutionen" der VI. und VIII. Völkerbundsversammlung von 1925 und 1927. Während es in der Resolution von 1925 hieß, der Angriffskrieg müsse ein internationales Verbrechen darstellen ("... que la guerre d'agression doit constituer un crime international; ...")[3], definiert die VIII. Völkerbundsversammlung den Angriffskrieg als ein internationales Verbrechen ("Constatant, que la guerre d'agression ... constitue un crime international; ...").[4]
Der ursprünglich von 15 Staaten unterzeichnete und durch den Beitritt weiterer 48 Staaten praktisch auf der ganzen Welt gültige "Briand - Kellog - Pakt" von 1928 stellt nach dem Wortlaut seines Art. 1 einen Kriegsächtungspakt dar, wurde jedoch von seinen Schöpfern als Kriegsverbot verstanden.[5] Nach der Präambel des "Briand - Kellog - Paktes" sind Sanktionen wirtschaftlicher oder militärischer Art, wie sie der Völkerbundspakt, das Genfer Protokoll und der Locarnovertrag enthalten, nicht vorgesehen. Auch eine Bestrafung der schuldigen Staatsorgane ist nicht intendiert.[6] Die einzigen Folgen des Vertragsbruchs sind der Verlust des Schutzes, den der Vertrag selbst gewährt, und gegebenenfalls eine moralische Sanktionierung mittels einer negativen öffentlichen Meinung.[7]
Für das Völkerstrafrecht war es jedoch wichtig, eine verbotene Handlung mit Strafe zu bedrohen und zu seiner Durchsetzung eine internationale Strafgerichtsbarkeit zu errichten.
Dafür eine Grundlage zu schaffen, war Gegenstand der wissenschaftlichen Diskussion zwischen den Weltkriegen.

---

3 Société des Nations, Journal Officiel, Supplément Spécial No. 33, Actes de la Sixième Assemblée, Compte Rendu des Débats, Genève 1925, S. 130.

4 Société des Nations, Journal Officiel, Supplément Spécial No. 54, Actes de la Huitième Session Ordinaire de l'Assemblée, Compte Rendu des Débats, Genève 1927, S. 155.

5 Vgl.: Rede Briands bei der Vertragsunterzeichnung, in: The Department of State, Treaty for the Renunciation of War, S. 309; Erklärung des amerikanischen Außenministers Stimson vor dem auswärtigen Ausschuss, in: Foreign Relations of the United States 1932, Bd. I, S. 577/578.

6 Sir Fischer Williams, John: Sanctions under the Convenant, in: BYBIL 1936, S. 130 ff.

7 Erklärung des amerikanischen Außenministers Stimson vor dem auswärtigen Ausschuss, in: Foreign Relations, Fn. 5, S. 579; Jescheck, Hans-Heinrich: Die Verantwortlichkeit der Staatsorgane nach Völkerstrafrecht, Bonn 1952, S. 78.

4.2 Der Vorschlag Descamps im Juristenausschuss des Völkerbundes

Wenn auch Art. 14 der Völkerbundssatzung für den Ständigen Internationalen Gerichtshof[8] keine Strafgewalt vorsah, so sah sich der Juristenausschuss, der vom Völkerbundsrat zur Ausarbeitung einer Satzung für den StIGH eingesetzt wurde, aufgrund der aktuellen Auslieferungsproblematik zwischen den Alliierten, Holland und Deutschland dazu veranlasst, sich auch mit Fragen des Völkerstrafrechts zu befassen.

Der Vorsitzende des Ausschusses, Baron Descamps, unterbreitete einen vier Artikel umfassenden Vorschlag.[9] Nach dessen Art. 3 sollte ein *High Court of International Justice* für Verstöße gegen die internationale öffentliche Ordnung und gegen das universelle Völkerrecht zuständig sein, wobei die zu verhandelnden Fälle dem Gericht durch Beschluss der Generalversammlung oder des Rats des Völkerbundes übertragen werden sollten. Die Richter des *High Court of International Justice* sollten von den am Schiedsgerichtshof beteiligten Staaten ausgewählt werden (Art. 2). Art. 4 bestimmte, dass der Strafgerichtshof über Tatbestände, Strafen, Verfahren und Vollstreckungsordnung selbst bestimmen sollte. Nach Descamps sei es nicht ratsam, auf weitere gewalttätige Angriffe gegen das Völkerrecht zu warten und erst *a posteriori* einen *ex post facto* - Gerichtshof zu schaffen. Vielmehr müsse ein Strafgerichtshof errichtet werden, dessen Rechtsprechung nicht mehr dem Vorwurf der Sieger- oder Rachejustiz ausgesetzt sei.[10] Außerdem stelle der Völkerbund eine Institution dar, die in der Lage sei, Verbrechen gegen das Völkerrecht mit rechtsverbindlicher Wirkung zu definieren.[11]

In der Diskussion über den Vorschlag von Baron Descamps wurden erneut die schon während der Kommissionsberatungen zu den Strafbestimmungen des Versailler Vertrages aufgetretenen gegensätzlichen Auffassungen hinsichtlich einer internationalen Strafgerichtsbarkeit deutlich. Das amerikanische Ausschussmitglied, Senator Elihu Root, sprach sich, wie schon Lansing und Scott auf der Pariser Friedenskonferenz, dagegen aus, staatliche Hoheitsakte zum Gegenstand von Verfahren eines Internationalen Strafgerichtshofs zu machen.[12] Die Zuständigkeit des Gerichts müsse viel genauer eingegrenzt werden, da ansonsten ein *"super-State"* geschaffen würde. Es sei daher besser, einen

---

[8] Im Folgenden: StIGH.

[9] Proposal by Baron Descamps, Permanent Court of International Justice, Advisory Committee of Jurists, Proces-Verbaux of the Proceedings of the Committee, June 16th-July 24th 1920, S. 521.

[10] Permanent Court of International Justice, Advisory Committee of Jurists, Proces-Verbaux of the Proceedings of the Committee, June 16th-July 24th 1920, The Hague 1920, 23rd Meeting, held on July 13th 1920 (zit.: Advisory Committee of Jurists, 23rd Meeting), S. 498.

[11] Ebenda, S. 503.

[12] Ebenda, S. 505 f.

Strafgerichtshof jeweils durch Absprache zwischen Regierungen souveräner Staaten für die Fälle einzusetzen, in denen eine Regierung sich von der Tat eines ihrer Staatsangehörigen distanziert. Vor allem aber müsse eine Verpflichtung geschaffen werden, nach der alle Staaten beschuldigte Personen auszuliefern haben. Es sei unmöglich, einem Internationalen Strafgerichtshof die Befugnis einzuräumen, beschuldigte Personen auf dem Gebiet eines souveränen Staates festzunehmen. Dies würde einen Kriegsakt darstellen. Schließlich sei es sehr zweifelhaft, ob die Staaten zu einer Auf- beziehungsweise Abgabe eines Teils ihrer Souveränität bereit seien. Der Italiener Ricci-Busatti war der Auffassung, dass Individuen nicht gegen das Völkerrecht verstoßen können, da dieses nur zwischenstaatliche Beziehungen regele, und wollte die während der Pariser Friedenskonferenz geführte Diskussion gar nicht erst von neuem beginnen.[13] Das holländische Ausschussmitglied Loder, später Präsident des StIGH, erblickte in dem Vorschlag Descamps einen Verstoß gegen den Grundsatz *nulla poena sine lege* und behauptete, dass wegen der Unbestimmtheit des von dem Strafgerichtshof anzuwendenden Rechts jener nur politischer Natur sein könne.[14] Aus dem gleichen Grunde vertrat der Brite Lord Phillimore die Auffassung, dass die Zuständigkeit einer internationalen Strafgerichtsbarkeit auf die eigentlichen Kriegsverbrechen beschränkt sein müsse, da mit den Regeln der Haager Landkriegsordnung ein anwendbares Recht bereits zur Verfügung stünde.[15] Im Gegensatz dazu waren de Lapradelle aus Frankreich und der Spanier Altamira der Meinung, dass niemand wisse, wie zukünftige Verstöße gegen das Völkerrecht aussähen und von wem sie begangen würden. Daher sei zu überlegen, ob ein Strafgerichtshof nicht *in abstracto* errichtet werden solle. Außerdem sei zu erwarten, dass ein ständiger Internationaler Strafgerichtshof nicht ausgelastet sei, sodass nichts dagegen spräche, dem StIGH auch die Kompetenz für Strafsachen zu übertragen.[16]

Der Ausschuss überwies den Vorschlag Descamps zur weiteren Prüfung an den Völkerbundsrat. Letzterer beschloss, den Plan Descamps den internationalen juristischen Organisationen vorzulegen. Diese sollten insbesondere die Frage klären, ob ein Internationaler Strafgerichtshof im Sinne des Vorschlags wünschenswert sei und, wenn ja, ob die Zuständigkeit des StIGH nicht auch auf Strafsachen ausgedehnt werden könne. Die Antworten sollten den Regierungen der im Völkerbund vertretenen Staaten zugeleitet werden.[17] Doch schon der

---

[13] Ebenda, S. 502 f.

[14] Ebenda, S. 504.

[15] Ebenda, S. 506 ff.

[16] Ebenda, S. 500 ff., 508 ff.

[17] Les voeux du Comité Consultatif des Juristes, Rapport présenté par le représentant de la Grèce, M. Caclamanos, et adopté par le Conseil de la Societé des Nations, réuni à Bruxelles le 27 Octobre 1920, Societé des Nations, Actes de la Première Assemblée, Séances des Commissions I, S. 480 ff.

Bericht der 3. (Juristen-) Kommission sollte den Vorschlag des Juristenausschusses als verfrüht beurteilen, da nach Ansicht der Kommission noch kein allgemein anerkanntes internationales Strafrecht existiere. Es sei daher nicht von Nutzen, wenn neben dem StIGH jetzt schon ein weiterer Gerichtshof mit Strafkompetenz errichtet werde. Wenn jedoch gewisse Verbrechen irgendeiner Gerichtsbarkeit unterworfen würden, dann könne diese Aufgabe durch eine besondere Strafkammer im Rahmen des StIGH übernommen werden.

Die Bundesversammlung schloss sich dieser Empfehlung an und es kam weder zu einer Beschlussfassung über den Vorschlag noch zu seiner Überweisung an internationale juristische Organisationen.[18]

4.3 Der Entwurf der *International Law Association*

4.3.1 Die Konferenz von Buenos Aires (1922)

Auf der 31. Konferenz der *International Law Association* (ILA) im August 1922 in Buenos Aires wurde der Plan Descamps wieder aufgenommen. Der schon am Ende des Ersten Weltkriegs dem *Committee of Inquiry into Breaches of the Laws of War* angehörende englische Professor Bellot unterbreitete der Konferenz den Vorschlag, zur Verurteilung von Kriegsverbrechen einen ständigen Internationalen Strafgerichtshof zu schaffen.[19] Er begründete dies unter anderem damit, dass die Aburteilung von Kriegsverbrechern durch nationale Gerichte unbefriedigend sei. Dies habe die Rechtsprechung des Reichsgerichts nach dem Ersten Weltkrieg gezeigt. Verstöße gegen das internationale Recht würden eindrucksvoller durch internationale Gerichte gesühnt. Mit einer Rechtsprechung durch ein internationales Gericht würden darüber hinaus widersprüchliche Entscheidungen und schwankende Strafaussprüche vermieden.[20]

Bellot schlug vor, der einzusetzende Gerichtshof solle in Friedenszeiten zur Aburteilung von kriminellen Handlungen auf Klage eines jeden Staates für seinen verletzten Staatsangehörigen zuständig sein, sofern der Staat keine Gerichtsbarkeit über den Täter habe. Nach einem Friedensschluss solle sich die Zuständigkeit auf die Bestrafung von Kriegsverbrechen nach Klage eines jeden Staates im eigenen Interesse oder dem seiner Bürger ausdehnen.

In Kriegszeiten schließlich solle zwar jeder Krieg führende Staat die in seiner Hand befindlichen Kriegsverbrecher zunächst durch seine eigenen Militärgerichte aburteilen; er solle sie aber auch dem Internationalen Strafgerichtshof überweisen dürfen. Des Weiteren solle auf Ersuchen des Staates, dem der Kriegsgefangene

---

18 Report de la Troisième Commission sur les voeux présentés par le Comité Consultatif des Juristes de La Haye, Societé des Nations, Actes de la Première Assemblée, Séances Plénières, Genève 1920, S. 744 f.

19 International Law Association: Report of the Thirty-First Conference held at The Palace of Justice, Buenos Aires, August 24th to August 30th, 1922, Vol. 1, London 1923 (zit.: Report of the 31st Conference of the International Law Association), S. 63 ff.

20 Ebenda, S. 73 ff.

angehöre, ein Rechtsmittel gegen den Spruch des nationalen Gerichts an den Internationalen Strafgerichtshof zugelassen werden.[21]
Schwerpunkt der Aussprache über den Vorschlag Bellots war das Problem des Handelns auf Befehl. Bellot hatte die Ansicht vertreten, dass der höhere Befehl in keinem Fall einen Entschuldigungsgrund darstelle. Ein solcher sei eine Negation des Völkerrechts. Außer von deutschen Juristen während der Leipziger Kriegsverbrecherprozesse sei der Entschuldigungsgrund des Handelns auf höheren Befehl zudem noch nie angewendet worden.
Der Engländer Sir Graham Bower war der Auffassung, dass staatliches Recht vorrangig gegenüber dem Völkerrecht angewendet werden müsse. Ein Marinesoldat beispielsweise, der die nach nationalem Recht rechtmäßigen Befehle seines Vorgesetzten befolge, dürfe von einem internationalen Gericht nicht verurteilt werden, weil der Befehl nach völkerrechtlichen Maßstäben rechtswidrig sei. Es liege in der Natur des Menschen, dass er primär das Recht seiner eigenen nationalen Gesetzgebung respektiere und sich gegen fremdes Recht und fremde Richter auflehne.[22] Auch der Spanier Olivart hielt die Frage des höheren Befehls für eine ausschließliche Angelegenheit nationalen Rechts. Das Völkerrecht könne nicht eingreifen, da es lediglich die Beziehungen zwischen Staaten, nicht dagegen diejenigen zwischen dem Staat und seinen Staatsangehörigen regle.[23]
Nachdem Bellot seinen Vorschlag auf die Bestrafung von Völkerrechtsverletzungen beschränkt hatte, wurde derselbe mit einer knappen Mehrheit angenommen. Ebenfalls wurde eine Entschließung gefasst, welche die Errichtung eines Internationalen Strafgerichtshofs als dringend bezeichnete. Bellot wurde mit der Ausarbeitung eines Statutentwurfs beauftragt.[24]

4.3.2 Die Konferenz von Stockholm (1924)

Bellot legte seinen Statutentwurf der 33. Konferenz der ILA in Stockholm vor.[25] Er befürwortete eine echte internationale Strafgerichtsbarkeit, welche im Rahmen ihrer Zuständigkeit Strafgewalt über die Angehörigen aller beteiligten Staaten innehaben sollte. Bellot ging davon aus, dass der Gerichtshof durch einen völkerrechtlichen Vertrag errichtet würde und dass mit einem solchen Vertrag die Staaten auch die Verpflichtung übernehmen, die Beschuldigten an den Gerichtshof auszuliefern und die notwendigen Beweismittel herbeizuschaffen. Außerdem

---

21 Ebenda, S. 75 ff.; vgl. die Ausführungen Lord Phillimores auf der 23. Sitzung des Juristenausschusses, in: Advisory Committee of Jurists, 23rd Meeting, Fn. 10, S. 506 ff.

22 Report of the 31st Conference of the International Law Association, Fn. 19, S. 82.

23 Ebenda, S. 85.

24 Ebenda, S. 86.

25 International Law Association: Report of the Thirty-Third Conference held at The Riddarhused and at The Riksdagshused, Stockholm, September 8th to September 13th, 1924, London 1925 (zit.: Report of the 33rd Conference of the International Law Association), Association, S. 75 ff.

sollte Vorsorge getroffen werden für den Vollzug der Untersuchungshaft und der Urteilsvollstreckung, die entweder durch den klagenden Staat oder durch den Staat des Angeklagten erfolgen könne.[26]
Im Einzelnen sah der Statutentwurf vor, dass der ständige Internationale Strafgerichtshof eigenständig neben dem StIGH errichtet werde (Art. 1). Dem Gerichtshof sollten insgesamt 25 Richter angehören (Art. 3), die von der Völkerbundsversammlung und vom Völkerbundsrat auf Vorschlag der nationalen Gruppen im StIGH gewählt werden sollten (Art. 4). Gemäß Art. 5 stünden dem Gerichtshof zehn Assessoren in Fragen des Völkerrechts beratend zur Seite. In den öffentlichen Verhandlungen (Art. 34), in denen die Parteien jeweils durch einen Anwalt vertreten wären (Art. 29), würde sich das Gericht aus fünfzehn Richtern und zwei Assessoren zusammensetzen (Art. 18), wobei jede Partei einen Vertreter ihrer Nationalität auf der Richterbank hätte (Art. 20 ff.). Bei Ausbleiben des Angeklagten sollte auch in dessen Abwesenheit verhandelt werden können (Art. 40). Nach Art. 20 entwürfe das Gericht seine Verfahrensregeln selbst. Art. 19 sah für Bagatellsachen ein abgekürztes Verfahren vor, in dem nur auf Freiheitsstrafe bis zu 2 Jahren oder Geldstrafe bis zu 100 Britische Pfund allein oder in Verbindung miteinander erkannt werden dürfe.
Gemäß Art. 24 des Statutentwurfs sind Bürger eines Krieg führenden oder neutralen Staates während und nach dem Kriege und nach Genehmigung ihres Staates berechtigt, den Ständigen Internationalen Strafgerichtshof anzurufen. Das gleiche Recht haben Staaten für sich selbst oder im Interesse ihrer Staatsangehörigen. Art. 25 Abs. 1 bestimmt, dass sich die Zuständigkeit des Gerichtshofs auf Verstöße gegen die allgemein anerkannten oder in internationalen Verträgen und Konventionen enthaltenen Gesetze und Gebräuche des Krieges erstreckt. Ebenfalls in den Zuständigkeitsbereich des Gerichtshofs fallen Verstöße gegen die Gesetze der Menschlichkeit und gegen die allgemeinen Moralvorstellungen (Abs. 2).[27] Im Falle eines Konfliktes über die Zuständigkeit soll das Gericht darüber selbst entscheiden (Abs. 3). Das Gericht soll gemäß Art. 26 internationale Übereinkünfte, internationalen Brauch, die von den Kulturvölkern anerkannten Rechtsgrundsätze sowie, subsidiär als Hilfsmittel zur Feststellung von Rechtsnormen, richterliche Entscheidungen und die Lehrmeinungen der fähigsten Rechtslehrer anwenden.[28] Als auszusprechende

---

[26] Ebenda, S. 87 ff.

[27] Der Begriff "Gesetze der Menschlichkeit" stammt aus der Martens'schen Klausel als Bestandteil der Präambel des Haager Abkommens von 1907. Danach sollen in den Fällen, die von diesem Abkommen nicht erfasst werden, die Grundsätze des Völkerrechts anwendbar bleiben, wie sie sich ergeben aus den unter gesitteten Völkern feststehenden Gebräuchen, aus den Gesetzen der Menschlichkeit und aus den Forderungen des öffentlichen Gewissens.

[28] Vgl. den im Wortlaut fast identischen Art. 38 Abs. 1 des IGH-Statuts; Statut des Internationalen Gerichtshofs, BGBl. 1973 II, S. 505 ff., Statute of the International Court of Justice, UNCIO, Vol. 15, S. 355 ff.

Strafen sind Todesstrafe, lebenslängliches oder zeitweiliges Zuchthaus oder Freiheitsstrafe vorgesehen (Art. 18). Das Gericht entscheidet endgültig, ein Verfahren kann nur aufgrund neuer Tatsachen wiederaufgenommen werden (Art. 45 f.).

In der Diskussion über den Statutentwurf[29] wurde festgestellt, dass dadurch, dass staatliche Hoheitsakte der Strafgewalt eines Internationalen Gerichtshofs unterworfen werden sollten, letztere der nationalen Strafgewalt der Vertragsstaaten übergeordnet wurde. Der Amerikaner Hinkley sprach sogar von der Grundsteinlegung zum Weltstaat.[30] Dem Einwand der Souveränitätsverletzung hielt man entgegen, dass es im Ermessen eines jeden Staates stehe, sich vertraglich der Gerichtsbarkeit zu unterwerfen.[31] Im Hinblick auf die Tradition, dem Frieden eine Amnestie sowie eine Oblivation folgen zu lassen, wurde kritisiert, dass die Versöhnung der Feinde wichtiger sei als die Durchführung von Strafverfahren. Ein Krieg solle nicht im Gerichtssaal fortgesetzt werden.[32] Lord Phillimore war gegen die Zulassung von Einzelpersonen als Kläger vor dem Internationalen Strafgerichtshof.[33] Sir Bower wiederholte seine schon auf der 31. Konferenz vertretene These vom Vorrang des militärischen Befehls vor dem Völkerrecht. Seiner Ansicht nach seien Soldaten auch an völkerrechtswidrige Anordnungen ihrer Staaten gebunden.[34]

Auf Widerspruch stießen wegen ihrer Unbestimmtheit ebenso die "Gesetze der Menschlichkeit" (Art. 25 Abs. 2).[35] Angesichts dieser Kritikpunkte wurde vorgeschlagen, die Zuständigkeit des Internationalen Strafgerichtshofs einzugrenzen. Der schwedische Präsident des Kongresses, Hannerskjörd, und der Amerikaner Butler wollten lediglich eine internationale Berufungsinstanz für Kriegsverbrecherprozesse errichten und nach der Vorstellung des Polen Ehrlich sollte der Internationale Gerichtshof nur in Form eines die nationalen Gerichte bindenden Gutachtens die Vorfrage entscheiden, ob eine Kriegshandlung das Völkerrecht verletzt habe.[36] Damit konnten jedoch nicht die Bedenken des Engländers Sir Fischer Williams ausgeräumt werden, der in einem dem Kongress erstatteten Gutachten die Ansicht vertrat, dass sich eine internationale Strafgerichtsbarkeit immer einseitig gegen den Besiegten richten werde.[37]

Insbesondere aus innen- und machtpolitischen Gründen der Staaten fällt die Vorstellung schwer, dass es eine aus einem Krieg siegreich hervorgehende Partei

---

[29] Report of the 33rd Conference of the International Law Association, Fn. 25, S. 91 ff.
[30] Ebenda, S. 108.
[31] Ebenda, S. 106.
[32] Ebenda, S. 95.
[33] Ebenda, S. 96.
[34] Ebenda, S. 94.
[35] Ebenda, S. 102.
[36] Ebenda, S. 92, 103, 105.
[37] Ebenda, S. 434 ff.

letztlich riskiert, ihren vermeintlichen Ruhm durch eine mögliche Verurteilung - ihrer selbst oder ihrer Soldaten - als Kriegsverbrecher in Gefahr zu bringen. Es wäre daher besser gewesen, den ursprünglichen Plan Bellots zu verfolgen und dem Gerichtshof auch in Friedenszeiten die Möglichkeit zu geben, sich in einer unbelasteten Atmosphäre, welche in Kriegs- oder Nachkriegszeiten umso notwendiger ist, Akzeptanz zu verschaffen.

Der Statutentwurf wurde schließlich durch einstimmigen Beschluss einer internationalen Kommission zum weiteren Studium überwiesen. Im Gegensatz zur Entschließung der 31. Konferenz der ILA geschah dies ausdrücklich ohne weitere Stellungnahme zur Durchführbarkeit und Zweckmäßigkeit eines Internationalen Strafgerichtshofs.[38]

4.3.3 Die Konferenz von Wien (1926)

Die Kommission legte ihren Entwurf der 34. Konferenz der ILA in Wien vor. In ihrem Bericht wies die Kommission darauf hin, dass die Errichtung eines ständigen Internationalen Strafgerichtshofs bereits vom britischen *Committee of Inquiry into Breaches of the Laws of War* vorgeschlagen und eine entsprechende Empfehlung von der *Commission des responsabilités des auteurs de la guerre et sanctions* gutgeheißen wurde. Mangels ausreichender Unterstützung im "Rat der Vier" sei ein solcher Gerichtshof nicht zum Gegenstand des Versailler Friedensvertrages geworden und erst die *International Law Association*, insbesondere durch Bellot und Lord Phillimore, habe sich diesem Vorhaben wieder verschrieben.[39]

Abgesehen von den neu aufgenommenen Bestimmungen über die Vollstreckung beschränkt sich der Statutentwurf auf dieselben Gegenstände wie der Entwurf von Bellot. Vertragsgrundlage, Freiwilligkeit des Beitritts, Ständigkeit und echte Internationalität des Gerichts werden beibehalten. Die Einleitung zum Statut sieht in Abweichung von Art. 1 des ursprünglichen Entwurfs vor, dass der Gerichtshof als internationale Strafabteilung am StIGH in Den Haag errichtet werden soll. Die Zahl der Richter wird von 25 auf 15 beschränkt (Art. 2). Völkerrechtskundige Beisitzer ohne Stimmrecht sind nicht mehr vorgesehen.

Zu den wesentlichen Neuerungen gehört, dass als Ankläger nur Staaten zugelassen werden sollten. Die Anklage soll gegen eine Einzelperson, aber auch gegen einen Staat möglich sein (Art. 24 Abs. 2), wobei auch im Fall der Anklage gegen eine Einzelperson nur der Staat, dem der Angeklagte angehört, als angeklagte Partei gilt (Art. 24 Abs. 1 Nr. 1). Damit soll der Tatsache Rechnung getragen werden, dass besonders Handlungen von Staatsorganen in Betracht kommen, bei denen der

[38] Ebenda, S. 110 f.

[39] International Law Association: Report of the Thirty-Fourth Conference held at The Chamber of Commerce, Vienna, August 5th to August 11th, 1926, London 1927 (zit.: Report of the 34th Conference of the International Law Association), S. 109 ff.

Staat mit seinen Angehörigen zu identifizieren ist. So kann der Heimatstaat des Angeklagten auch dessen volle Verteidigung sicherstellen.[40] Beachtlich ist, dass mit Art. 24 die strafrechtliche Verantwortlichkeit des Staates neben jener der Einzelperson eingeführt werden sollte. Dieser Gedanke war vermutlich unter dem Einfluss des rumänischen Konferenzteilnehmers Vespasian V. Pella und der unmittelbar vorher in Brüssel gefassten Resolution des I. Kongresses der *Association Internationale de Droit Pénal* [41], deren Mitglied Pella ebenfalls war, in den Entwurf hineingelangt.[42]

Art. 25 Abs. 4 sieht vor, dass es im Ermessen des Gerichts steht, Anklagen wegen Bagatellsachen zu jedem Zeitpunkt des Verfahrens abzuweisen.

Die Beschränkung auf Kriegsverbrechen wurde wieder aufgehoben. Weiterhin sah der Statutentwurf vor: Gemäß Art. 21 ist das Gericht zuständig für Klagen wegen Verletzungen internationaler Verpflichtungen strafbaren Charakters (lit. a), Verletzungen eines die internationale Kriegführung regelnden Vertrages (lit. b) und Verletzungen der Gesetze und Gebräuche des Krieges, welche von den Kulturvölkern als allgemein bindend anerkannt sind (lit. c). Darüber hinaus sollen auch der Rat oder die Versammlung des Völkerbundes dem Gericht Strafsachen übertragen können.

Das Gericht soll die Möglichkeit haben, sich auf ein deklaratorisches Urteil ohne Strafausspruch zu beschränken (Art. 22 Abs. 1) und gegenüber Staaten auf Geldstrafe und Verpflichtung zu Schadensersatz zu erkennen (Art. 22 Abs. 2). Gegenüber Einzelpersonen steht das Strafmass bei Ausschluss der Prügelstrafe, im Ermessen des Gerichts. Die Todesstrafe wird mit der Einschränkung zugelassen, dass sie nur ausgesprochen werden darf, wenn sie im Heimatstaat des Angeklagten auf die entsprechende Tat angedroht ist (Art. 22 Abs. 3).

Wie schon beim Entwurf Bellots wurde in der Frage des anzuwendenden Rechts auf die Formulierung des Art. 38 Abs. 1 des Statuts des StIGH zurückgegriffen (Art. 23 Abs. 1). Umstritten war in diesem Zusammenhang die Frage, ob ohne kodifiziertes Völkerrecht auszukommen sei. Für die kontinentalen Juristen, die Vertreter des Tatbestandsstrafrechts, stellte diese Formel und die unbeschränkte Strafzumessungsfreiheit des Gerichts eine Verletzung des Grundsatzes *"nullum crimen, nulla poena sine lege"* dar.[43] In der Diskussion um die Vorzüge und Nachteile des Tatbestandsstrafrechts auf der einen und der freien richterlichen Rechtsschöpfungsbefugnis des angelsächsischen Rechts auf der anderen Seite wurde schließlich ein Kompromiss gefunden. Art. 23 Abs. 2 schränkte die

---

[40] Ebenda, S. 111.

[41] Zum I. Kongress der "Association Internationale de Droit Pénal" siehe unter III.2.a.

[42] Vgl. den Bericht der rumänischen Delegation an die "Association Internationale de Droit Pénal" durch Vespasien Pella, wiedergegeben in: Pella, Vespasian V.: L'influence d'une Juridiction criminelle internationale, in RIDP Nos. 2-3, 1926, S. 391 ff. (393).

[43] Report of the 34th Conference of the International Law Association, Fn. 39, S. 147, 151 f. (Pella); S. 155 (Simons); S. 158 (Auer).

Formulierung des Abs. 1 insoweit ein, als dass keine Handlung bestraft werden dürfe, deren Strafbarkeit nicht durch das Statut des Gerichts oder nach dem für den Angeklagten geltenden Recht zum Zeitpunkt der Tat bestimmt war. Allerdings führte der Hinweis auf das Statut selbst nicht weiter, da zumindest der Entwurf keine Straftatbestände im Sinne der kontinentalen Auffassung enthält.[44] Die Bindung des Gerichts an das Heimatrecht des Angeklagten hatte demnach zur Folge, dass das Gericht eine Strafsache immer nach den Gesichtspunkten dreier verschiedener Rechtskreise hätte überprüfen müssen. Die Rechtswidrigkeit wäre nach Völkerrecht zu entscheiden, die Tatbestandsmäßigkeit nach dem Heimatrecht des Angeklagten und das Strafmaß nach dem angelsächsischen Grundsatz des freien richterlichen Ermessens.[45]
Der Sprecher der deutschen Delegation, Reichsgerichtspräsident Simons, erklärte, dass man die Errichtung des Internationalen Strafgerichtshofs begrüßen würde, wenn sichergestellt sei, dass ein echtes internationales Gericht und kein Ausnahmegericht geschaffen werde.[46] Der Antrag, nationale Richter der Parteien von der Entscheidung auszuschließen, um so den überparteilichen Charakter des Gerichts hervorzuheben, fand jedoch keine Mehrheit.[47] Ebenfalls nicht durchsetzen konnte sich der Ungar Vadasz mit seiner Auffassung, dass ein universelles Völkerstrafrecht vorläufig noch ins Reich der Utopie gehöre. Eine Krieg führende Nation werde ihre Staatsangehörigen niemals ausliefern. Der aus einem Krieg als Sieger hervorgehende Staat werde sich weigern, seine eigenen Straforgane auf Klage des Unterlegenen dem Internationalen Gerichtshof zu übergeben, den Besiegten hingegen bis ans Ende der Welt verfolgen.[48]

Der Kommissionsentwurf wurde schließlich von der Konferenz angenommen. Er fand jedoch wenig Beachtung[49]; teilweise wurde selbst die Notwendigkeit eines Internationalen Strafgerichtshofs in Frage gestellt.[50]
Die selbstständige Tätigkeit der ILA auf dem Gebiet des Völkerstrafrechts endete mit ihrer 34. Konferenz.

4.4 Die Arbeiten der "französischen Bewegung"

Eine weitere Bewegung mit dem Ziel der Einführung einer internationalen Strafgerichtsbarkeit entsprang dem französischen Rechtskreis. Der Großteil ihrer Anhänger waren zwar keine Franzosen, doch der geistige Ausgangs- und

---

[44] Vgl. von Weber, Hellmuth: Internationale Strafgerichtsbarkeit, Berlin/Bonn 1934 (zit.: von Weber, Internationale Strafgerichtsbarkeit), S. 14.
[45] Vgl. Jescheck, Fn. 7, S. 96 f.
[46] Report of the 34th Conference of the International Law Association, Fn. 39, S. 155.
[47] Ebenda, S. 201.
[48] Ebenda, S. 166.
[49] von Weber, Internationale Strafgerichtsbarkeit, Fn. 44, S. 14.
[50] Brierly, J.L.: Do we need an International Criminal Court?, in: BYBIL 1928, S. 274 ff.

Mittelpunkt war Paris. Auch veröffentlichten die Autoren dieser Bewegung, deren Organisation die aus der *Société des Prisons* hervorgegangene *Association Internationale de Droit Pénal*[51] war, ihre Beiträge in französischer Sprache.

4.4.1 Die einzelnen Vertreter

4.4.1.1 Pella

Zu den Verfechtern des Gedankens einer internationalen Strafgerichtsbarkeit gehörte der Rumäne Vespasian V. Pella. Seiner Ansicht nach stellte der Angriffskrieg ein Verbrechen dar, das zum Schutze des Weltfriedens mit Strafe zu bedrohen sei.[52]

Das Fehlen einer übergeordneten Gewalt und Gerichtsbarkeit ist nach Pella ursächlich für eine internationale Anarchie, die wiederum die Kriminalität begünstigt. Es gelte daher, den Krieg mit Vorbeugungs- und Abwehrmaßnahmen zu bekämpfen; darin läge die internationale Funktion der Strafe. Wie kleinere soziale Gemeinschaften im Laufe der Zeit ihre Strafgewalt dem Staat übertragen hätten, so werde ein zukünftiges Völkerstrafrecht dadurch zu verwirklichen sein, dass die Staaten einen Teil ihrer Strafgewalt dem Völkerbund übertrügen. Die damit einhergehende vertragliche Souveränitätsbeschränkung sei folglich eine äußere. Die innere Souveränität bliebe unberührt. Eine Ausnahme stellten allerdings Verstöße gegen die elementarsten Grundsätze der Menschlichkeit dar. Bei schwerwiegenden Massenverbrechen beispielsweise sei eine völkerstrafrechtliche Intervention notwendig. Die internationale Strafgerichtsbarkeit solle sich auf Staaten und Einzelpersonen erstrecken.

Der allgemeine Teil des zukünftigen Völkerstrafrechts schließt sich nach Pella eng an die französische Verbrechenslehre an, in der Rückwirkungs- und Analogieverbot sowie das Erfordernis fester Tatbestände und Strafdrohungen besonders hervorgehoben werden.[53] Es setzt damit die Ausarbeitung eines internationalen Strafgesetzes voraus und wendet sich damit insbesondere gegen den Entwurf Descamps, der dem Gericht in seinem Art. 4 die Ausformulierung von Tatbeständen überlassen wollte. Gegen Staaten sind diplomatische, juristische, wirtschaftliche und militärische Sanktionen sowie Verweis und Geldstrafe vorgesehen. Als Strafe gegen Individuen sieht Pella die üblichen Strafarten unter Ausschluss der Todesstrafe vor. Ebenfalls werden Verwarnung, Verweis, Verbannung und Verlust der diplomatischen Amtsfähigkeit aufgeführt.

---

51 Vgl. Gründungsaufruf in: RIDP 1924, S. 1.

52 Vgl. zu Pella: La Criminalité Collective des États et le Droit Pénal de l'Avenir, 1925. Die zweite, 1926 erschienene Auflage ist von einer "enquête internationale" eingeleitet, in deren Rahmen Juristen und Politiker zur Idee des Völkerstrafrechts Stellung genommen haben (zit.: Pella, Criminalité Collective des États; ders., De l'influence d'une Juridiction Criminelle internationale, in: Association internationale de Droit pénal, Premier Congrès International de Droit Pénal, Bruxelles (26-29 juillet 1926), Actes du Congrès, Paris 1927, S. 430 ff.

53 Vgl. Jescheck, Fn. 7, S. 98.

Im besonderen Teil wird zwischen Straftaten im Krieg und im Frieden unterschieden. Schwerste Straftat des Staates wie auch des Einzelnen im Frieden ist die Vorbereitung und Auslösung eines Angriffskrieges. Die schwierige Bestimmung des Angreifers soll nicht dem Völkerbundsrat, sondern dem Gerichtshof obliegen. Kerntatbestand des Völkerstrafrechts im Krieg sind die Kriegsverbrechen, wobei Pella auf die 32 Tatbestände des Berichts der Kommission für Kriegsschuldfragen und Kriegsverbrechen zurückgreift.[54] Neben dem Staat ist auch hier der eigentliche Täter zur Verantwortung zu ziehen. Pella legt besonderen Wert darauf, dass auch staatliche Hoheitsakte der internationalen Strafgewalt unterworfen werden.

Als Internationaler Strafgerichtshof soll der StIGH und kein besonderer Gerichtshof tätig werden. Es soll eine dem Völkerbund unmittelbar unterstellte internationale Anklagebehörde errichtet werden, die nur auf Klage oder Anzeige eines Staates tätig werden darf. Die Privatklage scheidet demnach aus. Die Strafklage kann sich in eine Klage gegen einen Einzelnen oder gegen einen Staat spalten. Bei der Strafvollstreckung verlangt Pella eine gemeinsame obligatorische Aktion der Völkerbundstaaten, da er die Schaffung einer Exekutivmacht des Völkerbundes ablehnt.

In seiner 1930 an der Haager Akademie für internationales Recht gehaltenen Vorlesung über die Staatsverbrechen beschränkt Pella die Zuständigkeit des Internationalen Strafgerichtshofs auf Völkerstraftaten von Staatsorganen im staatlichen Auftrag oder aus eigenem Antrieb, auf Kriegspropaganda, Staatsverbrechen wie Terrorismus bei politisch motivierter Verweigerung der Auslieferung durch den Zufluchtsstaat und auf Kriegsverbrechen.[55]

Im Jahr 1946 erscheint seine Abhandlung "*La Guerre-Crime et les criminels de guerre*". Darin will Pella auf den Grundsatz *nulla poene sine lege* im Hinblick auf die schwebenden Kriegsverbrecherprozesse vor dem Internationalen Militärtribunal vorübergehend verzichten, da ein Festhalten an diesem zur Straflosigkeit führen würde. Für die Zukunft aber müsse der Grundsatz wieder Geltung haben, denn das Völkerstrafrecht dürfe nicht bei Strafsanktionen gegen die Besiegten stehenbleiben, sondern müsse allgemein anwendbar gestaltet werden.[56]

---

[54] Vgl. oben: 3.3.1.2.

[55] Pella, Vespasian V.: RdC (1930 III), S. 820 ff.

[56] Pella, Vespasian V.: "La Guerre-Crime et les criminels de guerre", Paris/Genf 1946 (zit.: Pella, Guerre-Crime); vgl. auch: ders.: Towards an International Criminal Court, 44 AJIL 1950, S. 37 ff.

4.4.1.2 Saldana

Der spanische Professor Saldana ging von einer schnellen Entwicklung der Menschheit zu einer universellen Weltorganisation aus.[57]

In gleicher Weise wie der Staat und seine Rechtsordnung durch die innerstaatliche Kriminalität bedroht seien, werde die internationale Kriminalität zu einer Bedrohung für die universelle Weltorganisation und die überstaatliche Rechtsordnung, so Saldana. Die internationale Kriminalität könne sowohl von Staaten als auch von Individuen ausgehen, die daher beide strafrechtlich verantwortlich seien. Internationale Delikte werden seiner Ansicht nach in verschiedenen Staaten angezettelt, ausgeführt und verfolgt sowie außerhalb des Staatsgebiets begangen. Er unterteilt sie in vier Gruppen:

a) Die *délits interétatiques*, die politischer oder militärischer Natur sein können, beinhalten unter anderem Angriffskrieg und Kriegsverbrechen. Letztere sind unmittelbar nach der Haager Landkriegsordnung als dem Strafgesetzbuch des Krieges zu bestrafen.
b) Die *délits antinationaux* setzen sich zusammen aus Delikten von Individuen gegen fremde Staaten, Staatsoberhäupter und Gesandte. Hierzu gehören mittelbar auch Angriffe gegen Einrichtungen des Völkerbundes.
c) Unter den *délits internationaux* versteht Saldana die so genannten Weltverbrechen wie den Sklaven- und Mädchenhandel oder die Münzfälschung.
d) Die letzte Gruppe bilden die *délits extranationaux*. Dabei handelt es sich um außerhalb der Staatsgrenzen begangene Straftaten wie Anschläge gegen den Luftverkehr, Zerstörung von Unterseekabeln oder die Seeräuberei, welche den Ausgangspunkt der internationalen Verbrechensbekämpfung bildet.

Da es widersinnig sei, in diesen Fällen staatliches Recht zur Bestrafung außerstaatlicher Verbrechen anzuwenden, sei ein internationales Strafrecht notwendig. Daher müsse die Auslieferung zur Verurteilung durch nationale Gerichte als ein Restbestand der alten Privatrache durch eine obligatorische internationale Strafgerichtsbarkeit ersetzt werden, die der StIGH übernehmen solle. Wie Pella vertritt Saldana im Hinblick auf das anzuwendende Recht die Auffassung, dass bis zur Schaffung eines Völkerstrafgesetzbuches nicht am *sine lege*-Grundsatz festgehalten werden könne.

4.4.1.3 Donnedieu de Vabres

Der französische Strafrechtswissenschaftler Henri Donnedieu de Vabres nahm einen eher nüchternen und kritischen Standpunkt hinsichtlich der Idee eines Internationalen Strafgerichtshofs ein.[58]

---

[57] Zu Saldana siehe: Saldana, Quintiliano: La Justice Pénale Internationale, in: RdC 10 (1925 V), S. 223 ff.; ders.: La justice criminelle internationale, in: Association internationale de Droit pénal, Premier Congrès International de Droit Pénal, Bruxelles (26-29 juillet 1926), Actes du Congrès, Paris 1927, S. 377 ff.

Nach Donnedieu de Vabres besteht keine praktische Möglichkeit, die für den Angriffskrieg, für Kriegsverbrechen oder für Verbrechen gegen die Menschlichkeit verantwortlichen Staatsorgane vor ein internationales Gericht zu stellen. Dies sei mit der inneren Souveränität der Staaten nicht vereinbar. Kein Staat würde Organe, die im Rahmen seiner Politik tätig geworden sind, an eine internationale Strafverfolgungsinstanz ausliefern. Darüber hinaus spräche der unüberbrückbare Gegensatz zwischen der kontinentalen und der angelsächsischen Tradition in der Frage des anzuwendenden Rechts gegen die Durchführbarkeit der strafrechtlichen Verantwortlichkeit der Staatsorgane nach Völkerstrafrecht.[59] Auch rechtliche Gesichtspunkte sprächen gegen die Verwirklichung eines universellen Völkerstrafrechts. Vorerst seien nur die Staaten Subjekte des Völkerrechts. Die Annahme einer generalpräventiven Wirkung der Völkerstrafe beurteilt Donnedieu de Vabres als illusorisch, denn im Machtkampf der Staaten werde mit anderen Einsätzen gerechnet als mit dem Risiko gerichtlicher Verurteilung. Individuen vor internationalen Instanzen strafrechtlich zur Verantwortung zu ziehen sei ungerecht, denn bei den in Frage kommenden Verbrechen handle es sich um kollektive Verantwortlichkeiten, für die der Staat vor den Internationalen Strafgerichtshof gestellt werden muss. Weiterhin sei es unmöglich, all diejenigen zu bestrafen, die in irgendeiner Weise den Missbrauch der staatlichen Macht unterstützt oder ausgenutzt hätten und zu einer strafrechtlichen Sonderbehandlung Einzelner dürfe es nicht kommen. Daher befürwortete de Vabres die strafrechtliche Verantwortlichkeit von Staaten in den Fällen, in denen sie schwerwiegende Verstöße ihrer Organe angeordnet, unterstützt oder geduldet haben. Eine solche Verantwortlichkeit des Staates sei demnach kein Eingriff in seine Souveränität, da letztere durch die überstaatliche Autorität des Völkerbundes begrenzt ist. Ein Tatbestandsstrafrecht im engeren Sinne sieht er nicht als notwendig an, da seiner Meinung nach die Ge- und Verbote des allgemeinen Völkerrechts ausreichend sind. Ohnehin seien gegen Staaten nur Sicherungsmaßnahmen möglich, die den im Völkerbundspakt und im Genfer Protokoll vorgesehenen Sanktionen nachzubilden sind.[60]
Seit seiner Richtertätigkeit als Vertreter Frankreichs am Internationalen Nürnberger Militärtribunal erkannte auch Donnedieu de Vabres eine völkerstrafrechtliche Verantwortlichkeit von als Staatsorgane handelnden

---

[58] Vgl. zu Donnedieu de Vabres: Donnedieu de Vabres, Henri: Les principes modernes du Droit Pénal International, Paris 1928 (zit.: Donnedieu de Vabres, Les principes modernes); ders.: Y a-t-il lieu d'instituer une juridiction criminelle internationale?, in: RIDP Nos S. 2-3 1926, S. 353 ff. (zit.: Donnedieu de Vabres, Instituer une juridiction criminelle internationale).

[59] Donnedieu de Vabres, Les principes modernes, Fn. 58, S. 407, 408.

[60] Ebenda, S. 416 ff, 429 f.

Individuen an, verlangte aber eine vor Tatzeitpunkt konstituierte und ständige Gerichtsbarkeit.[61]

4.4.1.4 Caloyanni

Der Grieche Megalos Caloyanni, Richter am StIGH, sprach sich in seiner Vorlesung über die Organisation des StIGH und seine Zukunft vor der Haager Akademie im Jahre 1931 für eine Übertragung strafrechtlicher Kompetenzen auf diesen aus. Nicht nur im innerstaatlichen Recht, sondern auch in der Völkergemeinschaft müsse das Unrecht bestraft werden.

In seinen Ausführungen bejaht er eine strafrechtliche Verantwortlichkeit der Staaten wie der Einzelpersonen, die als Organe handeln oder sonst internationale Strafgesetze verletzen. Mit der Strafgewalt gegen Individuen könne und solle der Anfang gemacht werden. Gegen Staaten könne der StIGH bereits moralische Sanktionen verhängen, da er aufgrund Art. 36 des Statuts dafür zuständig sei, eine Verletzung der aus dem Kellogpakt folgenden Friedenspflicht festzustellen. Doch sollten auch andere Strafen gegen Staaten vorgesehen werden. Insgesamt kämen als Strafen nicht nur solche im Sinne des innerstaatlichen Rechts, sondern ebenfalls Repressions- und Zwangsmaßnahmen in Betracht, die auch zivilrechtlicher Art sein könnten. Das Internationale Strafgericht solle daher auch Schadensersatzleistungen festsetzen können.[62]

Auch nach dem Zweiten Weltkrieg trat Caloyanni für die Idee eines universellen Völkerstrafrechts ein und betonte, dass das vom Internationalen Nürnberger Militärtribunal geschaffene Recht kein Ausnahmerecht bleiben dürfe. Das Nürnberger Statut sei daher für allgemein verbindlich zu erklären und zu seiner Anwendung ein Internationaler Strafgerichtshof einzusetzen.[63]

---

[61] Donnedieu de Vabres: De l'organisation d'une juridiction pénale internationale, in: RIDP 1949, S. 3; vgl. ferner: ders.: Le jugement de Nuremberg et le principe de légalité des délits et des peines, Brüssel 1947 (zit.: Donnedieu de Vabres, Le Jugement de Nuremberg), S. 8 ff.

[62] Dazu sowie zu Caloyanni allgemein, siehe: Caloyanni, Mégalos A.: L'organisation de la Cour Permanente de Justice Internationale et son avenir, in: RdC 1931 Bd. IV, S. 655 ff., insb. S. 724 ff.; ders.: La cour permanente de justice criminelle internationale, in: RIDP No. 4 1926, S. 469 ff. (in englischer Fassung S. 492 ff.); ders.: La réforme du statut de la Cour permanente de justice internationale, in: RIDP 1930, 151 ff. (178 f., 184 ff.); siehe auch sein Gutachten "La responsabilité pénale des personnes morales", in: Association internationale de Droit pénal, Deuxième Congrès International de Droit Pénal, Bucarest (6-12 Octobre 1929), Actes du Congrès, Paris 1930, S. 73 ff.

[63] Caloyanni, Mégalos A.: Les procès de Nuremberg et la justice pénale internationale, in: Revue de droit international, des sciences diplomatiques et politiques 1946, S. 174 ff., insb. 177 ff.; ders.: La justice pénale internationale et son avenir, in: RSC 1946, S. 341 ff. (348, 354 ff.).

4.4.1.5 Politis

Der griechische Völkerbundsdelegierte Nicolas Politis sprach sich zwar für eine internationale Strafverfolgung durch den StIGH aus, erkannte wie Donnedieu de Vabres aber auch die teils unüberwindbar erscheinenden Hindernisse auf dem Weg dorthin.[64] So stellte er fest, dass das Völkerrecht der Einzelperson einerseits Rechte gebe, ihr aber andererseits auch Pflichten auferlege, Letzteres unmittelbar, sodass die aus der Souveränitätsidee geborene dualistische Theorie, angesichts der Entwicklung der Völkerrechtsgemeinschaft zu einer überstaatlichen Weltorganisation, ihren Sinn verloren habe. Politis sah in der Befürchtung der Staaten, der Völkerbund könne mit der Einführung eines universalen Völkerstrafrechts zum Überstaat werden, das Haupthindernis und beschränkte sich daher auf das seiner Ansicht nach praktisch Durchführbare.

Für die unpolitischen Weltverbrechen wie die Seeräuberei genügt nach Politis die staatliche Gerichtsbarkeit. Bei den Kriegsverbrechen ist zwischen gemeinen Verbrechen und Verletzungen der Gesetze und Gebräuche des Landkriegs zu unterscheiden. Bei ersteren genügt wiederum die staatliche Gerichtsbarkeit, bei den letzteren aber ist eine internationale Gerichtsbarkeit wünschenswert. Diese scheitert jedoch praktisch an der Verweigerung der Auslieferung durch die Staaten und an der Fülle der zu verhandelnden Fälle.[65] Daher muss das eigentliche Gebiet der internationalen Strafgerichtsbarkeit bei der Verfolgung der für einen Angriffskrieg verantwortlichen Regierungen und ihrer führenden Gehilfen liegen. Eine kollektive Verantwortung der Staaten lehnte er jedoch ab.

Politis forderte, der beim StIGH einzurichtende Strafsenat müsse echten internationalen Charakter haben, sodass nationale Richter beteiligter Staaten von der Mitwirkung auszuschließen seien. Für die Anklageerhebung solle allein der Völkerbundsrat zuständig sein. Vor der Errichtung einer solchen internationalen Strafgerichtsbarkeit müssten allerdings Tatbestände, die zu verhängenden Strafen und die zentralen Lehren des Völkerstrafrechts in einer Konvention niedergelegt sein.

4.4.1.6 Dumas

Auch der Franzose Dumas war der Auffassung, dass ein Völkerstrafgesetzbuch notwendig sei, bevor eine internationale Strafgerichtsbarkeit errichtet werden könne. Die bisherigen Versuche seien daran gescheitert, dass man auf die festen Tatbestände der kontinentalen Rechtsauffassung verzichtet habe. Die Existenz einer durchsetzbaren völkerrechtlichen Strafdrohung müsse dazu beitragen, dass

---

[64] Zu Politis siehe: Politis, Nicolais: La justice internationale, S. 251; Y a-t-il lieu d'instituer une juridiction criminelle internationale; et dans la supposition d'une réponse affirmative, comment l'organiser?, in: Association internationale de Droit pénal, Premier Congrès International de Droit Pénal, Bruxelles (26-29 juillet 1926), Actes du Congrès, Paris 1927, S. 409 ff.

[65] Die gleichen Bedenken hatte auch Donnedieu de Vabres. Vgl. unter 4.3.1.3.

völkerrechtswidrige Befehle keinen Gehorsam mehr fänden. Die Lösung der Probleme bei der Strafvollstreckung gegen Staaten liege in der Stärkung der Autorität des Völkerbundes.[66]

4.4.1.7 Roux

Schließlich gehörte auch der Franzose Roux zu den Befürwortern einer internationalen Strafgewalt.[67] Überzeugt von ihrer Notwendigkeit und Durchsetzbarkeit, sprach er sich für ihre Einsetzung durch einen entsprechenden völkerrechtlichen Vertrag aus, da auf diese Weise die Souveränität der Staaten nicht verletzt werde. Der Internationale Strafgerichtshof spräche im Namen der vereinigten Souveränitäten aller Vertragsstaaten Recht. Er sei zuständig für die Aburteilung von Staaten für Verbrechen, die von ihren Organen gegen andere Staaten begangen würden, und für die Bestrafung von Kriegsverbrechen, über welche die Gerichte des Verletzten zu streng und die des Täters zu milde urteilten. Eine strafrechtliche Intervention zum Schutze der Menschenrechte sei jedoch nicht durchführbar, da dies eine innenpolitische Angelegenheit der Staaten sei, in die letztere noch keine Einmischung duldeten.

4.4.2 Die Bemühungen der *Association Internationale de Droit Pénal*

4.4.2.1 Der I. Kongress 1926 in Brüssel

Die in der *Association Internationale de Droit Pénal*[68] organisierten Vertreter der "französischen Bewegung" behandelten auf ihrem ersten Kongress im Juli 1926 in Brüssel die Frage, ob Anlass bestehe, eine internationale Strafgerichtsbarkeit einzurichten.[69] Bejahendenfalls sollte erörtert werden, wie diese Gerichtsbarkeit zu organisieren sei. Im Vorfeld des Kongresses wurden hierzu 12 Gutachten erstellt. Saldana, Donnedieu de Vabres, Politis, Pella und auch Bellot gaben darin ihre bereits dargestellten Auffassungen wieder. Ergänzend hinzuweisen ist hier auf die Ausführungen des Italieners Garofalo und auf die des Tschechen Kallab.
Garofalo[70] lehnte eine strafrechtliche Verantwortlichkeit der Staaten ab, da diese voraussetze, dass sich die Staaten einer übergeordneten Gewalt unterwürfen. Da diese Voraussetzung wohl unerfüllt bliebe, hielt er lediglich eine deklaratorische Feststellung von Völkerrechtsverletzungen für realisierbar. Eine für Einzelkriminalität zuständige internationale Gerichtsbarkeit sei dagegen möglich.

---

66 Dumas, Jacques: De la Responsabilité internationale des Etats à raison de crimes et de délits commis sur leur territoire au préjudice d'étrangers, Paris 1930, S. 386 ff.

67 Roux, André: L'entraide mutuelle des États dans la lutte contre la criminalité, in: RdC 1931 Bd. II, S. 168 ff.

68 Siehe oben unter: 4.4 sowie den Gründungsaufruf, RIDP 1924, S. 1.

69 Association internationale de Droit pénal, Premier Congrès International de Droit Pénal, Bruxelles (26-29 juillet 1926), Actes du Congrès, Paris 1927 (zit.: Actes 1er Congrès de l'Association Internationale de Droit Pénal), S. 366 ff.

70 Ebenda, S. 423 ff.

Wünschenswert sei sie insbesondere in Fällen zweifelhaften Gerichtsstandes bei internationalen Verbrechen, zur Bestrafung völkerrechtswidriger Kriegshandlungen oder zur Bekämpfung des Kommunismus.
Kallab[71] hingegen sprach sich in seinem Gutachten gänzlich gegen eine internationale Strafgerichtsbarkeit aus. Er unterschied die Verantwortlichkeit der Einzelpersonen von jener der Staaten und wies auf die Problematik bei der Lösung von Kompetenzkonflikten hin. Delikte von Einzelpersonen seien teilweise schon an sich strafbar und ihre Ahndung durch eine internationale Strafbarkeit führe nur zu unnötigen Kompetenzkonflikten. Die Verantwortung für eine angemessene Aburteilung sei daher beim Staat zu lassen. Es sei allenfalls zu überlegen, wie sie wirksamer gestaltet werden könne, wenn der Staat zu schwach oder gar mitschuldig sei. Bei den ausschließlich die zwischenstaatliche Ordnung störenden Delikten sei ebenfalls kein Raum für eine internationale Strafgerichtsbarkeit. Denn hier handele es sich entweder um den durch den Staat zu bestrafenden Machtmissbrauch staatlicher Organe oder um staatliche Verantwortlichkeit. Auch lasse sich eine internationale Strafgerichtsbarkeit nicht unter dem Gesichtspunkt der Ausfüllung von Lücken der nationalen Strafgesetzgebung rechtfertigen. Sollten solche Lücken zu einem mangelhaften Schutz betroffener Staaten führen, dann ließe sich dieser Mangel einfacher mithilfe von Vereinbarungen über den gegenseitigen Schutz beseitigen. Diese Vereinbarungen müssten zu entsprechenden Strafbestimmungen in den nationalen Strafgesetzen führen. Bei allen unpolitischen Verbrechen genüge eine verbesserte internationale kriminalpolizeiliche Zusammenarbeit.
Anders sah Kallab die Dinge bei der Verantwortlichkeit von Staaten, er kam jedoch zu dem gleichen, eine internationale Strafgerichtsbarkeit ablehnenden Ergebnis. Zwar sei die Verstärkung und Regelung der Staatenverantwortlichkeit eine Notwendigkeit, jedoch keine strafrechtliche. Die Voraussetzungen der Schuld und das Ziel der Strafe seien bei Staaten nicht mit denen bei Individuen vergleichbar. Für die Sicherung der internationalen Friedensordnung in diesem Bereich sei der Sanktionsapparat des Völkerbundes geschaffen worden. Außerdem fehle eine mit Strafkompetenz ausgestattete übergeordnete Gewalt, sodass bei der gegenwärtigen Lage der internationalen Beziehungen eine internationale Strafgerichtsbarkeit nicht möglich sei. Hinsichtlich des dritten Problemkreises, der Lösung von Kompetenzkonflikten, sei eine zwischenstaatliche Vereinbarung über das anzuwendende Recht notwendig. Diesbezügliche Streitigkeiten könnten vom StIGH im Rahmen seiner ordentlichen Tätigkeit erledigt werden, sodass auch hier kein dringendes Bedürfnis nach Einsetzung einer internationalen Strafgerichtsbarkeit bestehe.

[71] Ebenda, S. 459 ff.

In der Sitzung des Kongresses am 27. Juli 1926 wurde in direkter Aussprache über die Frage verhandelt, ob und gegebenenfalls wie eine internationale Strafgerichtsbarkeit einzurichten sei.[72] Pella trat erneut für eine allmähliche Verwirklichung einer Kompetenz des StIGH für die strafrechtliche Verfolgung von Staaten und Individuen ein. Zusammen mit Pella schlug Donnedieu de Vabres 12 Thesen vor, die trotz des gegen sie erhobenen Widerspruches mit zwei geringfügigen Änderungen angenommen wurden.[73] Mit diesen in einer Resolution verabschiedeten Thesen[74] forderte die Kommission eine echte internationale Strafgewalt beim StIGH (1). Der StIGH sollte aber auch bei zwischenstaatlichen Rechts- und Zuständigkeitsstreitigkeiten angerufen werden (2). Die Kommission befürwortete gegen Staaten zu verhängende Strafsanktionen und Sicherheitsmaßnahmen im Falle eines Angriffskrieges oder eines Verstoßes gegen internationales Recht (3). Im Übrigen sollte der Gerichtshof zuständig sein für die strafrechtliche Verfolgung von Individuen für Verbrechen im Zusammenhang mit dem Angriffskrieg, für Verstöße gegen das internationale Recht in Zeiten des Friedens und des Krieges und, wie schon erwähnt, für allgemeine Verbrechen, welche eine Gefahr für den Weltfrieden darstellen (4). Auch sollte das Gericht bei Zuständigkeitsstreitigkeiten oder widersprechenden Urteilen verschiedener Staaten in derselben Sache angerufen werden (5), wobei letztere Variante ebenfalls auf einem Antrag Rolins beruhte. Bevor das Gericht mit der strafrechtlichen Verfolgung beginnen könne, seien die in den Zuständigkeitsbereich des Gerichts fallenden Straftaten einschließlich der zu verhängenden Strafen in internationalen Konventionen präzise festzulegen (6). Angesprochen wurden auch die Zusammensetzung des in der Anzahl zu erhöhenden Richtergremiums am StIGH und Verfahrensvorschriften (7, 8). Die verbindlichen Urteile des Gerichts seien, sofern gegen Staaten gerichtet, vom Völkerbundsrat, sofern gegen Individuen gerichtet, von einem durch den Völkerbundsrat zu bestimmenden Staat durchzusetzen (9). Schließlich wurde beschlossen, dass ein von der *Association Internationale de Droit Pénal* einzusetzender Ausschuss mit der Ausarbeitung eines Statutentwurfs für ein auf Vertragsbasis (12) zu errichtendes Internationales Strafgericht beauftragt werden solle (11). Die Bemerkungen zu diesen 12 Thesen fielen unterschiedlich aus.

Der Belgier Overbeke war der Auffassung, dass vor einer internationalen Gerichtsbarkeit erst ein internationales Strafrecht geschaffen werden müsse.[75]

Mercier (Schweiz) sprach sich insbesondere dagegen aus, einem internationalen Gericht die Lösung von Kompetenzkonflikten zu übertragen. Dadurch werde man beim Vorliegen mehrerer Gerichtsgewalten dem Staat seine Gerichtsgewalt

---

[72] Ebenda, S. 553 ff.

[73] Ebenda, S. 554 ff., 571 ff.

[74] Ebenda, S. 634 f.

[75] Ebenda, S. 589 ff.

nehmen. Außerdem sei nicht geklärt, ob im Falle strafbarer Handlungen der Staat oder das Individuum durch ein internationales Gericht abzuurteilen sei.[76]

Der Italiener Ferri hielt insbesondere die Bestrafung des Angriffskrieges für utopisch. Sie setze einen Überstaat voraus, da ansonsten eine ausgesprochene Strafe nur mit dem Mittel des Krieges durchgesetzt werden könne. Und gerade diesen gelte es zu verhindern.

Ferri reichte im Namen der italienischen Gruppe einen Antrag ein, nach dem der Kongress unter anderem befürworten sollte, dass die zivilisierten Staaten sich mit dem Entwurf eines Strafgesetzbuches und eines internationalen Strafverfahrens zur Verfolgung der schwersten und weltweit verbreiteten Menschlichkeits- und Eigentumsverbrechen einverstanden erklären. Damit solle verhindert werden, dass sich die Täter durch grenzüberschreitende Organisation und den Wechsel ihres Aufenthaltslandes den Strafverfolgungsbehörden der verschiedenen und unabhängig voneinander agierenden Staaten entziehen könnten.[77]

Bewes (England) wies darauf hin, dass schon beim Versailler Friedensschluss die Behauptung der deutschen Kriegsschuld und die Festsetzung der Schadensersatzverpflichtung nicht ohne gerichtliche Feststellung hätte erfolgen dürfen.[78]

Auf die Kritik Merciers antwortete Donnedieu de Vabres mit einem Hinweis auf die praktische Notwendigkeit der Lösung von Kompetenzkonflikten. Der Einwand der Souveränitätsverletzung könne seiner Ansicht nach nicht überzeugen, da bei Kompetenzkonflikten nur gutachterliche Äußerungen des Gerichts vorgesehen seien.[79] Gegenüber dem Antrag Ferris machten Pella und Donnedieu de Vabres geltend, dass es nicht wünschenswert sei, wenn der zu schaffende Gerichtshof unnötig mit Kompetenzen wie der Aburteilung gemeiner Straftaten belastet würde. Dennoch konnten die beiden letzteren nicht verhindern, dass, auf den Antrag Rolins hin, im vierten der erwähnten zwölf Punkte die Zuständigkeit des Gerichtshofs auch für die Aburteilung gemeiner, den Frieden gefährdender Straftaten befürwortet wurde.[80]

4.4.2.2 Der Statutentwurf zur Schaffung einer Strafkammer beim StIGH vom Januar 1928

Der von der *Association Internationale de Droit Pénal* eingesetzte Ausschuss nahm im November 1926 unter der Leitung Caloyannis seine Arbeit auf. Der von Pella redigierte Statutentwurf [81] sah eine durch völkerrechtlichen Vertrag beim StIGH einzusetzende ständige Strafkammer vor (Art. 1). Sie sollte zuständig sein

[76] Ebenda, S. 574 f.
[77] Ebenda, S. 537 ff., 588 f.
[78] Ebenda, S. 592 ff.
[79] Ebenda, S. 584 f.
[80] Ebenda, S. 600 f.
[81] Entwurf veröffentlicht in: RIDP 1928, S. 261 ff.

für die Aburteilung internationaler Verbrechen sowohl gegenüber Staaten als auch gegenüber Einzelpersonen. Daneben sollte die Kammer auch bei Zuständigkeitskonflikten und im Falle sich widersprechender Urteile der Gerichte verschiedener Staaten in derselben Sache angerufen werden können.

Folgende Bestimmungen wurden im Statutentwurf vom November 1926 vorgeschlagen:

Die Strafkammer, die sich aus 15 ordentlichen und 8 Ersatzrichtern zusammensetzt (Art. 3), sollte bei Strafsachen gegen Staaten mit 15 (Art. 12), ansonsten mit 5 Richtern besetzt sein (Art. 11). Nationale Richter sollten zugelassen werden (Art. 52). Anklagebefugt sollten nur der Völkerbundsrat oder ein Staat mit Genehmigung des Völkerbundsrates sein (Art. 20). Die Privatklage war nicht vorgesehen. Vorgesehen waren Klagen eines Staates gegen seine eigenen Staatsangehörigen, wenn sich diese auf dem Gebiet eines fremden Staates aufhalten und dieser Staat die Auslieferung verweigert (Art. 22 Abs. 3). Der Völkerbundsrat sollte nach Art. 24 entscheiden, ob er der Klage des Staates stattgeben will oder nicht, und bejahendenfalls, ob er die Klage selbst durch einen besonderen Vertreter durchführen oder sie dem Staat überlassen will (Art. 25 Abs. 1). Geschädigte Staaten sollten die Möglichkeit haben, sich als Zivilkläger anzuschließen (Art. 28). Kapitel IV des Statutentwurfs legte den Zuständigkeitsbereich der Strafkammer fest. Er sollte sich auf die Staaten einschließlich ihrer Staatsangehörigen beschränken, welche die Strafgewalt in einer Satzung oder in besonderen Verträgen anerkannt haben (Art. 35 Abs. 1 und 2). In diesen sollten Verletzungen des Völkerrechts tatbestandsmäßig umschrieben und mit festen Strafdrohungen versehen werden (Art. 35 Abs. 3). Die Verbrechen der Individuen wurden unterteilt in solche, die ihrer Natur nach von den Staaten nicht erfasst werden können, und solche, auf deren Aburteilung die Staaten verzichtet haben. Bei den letzteren wurde unterschieden zwischen friedensgefährdenden Handlungen in Friedenszeiten, die zu ihrer wirksamen und gerechten Ahndung den nationalen Gerichtsbarkeiten zu entziehen seien (Art. 36 lit. a), und den Kriegsverbrechen (Art. 36 lit. b). In diesen Fällen sollte das nationale Recht des Täters angewendet werden, soweit diese Anwendung nicht durch internationale Vereinbarungen ausgeschlossen ist (Art. 37 Abs. 1). Die Todesstrafe und die Vermögenseinziehung wurden ausgeschlossen (Art. 37 Abs. 2). Art. 38 umschreibt die bereits erwähnte Kompetenz zur Lösung von Kompetenzkonflikten und zur Nachprüfung widersprüchlicher Urteile in derselben Sache durch Gerichte verschiedener Staaten.

Das Verfahren wurde in das Vorverfahren beim Völkerbundsrat, die Voruntersuchung und das Urteilsverfahren unterteilt (Art. 24, 40 ff. und 61 ff.). Der Rat sollte zur Vorbereitung seiner Entscheidung Untersuchungsausschüsse einsetzen können (Art. 40). Um das Erscheinen des Angeklagten sicherzustellen, sollten Zwangsmittel gegen den Angeklagten zulässig sein (Art. 46). Doch sollte auch in seiner Abwesenheit verhandelt werden können (Art. 65), wobei ein

Abwesenheitsverfahren dann zugelassen werden sollte, wenn es im nationalen Recht des Angeklagten vorgesehen war (Art. 67). Die Staaten sollten zur Rechtshilfe verpflichtet sein (Kap. V, Art. 40 ff.) und sollten bei der Vollstreckung von Urteilen, die sich aber nach Art. 62 Abs. 2 auch auf einen Schuldspruch ohne Strafausspruch beschränken können, vom Völkerbundsrat in Anspruch genommen werden können (Art. 69, 70). Die Vollstreckung der gegen Staaten verhängten Sanktionen sollte der Völkerbundsrat selbst sicherstellen (Art. 68). Gemäß Art. 61 Abs. 1 sollte die Kammer mit einfacher Mehrheit entscheiden und Abs. 2 erklärt Sondervoten überstimmter Richter für zulässig. Gegen das Urteil sollte nur die Wiederaufnahme nach den Bestimmungen des Statuts des StIGH möglich sein (Art. 64, 68).

Der Statutentwurf wurde vom Vorstand der *Association Internationale de Droit Pénal* in ihrer Sitzung im Januar 1928 einstimmig angenommen und im September desselben Jahres dem Völkerbund vorgelegt. Die praktischen Arbeiten an der Errichtung eines Internationalen Strafgerichtshofs hatten damit einen gewissen Abschluss erreicht.

Anders als die *International Law Association* sprach sich die *Association Internationale de Droit Pénal* mit ihrem Statutentwurf für die strikte Einhaltung des Grundsatzes "nulla poena sine lege" aus. Daher wurde im Januar 1929 eine Kommission eingesetzt, die sich mit der genaueren Bestimmung der gemäß dem Statutentwurf in die Zuständigkeit des Gerichtshofs fallenden Delikte befassen sollte.[82] Der Ausgangspunkt für den Unterschied zwischen den Arbeiten der beiden Organisationen liegt nicht nur im anzuwendenden Recht, sondern vor allem in der Zielsetzung. Während der auf Bellots Gedanken zurückgehende Entwurf der *International Law Association* hauptsächlich die Sühne der eigentlichen Kriegsverbrechen zum Gegenstand hatte, war der Entwurf der *Association Internationale de Droit Pénal* eher ein Mittel der Friedenssicherung. Die Einhaltung der internationalen Verpflichtung der Staaten zu einem friedlichen Zusammenleben sollte unter Androhung von Strafe erzwungen werden. Die Tatsache, dass der Völkerbundsrat mit der Befugnis zur Anklageerhebung großen Einfluss haben sollte, lässt darauf schließen, dass politischen Bedenken der Vorrang gegenüber den Forderungen der Gerechtigkeit eingeräumt wurde.[83] Der Entwurf der *International Law Association* sah dagegen die Privatklage verletzter Staaten, der Entwurf Bellots sogar die von Einzelpersonen vor.

---

[82] RIDP VI (1929), S. 1 f. (2).
[83] Vgl. von Weber, Fn. 44, S. 49.

5. Kapitel: Die Konventionen gegen den Terrorismus und über die Errichtung eines Internationalen Strafgerichtshofs vom 16. November 1937

5.1 Hintergrund

Zumindest auf einem Nebengebiet des Völkerstrafrechts wäre kurz vor Ausbruch des Zweiten Weltkriegs fast noch ein praktischer Erfolg erreicht worden. Nach dem Anschlag auf König Alexander I. von Jugoslawien während eines Staatsbesuchs in Frankreich im Oktober 1934 wurde die gemeinsame Bekämpfung des Terrorismus durch internationale Bestrafung zum Gegenstand von Diskussionen in den Organen und Gremien des Völkerbundes.

Hintergrund des Attentats war die von König Alexander 1929 durch Außerkraftsetzung der Verfassung aus dem Jahre 1921 begründete Diktatur. Aus dem Königreich der Serben, Kroaten und Slowenen wurde das Königreich Jugoslawien. Doch litt der Staat von Anfang an unter den Gegensätzen der verschiedenen Nationalitäten und den damit zusammenhängenden gewalttätigen Unabhängigkeitsbestrebungen. Bei dem Anschlag kam der französische Außenminister Louis Barthou ums Leben, der als Befürworter eines Internationalen Strafgerichtshofs galt.[1] Der Attentäter floh nach Italien, welches die Auslieferung verweigerte. Da der Anschlag politisch motiviert war, stand die Verweigerung der Auslieferung im Einklang mit den international anerkannten Regeln des Asyls. Dennoch verlangte Jugoslawien ein Einschreiten des Völkerbundes. Daraufhin schlug Frankreich dem Völkerbundsrat eine internationale Konvention mit dem Ziel der Unterdrückung politisch motivierter terroristischer Anschläge auf Personen und Eigentum vor.[2] Zwar sollten grundsätzlich nationale Gerichte zur Aburteilung solcher Taten zuständig sein, doch in den Fällen, in denen die Vertragsstaaten darauf verzichten wollten, sollte ihnen ein ständiger Internationaler Strafgerichtshof zur Verfügung stehen.

Gedacht war zum einen an den Fall, in dem sich die beschuldigte Person in einem anderen als dem die Anklage erhebenden Staat aufhält und dieser Staat die Überstellung an den Gerichtshof der Auslieferung vorzieht. Zum zweiten sollte der Gerichtshof tätig werden, wenn der Staat, auf dessen Territorium das Verbrechen

---

[1] Vgl. Donnedieu de Vabres, Henri: La répression internationale du terrorisme. Les Conventions de Genève (16 Novembre 1937), in: RDILC, Série 3, Tome XIX 1938 (zit.: Donnedieu de Vabres, La répression internationale du terrorisme), S. 37 ff. (37); Ferencz, Benjamin: An International Criminal Court, Vol. I (Half a century of hope), London/Rome/New York 1980 (zit.: Ferencz I), S. 48.

[2] Suggestions presented to the Council by the French Government, in: League of Nations, Committee for the International Repression of Terrorism, Report to the Council on the First Session of the Committee, Held from April 30th to May 8th, 1935, Geneva May 8th, 1935, Official No.: C.184.M.102.1935.V. (zit.: Report to the Council on the First Session of the Committee for the International Repression of Terrorism), Appendix IV.

begangen wurde, auf sein eigenes Strafverfolgungsrecht verzichtete. Der französische Vorschlag ließ bereits die Grundlinien der zukünftigen Konventionsentwürfe erkennen. Diese bestanden in dem Ziel, den politischen Terrorismus zu bekämpfen, und in der seitens der Vertragsstaaten zu übernehmenden Verpflichtung des *aut dedere aut punire*.

Am 10. Dezember 1934 setzte der Völkerbundsrat eine Expertenkommission mit dem Auftrag ein, eine Konvention zur Bekämpfung des Terrorismus auszuarbeiten. Außerdem wurden die Regierungen der Mitgliedsstaaten gebeten, ihrerseits Vorschläge bezüglich dieses Vorhabens beim Generalsekretär des Völkerbundes einzureichen.[3]

5.2 Die erste Sitzung der Kommission und der Konventionsentwurf vom Mai 1935

Grundlage der Verhandlungen der im April 1935 zum ersten Mal tagenden Kommission waren ein vom rumänischen Kommissionsmitglied Pella ausgearbeiteter Konventionsentwurf und die bislang eingegangenen Stellungnahmen verschiedener Staaten. In letzteren wurde eine Konvention gegen den Terrorismus nahezu ausschließlich befürwortet. Die rumänische Regierung wies auf den Missstand hin, dass gerade denen, die mit ihren meist politisch motivierten Taten die internationalen Beziehungen äußerst gefährdeten, politisches Asyl gewährt werde und dass diese Verbrechen weder Gegenstand internationaler Auslieferungsverträge seien noch durch die nationalen Gerichte verfolgt würden. Insbesondere Anschläge auf Staatsoberhäupter dürften daher nicht mehr als politisches Verbrechen im Sinne der Auslieferungsverträge gelten. Das von Grotius formulierte Prinzip des *aut dedere aut punire* müsse gerade hier Anwendung finden.[4] Die jugoslawische Regierung machte den Vorschlag, dass der Internationale Gerichtshof grundsätzlich das Recht des Staates anwenden solle, gegen den der Anschlag gerichtet war.[5]

Der erste Entwurf der Kommission für eine Konvention gegen den Terrorismus bestand aus zwei Teilen. Der erste Teil[6] enthielt, neben einer Aufzählung von Tatbeständen (Art. 2 und 11) und Regeln über die internationale Zusammenarbeit bei der Strafverfolgung (Art. 13 ff.), die Bestimmung, dass es bei der strafrechtlichen Verfolgung der in der Konvention aufgeführten Delikte keinen Unterschied machen dürfe, in welchem beziehungsweise gegen welchen der

---

[3] Sixième Séance du Conseil, Tenue le lundi 10 décembre 1934, in: Societé des Nations, Journal Officiel XV.2 1934, S. 1760 Nr. IV.

[4] Government Observations, in: Report to the Council on the First Session of the Committee for the International Repression of Terrorism, Fn. 2, Appendix III., S. 16 f.

[5] Ebenda, S. 23 f.

[6] Texts adopted by the Committee, First Part of the Convention, in: Report to the Council on the First Session of the Committee for the International Repression of Terrorism, Fn. 2, Appendix I., S. 3 ff.

Vertragsstaaten ein Anschlag verübt wurde (Art. 3). Die Delikte des Art. 2 seien nach Art. 8 zum Gegenstand von Auslieferungsverträgen zu machen oder in Ermangelung solcher als Delikte anzuerkennen, welche eine Auslieferungspflicht begründeten. Die wegen einer der in Art. 2 genannten Taten beschuldigte Person sei unabhängig von ihrer Nationalität an den die Auslieferung verlangenden Staat zu überstellen oder von dem Staat selbst zu verurteilen, in dessen Gewahrsam der Beschuldigte sich befinde (Art. 3, 6 und 7). Als dritte Alternative sollten die Staaten die beschuldigten Personen an einen Internationalen Strafgerichtshof ausliefern können (Art. 9).

Der zweite Teil der Konvention befasste sich mit der Organisation und Zuständigkeit des Gerichtshofs.[7] Das als ständige Einrichtung zu schaffende Gericht soll sich aus fünf Richtern und fünf stellvertretenden Richtern zusammensetzen, die vom Völkerbundsrat gewählt werden sollen (Art. 18 ff.). Das Gericht soll nicht aus eigener Initiative heraus tätig werden können. Es soll grundsätzlich in Den Haag tagen, doch kann der Staat, der einen Beschuldigten an das Gericht überstellt, verlangen, dass Tagungsort das eigene Staatsgebiet sein soll (Art. 32 f.).

Gemäß Art. 34 kommt als anzuwendendes Recht entweder das Recht des den Beschuldigten an den Internationalen Gerichtshof überstellenden Staates oder das Recht des Staates in Betracht, auf dessen Gebiet die Tat begangen wurde.

Art. 33 befugt den das Gericht beauftragenden Vertragsstaat, einen nationalen Vertreter ins Richtergremium zu entsenden, wenn sich nicht bereits ein solcher in diesem befindet.

Art. 39 sieht vor, dass in den Fällen, in denen kein Richter aus dem Staat kommt, dessen Recht zur Anwendung gelangt, ein mit diesem Recht vertrauter Jurist dem Richtergremium beratend zur Seite gestellt werden könne.

Die vorbereitenden Untersuchungen und die Sammlung von Beweisen sollten durch den Staat wahrgenommen werden, der das Gericht in dem betreffenden Fall angerufen hat (Art. 40).

Art. 42 sieht die Möglichkeit einer zivilen Nebenklage vor.

Gemäß Art. 45 soll das Gericht darüber entscheiden, ob der Angeklagte in Gewahrsam zu nehmen ist. Wenn das zur Anwendung gelangende Recht es vorsieht, dann kann das Gericht dem Beschuldigten die Wiederherstellung oder Schadensersatz auferlegen.

Daneben sind die Freiheits- und die Todesstrafe vorgesehen (Art. 56 f.). Die Urteile sollen durch den Staat vollzogen werden, in dem das Verfahren stattgefunden hat. Wenn der Verhandlungsort Den Haag ist, dann soll das Gericht einen Vertragsstaat mit dem Vollzug des Urteils beauftragen. In den Staaten, in

---

7 Part II of the Convention, International Criminal Court, Provisions proposed by the Belgian, French, Rumanian and Spanish Members, in: Report to the Council on the First Session of the Committee for the International Repression of Terrorism, Fn. 2, Appendix II., S. 7 ff.

denen die Todesstrafe nicht vorgesehen ist, soll sie durch die nächst leichtere Strafe ersetzt werden (Art. 57).
Die Ausübung des Begnadigungsrechts obliegt dem Völkerbundsrat (Art. 58).
Gegen das Urteil ist nur die Revision nach den Bestimmungen des angewendeten Rechts möglich (Art. 59).
Nach Art. 62 entscheidet das Gericht über aufkommende Fragen hinsichtlich seiner Zuständigkeit selbst.
Das Gericht entscheidet mit der Mehrheit seiner Mitglieder, wobei das Urteil nicht erkennen lassen soll, ob es einstimmig oder mit Stimmenmehrheit zustande gekommen ist (Art. 51).
Sondervoten überstimmter Richter waren nicht vorgesehen. Mit dieser Regelung hätte es der Statutentwurf dem zu errichtenden Gerichtshof viel leichter gemacht, sich die nötige Anerkennung zu verschaffen, als es bei der Umsetzung nahezu aller, ebenfalls die Errichtung eines Internationalen Strafgerichtshofs zum Inhalt habenden Statutentwürfe der Fall gewesen wäre. Ein Gericht, das darauf angewiesen ist, dass ihm die Staaten mit der Strafgewalt einen wichtigen Teil ihrer Souveränität übertragen, muss sich in besonderem Maße Anerkennung und Autorität erwerben. Dazu gehört auch ein hohes Maß an Rechtssicherheit. Der letzteren sind die Bekanntgabe des Stimmenverhältnisses, insbesondere aber die Veröffentlichung von Sondervoten, nicht zuträglich. Das gilt vor allem für die Strafgerichtsbarkeit. So sieht beispielsweise auch das deutsche Strafrecht keine Veröffentlichung der abweichenden Meinung überstimmter Richter oder des Stimmenverhältnisses vor. Dies gilt überhaupt für die gesamte deutsche Rechtsordnung, mit Ausnahme des Bundesverfassungsgerichtes. Hier wurde in Art. 30 II BVerfGG jedoch erst nachträglich eine abweichende Regelung getroffen.

5.3 Die zweite Sitzung der Kommission und die Konventionsentwürfe vom Januar 1936

Auf ihrer zweiten Sitzung vom 7. bis zum 15. Januar 1936 beschäftigte sich die Kommission zunächst mit den Stellungnahmen der Regierungen Ägyptens, Argentiniens und der Niederlande.[8] Ägypten sprach sich für eine obligatorische Strafgerichtsbarkeit für die von Ausländern auf seinem Staatsgebiet begangenen Verbrechen aus[9] und Argentinien wies auf die Notwendigkeit internationaler

8 Replies from Governments received after the First Session of the Committee, in: League of Nations, Committee for the International Repression of Terrorism, Report to the Council adopted by the Committee on January 15th, 1936, Series of League of Nations Publications V. Legal 1936. V. 2., Official No.: A. 7. 1936.V. (zit.: Report to the Council adopted by the Committee for the International Repression of Terrorism on January 15th, 1936), Appendix III.

9 Ebenda, S. 13 f.

Kooperation insbesondere auf dem Gebiet des Informationsaustausches hin.[10] Die Regierung der Niederlande erkannte an, dass ein Internationaler Strafgerichtshof dabei helfen würde, den Missbrauch des Asylrechts zu beschränken, doch wies sie darauf hin, dass noch einige Probleme aus dem Weg geräumt werden müssten, bevor ein solches Gericht akzeptiert werden könne. Vor allem sei der Völkerbundsrat als ein politisches Organ nicht geeignet, über die Begnadigung eines Verurteilten zu entscheiden. Darüber hinaus beruhten die von der niederländischen Regierung abgeschlossenen Auslieferungsverträge auf dem Prinzip, dass eine Auslieferung im Falle von Verbrechen mit politischem Hintergrund nicht gestattet werden könne. Angesichts der Tatsache, dass in den verschiedenen Staaten unterschiedliche politische Ansichten in grundlegenden Fragen vorherrschten, sei die Zeit für eine Abkehr von diesem Prinzip nicht günstig.[11]

Wegen zunehmender Bedenken gegen die Idee eines Internationalen Strafgerichtshofs wurden die Bestimmungen über die Bekämpfung des Terrorismus und die Schaffung eines Internationalen Strafgerichtshofs nunmehr in zwei getrennten Entwürfen untergebracht. Dies sollte den Staaten die Möglichkeit geben, der auf allgemeine Zustimmung stoßenden Konvention zur Verhütung und Bestrafung des Terrorismus beitreten zu können, ohne gleichzeitig die Errichtung eines Internationalen Strafgerichtshofs befürworten und unterstützen zu müssen.[12]

Der Konventionsentwurf zur Bekämpfung des Terrorismus[13] geht in seinem Art. 3 weiter als Art. 2 Nr. 8 des vorhergehenden Entwurfs, indem er die Staaten verpflichtet, neben der Anstiftung und der Beihilfe auch den Versuch einer der in Art. 2 genannten Taten oder die versuchte oder vollendete Verschwörung zu einer solchen für strafbar zu erklären. In Übereinstimmung mit der Auffassung der niederländischen Regierung sieht Art. 15 des Konventionsentwurfs zur Errichtung eines Internationalen Strafgerichtshofs zur Durchsetzung der Konvention zur Bekämpfung des Terrorismus[14] vor, dass nicht mehr der den Beschuldigten an das Tribunal überstellende Staat, sondern das Gericht selbst darüber entscheidet, ob es im Einzelfall nicht an einem anderen Ort als Den Haag zusammentreten soll. Auch soll ausschließlich das Recht des Landes zur Anwendung gelangen, in dem die Tat begangen wurde, und nicht mehr zwischen dem letzteren und dem Recht des den

---

[10] Ebenda, S. 13.

[11] Ebenda, S. 14 ff.

[12] Vgl. Report to the Council adopted by the Committee for the International Repression of Terrorism on January 15th, 1936, Fn. 8, S. 2 f.

[13] Draft Convention for Prevention and Punishment of Terrorism, in: Report to the Council adopted by the Committee for the International Repression of Terrorism on January 15th, 1936, Fn. 8, Appendix I, S. 3 ff.

[14] Draft Convention for the Creation of an International Criminal Court, in: Report to the Council adopted by the Committee for the International Repression of Terrorism on January 15th, 1936, Fn. 8, Appendix II, S. 8 ff.

Gerichtshof anrufenden Staates gewählt werden können (Art. 17). Das Recht einen Beschuldigten an das Gericht zu überstellen, steht nach Art. 3 jedem Vertragsstaat zu. Gemäß Art. 42 soll das Gericht seine Verfahrensregeln selbst entwerfen. Das Begnadigungsrecht soll nicht mehr vom Völkerbundsrat, sondern von dem mit der Urteilsvollstreckung beauftragten und damit von dem Staat ausgeübt werden, dessen Strafrecht angewendet wurde (Art. 38). Die Leitung der Anklage steht dem Staat zu, gegen den die Tat gerichtet war (Art. 22).
Gemäß dem Bericht der Kommission an den Völkerbundsrat forderte jener den Generalsekretär auf, den Bericht mit den Statutentwürfen an die Staatengemeinschaft mit der Bitte um Stellungnahme weiterzuleiten.[15] Die beim Völkerbund eingehenden Stellungnahmen aus neunzehn Ländern verdeutlichten, dass insbesondere der Konventionsentwurf zur Errichtung eines Internationalen Strafgerichtshofs sehr umstritten war.[16] Während Bolivien beide Entwürfe vorbehaltlos unterstützte[17], sahen sich viele andere Regierungen zu technischen oder inhaltlichen Änderungsvorschlägen veranlasst oder lehnten das Vorhaben grundsätzlich ab. Australien, Norwegen, Ungarn, Venezuela und Polen sahen keine Notwendigkeit für einen Internationalen Strafgerichtshof.[18] Indien bedauerte, dass die Überstellung eines Beschuldigten an das Gericht nicht obligatorisch sei, und bemängelte, dass dem Land durch die große Entfernung zum Sitz des Gerichts der Zugang praktisch verwehrt werde.[19] China verlangte, dass die Konventionen auch auf solche ausländische Personen anwendbar sein müssten, denen aufgrund extra-territorialer Zugeständnisse Immunität gewährt werde.[20] Österreich zog eine Auslieferung nur dann in Erwägung, wenn die dem Beschuldigten zur Last gelegte Tat nach österreichischem Strafrecht ein

---

15 Report adopted by the Council on January 23rd, in: League of Nations, Committee for the International Repression of Terrorism, Report adopted by the Council on January 23rd, 1936, Series of League of Nations Publications V. Legal 1936. V. 2., Official No.: A. 7. 1936.V., S. 16.

16 Observations by Governments, Series I, in League of Nations, International Repression of Terrorism, Draft Convention for the Prevention and Punishment of Terrorism - Draft Convention for the Creation of an International Criminal Court, Series of League of Nations Publications V. Legal 1936. V. 6., Official No.: A.24.1936.V.

17 Ebenda, S. 3 f.

18 Ebenda, S. 1, 5, 13; sowie für Polen: Observations by Governments, Series II, in League of Nations, International Repression of Terrorism, Draft Convention for the Prevention and Punishment of Terrorism - Draft Convention for the Creation of an International Criminal Court, Series of League of Nations Publications V. Legal 1936. V. 7., Official No.: A.24(a).1936.V., S. 1 ff.

19 Observations by Governments, Series I, Fn. 16, S. 8 f.

20 Observations by Governments, Series III, in League of Nations, International Repression of Terrorism, Draft Convention for the Prevention and Punishment of Terrorism - Draft Convention for the Creation of an International Criminal Court, Series of League of Nations Publications V. Legal 1938. V. 2., Official No.: A.24(b).1936.V., S. 1 f.

Verbrechen sei[21], und Belgien wies darauf hin, dass seine Gesetze eine Auslieferung bei politisch motivierten Verbrechen nicht zuließen.[22] Es behalte sich daher das Recht vor, in jedem einzelnen Fall gesondert über die Auslieferung zu entscheiden. Die Sowjetunion wollte den Konventionen nur zustimmen, wenn sie auf solche den internationalen Frieden und die internationale Sicherheit gefährdende terroristische Verschwörungen beschränkt blieben.[23] Während die Tschechoslowakei besorgt war, dass die Konvention zur Verhütung und Bestrafung des Terrorismus die Meinungsfreiheit womöglich einschränke und ihre Anwendung auf kriegerische Handlungen ausgedehnt werden könne[24], wiesen die Niederlande erneut darauf hin, dass sie traditionell politischen Flüchtlingen Zuflucht gewährten und angesichts der fundamental unterschiedlichen politischen Ansichten in den verschiedenen Staaten nicht von dieser Tradition abzuweichen gedenken. Aus diesem Grunde sei die niederländische Regierung auch nicht bereit, alle in dem Konventionsentwurf zur Bekämpfung des Terrorismus genannten Verbrechen in die von ihr abgeschlossenen Auslieferungsverträge zu übernehmen.[25] Großbritannien hielt die Zeit für die Errichtung eines Internationalen Strafgerichtshofes noch nicht für gekommen und sprach sich dafür aus, das Vorhaben vorerst aufzugeben.[26]

5.4 Der Bericht des Rechtsausschusses an die Völkerbundsversammlung vom 6. Oktober 1936

Es war nun die Aufgabe des Rechtsausschusses des Völkerbundes, der Völkerbundsversammlung einen Vorschlag über das weitere Vorgehen im Zusammenhang mit den beiden Konventionsentwürfen zu machen. Die beiden Mitglieder des Ausschusses, Pella (Rumänien) und Rolin (Frankreich), unterbreiteten dem Ausschuss diesbezüglich eine dem Bericht an die Völkerbundsversammlung anzufügende und von dieser zu verabschiedende Resolution.[27]

In deren viertem Absatz wurde festgehalten, dass ein Internationaler Strafgerichtshof von einigen Regierungen als eine der zwischenstaatlichen Auslieferung und Strafverfolgung vorzuziehende Alternative angesehen werde.

---

[21] Observations by Governments, Series I, Fn. 16, S. 1 f.

[22] Ebenda, S. 2 f.

[23] Ebenda, S. 12.

[24] Observations by Governments, Series III, Fn. 20, S. 2 ff.

[25] Observations by Governments, Series I, Fn. 16, S. 11 f.

[26] Ebenda, S. 4.

[27] Septième Séance, Tenue le lundi 5 octobre 1936, in: Societé des Nations, Journal Officiel, Supplement Special No 156, Actes de la Dix-Septième Session Ordinaire de l'Assemblée, Séances des Commissions, Procès-Verbal de la Première Commission (Questions constitutionelles et juridiques), Genève 1936 (zit.: Societé des Nations, Septième Séance de la Première Commission), S. 47 ff. (52).

Der fünfte Absatz sprach die Empfehlung aus, dass die Expertenkommission für die Bekämpfung des Terrorismus erneut zusammenkommen sollte, um die beiden Konventionsentwürfe gemäß der von den Staaten eingereichten Stellungnahmen zu überarbeiten.
Die überarbeiteten Entwürfe sollten dann Gegenstand einer noch vor der nächsten Sitzung der Völkerbundsversammlung im Jahre 1937 einzuberufenden Staatenkonferenz sein. Zur Begründung wurde ausgeführt, dass es wenig sinnvoll sei, der Völkerbundsversammlung wie bisher die Ergebnisse vorzulegen, um sie entsprechend der bisherigen Praxis erneut zur Überarbeitung zurückzuerhalten. Die Arbeiten der Expertenkommission seien jetzt so weit gediehen, dass es keinen Sinn mache, sich weiter in Detailfragen zu verstricken, die besser und übergreifender auf einer Staatenkonferenz zu lösen seien. Die Konferenz sei möglichst vor der nächsten Völkerbundsversammlung einzuberufen, damit sie die Angelegenheit möglichst vorher zu einem zufrieden stellenden Abschluss bringe.[28]
Der Schwede Undén deutete an, dass die schwedische Delegation die Errichtung eines Internationalen Strafgerichtshofs nicht für wünschenswert hielt. Sollte eine geringe Anzahl von Staaten dennoch daran festhalten, dann dürfe nicht der Eindruck entstehen, dass der Gerichtshof unter der Schirmherrschaft des Völkerbundes errichtet würde.[29] Unterstützt von Norwegen, das eine Staatenkonferenz noch vor der nächsten Völkerbundsversammlung ebenfalls ablehnte[30], schlug Undén eine Alternativresolution vor, nach der das Vorhaben eines Internationalen Strafgerichtshofs ohne Vorbereitung durch weitere diplomatische Verhandlungen der nächsten Völkerbundsversammlung unterbreitet werden solle.[31]
Wie umstritten der geplante Strafgerichtshof war, verdeutlicht die Tatsache, dass einige Staaten es ablehnten, über dieses Vorhaben vorerst oder überhaupt auf diplomatischer Ebene zu diskutieren. Das britische Ausschussmitglied Malkin wies darauf hin, dass seine Regierung daran zweifele, dass es im Interesse des Völkerbundes sei, sich weiter mit dem Vorhaben eines Internationalen Strafgerichtshofs zu befassen, nachdem es doch eher unwahrscheinlich sei, dass ein solches Gericht von einer nennenswerten Mehrheit unter den Staaten unterstützt werde.[32] Auch der Schweizer Gorgé befürwortete den Alternativentwurf Undéns mit dem Hinweis darauf, dass das Problem nicht sehr dränge.[33]

---

[28] Ebenda, S. 53.
[29] Ebenda; so auch das australische Ausschussmitglied Officer (S. 50).
[30] Ebenda, S. 54.
[31] Ebenda, S. 52.
[32] Ebenda, S. 50.
[33] Ebenda, S. 53.

Das sowjetische Ausschussmitglied Potemkine sprach sich wiederum für eine Staatenkonferenz vor der nächsten Völkerbundsversammlung aus[34] und war damit der gleichen Meinung wie der Jugoslawe Stoykovitch. Dieser erinnerte daran, dass der Völkerbundsrat in seiner anlässlich des Attentats auf den jugoslawischen König Alexander I. verabschiedeten Resolution vom 10. Dezember 1934[35] zugesagt hatte, der Terrorismus müsse zukünftig auf internationaler Ebene bekämpft werden. Der schwedische Resolutionsentwurf stünde dazu eindeutig im Widerspruch.[36] Auch der Franzose Paul-Boncour war dafür, dass - ungeachtet der Tatsache, dass einige Länder einen Internationalen Strafgerichtshof ablehnten - denen, die dieses Vorhaben begrüßten, die Möglichkeit gegeben werden müsse, zu besonderen Verhandlungen darüber zusammenzukommen.[37] Es sei, so der Pole Kulski, nicht ungewöhnlich, dass der Völkerbund Konferenzen einberiefe, an denen sich nicht alle Mitgliedsstaaten beteiligten. Die Resolution sollte daher auf die Möglichkeit hinweisen, dass ein Teil der Mitgliedsstaaten untereinander, unter der Schirmherrschaft des Völkerbundes, Konventionen abschließen dürfe, wenn diese der Festigung des Friedens dienten.[38]
Der Vertreter Chiles unterstützte diese Aussage mit dem Hinweis darauf, dass es nahezu unmöglich sei, in der Frage der beiden Konventionsentwürfe Einstimmigkeit unter den Mitgliedsstaaten zu erzielen.[39]
Insbesondere auf Drängen der Vertreter Australiens, Polens und Venezuelas wurde - zwar nicht in die Resolution selbst, zumindest aber in den Bericht des Rechtsausschusses - ein ausgleichender Hinweis aufgenommen. Die Unterstützung eines Teils der Mitgliedsstaaten für einen Internationalen Strafgerichtshof dürfe den einen solchen ablehnenden Staaten keinesfalls von Nachteil sein.[40] In dem Bestreben, den Verlauf der Diskussion um den Internationalen Strafgerichtshof genauer wiederzugeben, wurde im vierten Absatz des Resolutionsentwurfs selbst darauf hingewiesen, dass einige Regierungen die Errichtung eines Internationalen Strafgerichtshofs nicht für ratsam hielten. Im fünften Absatz schließlich wurde als Kompromisslösung zwar die Einberufung einer Staatenkonferenz für das folgende Jahr 1937 empfohlen, jedoch ohne den auf die Dringlichkeit des Vorhabens

---

[34] Ebenda, S. 55.
[35] Sixième Séance du Conseil, Tenue le lundi 10 décembre 1934, in: Societé des Nations, Journal Officiel XV.2 1934, S. 1760 Nr. IV.
[36] Societé des Nations, Septième Séance de la Première Commission, Fn. 27, S. 53 f.
[37] Ebenda, S. 50.
[38] Ebenda, S. 55.
[39] Huitième Séance, Tenue le mardi 6 octobre 1936, in: Societé des Nations, Journal Officiel, Supplement Special No 156, Actes de la Dix-Septième Session Ordinaire de l'Assemblée, Séances des Commissions, Procès-Verbal de la Première Commission (Questions constitutionelles et juridiques), Genève 1936 (zit.: Societé des Nations, Huitième Séance de la Première Commission), S. 56 ff. (61).
[40] Ebenda, S. 61 f.

abzielenden Hinweis, dass dies möglichst noch vor der nächsten Sitzung der Völkerbundversammlung geschehen solle.
Die Resolution wurde am 10. Oktober 1936 von der Völkerbundsversammlung während ihrer siebten Sitzung verabschiedet.[41]

5.5 Die dritte Sitzung der Kommission und die Konventionsentwürfe vom April 1937

Auf ihrer dritten und letzten Sitzung vom 20. bis zum 26. April 1937 überarbeiteten die Mitglieder der Expertenkommission noch einmal die beiden Statutentwürfe. Die meisten Änderungen dienten nur der Verdeutlichung einzelner Aspekte.[42] Beachtlich und bedauerlich zugleich war jedoch die Veränderung des ursprünglichen Art. 9 der Konvention zur Verhütung und Bestrafung des Terrorismus. Mit dem neuen Art. 7 Abs. 4 wurde zugelassen, dass die durch die Konvention begründete Auslieferungspflicht unter dem Vorbehalt nationaler Beschränkungen des Landes steht, dessen Recht im Verfahren zur Anwendung gelangt. Mit dieser Aufweichung der Auslieferungspflicht wurde das Herzstück der Terrorismusbekämpfung entschieden geschwächt.[43] Außerdem wurde die Verpflichtung, ausländische Beschuldigte strafrechtlich zu belangen, in Art. 9 verstärkt von der gegenseitigen Anerkennung dieses Prinzips durch die betroffenen Staaten abhängig gemacht. Auf die Alternative, den Internationalen Strafgerichtshof zur Durchsetzung dieser Konvention anzurufen, wurde nicht einmal hingewiesen.

5.6 Die Staatenkonferenz über die Bekämpfung des Terrorismus vom November 1937

Die mit der Resolution des Völkerbundsrats vom 27. Mai 1937[44] einberufene Staatenkonferenz tagte vom 1. bis zum 16. November 1937 in Genf.

---

[41] Résolution adoptée par l'Assemblée le 10 octobre 1936, in: Societé des Nations, Journal Officiel, Supplement Special No 156, Actes de la Dix-Septième Session Ordinaire de l'Assemblée, Séances des Commissions, Procès-Verbal de la Première Commission (Questions constitutionelles et juridiques), Genève 1936, Annexe 7 (S. 84 f. (No. officiel: A.72.1936.V.)).

[42] Report adopted by the Committee on April 26th, 1937, in: League of Nations, Committee for the International Repression of Terrorism, Report adopted by the Committee on April 26th, 1937, Series of League of Nations Publications V. Legal 1937. V. 1., Official No.: C.122.M.162.1937.V., S. 2 f.; für die Statutentwürfe siehe Appendix I. (S. 3 ff.) und Appendix II. (S. 3 ff.).

[43] Ferencz I, Fn. 1, S. 53.

[44] Résolution adoptée par le Conseil le 27. Mai 1937, in: Actes de la Conférence Internationale pour la Repression du Terrorisme Genève le 1er au 16 novembre 1937, Série des Publications de la Societé des Nations, V. Questions Juridiques, 1938.V.3 (zit.: Actes de la Conférence), Annexe 1, Nr. III, (S. 183 f.).

Repräsentanten aus 36 Staaten berieten über die Bestimmungen der beiden Konventionsentwürfe der Expertenkommission.
Angesichts der Tatsache, dass die Staaten sich schon seit 1934 mit dem Thema auseinandergesetzt hatten, gab es keine wesentlichen Veränderungen mehr an den Entwürfen. Ein letzter Versuch Polens, die Verpflichtung des *aut dedere aut punire* ausdrücklich in die Konvention zur Bekämpfung des Terrorismus aufzunehmen, scheiterte an dem Widerspruch der von Großbritannien und der Sowjetunion angeführten Mehrheit der Teilnehmerstaaten.[45] In der Diskussion über den Internationalen Strafgerichtshof wies der Vertreter Großbritanniens erneut darauf hin, dass die Zeit für die Schaffung eines Internationalen Strafgerichtshofs noch nicht reif sei. Während der StIGH anerkannte Grundsätze des Völkerrechts anwende, sei der vorgeschlagene Internationale Strafgerichtshof auf die Anwendung nationalen Rechts angewiesen. Die Ausübung der Strafgerichtsbarkeit spiegele die Traditionen und die Rechtsauffassungen der verschiedenen Völker wider und es sei momentan nicht möglich, diese Traditionen und Auffassungen einander anzugleichen. Die dem Internationalen Strafgerichtshof zugedachte Aufgabe könne viel effizienter durch die nationalen Gerichte wahrgenommen werden. Deshalb lege die britische Regierung auch besonderen Wert darauf, dass der Internationale Strafgerichtshof, falls sich einzelne Staaten auf seine Errichtung einigen sollten, in keiner Weise institutionell mit Einrichtungen des Völkerbundes verknüpft werde.[46] Der Franzose Basdevant hob dagegen hervor, die Konventionsentwürfe ließen die Eigenart der nationalen Rechtsordnungen der Vertragsstaaten unberührt und die Zuständigkeit des Gerichtshofes sei rein fakultativ.[47] Der Vertreter Hollands, van Hamel, wies darauf hin, dass sich sein Land nicht nur sein Auslieferungsrecht, sondern auch seine Auslieferungspraxis vorbehalte.[48]
Eine Änderung der Konvention zur Errichtung eines Internationalen Strafgerichtshofs betraf die Frage des anzuwendenden Rechts. Es sollte nicht mehr automatisch das Recht des Tatortes zur Anwendung gelangen, sondern vielmehr unter diesem und dem Recht des Staates, der den Beschuldigten an das Gericht überstellte, das mildere Recht ausgewählt werden (Art. 21). Die Befugnis, die Anklage zu leiten, sollte von nun an bei entsprechendem Antrag an erster Stelle dem Staat zugesprochen werden, gegen den die in Frage kommende Tat gerichtet war, an zweiter Stelle dem Staat, auf dessen Territorium die Tat begangen wurde.

---

45 Troisième Séance, Tenue le mardi 2 novembre 1937, in: Actes de la Conférence, Fn. 44, S. 56 ff. (57).

46 Deuxième Séance, Tenue le lundi 1er novembre 1937, in: Actes de la Conférence, Fn. 44, S. 51 ff. (53 f.).

47 Troisième Séance, Tenue le mardi 2 novembre 1937, in: Actes de la Conférence, Fn. 44, S. 56 ff. (58 f.).

48 Deuxième Séance, Tenue le lundi 1er novembre 1937, in: Actes de la Conférence, Fn. 44, S. 51 ff. (55).

Wenn solch ein Antrag nicht gestellt wurde, sollte das Gericht den Staat beauftragen, welcher den Beschuldigten an das Gericht überstellt hatte (Art. 25). Mit dem Vollzug der Freiheitsstrafe hingegen sollte gemäß Art. 40 primär der letztgenannte Staat beauftragt werden, wenn dieser den Willen dazu äußern sollte.

Mit diesen Änderungen wurde die Konvention zur Errichtung eines Internationalen Strafgerichtshofs wie auch die Konvention zur Verhütung und Bestrafung des Terrorismus von der Staatenkonferenz am 16. November 1937 verabschiedet.[49] Die in sie gesetzten Hoffnungen, unter anderem hinsichtlich einer Erweiterung der Zuständigkeit des Internationalen Strafgerichtshofs auf andere Verbrechen von internationaler Bedeutung[50], erfüllten sich aber nicht. Die beiden Konventionen, die den Mitgliedsstaaten des Völkerbundes wie auch den übrigen Staaten zur Unterzeichnung und Ratifizierung offen standen, traten nicht in Kraft. Mitursächlich mag dabei die Tatsache gewesen sein, dass die internationale Zusammenarbeit auf dem Gebiet des Rechts für viele Jahre durch den Zweiten Weltkrieg unterbrochen wurde.
Bis zum 31. Mai 1938 wurde die Konvention zur Verhütung und Bestrafung des Terrorismus von 19 Staaten unterzeichnet, aber nur von Indien ratifiziert. Die Konvention zur Errichtung eines Internationalen Strafgerichtshofs wurde von 13 Staaten unterzeichnet. Von keinem einzigen Staat wurde sie ratifiziert.

---

49 Actes de la Conférence, Fn. 44, S. 4 ff. bzw. 18 ff.

50 Clôture de la Conférence, dix-huitième Séance tenue le mardi 16 novembre 1937, in: Actes de la Conférence, Fn. 44, S. 173 ff. (175 ff., insbesondere die Ausführung Pellas, S. 179); Vgl. weiter: Donnedieu de Vabres, La répression internationale du terrorisme, Fn. 1, S. 62; Hudson, Manley O.: The proposed international criminal court, in: AJIL 1938, S. 549 ff. (553 f.); Pella, Vespasian V.: La convention de Genève pour la prévention et la répression du terrorisme et pour la création de la cour pénale internationale, in: Revue de droit pénal et de criminologie et Archives internationales de médicine légale 18 (1938), S. 430 ff. (452); Sottile, Antoine: Le terrorisme international, in: RdC 65 (1938), S. 91 ff.

6. Kapitel: Der Internationale Militärgerichtshof von Nürnberg

Am Ende des Zweiten Weltkriegs sollten die Verantwortlichen der siegreichen Staaten erneut die Frage des Jahres 1919 zu entscheiden haben, ob man es bei den Rechtsfolgen des klassischen Völkerrechts belassen, oder aber die Führung der Besiegten strafrechtlich zur Verantwortung ziehen sollte.[1] Anders als auf der Pariser Friedenskonferenz stand man diesmal nicht vor dem Problem, der beschuldigten Personen habhaft zu werden, da das besetzte Deutschland unter gemeinsamer alliierter Militärverwaltung stand. Bemerkenswert auch, dass sich gerade die Amerikaner, die im Jahre 1919 einer strafrechtlichen Aufarbeitung der Kriegsereignisse noch zurückhaltend gegenüberstanden, nach dem Zweiten Weltkrieg als die stärksten Befürworter eines Strafgerichts über Deutschland und seine Verbündeten herausstellen sollten.

6.1 Die Vorbereitungen der Alliierten während des Krieges

Schon zu Beginn des Zweiten Weltkrieges war man auf alliierter Seite entschlossen, nach einem Sieg bestimmte Völkerrechtsverletzungen der Staatsorgane der bekämpften Staaten strafrechtlich zu verfolgen. Bereits im Oktober 1941 erklärten Präsident Roosevelt und Premierminister Churchill, dass die Vergeltung von Kriegsverbrechen nicht ausbleiben dürfe.[2] Die sowjetische Regierung forderte im Oktober 1942 konkret ein Strafverfahren durch ein besonderes internationales Gericht.[3]

Die neun europäischen Exilregierungen gründeten eine *Inter-Allied Commission on the Punishment of War Crimes* und erklärten im Januar 1942 zusammen mit den Vertretern der Krieg führenden Großmächte die Verfolgung der Kriegsverbrechen mit den Mitteln des Rechts zu einem Hauptkriegsziel.[4] Am 20. Oktober 1943 wurde die *Inter-Allied Commission on the Punishment of War Crimes* durch die *United Nations Commission for the Investigations of War Crimes* ersetzt, die bis 1948 tätig bleiben sollte.[5]

---

1 Siehe dazu oben unter: 4.1.

2 The Inter-Allied Declaration signed at St. James Palace London on 13th January 1942, wiedergegeben in: United Nations War Crimes Commission: History of the United Nations War Crimes Commission and the Development of the Laws of War, London 1948 (zit.: United Nations War Crimes Commission), S. 89 ff.

3 Jackson, Robert H.: Report of Robert H. Jackson, United States Representative to the International Conference on Military Trials, Department of State, Publication 3080, Washington 1949 (zit.: International Conference on Military Trials), S. 13 ff.

4 The Inter-Allied Declaration signed at St. James Palace London on 13th January 1942, wiedergegeben in: United Nations War Crimes Commission, Fn. 2, S. 89 ff.

5 United Nations War Crimes Commission, Fn. 2, S. 109 ff., 476.

Eine grundlegende, weil schon den Zuschnitt der Nürnberger Prozesse erkennen lassende Verlautbarung der Alliierten war die "Moskauer Erklärung" vom 1. November 1943.[6] In ihr erklärten die Staatsoberhäupter der Vereinigten Staaten, Großbritanniens und der Sowjetunion ausdrücklich auch im Namen der 32 Vereinten Nationen, dass die für an Zivilisten und Kriegsgefangenen begangenen Grausamkeiten, Massaker und Massenerschießungen verantwortlichen Offiziere, Soldaten oder Mitglieder der Nazipartei an den Tatort ihrer Verbrechen zurückzubringen seien, um dort nach dem jeweils gültigen Recht abgeurteilt zu werden. Damit sollte jedoch noch nichts über die Zuständigkeit für solche Kriegsverbrecher ausgesagt werden, deren Verbrechen keinem bestimmten Tatort zugeordnet werden konnten und die daher durch ein gemeinsames Urteil der alliierten Regierungen zu bestrafen waren. Zu diesem Zweck sollte später der Internationale Militärgerichtshof von Nürnberg errichtet werden.

Die Sammlung des nötigen Beweismaterials und die Zusammenstellung von Kriegsverbrecherlisten war Hauptaufgabe der *United Nations Commission for the Investigations of War Crimes*. Doch wurden zunehmend auch Rechtsfragen diskutiert. Die Sowjetunion konnte zu einer Mitarbeit in der Kommission nicht bewogen werden. Führende Mitglieder der Kommission kamen mit Richter Robert H. Jackson vom Obersten Bundesgerichtshof der Vereinigten Staaten und dem britischen Generalstaatsanwalt Fyfe zusammen. Sie bereiteten das Londoner Abkommen vor, das mit dem dazugehörigen Statut für den Nürnberger Internationalen Militärgerichtshof die rechtliche Grundlage der Nürnberger Prozesse bildete.[7]
Die Kommission ging davon aus, dass die Bestrafung von Kriegsverbrechen durch die Gerichte des verletzten Staates zulässig ist. Hinsichtlich der einzelnen Tatbestände griff man vorläufig auf die während der Pariser Friedenskonferenz im Jahre 1919 aufgestellte Liste zurück.[8] Obwohl die Strafbarkeit von Humanitätsverbrechen bis zu diesem Zeitpunkt noch nicht förmlich anerkannt worden war, erwog die Kommission bereits 1944, auch solche gegen die Menschlichkeit gerichteten Verbrechen gegen Deutsche und Angehörige der mit Deutschland verbundenen Staaten in den Kreis ihrer Aufgaben einzubeziehen. Ihre Zuständigkeit wurde jedoch erst nach dem Londoner Abkommen auf diesen Verbrechenstyp ausgedehnt.[9]

---

6 Ebenda, S. 107 f.

7 International Conference on Military Trials, Fn. 3, S. 221 ff. (225); Agreement for the Prosecution and Punishment of the Major War Criminals of the European Axis, with the Charter of the International Military Tribunal, London, 8th August 1945, in: 82 UNTS (1951), No. 251, S. 279 ff.

8 United Nations War Crimes Commission, Fn. 2, S. 170 f.; siehe oben: 3.3.1.2.

9 Ebenda, S. 174.

Das Problem der Strafbarkeit des Angriffskrieges stellte eine umstrittene und zugleich die bedeutendste Rechtsfrage für die Kommission dar, welche einen speziellen Unterausschuss dafür einrichtete. Die Mehrheit in diesem Ausschuss vertrat die Ansicht, dass der Angriffskrieg kein strafbares Kriegsverbrechen sei. Daran habe auch der Briand-Kellog-Pakt von 1928 nichts geändert. Dieser erkläre den Angriffskrieg zwar für rechtswidrig, aber nicht für strafbar. In Anlehnung an die Auffassung der amerikanischen Delegierten bei den Beratungen der *Commission des Responsabilités des Auteurs de la Guerre et Sanctions* von 1919[10] vertrat man hier mehrheitlich die Ansicht, dass eine Strafbarkeit der verantwortlichen Staatsorgane im Völkerrecht noch nicht verankert sei, aber angesichts des Ausmaßes der von den Verantwortlichen der Achsenmächte begangenen Taten eine förmliche Verurteilung in den Friedensverträgen möglich und geboten sei.[11] Die vom tschechischen Delegierten Ecer angeführte Minderheit im Ausschuss war der Auffassung, dass man, angesichts der Einmaligkeit der Vorfälle im Zusammenhang mit dem Zweiten Weltkrieg, zur Legitimierung der Strafbarkeit des Angriffskrieges nicht nach Präzedenzfällen suchen dürfe. Außerdem dürfe der Briand-Kellog-Pakt nicht dahin ausgelegt werden, dass der Angriffskrieg nicht strafbar sei.

Nach Auffassung der Kommission verdeutlichte der Briand-Kellog-Pakt die Intention der Staaten, den Angriffskrieg zu ächten. Der Angriffskrieg wurde, wenn auch nicht vom Wortlaut her, so doch zumindest nach der Intention des Vertrages, für rechtswidrig erklärt. Er gelte, so die Kommission, als strafbares Verbrechen. Den verantwortlichen Staatsorganen müsse daher die Rechtswidrigkeit des Angriffskrieges bewusst gewesen sein, und da das auf der nationalen Ebene ausreiche, um selbst bei gewöhnlichen Verbrechen strafrechtliche Schuld zu begründen, müsse dies auch auf der internationalen Ebene für weit schwerwiegendere Verbrechen der Fall sein. Der Angriffskrieg sei daher nicht nur unter moralischen, sondern auch unter rechtlichen Gesichtspunkten ein Verbrechen und die dafür Verantwortlichen müssten durch Besatzungsgerichte oder durch einen Inter-Alliierten Gerichtshof verurteilt werden.[12] Dennoch überließ die Kommission den Regierungen die Antwort auf die Frage nach der Strafbarkeit des Angriffskrieges.[13]
Für die Bestrafung von Kriegsverbrechen schlug die Kommission die Errichtung eines Inter-Alliierten Strafgerichtshofs vor, der dann tätig werden sollte, wenn nationale Gerichte eine effektive Strafverfolgung nicht gewährleisten könnten.[14] Anwenden sollte der Gerichtshof geschriebenes und ungeschriebenes Völkerrecht,

[10] Vgl. oben unter: 3.3.1.1.
[11] United Nations War Crimes Commission, Fn. 2, S. 181 f.
[12] Ebenda, S. 182 ff.
[13] Ebenda, S. 183.
[14] Ebenda, S. 442 ff.

die internationalen Gebräuche des Krieges, die allgemeinen Grundsätze des Völkerrechts und des Strafrechts sowie gerichtliche Entscheidungen als Hilfsmittel der Auslegung des Völkerrechts.[15]

Eine weitere Studienkommission zu den Kriegsverbrecherprozessen war die *London International Assembly*. Sie war eine Vereinigung von Vertretern der alliierten Regierungen in London. Unter dem Einfluss des schon erwähnten Tschechen Ecer schlug die Kommission vor, außer den Verantwortlichen für die eigentlichen Kriegsverbrechen auch die verantwortliche politische und militärische Führung für das Verbrechen des Angriffskriegs zu bestrafen.[16] Das gleiche müsse für die an Juden und Staatenlosen in Deutschland begangenen Verbrechen gelten, die als *crimes against mankind* gebrandmarkt werden sollten.[17] Ohne Rücksicht auf ihren Rang seien Staatsorgane und auch Staatsoberhäupter strafrechtlich zur Verantwortung zu ziehen, wobei die Berufung auf höheren Befehl nur in Fällen des Notstands zu beachten sei. Ebenfalls wurde die Errichtung eines Internationalen Strafgerichtshofs vorgeschlagen, der für die Aburteilung des Verbrechens des Angriffskriegs, der Verbrechen gegen Juden und Staatenlose in Deutschland und für Verfahren gegen die Hauptkriegsverbrecher zuständig sein solle.
Ein auf der Konvention über die Errichtung eines Internationalen Strafgerichtshofs vom 16. November 1937 im Rahmen der internationalen Bekämpfung des Terrorismus[18] aufbauender Entwurf eines entsprechenden Abkommens wurde im Oktober 1943 fertig gestellt.[19]

6.2 Die Entwicklung der Rechtsgrundlagen der Nürnberger Kriegsverbrecherprozesse - Das Londoner Abkommen vom 8. August 1945 und das Kontrollratsgesetz Nr. 10 vom 20. Dezember 1945

Gegen Ende des Jahres 1944 zeichnete sich der Zusammenbruch Deutschlands ab. Vertreter der Vereinigten Staaten, Großbritanniens, der Sowjetunion und Chinas planten nicht nur eine neue internationale Organisation der Staatengemeinschaft, sondern richteten ihr Augenmerk auch auf die Frage der strafrechtlichen Verfolgung der Kriegsverbrecher des Zweiten Weltkriegs.

---

[15] Ebenda, S. 446.

[16] London International Assembly: Reports on the Trial and Punishment of War Criminals, Arranged by M. de Baer, London 1944 (zit.: Reports of the London International Assembly), S. 167.

[17] Ebenda, S. 139.

[18] Siehe oben: 5.

[19] London International Assembly: Recommendations of the London International Assembly, London 1944 (zit.: Recommendations of the London International Assembly).

Der amerikanische Finanzminister Morgenthau legte einen Plan zur Deindustrialisierung Deutschlands vor und empfahl darüber hinaus, sich der Hauptkriegsverbrecher durch Massenexekutionen zu entledigen. Der britische Außenminister Eden befürwortete ebenfalls eine solche politische Lösung. Als Präsident Roosevelt den britischen Premierminister Churchill im August 1944 in Quebec traf, bekundete auch der Präsident seine Unterstützung für dieses Vorhaben.[20] Diesbezüglich überreichten ihm Kriegsminister Stimson, Außenminister Stettinius und Generalstaatsanwalt Biddle eine Denkschrift für die Konferenz von Jalta im Februar 1945, in welcher die Exekution der deutschen Führungsorgane ohne Gerichtsverfahren als ein Verstoß gegen die grundlegendsten Prinzipien des Rechts abgelehnt wurde.[21] Stattdessen wurde eine strafrechtliche Verfolgung von Kriegs- und Humanitätsverbrechen vorgeschlagen. Auch wenn letztere bislang nicht als Völkerrechtsverletzungen anerkannt seien, so werde das Verlangen nach Sicherheit für die Zeit nach dem Kriege und die Rehabilitierung eines Teils der deutschen Bevölkerung dies jedoch notwendig machen. Um den Täterkreis weit genug ziehen zu können, müsse das nach Auffassung der Verfasser der Denkschrift in allen Rechtsordnungen verankerte Prinzip der *conspiracy* auch bei den Verfahren gegen die Kriegsverbrecher des Zweiten Weltkriegs angewendet werden. Das wesentliche und gleichzeitig einzig greifbare Merkmal der *conspiracy* ist die Verabredung. Sie besteht in der Vereinbarung von zwei oder mehr Personen, eine ungesetzliche Handlung zu begehen oder eine gesetzliche Handlung mithilfe von ungesetzlichen Mitteln durchzuführen.[22]

Vor das durch ein *executive agreement* der Vereinten Nationen errichtete internationale Tribunal sollten von den Spitzen der deutschen Führung diejenigen Persönlichkeiten gestellt werden, welche gleichzeitig die wesentlichen nationalsozialistischen Organe und Organisationen repräsentierten. Diese sollten für verbrecherisch erklärt werden und aufgrund eines solchen Urteils sollte den untergeordneten Mitgliedern vor Besatzungsgerichten der Prozess gemacht werden. Durch die Anwendung des Grundsatzes der *conspiracy* müsse eine persönliche Teilnahme nicht unbedingt nachgewiesen werden. Beschuldigte, denen auch in Einzelfällen Verbrechen vorgeworfen würden, seien entsprechend der Moskauer Erklärung durch nationale Gerichte abzuurteilen.

Die britische Regierung zweifelte weiterhin an Sinn und Zweck von Strafverfahren. In ihrer Denkschrift vom 23. April 1945 führte sie aus, dass ein Strafverfahren zu sehr in die Einzelheiten gehen und daher zu lange dauern

---

[20] Ferencz, Benjamin: An International Criminal Court, Vol. I (Half a century of hope), London/Rome/New York 1980 (zit.: Ferencz I), S. 67.

[21] Memorandum to President Roosevelt from the Secretaries of State and War and the Attorney General, January 22, 1945, in: International Conference on Military Trials, Fn. 3, S. 3 ff.

[22] Jescheck, Hans-Heinrich: Die Verantwortlichkeit der Staatsorgane nach Völkerstrafrecht, Bonn 1952, S. 272 ff.

würde.[23] Außerdem bestünde die Gefahr, dass ein Strafverfahren der Öffentlichkeit wie ein Schauprozess vorkomme, da das Ergebnis bereits feststehe.

Unter rechtlichen Gesichtspunkten interessant ist der Hinweis auf zu befürchtende Probleme bezüglich des Angriffskrieges. Die britische Regierung war der Auffassung, dass der Angriffskrieg kein Kriegsverbrechen darstelle und es sehr bezweifelt werden müsse, dass es sich dabei um eine strafbare Verletzung des Völkerrechts handle. Der Prozess würde es daher dem Angeklagten ermöglichen, sich darauf zu berufen, dass schon in der Vergangenheit Kriege erklärt und geführt worden seien, mit dem Ziel, Territorium zu erobern, ohne dass diese Kriege als Verstöße gegen das Völkerrecht angesehen und strafrechtlich verfolgt worden wären. Aus diesen Gründen sei eine Exekution ohne Strafverfahren vorzuziehen. Diese Bedenken konnten die amerikanische Regierung jedoch nicht umstimmen.

Der neue amerikanische Präsident Truman machte sich jene Auffassung zu Eigen, welche in der an seinen Vorgänger gerichteten Denkschrift vom 22. Januar 1945 zum Ausdruck kam. Als Vertreter der Vereinigten Staaten und als ihr *Chief of Counsel* wurde Robert H. Jackson damit beauftragt, bei der Vorbereitung und Durchführung der Anklagen tätig zu werden, wenn die Vereinigten Staaten sich mit einigen Staaten der Vereinten Nationen auf die Durchführung von Strafverfahren vor einem Internationalen Militärtribunal verständigen würden.[24] Jackson trat sofort in diplomatische Verhandlungen und stellte fest, dass es das erste Verfahren für ihn war, in dem es darum ging, andere von der Notwendigkeit der Schaffung eines Gerichts zu überzeugen und zudem einen Gerichtssaal ausfindig zu machen.[25] Die Überzeugungsarbeit wurde Jackson durch die Unterstützung seiner Regierung erheblich erleichtert. Während der Konferenz von San Francisco (April –
Juni 1945) hatte die amerikanische Regierung den Außenministern der drei anderen Großmächte einen Entwurf eines Abkommens über die Errichtung eines Internationalen Militärtribunals[26] sowie eine Denkschrift[27] überreicht. Weiterhin konnte eine Einigung über grundsätzliche Fragen hinsichtlich der Notwendigkeit eines rechtlichen Verfahrens und demzufolge eines interalliierten Militärgerichts

---

[23] Aide-Mémoire from the United Kingdom, April 23, 1945, in: International Conference on Military Trials, Fn. 3, S. 18 ff.

[24] International Conference on Military Trials, Fn. 3, S. 21.

[25] Gordon Dean auf Seite 12 des Vorwortes zu: Jackson, Robert H.: The Case against the Nazi Criminals, Washington 1946.

[26] American Draft of Definitive Propose, Presented to the Foreign Ministers at San Francisco, April 1945, in: International Conference on Military Trials, Fn. 3, S. 23 ff.

[27] American Memorandum Presented at San Francisco, April 30, 1945, in: International Conference on Military Trials, Fn. 3, S. 28 ff.

sowie der Einrichtung einer gemeinsamen Ermittlungs- und Anklagebehörde erzielt werden.
Der amerikanische Entwurf, der wahrscheinlich größtenteils von Jackson selbst ausgearbeitet wurde[28], sah die Strafbarkeit des völkerrechtswidrigen Krieges, der Kriegsverbrechen und der Humanitätsverbrechen vor. Die Berufung auf hoheitliches Handeln wurde als Verteidigungsargument nicht anerkannt und der höhere Befehl sollte entweder einen Strafausschließungsgrund oder einen Strafmilderungsgrund darstellen. Für Beschuldigte, die weder vor das Militärtribunal der Alliierten gestellt noch ausgeliefert würden, waren besondere Besatzungsgerichte vorgesehen, deren rechtliche Grundlage später das Kontrollratsgesetz Nr. 10 sein sollte.[29]
Nach ersten Verhandlungen mit der britischen und der französischen Regierung verfasste Jackson einen Bericht an den Präsidenten, der die amerikanische Ansicht und Vorgehensweise in der Kriegsverbrecherpolitik widerspiegelte.[30] Darin betonte er, dass man es denen, die für die Festnahme der Kriegsverbrecher ihr Leben ließen, schuldig sei, diese nicht ungestraft wieder laufen zu lassen. Die Beschuldigten ohne Verfahren hinzurichten oder auf andere Art zu bestrafen, sei mit dem amerikanischen Gewissen nicht vereinbar und künftige Generationen würden nur mit Beschämung daran zurückdenken können.[31] Jackson erläuterte noch einmal seine bereits im Entwurf eines Abkommens über die Errichtung eines Internationalen Militärtribunals zum Ausdruck gekommene Auffassung hinsichtlich der Verantwortlichkeit von Personen im Staatsdienst und des Einwands, auf höheren Befehl gehandelt zu haben, und befasste sich dann mit der Frage der anzuklagenden Personen.[32] Neben einer großen Anzahl anzuklagender Einzel- und Amtspersonen sollte der verbrecherische Charakter bestimmter freiwilliger Organisationen festgestellt werden. Wenn eine Organisation von dem zu errichtenden Internationalen Militärgerichtshof als ein Bund zur Begehung von Verbrechen überführt worden sei, obliege es den ordentlichen Militärgerichten, die einzelnen Mitglieder festzustellen und abzuurteilen. Das Urteil, welches eine Organisation als verbrecherisch deklariere, sei für die einzelnen Militärgerichte bindend.
Bezüglich der strafbaren Handlungen unterschied Jackson drei Gruppen. Bestraft werden sollten Kriegsverbrechen, Verstöße gegen die Gesetze der Menschlichkeit

---

[28] Jescheck, Fn. 22, S. 141.
[29] Allied Control Council Law No. 10, 20 December 1945, wiedergegeben in: Trials of War Criminals before the Nuremberg Military Tribunals under Control Council Law No. 10, Volume XV, II.B.
[30] Report to the President by Mr. Justice Jackson, October 7, 1946, in: International Conference on Military Trials, Fn. 3, S. 42 ff.
[31] Ebenda, S. 46.
[32] Ebenda, S. 46 ff.

und das öffentliche Gewissen sowie der Angriffskrieg.[33] Zur Begründung der Strafbarkeit des letzteren führte Jackson aus, dass die Führung eines Angriffskrieges nach dem Völkerrecht des 19. und beginnenden 20. Jahrhunderts keine rechtswidrige Handlung gewesen sei. Nicht zuletzt der Brian-Kellog-Pakt habe jedoch die Auffassung von der Rechtmäßigkeit des Krieges im Sinne der Lehre Hugo Grotius' umgestoßen. Dass die Bestrafung des Angriffskrieges mangels Präzedenzfällen noch keine gewohnheitsrechtliche Anerkennung gefunden habe, sei unbedenklich, da jedes Gewohnheitsrecht seinen Ursprung in einem einzelnen Rechtsvorgang habe. Angesichts der mit dem Kriegsende eingetretenen Ausnahmesituation sei jetzt die Zeit gekommen, überlieferte Rechtsgrundsätze den veränderten Umständen anzugleichen.[34] Durch die anstehenden Prozesse müsse klargemacht werden, dass auch in Zukunft Personen, die sich an der menschlichen Kultur vergingen, mit gerichtlicher Bestrafung rechnen müssten.[35]

Vom 26. Juni bis zum 8. August 1945 kamen die Vertreter der Vereinigten Staaten, Frankreichs, des Vereinigten Königreichs und der Sowjetunion zur Londoner Konferenz zusammen, um über die Kriegsverbrecherprozesse und ihre Rechtsgrundlage zu beraten.[36] Bemerkenswerter Weise standen völkerrechtliche Grundfragen nicht im Mittelpunkt der Konferenz. Vielmehr wurden lange Zeit technische Probleme des Prozessrechts und der Gerichtsverfassung debattiert.
Die Vertreter der Sowjetunion forderten kein unabhängiges Gericht im eigentlichen Sinne, sondern eine Art internationales Forum zur Verurteilung der Verbrechen des Faschismus. Außerdem sollten sich all diejenigen persönlich zu verantworten haben, die, in welcher Funktion auch immer, das Verbrechen der Aggression sowie Kriegs- und Humanitätsverbrechen angeordnet oder daran vorbereitend oder ausführend teilgenommen hatten. Das gleiche sollte gelten für jede Verletzung des Völkerrechts, der Gesetze der Menschlichkeit und der guten Sitten, welche bei der Ausführung, der Planung oder bei einem Versuch der vorstehend aufgezählten Verbrechen von Streitkräften, bewaffneten oder unbewaffneten oder sonstwie im Dienste der europäischen Achsenmächte stehenden Kräfte begangen wurde.[37] Damit wurde nicht die Zuständigkeit des Gerichts, sondern der konkrete Tatbestand selbst auf die von Angehörigen der europäischen Achsenmächte begangenen Verbrechen begrenzt.[38]

---

[33] Ebenda, S. 50 f.
[34] Ebenda, S. 51 ff.
[35] Ebenda, S. 48 f.
[36] International Conference on Military Trials, Fn. 3, S. 71 ff.
[37] Ebenda, S. 373.
[38] Ginsburgs, George: Moscow's Road to Nuremberg, The Soviet Background to the Trial, The Hague/Boston/London 1996, S. 105.

Dagegen wandte sich von amerikanischer Seite vor allem Jackson. Es dürfe bei der Beurteilung strafbarer Handlungen keinen Unterschied machen, von wem Verbrechen begangen wurden. Man sei nicht bereit, Verhaltensnormen aufzustellen, von denen man nicht wünsche, dass das eigene Verhalten daran gemessen werde.[39] Außerdem führe der Vorschlag der Sowjetunion zu einer unangemessenen Ausdehnung der strafrechtlichen Verantwortlichkeit für die Beteiligung am Krieg. Damit erkläre man das gesamte deutsche Volk für schuldig. Dabei sei gerade nicht beabsichtigt, unendlich viele bedeutungslose Personen zu belangen, sondern vielmehr diejenigen, welche den Krieg geplant und seinen Ausbruch zu verantworten hätten.[40] Darüber hinaus forderten die Amerikaner die Aufnahme der *conspiracy* und des Organisationsverbrechens in das Abkommen.[41] Letztlich konnte man sich auf eine Kompromissformel einigen, die den Art. 6 des Statuts für den Internationalen Militärgerichtshof bilden sollte. Das Statut bildete nach Art. 2 des Londoner Abkommens einen integrierenden Bestandteil desselben.

Das Londoner Abkommen über die Verfolgung und Bestrafung der Hauptkriegsverbrecher der europäischen Achse mit dem Statut für den Internationalen Militärgerichtshof *(International Military Tribunal)*[42] wurde am 8. August 1945 von den vier Großmächten unterzeichnet.[43] Entsprechend Art. 5 des Abkommens nutzten 19 Regierungen die Möglichkeit des Beitritts.
In Ausführung der Moskauer Erklärung vom Oktober 1943 und Art. 6 des Londoner Abkommens erließ der alliierte Kontrollrat am 20. Dezember 1945 das Kontrollratsgesetz Nr. 10 als einheitliche Rechtsgrundlage für die Aburteilung von Kriegsverbrechern, welche sich nicht vor dem IMT zu verantworten hatten und deren Prozesse vor den nationalen Gerichtshöfen der einzelnen Staaten oder vor den besonderen Besatzungsgerichten stattfanden.[44] Da es sich um die Rechtsgrundlage nationaler Gerichte handelte und mit einigen Abweichungen die wesentlichen Vorschriften des Statuts für das IMT übernommen wurden, soll diese

[39] International Conference on Military Trials, Fn. 3, S. 330.

[40] Vgl. Notes on Proposed Definition of "Crimes", Submitted by the American Delegation, July 31, 1945, in: International Conference on Military Trials, Fn. 3, S. 394.

[41] International Conference on Military Trials, Fn. 3, S. 300.

[42] Im Folgenden: IMT

[43] Londoner Vier-Mächte-Abkommen vom 8. August 1945 und Statut für den Internationalen Militärgerichtshof, in: Internationaler Militär-Gerichtshof, Nürnberg: Der Prozeß gegen die Hauptkriegsverbrecher vor dem Internationalen Militärgerichtshof (zit.: Nürnberg Bd.-Nr.), hier: Nürnberg I, S. 7 ff.; Agreement for the Prosecution and Punishment of the Major War Criminals of the European Axis, with the Charter of the International Military Tribunal, London, 8th August 1945, in: 82 UNTS (1951), No. 251, S. 279 ff.

[44] Allied Control Council Law No. 10, 20 December 1945, wiedergegeben in: Trials of War Criminals before the Nuremberg Military Tribunals under Control Council Law No. 10, Volume XV, II.B.

spezifische Thematik in der vorliegenden Arbeit weitgehend unberücksichtigt bleiben.

6.3 Die einzelnen Bestimmungen des Statuts für den Internationalen Militärgerichtshof und ihre Rechtmäßigkeit

6.3.1 Artikel I - Die Einsetzung des Gerichtshofs

Artikel 1 des Statuts für das IMT bestimmt, dass ein Internationaler Gerichtshof zwecks gerechter und rascher Aburteilung und Bestrafung der Hauptkriegsverbrecher der europäischen Achsenmächte eingesetzt werden soll. Bei den Hauptkriegsverbrechern handelt es sich nach der Präambel und Art. 1 des Londoner Abkommens um diejenigen Kriegsverbrecher, "deren Missetaten nicht in bestimmten, geographisch abgegrenzten Gebieten begangen wurden".

6.3.1.1 Die Rechtsnatur des Gerichtshofs

Bevor die Frage beantwortet werden soll, ob die Alliierten mit der Einsetzung des IMT im Rahmen der ihnen durch das Kriegs- oder Völkerrecht verliehenen Befugnisse geblieben waren, soll zunächst geklärt werden, welcher Rechtsnatur der Gerichtshof war. Dass er im Statut als *Internationaler* Militärgerichtshof bezeichnet wurde, kann mehrere Gründe haben. So kann die Bezeichnung als Hinweis darauf verstanden werden, dass das Gericht seine Gewalt von einer aus mehreren Nationen gebildeten Behörde wie dem Kontrollrat oder aus einem völkerrechtlichen Tatbestand wie der kriegerischen Besetzung (*occupatio bellica*) ableitet.[45] Ein Gericht kann auch deshalb als international bezeichnet werden, weil es Völkerrecht anwendet oder weil es durch ein internationales Abkommen errichtet wurde.[46] Wohl unbestritten handelt es sich bei dem IMT um ein Militärgericht mit *ad hoc*-Charakter, da es einzig und allein zu dem Zweck errichtet wurde, deutsche Hauptkriegsverbrecher abzuurteilen. Nach Erfüllung dieser Aufgabe hörte es auf zu existieren.[47] Das Gericht setzte sich teilweise aus militärischem Personal, wenn auch mit juristischer Erfahrung, zusammen und wurde durch Beschluss der Mächte eingesetzt, welche Deutschland militärisch besetzt hatten.[48]

Rechtsgrundlage des IMT ist das Londoner Abkommen mit dem darin enthaltenen Statut. Das IMT könnte daher seinen internationalen Charakter dadurch erhalten haben, dass es durch einen völkerrechtlichen Vertrag geschaffen wurde und seine

---

45 Jescheck, Fn. 22, S. 150.

46 Woetzel, Robert K.: The Nuremberg Trials in International Law, London/New York 1960, S. 42.

47 Schwarzenberger, Georg: International Law as Applied by International Courts and Tribunals, Vol. 2, London 1968, S. 468 f.; Woetzel, Fn. 46, S. 40.

48 Schwarzenberger, Fn. 47, S. 469.

Rechtsgrundlage die Zustimmung der Staatengemeinschaft erhalten hatte.[49] Die Präambel des Londoner Abkommens weist darauf hin, dass die vier Vertragsmächte "im Interesse aller Vereinten Nationen" handelten. Die Vereinten Nationen als internationale Organisation können damit jedoch nicht gemeint sein, fand die erste Sitzung der Generalversammlung doch erst im Februar 1946 statt.[50] Die Zustimmung der Staatengemeinschaft könnte der Gerichtshof aber durch die *United Nations War Crimes Commission* erhalten haben, welche die Quasi-Totalität der zivilisierten Staaten repräsentierte.[51] Neben den vier alliierten Hauptmächten unterzeichneten 19 weitere Staaten das Londoner Abkommen. Bis auf zwei Staaten waren darunter alle Mitglieder der *United Nations War Crimes Commission* vertreten. Darin könnte die Zustimmung der Staatengemeinschaft erkannt werden, welche dem IMT nicht nur den Status eines inter-alliierten, sondern den eines Internationalen Gerichtshofs gab.[52]

In diesem Zusammenhang sollte erwähnt werden, dass die Generalversammlung der Vereinten Nationen das zum Londoner Abkommen gehörende Statut des IMT durch Resolution vom 11. Dezember 1946 billigte.[53] Außerdem sollte den in Statut und Urteil des Gerichtshofs zum Ausdruck kommenden Prinzipien im Rahmen der Formulierung eines internationalen Strafgesetzbuches besondere Bedeutung zukommen. Die Nürnberger Prinzipien wurden schließlich von der *International Law Commission* der Vereinten Nationen in sieben Grundsätzen formuliert.[54] Nicht zuletzt der Generalsekretär der Vereinten Nationen vertrat in seinem Bericht zur Schaffung eines internationalen Gerichts zur Verfolgung der Verantwortlichen für die im ehemaligen Jugoslawien begangenen Verstöße gegen das humanitäre Völkerrecht die Auffassung, dass das Statut für das IMT ohne jeden Zweifel einen Teil des Völkergewohnheitsrechts bildet.[55]

Gegen die Annahme einer Zustimmung der Staatengemeinschaft wird argumentiert, dass dem Londoner Abkommen keineswegs die Quasi-Totalität der

49 Ebenda; Woetzel, Fn. 46, S. 49.
50 Woetzel, Fn. 46, S. 55.
51 Ebenda, S. 56; anders: Jescheck, Fn. 22, S. 153 f.; Schwarzenberger, Fn. 47, S. 469 ff.
52 Woetzel, Fn. 46, S. 57.
53 General Assembly Resolution 95 (I), 11 December 1946, in: United Nations, Resolutions adopted by the General Assembly during its second session from 23 October to 15 December 1946, S. 188.
54 Principles of International Law Recognized in the Charter of the Nuremberg Tribunal and in the Judgment of the Tribunal, in: Report of the International Law Commission covering its second session, 5 June - 29 July 1950, Document A/1316, in: United Nations, International Law Commission, Yearbook 1950 I, S. 28 ff.; Yearbook 1950 II, S. 181 ff., S. 364 ff. (374 ff.).
55 Bericht des Generalsekretärs gemäß Ziffer 2 der Resolution 808 (1993) des Sicherheitsrats, UN Doc.S/25704 (03.05.1993), Ziff. 35.

zivilisierten Staaten beigetreten sei. Wenn auch eingeräumt wird, dass es bei der nach dieser Auffassung etwas knappen Zustimmung seitens der Staatengemeinschaft nicht geblieben sei, so wird der Resolution der Generalversammlung vom 11. Dezember 1946 nicht die Bedeutung beigemessen, dass damit das Londoner Abkommen in die Sphäre eines allgemeinen völkerrechtlichen Gewohnheitsrechts erhoben werden sollte.[56] Dies würde nämlich voraussetzen, dass sich die diese Prinzipien anerkennenden Staaten dazu entschlossen hätten, sich zukünftig selbst diesen Normen zu unterwerfen, was nicht beabsichtigt war. Außerdem sollten die Nürnberger Rechtsgrundsätze nur formuliert und damit zu einer vorläufigen Diskussionsgrundlage gemacht werden.[57] Das IMT sei daher kein völkerrechtliches oder internationales Gericht, sondern vielmehr ein Besatzungsgericht oder ein inter-alliiertes Gericht.[58] Der internationale Charakter sei allenfalls formaler Natur.[59]

Der Unterschied zwischen einem inter-alliierten und einem internationalen Gericht dürfte aber ebenfalls rein formaler Natur sein, wenn es sich dabei um einen von verbündeten Mächten, mit Zustimmung zumindest eines größeren Teils der Staatengemeinschaft errichteten und mit Vertretern mehrerer Staaten besetzten Gerichtshof handelt, der darüber hinaus die Intention hat, Grundsätze des Völkerrechts zur Anwendung zu bringen.

Das vom IMT am 1. Oktober 1946 gefällte Urteil gegen die Hauptkriegsverbrecher gibt wenig Auskunft über die Rechtsnatur des Tribunals. Im Urteil heißt es, dass das Recht der Alliierten, das Londoner Abkommen zu verwirklichen, von der zivilisierten Welt anerkannt sei und dass das Abkommen das zu seiner Entstehungszeit geltende Völkerrecht nicht nur widerspiegeln, sondern gleichzeitig auch einen Beitrag dazu darstellen würde. Die Signatarmächte des Abkommens hätten gemeinsam das getan, was jede von ihnen allein hätte tun können, denn es könne nicht bezweifelt werden, dass jede Nation das Recht hat, besondere Gerichtshöfe zur Rechtsanwendung zu errichten.[60] Diese Aussage kann zumindest dahin gehend interpretiert werden, dass es sich bei dem IMT um ein inter-alliiertes Tribunal handelt. Der amerikanische Chefankläger Jackson wird schon etwas konkreter, wenn er sagt, dass der Gerichtshof als ein "internationaler" bezeichnet wurde, um deutlich zu machen, dass er weder an formelle und materielle Einzelheiten des Gerichtswesens oder des Verfassungsrechts der alliierten Staaten gebunden ist, noch dass seine Entscheidungen Präzedenzfälle für das zivile Rechtssystem irgendeines Staates schaffen können.[61]

---

[56] Jescheck, Fn. 22, S. 154.
[57] Ebenda, S. 155.
[58] Ebenda, S. 156; Schwarzenberger, Fn. 47, S. 471.
[59] Schwarzenberger, Fn. 47, S. 471.
[60] Nürnberg I, Fn. 43, S. 244.
[61] Nürnberg XIX, Fn. 43, S. 383.

Insgesamt kann hier festgehalten werden, dass gute Gründe dafür sprechen, dass es sich bei dem IMT um einen, seiner Bezeichnung entsprechend, internationalen Gerichtshof handelt. Zwar ist er nicht als ein völkerrechtliches Organ im eigentlichen Sinne zu qualifizieren[62], denn dafür hätte der Gerichtshof zumindest durch ein die Staatengemeinschaft vertretendes Organ wie die Vereinten Nationen eingesetzt werden müssen, wie es bei der Errichtung des Strafgerichtshofs für die im ehemaligen Jugoslawien begangenen Kriegsverbrechen der Fall gewesen ist.[63] Dennoch dürfte es sich zumindest um ein inter-alliiertes Gericht handeln. Die Alliierten fassten mit dem Londoner Abkommen den Beschluss, diejenigen Kriegsverbrecher gemeinsam abzuurteilen, deren Taten nicht bestimmten geographischen Gebieten zugeordnet werden können. Sie vereinten damit die ihnen jeweils als Besatzungsmächte grundsätzlich zustehenden Kompetenzen zur Strafverfolgung.[64] Das Gericht war mit Vertretern verschiedener Nationen besetzt und hatte zumindest die Intention, Völkerrecht anzuwenden.[65] Dieser Umstand sowie die Tatsache, dass dem Londoner Abkommen weitere 19 Staaten beitraten, spricht dafür, dass das IMT neben dem inter-alliierten auch internationalen Charakter hatte, wobei noch mal darauf hingewiesen werden soll, dass der Unterschied nur formeller Natur sein dürfte.[66]
Ob das IMT tatsächlich Völkerrecht anwandte und wie sich die Tatsache auswirkte, dass Deutschland nicht Vertragspartner des Londoner Abkommens gewesen war, ist weniger eine Frage der Rechtsnatur als vielmehr der Rechtmäßigkeit des Tribunals. Zwar stehen beide Kriterien in einem Zusammenhang, doch sollen sie der Übersichtlichkeit wegen gesondert behandelt werden.

6.3.1.2 Die Befugnis der Alliierten zur Einsetzung des Internationalen Militärgerichtshofs

Zur Klärung der Frage, ob die Einsetzung des IMT durch die Alliierten rechtmäßig war, kommt zunächst die Heranziehung besatzungsrechtlicher Kriterien in

---

62 Diesen Anspruch scheint Jescheck zu stellen; vgl. Jescheck, Fn. 22, S. 150.

63 Vgl.: Resolution 827 des Sicherheitsrats vom 25.05.1993, UN Doc. S/RES/827 (1993); Bericht des Generalsekretärs vom 03.05.1993, Fn. 55.

64 Vgl.: Seidl-Hohenveldern, Ignaz: Völkerrecht, 7. Auflage, München 1992, Rn. 933, 1861 ff., 1874 ff.; Kaufmann, Erich: Die für die Aburteilung von "Kriegsverbrechen" eingesetzten Gerichtsbarkeiten und der Kontrollrat, in: Festschrift für Carl Bilfinger, Köln/Berlin 1954, S. 123 ff. (129); Jescheck, Fn. 22, S. 171 f.; IMT-Urteil, Nürnberg I, Fn. 43, S. 189 ff., 244 sowie den die Wiederherstellung der öffentlichen Ordnung in Besatzungsgebieten behandelnden Art. 43 der Haager Landkriegsordnung vom 18. Oktober 1907. Die den Art. 43 der Haager Landkriegsordnung konkretisierenden Art. 64 ff. des IV. Genfer Abkommens vom 12. August 1949 besaßen zur Zeit der Einsetzung des Nürnberger Gerichtshofs noch keine Gültigkeit.

65 Nürnberg I, Fn. 43, S. 244.

66 Vgl. Kaufmann, Fn. 64, S. 132.

Betracht. Die Besetzung des deutschen Staatsgebiets wurde während des Krieges mit militärischer Gewalt durchgeführt, sodass von einer *occupatio bellica* ausgegangen wird, für die der dritte Abschnitt der Haager Landkriegsordnung[67] völkerrechtliche Normen bereitstellt.[68]

Art. 43 der Haager Landkriegsordnung ermächtigt eine Besatzungsmacht dazu, alle Vorkehrungen zu treffen, die erforderlich sind, um die öffentliche Ordnung und das öffentliche Leben wieder herzustellen und aufrechtzuerhalten. Dazu gehört der Schutz der militärischen Operationen, der durch Gerichte, etwa zur Verfolgung von Kriegsverbrechen, sichergestellt werden kann. Bis auf die gewohnheitsrechtlich anerkannte Bestrafung von Kriegsverbrechen im engeren Sinne kann dies aber nur für während der Besatzungszeit begangene Taten gelten.[69] Nach Wiedereröffnung der deutschen Gerichte spätestens zu Beginn des Jahres 1946 war die Ausübung der Gerichtsbarkeit durch die alliierten Besatzungsmächte zur Wiederherstellung oder Aufrechterhaltung der öffentlichen Ordnung und des öffentlichen Lebens nicht mehr erforderlich.[70] Man kann die Einsetzung des IMT daher als Intervention ansehen.[71] So lässt sich den Äußerungen der alliierten Regierungen entnehmen, dass der Krieg mit der anschließenden Besetzung Deutschlands einen Interventionszweck verfolgte. Auf der Potsdamer Konferenz im Juli und August 1945 wurde neben der Entnazifizierung unter anderem auch die strafrechtliche Verfolgung der Kriegsverbrecher damit begründet, dass Deutschland niemals wieder seine Nachbarn oder den Weltfrieden bedrohen dürfe.[72] Eine Intervention unter Außerachtlassung der betroffenen Staatlichkeit stellt jedoch eine Souveränitätsverletzung dar und ist von den Regeln der *occupatio bellica,* wie denen im dritten Abschnitt der Haager Landkriegsordnung, nicht mehr gedeckt.[73] Wenn man also von einer *occupatio bellica* ausgeht, dann ist die Einsetzung des IMT nicht mit dem seinerzeit geltenden Völkerrecht in Einklang zu bringen.

Andererseits wird aus der Tatsache, dass mit der restlosen Niederringung Deutschlands und der Kapitulation der Wehrmacht eine *debellatio* eintrat, die Alliierten aber eine Vernichtung der Völkerrechtspersönlichkeit Deutschlands und

---

[67] Ordnung der Gesetze und Gebräuche des Landkriegs (Haager Landkriegsordnung) als Anlage zum Abkommen betreffend die Gebräuche des Landkriegs vom 18. Oktober 1907, RGBl. 10, S. 107; Convention concernant les lois et coutumes de la guerre sur terre, signée à la Haye, le 18 Octobre 1907, in: NRGT 3. Série Tome III, S. 31 ff.

[68] Jescheck, Fn. 22, S. 169.

[69] Grewe, Wilhelm G.: Ein Besatzungsstatut für Deutschland, Stuttgart 1948 (zit.: Grewe, Besatzungsstatut), S. 191 f., 198.

[70] Jescheck, Fn. 22, S. 172.

[71] Woetzel, Fn. 46, S. 79; Jescheck, Fn. 22, S. 174 f.

[72] Internationale Dokumente zur Vorbereitung des Friedens, 1941-1945, Hrsg.: Régime Autonome des Publications Officielles, Baden-Baden 1948, S. 145 ff.

[73] Woetzel, Fn. 46, S. 79; vgl. Oppenheim-Lauterpacht: International Law, 6. Auflage, Bd. I, London/New York/Toronto 1946, S. 272.

seine Annexion ausdrücklich ablehnten, geschlussfolgert, dass eine *occupatio sui generis* eingetreten sei.[74] Eine solche würde die Überschreitung der Grenzen der Haager Landkriegsordnung rechtfertigen, zumal nach den Erfahrungen mit der Rechtsprechung des Reichsgerichts in Leipzig im Anschluss an den Ersten Weltkrieg nicht davon ausgegangen werden kann, dass das gemäß Art. 43 des Abkommens gebotene Betrauen deutscher Gerichte mit der Aburteilung der Kriegsverbrecher zu einer erfolgreichen Durchsetzung des humanitären Völkerrechts geführt hätte.[75]

Die Einsetzung des IMT mit der *occupatio sui generis* zu erklären und zu rechtfertigen scheint in der Tat ein gangbarer Weg. Die Alliierten übernahmen durch den Kontrollrat die volle Gesetzgebungs- und Regierungsgewalt in Deutschland, ein Vorgehen, das, da mit dem Besatzungsrecht der Haager Landkriegsordnung unvereinbar, als Annexion gewertet werden kann. Eine Annexion Deutschlands stünde auch in Einklang mit dem Völkerrecht, da der Briand-Kellog-Pakt von 1928 den Krieg in Verteidigung eines bereits begonnenen militärischen Angriffs rechtfertigt und eine Annexion in diesem Fall das Ergebnis gerechtfertigter militärischer Gewaltanwendung wäre.[76] Dennoch lehnten die Alliierten in der Berliner Erklärung vom 5. Januar 1945 eine Annektierung ab. Deutschland sollte als Völkerrechtssubjekt bestehen bleiben. Wenn aber die Alliierten Deutschland hätten annektieren können und somit befugt gewesen wären, zur Verwirklichung eines ihrer Kriegsziele die Kriegsverbrecher durch ein gemeinsam eingesetztes Tribunal abzuurteilen, musste dies erst recht möglich sein, wenn sie sich auf die vorübergehende Ausübung der Gesetzgebungs- und Regierungsgewalt beschränkten.

Aber nicht nur die *occupatio sui generis* rechtfertigt die Einsetzung des IMT. Nicht zuletzt nach den Erfahrungen mit den Leipziger Kriegsverbrecherprozessen steht sie grundsätzlich auch im Einklang mit dem Weltrechtsprinzip. Demzufolge begründen Verbrechen, an deren Bekämpfung die ganze Menschheit interessiert ist, die Strafhoheit aller Mitglieder der Staatengemeinschaft. Dies gilt unabhängig davon, wo derartige Taten begangen werden, und auch unabhängig von einer besonderen Verbindung zwischen dem die Tat verfolgenden Staat und den an ihr Beteiligten. Es muss vor allem dann Geltung beanspruchen, wenn eine strafrechtliche Verfolgung durch die Gerichte im Herkunftsland des Täters oder des Tatortes nicht zu erwarten ist.[77] Die Alliierten waren daher grundsätzlich befugt, einen Internationalen Militärgerichtshof einzusetzen. Insoweit steht Art. 1 seines Statuts in Einklang mit dem Völkerrecht. Insgesamt rechtmäßig im Sinne

---

[74] Woetzel, Fn. 46, S. 89.

[75] Ebenda, S. 160; Ginsburgs, Fn. 38, S. 72, 74.

[76] Vgl. Seidl-Hohenveldern, Fn. 64, Rn. 112, 1158. Ob eine Gegenannexion durch das Opfer nach erfolgreicher Abwehr eines Angriffs völlig unbedenklich ist, soll hier nicht weiter vertieft werden, da eine solche nicht vorgenommen wurde.

[77] Vgl. Seidl-Hohenveldern, Fn. 64, Rn. 1377.

des Völkerrechts wäre die Einsetzung des Tribunals aber nur dann gewesen, wenn auch die übrigen Bestimmungen des Statuts und insbesondere seine Tatbestände völkerrechtlich anerkannt gewesen wären.[78]

6.3.1.3 Die Rechtsbindung Deutschlands an das Londoner Abkommen und das IMT-Statut

Das Londoner Abkommen und das dazugehörige IMT-Statut wurden von den Vereinigten Staaten, Frankreich, dem Vereinigten Königreich und der Sowjetunion unterzeichnet. Entsprechend Art. 5 des Abkommens nutzten 19 weitere Regierungen die Möglichkeit des Beitritts. Bis auf zwei Staaten waren darunter alle Mitglieder der *United Nations War Crimes Commission* vertreten. Von Deutschland wurde das Londoner Abkommen nicht unterzeichnet. Daher konnte das Londoner Abkommen eigentlich nur die beteiligten vier Regierungen und die später beigetretenen Staaten verpflichten, da Deutschland nicht Vertragspartei wurde und Verträge zu Lasten unbeteiligter Staaten grundsätzlich abgelehnt werden.[79] Möglicherweise wurde Deutschland aber beim Abschluss des Londoner Abkommens durch den alliierten Kontrollrat vertreten. Zwar blieb Deutschland trotz seiner Kapitulation und Besetzung Völkerrechtssubjekt, doch fehlte 1945 die völkerrechtliche Handlungsfähigkeit, die vom Kontrollrat wahrgenommen wurde. Die Besatzungsmächte hätten demnach das Londoner Abkommen im Namen Deutschlands mit sich selbst abgeschlossen. Gegen eine solche Möglichkeit der Vertragsbindung durch den Kontrollrat spricht allerdings der Wortlaut des Abkommens selbst.[80] In seinem Art. 1 heißt es nämlich, dass nach "Anhörung des Kontrollrats" ein Internationaler Militärgerichtshof eingesetzt werden soll. Da Verständigung nicht mit Beteiligung gleichgesetzt werden kann, kommt eine Vertragsbindung infolge einer Vertretung Deutschlands durch den Kontrollrat nicht in Betracht.[81]

Hält man sich den Wortlaut des Londoner Abkommens vor Augen, wird aber auch deutlich, dass Deutschland durch das Abkommen keine Verpflichtungen auferlegt wurden. Verpflichtet wurden durch das Abkommen ausschließlich die Signatarstaaten, beispielsweise in Art. 3, der bestimmt, dass die Signatarstaaten die in ihrem Gewahrsam befindlichen Hauptkriegsverbrecher für das Ermittlungsverfahren bereithalten sollten. Das IMT-Statut begründete Rechte und

---

78 Siehe dazu im Folgenden.

79 Vgl. Seidl-Hohenveldern, Fn. 64, Rn. 323 ff. sowie Art. 26 und 34 des Wiener Übereinkommens über das Recht der Verträge vom 23. Mai 1969: Vienna Convention on the law of treaties. Concluded at Vienna on 23 May 1969, in: 1155 UNTS (1980), No. 18232, S. 331 ff., BGBl. 1985 II, S. 926; United Nations, Conference on the Law of Treaties, Official Records, Documents of the Conference (UN Doc. A/CONF.39/11/Add. 2), New York 1971, S. 282.

80 Jescheck, Fn. 22, S. 153.

81 Vgl. ebenda, S. 152 f.

Pflichten ebenfalls nur für die Signatarstaaten. So waren nach Art. 30 die Kosten des Gerichtshofs und des Verfahrens von den Signatarstaaten zu bestreiten. Deutschland wurde als Nichtvertragsstaat von der strafrechtlichen Verfolgung seiner Staatsangehörigen durch das IMT vielleicht praktisch betroffen. Verpflichtungen, beispielsweise zur Zusammenarbeit, wurden Deutschland nicht auferlegt. Dies lässt sich damit erklären, dass Deutschland, anders als beispielsweise das ehemalige Jugoslawien[82], vollständig besetzt und der Hoheitsgewalt der Alliierten unterworfen war. Die Problematik einer durch das Londoner Abkommen zu begründenden Verpflichtung Deutschlands zur Zusammenarbeit stellte sich insofern überhaupt nicht. Es kann demnach festgehalten werden, dass die Regel, nach der Verträge zu Lasten unbeteiligter Staaten grundsätzlich unzulässig sind, nicht verletzt wurde.[83]

6.3.2 Art. 6 a) - Verbrechen gegen den Frieden

Gemäß Art. 6 a) kann das Verbrechen gegen den Frieden durch die Planung oder Vorbereitung sowie durch die Einleitung oder Führung eines Angriffskrieges oder eines Krieges in Verletzung internationaler Abkommen begangen werden. Der Tatbestand wird ferner durch die Beteiligung an einer Verschwörung bezüglich einer dieser Handlungen erfüllt.[84]

Die Anklagevertretung war der Auffassung, dass der Angriffskrieg bereits im Jahre 1939 als ein nach Völkerrecht strafbares Verbrechen anerkannt gewesen war. Sie stützte sich dabei insbesondere auf den Briand-Kellog-Pakt von 1928, dessen Verletzung als Verbrechen gegen das Menschengeschlecht angesehen wurde.[85] Die minimale Konsequenz dieses Verbrechens müsse es sein, die Täter vor Gericht zu bringen. Zwar sei die Strafklage gegen Einzelne wegen Friedensbruchs neuartig, jedoch nicht nur moralisch gefordert, sondern im Zuge der Rechtsentwicklung längst fällig. Sie sei die logische Folgerung aus dem neuen Rechtszustand. Das IMT-Statut setze daher nur scheinbar neues Recht. Die Führungspersönlichkeiten Nazideutschlands seien für das Verbrechen gegen den Frieden zur Verantwortung zu ziehen.

Die Verteidigung führte im Laufe des Prozesses aus, dass es im Interesse der Menschlichkeit läge, wenn die für einen Angriffskrieg Verantwortlichen in Zukunft nicht ungestraft blieben. Zum jetzigen Zeitpunkt stünde dies jedoch nicht

---

[82] Vgl. Art. 29 ICTY-Statut oder auch Art. 86 ff. ICC-Statut.

[83] Zur Problematik der sog. *third party jurisdiction* in Bezug auf den ICC siehe unten unter: 15.2.2.3.

[84] Zur Verschwörung siehe unter 6.3.5.

[85] Jackson, Robert H.: Grundlegende Rede vorgetragen im Namen der Vereinigten Staaten von Amerika, Frankfurt 1946 (zit.: Jackson, Grundlegende Rede), S. 58 ff.; Shawcross, Sir Hartley: Die Rede des englischen Hauptanklagevertreters, Hamburg 1946, S. 11 ff.

in Einklang mit dem geltenden Völkerrecht. Weder der Völkerbundspakt, der Briand-Kellog-Pakt noch irgendein anderer nach 1918 geschlossener Vertrag sehe die strafrechtliche Verfolgung der für einen Angriffskrieg Verantwortlichen vor. Auch hatte der Völkerbund mehrmals über die Rechtmäßigkeit des Gewalteinsatzes der Völkerbundsmitglieder untereinander zu entscheiden. Dennoch habe er nicht daran gedacht, Staatsoberhäupter, Generäle oder Industrielle strafrechtlich zur Verantwortung zu ziehen. Selbst bei der Schaffung der neuen Organisation des Weltfriedens in San Francisco sei kein Rechtsgrundsatz aufgestellt worden, nach dem die Auslöser eines Angriffskrieges durch ein internationales Tribunal zu bestrafen sind. Das Verfahren gegen die Hauptkriegsverbrecher sei hinsichtlich des Tatbestandes der Verbrechen gegen den Frieden nicht durch anerkanntes Völkerrecht legitimiert; es könne sich allenfalls um ein Verfahren nach neuem, nach Begehung der Taten geschaffenem Strafrecht handeln. Damit verstieße das Verfahren gegen den Grundsatz, dass nur derjenige verurteilt werden kann, der gegen ein bereits zur Tatzeit geltendes Gesetz verstoßen hat. Dieser Grundsatz gelte auch in den Signatarstaaten des Londoner Abkommens. Immerhin sei es im Rahmen des Wiederaufbaus der deutschen Strafjustiz eines der ersten Anliegen des alliierten Kontrollrats gewesen, diesem Grundsatz wieder Geltung zu verschaffen. Die Verteidigung war daher der Ansicht, dass der Tatbestand des Verbrechens gegen den Frieden ein *ex post facto*-Gesetz sei und das Londoner Abkommen insoweit gegen den Grundsatz *"nulla poena sine lege"* verstieße.[86]

Das IMT erklärte den Angriffskrieg zum schwersten internationalen Verbrechen.[87] Hinsichtlich der Rechtmäßigkeit der Aufnahme dieses Tatbestandes in das Statut führte das Gericht aus, das Statut erkläre das Planen oder Führen eines Angriffskrieges oder eines internationale Verträge verletzenden Krieges zum Verbrechen. Es sei deshalb nicht unbedingt notwendig zu untersuchen, ob und inwieweit ein Angriffskrieg vor der Ausführung des Londoner Abkommens ein Verbrechen gewesen sei.[88] Das IMT hatte bereits dargelegt, dass allein das Recht des Statuts maßgebend und für das Gericht bindend sei.[89] Zur Widerlegung des *ex post facto*-Einwands der Verteidigung untersuchte es dennoch die Frage, ob es den Tatbestand des Verbrechens gegen den Frieden im Völkerrecht auch schon vor dem Londoner Abkommen gegeben hatte.[90] Das Gericht selbst schloss sich dabei der Auffassung der Anklage an. Im Jahre 1939 sei das Völkerrecht bereits so weit entwickelt gewesen, dass diejenigen, die unter Verletzung von Verträgen ihre Nachbarstaaten gewaltsam überfielen, gewusst haben mussten, dass sie Unrecht

---

[86] Eingabe der Gesamtverteidigung vom 19. November 1945, Nürnberg I, Fn. 43, S. 186 ff.
[87] IMT-Urteil, Nürnberg I, Fn. 43, S. 189 ff. (207).
[88] Ebenda, S. 244.
[89] Ebenda.
[90] Ebenda.

begangen hätten. Dies müsse insbesondere angesichts des auch von Deutschland unterzeichneten Briand-Kellog- Pakts gelten. Dieser spräche im Zusammenhang von einem verbotenen Krieg zwar nicht von einem Verbrechen oder von einer strafrechtlichen Verfolgung desselben durch einzusetzende Gerichte. Dies gelte auch für das Haager Abkommen von 1907. Dennoch würden seit vielen Jahren Verstöße gegen das Abkommen von Militärgerichten geahndet.[91] Auch sei bei der Auslegung des Briand-Kellog-Pakts zu bedenken, dass Völkerrecht nicht das Produkt einer internationalen Legislative sei, sich daher durch Veränderung und Erweiterung den Notwendigkeiten einer sich ständig verändernden Welt unterwerfen müsse. Auch fände sich das Kriegsrecht weder ausschließlich in internationalen Verträgen wieder, noch sei es statisch. Es werde vielmehr durch ständige Praxis als Gewohnheitsrecht fortentwickelt.[92] Zur Strafbarkeit von Einzelpersonen wegen Friedensbruchs führte das IMT aus, dass Verbrechen gegen das Völkerrecht von Einzelpersonen und nicht von abstrakten Wesen begangen würden. Diese Auffassung würde durch die Bestimmungen des Art. 228 des Versailler Vertrages veranschaulicht und zur Geltung gebracht.[93] Nicht die Hauptkriegsverbrecher wegen des Angriffskrieges zu bestrafen sei unrechtmäßig, sondern dieses Verbrechen ungestraft zu lassen.[94]

In der Literatur wurde die Auffassung des IMT teilweise mit dem Hinweis darauf begrüßt, dass das Verbrechen gegen den Frieden unabhängig von völkerrechtlichen Verträgen gewohnheitsrechtlich anerkannt sei.[95] Weiterhin wurde die Anklage wegen Verbrechen gegen den Frieden damit gerechtfertigt, dass die Beschuldigten eine Bedrohung der zwischenstaatlichen Ordnung gewesen seien und das Verfahren eine Art Sicherheitsmaßnahme sei, um einer Rückkehr solcher Verletzungen vorbeugend entgegenzutreten. Der Tatbestand des Verbrechens gegen den Frieden sei daher eher politischer als rechtlicher Natur.[96] Eine ähnliche Auffassung wurde mehrheitlich auch in der *United Nations War Crimes Commission* vertreten. Für sie waren Verbrechen gegen den Frieden rechtswidrig, jedoch keinesfalls strafbar. Sie sollten daher nur eine formelle Verurteilung nach sich ziehen.[97] Dass nach Auffassung des Gerichts die Bestrafung der des Verbrechens gegen den Frieden Beschuldigten rechtlich

---

[91] Ebenda, S. 245 ff.
[92] Ebenda, S. 247.
[93] Ebenda, S. 249.
[94] Ebenda, S. 245.
[95] Glueck, Sheldon: The Nuremberg Trial and Aggressive War, New York 1946, S. 26; vgl. Ginsburgs, George/Kudriavtsev, V.N. (Hrsg.): The Nuremberg Trial and International Law, Dordrecht/Boston/London 1990 (zit.: Ginsburgs/Kudriavtsev (Verfasser)), hier: Ginsburgs/Kudriavtsev (Murphy), S. 152.
[96] Vgl. Woetzel, Fn. 46, S. 170.
[97] United Nations War Crimes Commission, Fn. 2, S. 182; vgl. Glueck, Fn. 95, S. 20 f.

unbedenklich ist, wird darüber hinaus mit der Zustimmung der Staatengemeinschaft begründet. Dadurch, dass jene die Grundsätze des Statuts wie auch die des IMT-Urteils gebilligt hätten, sei das Verbrechen gegen den Frieden zwar noch nicht als Bestandteil des geltenden Völkerrechts anzusehen, doch stelle diese Zustimmung eine ausreichende Grundlage für seine strafrechtliche Verfolgung dar.[98] Jede Gewohnheit müsse einen Anfang haben und in der Geschichte des Völkerrechts habe es noch nie einen besseren Zeitpunkt gegeben, die Auslösung oder Führung eines Angriffskrieges zu einem strafbaren Verbrechen zu erklären.[99]

Gegen die Auffassung des Gerichts von der Strafbarkeit des Angriffskriegs wurde argumentiert, dass die Rechtswidrigkeit einer Handlung allein nicht ausreiche, um ihre Strafbarkeit zu begründen. Zwar kenne das Völkerrecht seit dem Briand-Kellog-Pakt ein allgemeines Kriegsverbot, doch sei daran keine für den Einzelnen geltende Strafandrohung geknüpft.[100] Dies sei auf der Konferenz der *International Law Association* über die Auslegung des Brian-Kellog-Paktes mehrheitlich festgestellt worden.[101] Der Briand-Kellog-Pakt selbst drohe den Vertragsstaaten im Falle eines Verstoßes gegen das Gewaltverbot lediglich mit dem Verlust der Rechte aus dem Vertrag. Von einer individuellen strafrechtlichen Verantwortlichkeit sei nicht die Rede. Wenn das Gericht sich zur Begründung einer solchen Strafbarkeit auf den dynamischen Charakter des Völkerrechts berufe, dann sei dies zwar grundsätzlich richtig, die Frage müsse jedoch sein, ob damit derart weitreichende Veränderungen gemeint sein können, wie sie das Statut und die sich darauf gründende Rechtsprechung des Gerichts darstellten. Dass das Gericht zur Untermauerung seiner extensiven Auslegung des Briand-Kellog-Paktes den Entwurf eines gegenseitigen Beistandspakts von 1923 sowie das niemals ratifizierte Genfer Protokoll über die friedliche Beilegung internationaler Streitigkeiten von 1924 heranziehe, mache die Bedenklichkeit dieser Auffassung nur allzu deutlich. Noch fragwürdiger sei allerdings der Verweis auf die Bedeutung der Art. 227 und 228 des Friedensvertrages von Versailles. Es spräche für sich, dass der ehemalige deutsche Kaiser für seine Schuld am Ausbruch des Ersten Weltkriegs ausschließlich aufgrund einer schwersten Verletzung des internationalen Sittengesetzes und der Heiligkeit der Verträge angeklagt werden sollte und konnte. Dass die niederländische Regierung den Kaiser aus guten Gründen nicht ausgeliefert und das Verfahren daher nicht stattgefunden habe,

---

[98] Ginsburgs/Kudriavtsev (Simons), Fn. 95, S. 58; Woetzel, Fn. 46, S. 170.

[99] Glueck, Fn. 95, S. 45.

[100] Schlepple, Eberhard: Das Verbrechen gegen den Frieden und seine Bestrafung, Frankfurt am Main 1983, S. 42, 65; Schwarzenberger, Fn. 47, S. 487 f.; Finch, George A.: The progressive development of international law, in: AJIL 41 (1947), S. 20 ff. (30).

[101] Vgl.: Glueck, Fn. 95, S. 17 ff.; International Law Association, Report of the Thirty-Eighth Conference held at Budapest, September 6th to 10th, 1934 (1935), S. 1-70.

scheine dem Gericht nicht zu denken gegeben zu haben.[102] Auch verkenne das Gericht, dass in dem gleichen Maße, in dem die Anzahl der Beitrittsstaaten zum Briand-Kellog-Pakt zunahm, sich auch die Verstöße gegen diesen häuften, ohne dass dies irgendwelche Konsequenzen gehabt hätte. Zur Begründung wird unter anderem hingewiesen auf den japanischen Einmarsch in die Mandschurei, den durch Frankreich und Großbritannien gebilligten Einmarsch in Äthiopien, den deutschen Einmarsch in Österreich und in die Tschechoslowakei, oder die italienische Besetzung Albaniens sowie auf die russische Besetzung des östlichen Polen. Somit könne aus dem Verhalten der Signatarmächte des Briand-Kellog-Pakts nicht der Rückschluss gezogen werden, dass das Abkommen in dem Sinne ausgelegt werden könne, dass die Auslöser eines unerlaubten Krieges strafrechtlich zur Verantwortung gezogen werden könnten.[103] Zum gleichen Ergebnis müsse auch der vom Gericht vorgenommene Analogieschluss zur Haager Konvention von 1907 führen. Zweifelsohne seien Personen, die der Verletzung der Regeln der Haager Landkriegsordnung schuldig waren, zur Verantwortung gezogen und bestraft worden. Die Strafbarkeit der Kriegsverbrechen der Haager Landkriegsordnung beruhe jedoch auf altem völkerrechtlichem Gewohnheitsrecht, während für den völkerrechtswidrigen Krieg gerade die entgegengesetzte Gewohnheit festzustellen sei.[104] Bei dem Tatbestand der Verbrechen gegen den Frieden handele es sich somit um ein *ex post facto* geschaffenes Recht und seine Anwendung durch das IMT stelle einen Verstoß gegen den Grundsatz des *nulla poena sine lege* dar.[105]

Die Evidenz dieser Schlussfolgerung konnte auch durch die auf den Ersten Weltkrieg folgenden wissenschaftlichen Bemühungen für eine internationale Strafgerichtsbarkeit nicht in Zweifel gezogen werden. Der Versuch, trotzdem die Strafbarkeit der für einen Angriffskrieg Verantwortlichen einzuführen, war sicherlich sehr begrüßenswert. Und die damalige Diskussion war ebenso sicher ein wichtiger Beitrag zur Vorbereitung der schließlich doch erfolgten tatsächlichen Umsetzung dieses Vorhabens. Ihr tatsächlicher Einfluss blieb angesichts des *status quo ante* äußerst gering. Soweit das IMT zur Begründung seiner Interpretation des

---

[102] Schwarzenberger, Fn. 47, S. 491; Schlepple, Fn. 100, S. 65 f.; vgl. Glueck, Fn. 95, S. 28 f.

[103] Trapp, Erwin: Die kriegsrechtliche Bedeutung der Nürnberger Urteile, Düsseldorf 1957, S. 35 ff.; Schwarzenberger, Fn. 47, S. 492 f.; Grewe, Wilhelm G.: Rückblick auf Nürnberg, in: Festschrift für Karl Doehring, hrsg. von Kay Hailbronner/Georg Ress/Torsten Stein, Berlin/Heidelberg/New York u.a. 1989, S. 229 ff. (zit.: Grewe, Rückblick auf Nürnberg), S. 243; vgl. Bassiouni, M. Cherif/Nanda Ved P.: A Treatise on International Criminal Law, Springfield (Ill.) 1973, Vol. I, Crimes and Punishment, Vol. II, Jurisdiction and Cooperation (zit.: Bassiouni/Nanda Bd.-Nr. (Verfasser)), hier: Bassiouni/Nanda I (Röling), S. 595; Schlepple, Fn. 97, S. 41.

[104] Jescheck, Fn. 22, S. 296 f.

[105] Bassiouni/Nanda I (Röling), Fn. 103, S. 595; Schwarzenberger, Fn. 47, S. 494; Trapp, Fn. 100, S. 39; Finch, Fn. 97, S. 33; Grewe, Rückblick auf Nürnberg, Fn. 103, S. 243.

Briand-Kellog-Pakts einen Vergleich mit der Haager Landkriegsordnung von 1907 zieht, ist dies nur auf den ersten Blick überzeugend. Wie bereits erwähnt wurde, ist darin die Bestrafung von Verstößen gegen das Abkommen zwar nicht ausdrücklich vorgesehen, jedoch gewohnheitsrechtlich anerkannt. Das Haager Abkommen befasst sich im Gegensatz zum Briand-Kellog-Pakt nicht mit der Rechtmäßigkeit des Krieges[106], sondern versucht die inhumanen Auswirkungen eines bereits ausgebrochenen Krieges zu bekämpfen. Nach der Präambel des Abkommens selbst soll es gerade dann zur Anwendung gelangen, wenn der Krieg nicht mehr abgewendet werden konnte. Angesichts der unterschiedlichen Zielsetzungen des Haager Abkommens und des Briand-Kellog-Paktes ist ein Rückschluss aus der Praxis bei Verstößen gegen das Haager Abkommen auf die Rechtmäßigkeit einer solchen Praxis bei Verstößen gegen den Briand-Kellog-Pakt nicht möglich. Soweit die Befürworter der Strafbarkeit des Angriffskrieges auf die Zustimmung der Staatengemeinschaft hinweisen, soll hier deutlich gemacht werden, dass eine solche Zustimmung dem IMT zwar internationalen Charakter verleihen konnte, aber in Anbetracht der Tatsache, dass die Zustimmung nur im Nachhinein hat erfolgen können, nicht dazu geeignet war, den Angriffskrieg für rechtswidrig zu erklären. Tatsache ist, dass mit der Aufnahme des Verbrechens gegen den Frieden in das Statut für den IMT ein *ex post facto*-Tatbestand geschaffen und insoweit gegen den Grundsatz *nullum crimen sine lege* verstoßen wurde.

6.3.3 Art. 6 b) - Kriegsverbrechen

Artikel 6 b) begründet mit den Kriegsverbrechen die Zuständigkeit des IMT für Verletzungen der Gesetze und Gebräuche des Krieges. Art. 6 b) enthält eine von ihm selbst als unvollständig bezeichnete Enumeration solcher Verletzungen. Dazu gehören unter anderem die Verletzung von Leib oder Leben von Zivilpersonen oder Kriegsgefangenen, Plünderungen, die mutwillige Zerstörung von Städten und Dörfern und die nicht durch militärische Notwendigkeit zu rechtfertigende Verwüstung.

Wie beim Verbrechen gegen den Frieden sieht sich der Gerichtshof auch hinsichtlich der Kriegsverbrechen an sein Statut gebunden.[107] Der Gerichtshof verweist auf die Haager Konvention von 1907 und auf die Genfer Konvention von 1929 und stellt klar, dass allgemein anerkannt ist, dass Verletzungen dieser Bestimmungen Verbrechen darstellten, für welche die schuldigen Individuen bisher strafrechtlich verfolgbar gewesen seien. Daher sei an der Bestimmung des Art. 6 b) des Statuts nicht zu zweifeln und eine Erörterung darüber nicht mehr

[106] Nach Schwarzenberger (Fn. 47, S. 488) geht es sogar von dieser aus, was angesichts des Wortlauts der Präambel zumindest fraglich sein dürfte: " ... bei allem Bemühen, ... bewaffnete Streitigkeiten zwischen den Völkern zu verhüten, ...".

[107] IMT-Urteil, Nürnberg I, Fn. 43, S. 189 ff. (284).

zuzulassen. Auch hätten alle zivilisierten Staaten die Grundsätze der Haager Konvention anerkannt, sodass die Allbeteiligungsklausel des Art. 2 der Konvention, nach der das Abkommen nur unter Vertragsparteien Anwendung finden dürfe, hier ihre Bedeutung verliere.[108]

Gegen die Auffassung einer gewohnheitsrechtlichen Anerkennung der strafrechtlichen Verfolgung von Kriegsverbrechen im engeren Sinne werden im Allgemeinen keine Einwendungen erhoben. Die Strafbarkeit von Kriegsverbrechen gilt als elementarer Bestandteil internationaler Konventionen sowie des Völkergewohnheitsrechts. Wenn das IMT von Kriegsverbrechen als einen im Jahre 1939 von allen zivilisierten Nationen als strafbar anerkannten Tatbestand ausgehe, so stehe diese Auffassung völlig in Einklang mit geltendem Völkerrecht.[109] Kritisiert wird hingegen, dass, in Ermangelung einer abschließenden Aufzählung der zu bestrafenden Kriegsverbrechen, der Tatbestand des Art. 6 b) den Anforderungen, die nach den Grundsätzen der kontinentalen Strafrechtspflege an einen Tatbestand gestellt würden, nicht genüge.[110] Auch mit dem Strafrecht des angelsächsischen *common law* sei die auf den unbestimmten Tatbestand des Art. 6 b) gestützte Rechtsprechung des IMT nicht in Einklang zu bringen. Habe sich doch das *common law* in jahrhundertelanger Anwendung und wissenschaftlicher Durchdringung so weit verfestigt, dass es an Bestimmtheit den Tatbeständen des kontinentalen Strafrechts kaum nachstehe. Das Kriegsvölkerrecht hingegen enthalte nur wenige eindeutige Regeln. Die Richter des Gerichtshofs handelten daher nach der Weise der alten englischen Richter, welche sich auf den *common sense* verlassen hätten. Während angelsächsische Kritiker dies für begrüßenswert hielten, handele es sich vom Standpunkt des kontinentalen Tatbestandsstrafrechts aus gesehen um eine bedenkliche Gesetzgebung durch das Gericht.

Dieser Auffassung ist entgegenzuhalten, dass sich im angelsächsischen Strafrecht der heutige Bestimmtheitsgrad in den Tatbeständen erst herauskristallisieren musste. Man wird das angelsächsische Strafrechtssystem dennoch nicht als ein den allgemeinen Grundsätzen des Rechts widersprechendes ansehen können. Das Völkerstrafrecht hatte zur Zeit der Nürnberger Prozesse diesen Bestimmtheitsgrad noch nicht erreicht. Doch kann man im Zusammenhang mit dem Tatbestand der Kriegsverbrechen nicht von einer unzulässigen Rechtsschöpfung durch das IMT sprechen. Im Gegensatz zum Verbrechen gegen den Frieden, das weder in der Staatenpraxis Anerkennung gefunden hatte, noch jemals zuvor unter Strafe gestellt worden war, waren nicht nur die Kriegsverbrechen als solche, sondern auch ihre strafrechtliche Verfolgung allgemein anerkannt. Über das Haager Abkommen von 1907 hinaus verdeutlicht gerade die Tatsache, dass die *United Nations War Crimes*

---

[108] Ebenda, S. 284 f.

[109] Finch, Fn. 100, S. 21; Ginsburgs/Kudriavtsev (Chistiakov), Fn. 95, S. 155 ff.; Schwarzenberger, Fn. 47, S. 484.

[110] Jescheck, Fn. 22, S. 355.

Commission die von der *Commission des responsabilités des auteurs de la guerre et sanctions* im Jahre 1919 entworfene und 32 Tatbestände umfassende Liste von Kriegsverbrechen zu ihrer Arbeitsgrundlage machte[111], dass der Begriff der Kriegsverbrechen eine zunehmende Konkretisierung und Anerkennung erfahren hat. Italien und Japan wirkten bei der Erstellung dieser Liste mit und Deutschland stellte, was die Klassifizierung als Kriegsverbrechen angeht, nicht eine einzige der darin aufgeführten Handlungen in Frage.[112]

Mit Art. 6 b) wurde anerkanntes Völkerrecht in das Statut aufgenommen. Da die im Prozess gegen die Hauptkriegsverbrecher verurteilten Handlungen zum Kern der Kriegsverbrechen gehören, scheidet diesbezüglich ein Verstoß gegen den Grundsatz *nulla poena sine lege* aus.

6.3.4 Art. 6 c) - Verbrechen gegen die Menschlichkeit

Art. 6 c) des Statuts erklärt das IMT zuständig für Verbrechen gegen die Menschlichkeit. Darunter fallen die vor oder während des Krieges gegen eine Zivilbevölkerung begangene Tötung, Ausrottung, Versklavung, Deportierung und andere unmenschliche Handlungen sowie die Verfolgung aus politischen, rassistischen oder religiösen Gründen. Unbeachtlich soll sein, ob die Tat in Verletzung des innerstaatlichen Rechts des Landes, in der sie verübt wurde, begangen wurde oder nicht.

Die Zuständigkeit des IMT wird beschränkt auf die Aburteilung von Humanitätsverbrechen, welche in Ausführung eines Verbrechens oder in Verbindung mit einem Verbrechen begangen werden, für das der Gerichtshof zuständig ist. Um diese Einschränkung ausdrücklich als für den ganzen Tatbestand geltend herauszustellen, wurde die ursprüngliche englische und französische Fassung des Textes vom 8. August 1945 durch Protokoll vom 6. Oktober der als authentisch angesehenen russischen Formulierung angepasst. In der englischen Fassung geschah dies durch eine Änderung in der Zeichensetzung und in der französischen Fassung durch eine Umformulierung.[113] Besonderen Wert wurde auf diese Einschränkung deshalb gelegt, da man während der Londoner Konferenz der Auffassung war, dass die Art und Weise, wie eine Regierung mit ihrer eigenen Bevölkerung umgehe, eine interne Angelegenheit sei, in die man sich nicht einmischen dürfe. Die Ausrottung der Juden sei daher nur deshalb als Humanitätsverbrechen zu verfolgen, weil sie einen Teil des Planes für den rechtswidrigen Krieg darstelle, was sie zu einer internationalen Angelegenheit

---

[111] United Nations War Crimes Commission, Fn. 2, S. 34 f., 170 f.

[112] Ebenda, S. 171.

[113] Protokoll über die Berichtigung einiger Unstimmigkeiten im Wortlaut des Statuts, Nürnberg I, Fn. 43, S. 19.

mache.[114] Nur in diesem Rahmen ist es daher unerheblich, ob die Handlung in Verletzung des innerstaatlichen Rechts des Tatortstaates begangen wurde oder nicht.[115]

Der Tatbestand der Verbrechen gegen die Menschlichkeit hat in diesem Zusammenhang eine weitere Einschränkung durch das IMT-Urteil erfahren. Der Gerichtshof war der Meinung, dass, so empörend und entsetzlich viele der vor dem Jahre 1939 begangenen Verbrechen gegen die Menschlichkeit waren, dennoch nicht hinreichend nachgewiesen worden war, dass sie in Ausführung eines Angriffskrieges oder in Verbindung mit einem derartigen Verbrechen verübt worden seien. Der Gerichtshof könne deshalb keine allgemeine Erklärung dahin gehend abgeben, dass die vor 1939 ausgeführten Handlungen Verbrechen gegen die Menschlichkeit gewesen seien.[116]

Bis auf die Verfolgung aus politischen, rassistischen oder religiösen Gründen ähneln die in Art. 6 c) des Statuts aufgeführten Handlungen denen der Kriegsverbrechen des Art. 6 b).[117] Ihre Eigenart besteht darin, dass sie der vom Staate propagierten Ideologie entstammen, welche letztlich die Vernichtung jedes Andersdenkenden forderte. So richtet sich Art. 6 c) - anders als der Tatbestand der Kriegsverbrechen - nicht gegen das Individuum als solches, sondern gegen Einzelpersonen oder Gruppen als Träger bestimmter Ideen oder rassischer Kennzeichen.[118] Aufgrund seiner Anwendung durch das Nürnberger Gericht wird der Tatbestand der Verbrechen gegen die Menschlichkeit dennoch als ein dem Tatbestand des Verbrechens gegen den Frieden, insbesondere aber als ein den Kriegsverbrechen angegliederter Tatbestand bezeichnet.[119] Eine Stütze findet diese Einordnung in der Martens'schen Klausel als Bestandteil der Präambel des Haager Abkommens von 1907.[120] Danach sollen in den Fällen, die in dem Vertrag nicht

---

[114] International Conference on Military Trials, Fn. 3, S. 331 ff.; vgl. United Nations War Crimes Commission, Fn. 2, S. 175; Ginsburgs/Kudriavtsev (Clark), Fn. 95, S. 190; Bassiouni, M. Cherif: Crimes against humanity in International Criminal Law, Dordrecht/Boston/London 1992 (zit.: Bassiouni, Crimes against humanity), S. 24 ff.

[115] Vgl. United Nations War Crimes Commission, Fn. 2, S. 193; Bassiouni, Crimes against humanity, Fn. 114, S. 24.

[116] IMT-Urteil, Nürnberg I, Fn. 43, S. 189 ff. (285 f.).

[117] Vgl. Aroneanu, Eugène: Le crime contre l'humanité, Paris 1961, S. 43 f.

[118] Ebenda, S. 71; Kraus, Herbert: Vom Recht des Nürnberger Internationalen Militärgerichtsprozesses, in: Festschrift für Hermann Jahreiß, hrsg. von Karl Carstens und Hans Peters, Köln/Berlin/Bonn/München, S. 221 ff. (230); vgl. auch die Erläuterungen des französischen Anklagevertreters de Menthon in: Nürnberg V, Fn. 43, S. 457 ff.

[119] United Nations War Crimes Commission, Fn. 2, S. 202; Bassiouni, Crimes against humanity, Fn. 111, S. 182; Ginsburg/Kudriatsev (Clark), Fn. 92, S. 193; vgl. Anklageschrift, Nürnberg I, Fn. 43, S. 29 ff. (71); Finch, Fn. 97, S. 22; Aroneanu, Fn. 114, S. 48 ff.

[120] Vgl. Bassiouni, Crimes against humanity, Fn. 114, S. 182, 191; Ginsburgs/Kudriavtsev

vorgesehen sind, die Grundsätze des Völkerrechts anwendbar bleiben, wie sie sich ergeben aus den unter gesitteten Völkern feststehenden Gebräuchen, aus den Gesetzen der Menschlichkeit und aus den Forderungen des öffentlichen Gewissens.
Anders als im Zusammenhang mit dem Angriffskrieg geht das IMT nicht auf die Rechtmäßigkeit der strafrechtlichen Verfolgung der Verbrechen gegen die Menschlichkeit ein. Erwähnt wurden Verbrechen gegen die Menschlichkeit bereits in der Erklärung der Regierungen Frankreichs, Großbritanniens und Russlands vom 28. Mai 1915. Darin wurden die Massaker an der armenischen Bevölkerung in der Türkei als Verbrechen gegen die Menschlichkeit angeprangert und es wurde angekündigt, dass die Mitglieder der türkischen Regierung wegen dieser Vergehen zur Verantwortung gezogen würden.[121]
Auch im Bericht der *Commission des responsabilités des auteurs de la guerre et sanctions* vom 29. März 1919 an die Pariser Friedenskonferenz war die Verfolgung von Verbrechen gegen die Menschlichkeit vorgesehen. Praktische Anwendung erfuhr der Tatbestand des Humanitätsverbrechens vor dem Nürnberger Prozess allerdings noch nicht. Vom Nürnberger Gericht wurden dann auch nur zwei Angeklagte ausschließlich wegen Verbrechen gegen die Menschlichkeit verurteilt. In dem Urteil wurde ausdrücklich darauf hingewiesen, dass die als Verbrechen gegen die Menschlichkeit gewerteten Handlungen in Verbindung mit Kriegsverbrechen begangen wurden.[122]

Das IMT-Urteil wird angesichts der restriktiven Anwendung des Art. 6 c) des Statuts dahin gehend kritisiert, dass das Gericht sich zwar einerseits ausdrücklich auf das Statut als ausschließliche Rechtsgrundlage berufe, andererseits den Anwendungsbereich des Art. 6 c) jedoch einschränkt und damit die Bestimmungen des Statuts im Grunde missachte.[123] Dem ist jedoch entgegenzuhalten, dass es gerade die restriktive Anwendung des Tatbestandes der Verbrechen gegen die Menschlichkeit ist, die Bedenken gegen die Rechtmäßigkeit seiner Aufnahme in das Statut zerstreut. Die in Art. 6 c) genannten Handlungen sind, sofern durch eine Staatsführung an der eigenen Bevölkerung oder in Friedenszeiten begangen, niemals zuvor strafrechtlich verfolgt worden. Von daher handelte das Gericht mit der gebotenen Zurückhaltung bei der Anwendung des Art. 6 c) des Statuts. Insgesamt kann daher festgestellt werden, dass der Tatbestand der Verbrechen gegen die Menschlichkeit des Art. 6 c) des Statuts in seiner Ausformung durch das IMT in Einklang mit dem seinerzeit geltenden Völkerrecht steht.

(Clark), Fn. 95, S. 178.
[121] United Nations War Crimes Commission, Fn. 2, S. 35 f.
[122] IMT-Urteil, Nürnberg I, Fn. 43, S. 189 ff., (S. 340 ff. (Streicher), S. 359 ff. (von Schirach)).
[123] Finch, Fn. 100, S. 23.

6.3.5 Die *conspiracy*

In Art. 6 wird die *conspiracy* (Verschwörung) sowohl unter a) als auch im letzten Absatz erwähnt, ohne jedoch genau definiert zu werden. Art. 6 a) erklärt die Beteiligung an einem gemeinsamen Plan oder einer Verschwörung zwecks Ausführung einer der zum Tatbestand des Verbrechens gegen den Frieden gehörenden Handlung zum Verbrechen. Der letzte Absatz des Art. 6 bestimmt, dass "Anführer, Organisatoren, Anstifter und Teilnehmer, die am Entwurf oder der Ausführung eines gemeinsamen Planes oder einer Verschwörung zur Begehung eines der vorgenannten Verbrechen teilgenommen haben", für alle Handlungen verantwortlich sind, die von irgendeiner Person in Ausführung eines solchen Planes begangen wurden.

Die Aufnahme der *conspiracy* in das Statut erfolgte ursprünglich im allgemeinsten Sinne und sollte sich auf sämtliche Straftatbestände des Art. 6 beziehen. Nur so glaubte man den Kreis der Verantwortlichen weit genug ziehen zu können.[124]

In diesem Sinne war der Art. 6 auch von der Anklagevertretung verstanden worden. Sie stellte fest, dass alle Angeklagten in den Jahren vor dem 8. Mai 1945 an einer Verschwörung teilgenommen hätten, welche auf die Begehung von Verbrechen gegen den Frieden, gegen das Kriegsrecht und gegen die Humanität abgezielt oder solche Verbrechen mit sich gebracht hätte.[125] Jede Beteiligung an den Angelegenheiten der NSDAP oder der Regierung stelle einen Beweis für die Beteiligung an einer per se verbrecherischen Verschwörung dar. Der gemeinsame Plan oder die Verschwörung zur Begehung der in Art. 6 a), b) und c) des Statuts genannten Verbrechen wurde von der Anklagevertretung in einem eigenständigen Anklagepunkt (Anklagepunkt eins) behandelt.[126]

Diese Vorgehensweise der Anklagevertretung wird dahin gehend kritisiert, dass jene sich aus politischen Motiven von den herkömmlichen Vorstellungen über das Wesen strafrechtlicher Teilnahme gelöst habe, um für die Verbrechen des Staates den jeweils in ihrer Hand befindlichen Kreis repräsentativer Persönlichkeiten verantwortlich machen zu können.[127] Auch von Vertretern des angelsächsischen Strafrechtssystems wird die *conspiracy* als in ihrer Gestalt und in ihren Grenzen sehr undeutlich und zweifelhaft bezeichnet.[128] So komme als *conspiracy* nicht nur eine solche Vereinbarung in Betracht, die darauf gerichtet ist, eine ungesetzliche Handlung zu begehen oder eine gesetzliche Handlung mithilfe von ungesetzlichen Mitteln durchzuführen. Der Zweck der *conspiracy* könne lediglich unmoralischer Natur sein.[129] Ebenfalls sei nicht erforderlich, dass die verabredete Handlung zur

---

[124] International Conference on Military Trials, Fn. 3, S. 129.

[125] Anklageschrift, Nürnberg I, Fn. 43, S. 29 ff. (31).

[126] Ebenda, S. 30 ff.

[127] Ginsburgs/Kudriavtsev (Pomorski), Fn. 95, S. 227 ff.; Jescheck, Fn. 22, S. 409.

[128] Sayre, Francis B.: Criminal Conspiracy, in: Harv. L. Rev. 35 (1922), No. 4, S. 393 ff.

[129] Kenny, Courtney S.: Outlines of Criminal Law, 15 edition, Cambridge 1936, S. 335 ff., 337.

Ausführung gekommen sei. Komme es jedoch zur Ausführung, so sei jeder Teilnehmer der *conspiracy* für alle Einzeltaten sämtlicher Mitverschworenen im allgemeinsten Rahmen der Verabredung mitverantwortlich.[130] Wenn die *conspiracy* daher als eine dem Richter jede nur erdenkliche Freiheit gebende strafrechtliche Generalklausel bezeichnet wird[131], deren Aufnahme in das Statut zu einer *ex post facto*-Gesetzgebung geführt habe[132], so ist dem zuzustimmen.
Das IMT schränkte den Anwendungsbereich entgegen dem Antrag der Anklagevertretung so weit wie möglich ein. Nach Ansicht des Gerichts musste die Verschwörung in Bezug auf ihre verbrecherischen Absichten deutlich gekennzeichnet sein. So dürfe sie von Entschluss und Tat zeitlich nicht zu weit entfernt sein. Es müsse untersucht werden, ob ein konkreter Plan zur Kriegführung bestanden hatte. Daraufhin sei zu bestimmen, wer an diesem konkreten Plan teilgenommen hatte. Das Parteiprogramm der Nazi-Partei von 1920 oder die in "Mein Kampf" enthaltenen politischen Meinungsäußerungen reichten zur Begründung der *conspiracy* nicht aus.[133] Darüber hinaus müssten die Teilnehmer der *conspiracy* wissen, dass sie an einem solchen konkreten Plan mitwirkten.[134]

Aus den am Ende des Urteils aufgeführten Gründen für die Schuld oder Unschuld der einzelnen Angeklagten wird deutlich, dass praktisch nur der innere Kreis der Ratgeber Hitlers Teilnehmer einer *conspiracy* gewesen sein konnte.[135] Zur Vorgehensweise der Anklagevertretung, die *conspiracy* auch auf die Tatbestände der Kriegsverbrechen und der Verbrechen gegen die Menschlichkeit auszudehnen, führte das IMT aus, das Statut bezeichne keinerlei Verschwörung als besonderes Verbrechen. Ausgenommen hiervon sei die Verschwörung zur Durchführung von Angriffskriegen. Die Worte des letzten Absatzes des Art. 6 fügten den bereits aufgezählten Verbrechen kein neues, besonderes Verbrechen hinzu, sondern seien lediglich dazu bestimmt, die Verantwortlichkeit derjenigen Personen zu bezeichnen, welche an einem gemeinsamen Plan teilgenommen hätten.[136] Der Gerichtshof ließ daher die in Anklagepunkt eins enthaltenen Anschuldigungen, dass die Angeklagten an einer auf die Begehung von Kriegsverbrechen und Verbrechen gegen die Menschlichkeit ausgerichteten Verschwörung beteiligt waren, außer Acht.[137] Die *conspiracy* und die Planung, Vorbereitung, Einleitung

---

[130] Ebenda, S. 335, 341.
[131] Jescheck, Fn. 22, S. 276.
[132] Finch, Fn. 100, S. 24, 34.
[133] IMT-Urteil, Nürnberg I, Fn. 43, S. 189 ff. (251).
[134] Ebenda, S. 253, 346 ff. (Schacht); vgl. abweichende Meinung des sowjetischen Mitglieds des Internationalen Militärgerichtshofs, S. 387 ff. (Schacht).
[135] Ebenda, S. 340 (Streicher), S. 343 f. (Funk), S. 346 ff. (Schacht).
[136] Ebenda, S. 253.
[137] Ebenda.

oder Unternehmung eines Angriffskrieges waren demnach zwei verschiedene Arten des Verbrechens gegen den Frieden.[138]
Innerhalb dieses eingeengten Anwendungsbereichs, so betonte das französische Mitglied des IMT, Donnedieu de Vabres, hielt man sich bei der Begriffsbestimmung der *conspiracy* absichtlich im Rahmen der kontinentalen Teilnahmelehre. So sollten Gefahren vermieden werden, die sich aus der Unklarheit und Grenzenlosigkeit des angelsächsischen Begriffs der *conspiracy* ergaben.[139]

Dass der Gerichtshof den Anwendungsbereich der *conspiracy* auf den Angriffskrieg beschränkte und ihren Täterkreis, aufgrund der an die Voraussetzungen der Teilnahme herankommende Begriffsbestimmung auf den engeren Kreis der Ratgeber Hitlers eingrenzte, spricht nur auf den ersten Blick für die Rechtmäßigkeit der Ausformung und Anwendung der *conspiracy* durch den Gerichtshof. Gerade dadurch nämlich, dass der Gerichtshof die *conspiracy* zu einer Variante des Verbrechens gegen den Frieden machte, schlagen die gegen die Einführung dieses Tatbestandes aufgeführten Argumente auf die Anwendung der *conspiracy* durch.[140] Insgesamt stößt daher die Aufnahme der *conspiracy* in das Statut, wie auch ihre Anwendung durch den Gerichtshof, auf erhebliche rechtliche Bedenken.

6.3.6 Der Einwand des *tu quoque*

Nicht zuletzt aus Art. 1 und 2 des IMT-Statuts ergibt sich, dass in Nürnberg die Sieger Straftaten der Besiegten aburteilten. Die Sieger waren jedoch gleichfalls nicht frei von strafrechtlicher Verantwortlichkeit.[141] Fraglich ist daher, ob den Angeklagten nicht die Berufung auf gleiche oder ähnliche Rechtsverletzungen seitens der Sieger gestattet werden musste (Einwand des *tu quoque*) und damit ein besonderer Strafausschließungsgrund gegeben war.

Der Einwand des *tu quoque* hat im staatlichen Recht keinen Platz, da jeder berechtigt ist, durch eine Anzeige die Strafverfolgung gegen jeden beliebigen anderen zu lenken, der sich in der gleichen Weise vergangen hat. Das Legalitätsprinzip sorgt dafür, dass eine solche Anzeige nicht ungeachtet bleibt. Im staatlichen Recht kann daher zu Recht niemand seiner Verurteilung mit der Berufung darauf entgehen, dass ein anderer die gleiche Straftat begangen habe,

---

[138] Vgl.: United Nations War Crimes Commission, Fn. 2, S. 248; Schwarzenberger, Fn. 47, S. 500.

[139] Donnedieu de Vabres, Henri: Le jugement de Nuremberg et le principe de légalité des délits et des peines, Brüssel 1947 (zit.: Donnedieu de Vabres, Le jugement de Nuremberg), S. 19.

[140] Vgl. Kraus, Fn. 118, S. 228.

[141] IMT-Urteil, Nürnberg I, Fn. 43, S. 189 ff. (350 ff. (Dönitz)).

aber nicht vor Gericht gestellt worden sei. Solange es auf völkerrechtlicher Ebene keine echte Strafgerichtsbarkeit gibt, die auf Anzeige des Angeklagten Strafverfahren gegen jemand anders einleitet, ist zu überlegen, ob der Einwand des *tu quoque* im Völkerstrafrecht nicht seine Berechtigung hat. Ganz neu ist dieser Gedanke im Völkerrecht nicht.[142] Würde die Berufung auf Rechtsverletzungen der Gegenseite jedoch in allen Fällen zum Strafausschluss führen, so könnte dem Völkerstrafrecht kaum zu seiner Durchsetzung verholfen werden, denn gleiche oder gleichwertige Verstöße beispielsweise von Soldaten der Siegernationen werden sich in Kriegen meist ohne Schwierigkeit nachweisen lassen.[143] Der Einwand des *tu quoque* kann daher nur mit gewissen Einschränkungen Geltung beanspruchen.[144] So wird die Auffassung vertreten, dass eine Handlung dann kein Verbrechen sein könne, wenn sie in großem Umfang auch von anderen begangen worden sei. Dann nämlich sei sie durch internationale Gewohnheit und internationale Praxis verziehen.[145] Wenn in einem Krieg beide Seiten in völkerrechtswidrige Praxis verfallen, könne das auch dazu führen, dass dem Einzelnen, in Kenntnis der Vorgehensweise der anderen Seite, das Bewusstsein verloren geht, etwas Verbotenes zu tun. Ohne das subjektive Element der kriminellen Absicht dürfe jedoch niemand verurteilt werden.[146] Obwohl dies nach Absicht der Schöpfer des IMT-Statuts gerade nicht der Fall sein sollte[147], ließ das IMT die Berufung auf Rechtsverletzungen der Gegenseite beim Anklagepunkt des uneingeschränkten U-Boot-Kriegs zu.[148] Das IMT sah es als erwiesen an, dass seitens der britischen Admiralität Befehle in Verletzung des internationalen Seekriegsrechts ergangen waren und dass die Vereinigten Staaten vom Tag ihres Kriegseintritts an einen uneingeschränkten U-Boot-Krieg geführt hatten.[149] Admiral Dönitz wurde daher von der unter Anklagepunkt drei fallenden Anklage der Führung des uneingeschränkten U-Boot-Kriegs freigesprochen. In diesem Zusammenhang wird erwähnt, dass die Anklagevertretung die deutschen Luftangriffe gar nicht erst zum Gegenstand des Verfahrens machte, weil alliierte Flächenbombardements dies unratsam erscheinen ließen.[150] Dagegen sei es unverständlich, wenn wegen des Einfalls Deutschlands in die Tschechoslowakei und wegen des Angriffskrieges gegen Polen Strafen ausgesprochen würden, obwohl im ersten Fall Polen und im zweiten die Sowjetunion auf Seiten

---

[142] Vgl. Grotius, Hugo: De iure belli ac pacis, libri tres, Amsterdam 1651, lib II cap. XX § 3, 2.
[143] Bassiouni, Crimes against humanity, Fn. 114, S. 460 f.
[144] Vgl. Jescheck, Fn. 22, S. 278 f.
[145] Woetzel, Fn. 46, S. 120 f.
[146] Ebenda, S. 189.
[147] Vgl. International Conference on Military Trials, Fn. 3, S. 102.
[148] IMT-Urteil, Nürnberg I, Fn. 43, S. 189 ff. (353 f. (Dönitz)).
[149] Ebenda.
[150] Schwarzenberger, Fn. 47, S. 510.

Deutschlands beteiligt gewesen sei. Es führe zu schlimmsten Ungesetzlichkeiten, wenn genau gleich liegende Sachverhalte mit zweierlei Maß gemessen würden.[151] Dem ist grundsätzlich zuzustimmen und hinzuzufügen, dass die Problematik des *tu quoque*-Einwands erneut deutlich vor Augen führt, wie reif die Zeit für einen echten, dem Legalitätsprinzip unterworfenen Internationalen Strafgerichtshof war.

6.3.7 Die *Act-of-State-Doctrine* und Immunität

Gemäß Art. 7 IMT-Statut soll die amtliche Stellung eines Angeklagten, sei es als Oberhaupt eines Staates oder als verantwortlicher Beamter einer Regierungsabteilung, weder als Strafausschließungsgrund noch als Strafmilderungsgrund gelten. Mit dieser Bestimmung sollte es den Angeklagten nicht gestattet werden, sich zu ihrer Verteidigung auf Immunität sowie darauf zu berufen, dass sie als Staatsorgane hoheitlich handelten und Hoheitsakte keiner Beurteilung durch fremde Gerichte unterliegen.

Nach der *Act-of-State-Doctrine* entziehen sich staatliche Hoheitsakte als Ausdruck staatlicher Souveränität der Gerichtsbarkeit fremder Staaten.[152] Bei der *Act-of-State-Doctrine* handelt es sich aber nicht um eine völkerrechtliche Verpflichtung, sondern um eine Doktrin amerikanischen Ursprungs. Sie wird insbesondere von Gerichten aus dem anglo-amerikanischen Raum angewandt.[153] Das IMT wies in seinem Urteil die Berufung auf die *Act-of-State-Doctrine* zurück.[154] Nach Auffassung des IMT ist es gerade der Wesenskern des Statuts, dass Einzelpersonen internationale Pflichten haben, die über ihre nationalen Gehorsamspflichten hinausgehen. Verbrechen gegen das Völkerrecht würden von Menschen und nicht von abstrakten Wesen begangen. Derjenige, der das Kriegsrecht verletze, dürfe daher nicht deshalb Straffreiheit erlangen, weil er aufgrund der Staatsautorität handle, der Staat aber Handlungen gutheiße, die sich außerhalb der Schranken des Völkerrechts bewegen würden.[155]
Mit der gleichen Begründung verweigerte das IMT den Angeklagten die Berufung auf Immunität. Es war der Meinung, dass Repräsentanten eines Staates nicht Schutz vor strafrechtlicher Verfolgung gewährt werden dürfe, wenn ihre Handlungen vom Völkerrecht als verbrecherisch gebrandmarkt würden.[156] Diese Auffassung wurde mehrheitlich bereits 1919 in der *Commission des responsabilités des auteurs de la guerre et sanctions* vertreten und fand ihren

---

[151] Belgion, Montgomery: Victor's Justice, Hinsdale, Illinois 1949, S. 140 ff.; Jescheck, Fn. 22, S. 279.
[152] Seidl-Hohenveldern, Fn. 64, Rn. 1487 ff.
[153] Ebenda; vgl. im Zusammenhang mit der Strafbarkeit von DDR-Spionen: BGHSt 37, 305 ff. (307 f.).
[154] IMT-Urteil, Nürnberg I, Fn. 43, S. 189 ff. (248 ff.).
[155] Ebenda, S. 249 f.
[156] Ebenda.

Ausdruck in Art. 227 des Versailler Friedensvertrages.[157] Dem folgte auch die *United Nations War Crimes Commission,* indem sie Hitler und Mussolini, Mitglieder der Reichsregierung, insbesondere den Ministerrat für die Reichsverteidigung, sowie weitere hohe Beamte auf die Kriegsverbrecherliste setzte.[158]

Ein halbes Jahrhundert später waren auch die Lordrichter des britischen Oberhauses, der obersten britischen Berufungsinstanz, der Auffassung, dass weder Mord noch Folter als Funktionen eines Staatsoberhauptes betrachtet werden können. Völkerrechtsverbrechen dürfen nicht in Erfüllung eines durch Immunität geschützten Amtes begangen werden. In ihrer Entscheidung vom 25. November 1998 verweigerten sie daher dem ehemaligen chilenischen Staatsoberhaupt Augusto Pinochet mehrheitlich die Freiheit vor strafrechtlicher Verfolgung und stimmten einem Auslieferungsverfahren zu.[159] Pinochet wurde am 16. Oktober 1998 in London während eines privaten Aufenthalts aufgrund eines internationalen Haftbefehls aus Spanien festgenommen. Wegen der Befangenheit eines Lordrichters musste das Urteil aufgehoben werden. Es wurde jedoch am 24. März 1999 von sieben anderen Lordrichtern mehrheitlich bestätigt.[160] Allerdings wurde die Zahl der Klagepunkte erheblich eingeschränkt, da in Großbritannien erst im September 1988 die rechtliche Grundlage dafür geschaffen worden war, Fälle von im Ausland begangenen Mord- und Foltertaten durch eigene Gerichte strafrechtlich zu verfolgen. Zwar wurde Pinochet nach der Entscheidung des britischen Innenministers vom 2. März 2000 nicht an Spanien ausgeliefert, nachdem ihm ein umstrittenes Gutachten einen stark angeschlagenen Gesundheitszustand bescheinigte. Doch wurde ihm nach seiner Rückkehr nach Chile vom dortigen Obersten Gerichtshof die Immunität entzogen. Gleichzeitig wurden mehrere Anklagen wegen Menschenrechtsverletzungen zugelassen. Körperliche Gebrechen allein stellen in Chile kein Verfahrenshindernis dar. Nach

---

[157] Vgl. oben: 3.3.1.2.

[158] United Nations War Crimes Commission, Fn. 2, S. 267 f.

[159] House of Lords: Judgment - Regina v. Bartle and the Commissioner of Police for the Metropolis and others Ex Parte Pinochet (on appeal from a Divisional Court of the Queen's Bench Division); Regina v. Evans and another and the Commissioner of Police for the Metropolis and others Ex Parte Pinochet (on appeal from a Divisional Court of the Queen's Bench Division) (25 November 1998). Der Wortlaut der Entscheidung ist im Internet unter folgender Kennung abrufbar: http://www.parliament.the-stationery-office.co.uk/pa/ ld199899/ldjudgmt/jd981125/ pino01(-09).htm.

[160] House of Lords: Judgment - Regina v. Bartle and the Commissioner of Police for the Metropolis and others Ex Parte Pinochet; Regina v. Evans and another and the Commissioner of Police for the Metropolis and others Ex Parte Pinochet (on appeal from a Divisional Court of the Queen's Bench Division) (24 March 1999). Der Wortlaut der Entscheidung ist im Internet unter folgender Kennung abrufbar: http://www.parliament.the-stationery-office.co.uk/pa/ld199899/ldjudgmt/jd990324/pino1(-10).htm.

entsprechenden Anträgen der Anwälte Pinochets wurde im Dezember 2000 die Untersuchung des psychologischen und neurologischen Zustandes des ehemaligen Diktators angeordnet.

Gegen die Überwindung der *Act-of-State-Doctrine* und der Immunität von Staatsoberhäuptern wird eingewendet, dass Staatsorgane vor einer aus Widersprüchen zwischen Völkerrecht und staatlichem Recht resultierenden Bestrafung zu schützen seien. Die Bestrafung von Hoheitsakten durch ein ausländisches oder internationales Gericht sei daher völkerrechtswidrig, wenn nicht der Heimatstaat diese Gerichtsbarkeit anerkannt beziehungsweise seine eigene abgetreten habe.[161] In den Versuchen, den Einwand des Hoheitsaktes auszuschalten, wird auch die Abkehr von einer genossenschaftlichen Struktur des Völkerrechts gesehen. Völkerrechtswidrige Hoheitsakte, so die Argumentation, seien dem Staat selbst zuzurechnen und ihre Rechtsfolgen hätten sich gegen den schuldigen Staat als Ganzes zu richten. Ansonsten würde die Herrschaftsordnung eines Staates diejenige des anderen überlagern, was der Verfassung der Staatengemeinschaft als einer Gemeinschaft gleichberechtigter souveräner Staaten widerspräche.[162] Eine Ausnahme von der *Act-of-State-Doctrine* dürfe es nur in Fällen der Spionage und des Kriegsverrats geben.[163] Darüber hinaus wird sich dafür ausgesprochen, dass die *Act-of-State-Doctrine* nur in Friedens-, nicht aber in Kriegszeiten gelte und daher bei der Verfolgung von Kriegsverbrechen eine weitere Ausnahme gemacht werden müsse.[164]

Konsequenterweise darf die *Act-of-State-Doctrine* auch dann keine Geltung beanspruchen, wenn Hoheitsakte gegen anerkanntes Völkerrecht insgesamt verstoßen. Ein Staat kann sich hinsichtlich seiner Hoheitsakte nicht auf seine Souveränität berufen, wenn durch diese Handlungen die souveränen Rechte anderer Staaten verletzt werden. In solchen Fällen überschreitet der Staat seinen Kompetenzbereich.[165] Nach dem Grundsatz des Vorrangs des Völkerrechts verlässt ein Staat ebenso gut seinen Kompetenzbereich, wenn er gegen anerkannte Prinzipien eben dieses Völkerrechts verstößt.[166] Dadurch verliert die *Act-of-State-Doctrine* nicht ihren Sinn[167], denn in den Fällen, in denen Staaten fremde Staaten oder deren Staatsorgane für deren Hoheitsakte zur Verantwortung ziehen wollen, obwohl diese Staatsakte in Einklang mit dem Völkerrecht stehen, behält die *Act-of-State-Doctrine* weiterhin ihre Gültigkeit.

---

[161] Kelsen, Hans: Peace through law, New York 1944, S. 98, 100.

[162] Jescheck, Fn. 22, S. 166 f.

[163] Kelsen, Fn. 161, S. 99.

[164] Mérignhac, A./Lémonon, E.: Le Droit des Gens et la Guerre de 1914-1918, Tome II, Paris 1921, S. 44; Schwarzenberger, Fn. 47, S. 508.

[165] Glueck, Fn. 95, S. 50 ff.; vgl. Dahm, Georg: Zur Problematik des Völkerstrafrechts, Göttingen 1956, S. 43.

[166] Vgl. Woetzel, Fn. 46, S. 72 f.; Glueck, Fn. 95, S. 50.

[167] So Dahm, Fn. 165, S. 42.

Insgesamt ist daher festzustellen, dass mit der Aufnahme der Bestimmung des Art. 7 in das IMT-Statut dem Völkerrecht zu seiner Durchsetzung verholfen wurde. Das IMT hat den Angeklagten somit zu Recht die Berufung auf die *Act-of-State-Doctrine* verweigert, sie unterlägen keiner fremden Gerichtsbarkeit, weil sie als Staatsorgane hoheitlich handelten.[168]

6.3.8 Die Berufung auf höheren Befehl

Art. 8 des Statuts bestimmt, dass die Berufung auf höheren Befehl (*superior order*) den Angeklagten nicht von seiner Verantwortlichkeit befreien kann. Ein solcher kann als Strafmilderungsgrund berücksichtigt werden, wenn der Gerichtshof entscheidet, dass dies aus Gründen der Gerechtigkeit geboten sei.
Das Problem des höheren Befehls besteht darin, dass sich hier zwei gesetzliche Schutzpflichten gegenüberstehen. Einerseits soll die Rechtsordnung die Funktionsfähigkeit des Staats- aber auch des Militärapparates erhalten, was die strenge Wahrung der Gehorsamspflicht erfordert. Andererseits besteht die rechtsstaatliche Pflicht, jedermann vor Übergriffen staatlicher oder militärischer Gewalt zu schützen. Dieser Widerstreit ist Ursache gegensätzlicher Anforderungen an den Untergebenen und führt somit zur Kollision zwischen dem Gebot des dienstlichen Gehorsams und den Normen der Rechtsordnung. Der Widerstreit dieser Pflichten sowie der Schutz des Vertrauens, das der Untergebene grundsätzlich der Rechtmäßigkeit der Befehle seines Vorgesetzten entgegenbringen darf, bilden den Rechtsgrund für die Entlastung des Untergebenen von strafrechtlicher Verantwortlichkeit.[169]

Inwieweit die Bestimmung des Art. 8 IMT-Statut der Situation des Untergebenen gerecht wird und in Einklang mit dem Völkerrecht steht, lässt sich in Ermangelung diesbezüglichen geschriebenen und ungeschriebenen Völkerrechts nur schwer feststellen.[170] Im Verfahren von Breisach drang die Verteidigung des Landvogts Peter von Hagenbach mit der Berufung auf höheren Befehl nicht durch.[171] Die *Commission des responsabilités des auteurs de la guerre et sanctions* überließ es

---

[168] Vgl. Schwarzenberger, Fn. 47, S. 508; Woetzel, Fn. 46, S. 74; Glueck, Fn. 95, S. 59.

[169] Fuhrmann, Peter: Der höhere Befehl als Rechtfertigungsgrund im Völkerrecht, München 1960, S. 5 ff.; Müller-Rappard, Ekkehard: L'Ordre Supérieur Militaire et la Responsabilité Pénale du Subordonné, Paris 1965, S. 9 ff.; Jescheck, Fn. 22, S. 255; von Weber, Hellmuth: Die strafrechtliche Verantwortlichkeit für Handeln auf Befehl, Schloß Bleckede a. d. Elbe 1948 (zit.: von Weber, Handeln auf Befehl), S. 13 ff.

[170] Bassiouni/Nanda I (Vogler), Fn. 103, S. 619 ff.; Fuhrmann, Fn. 169, S. 42 ff.; Köhnecke, Walter: Die strafrechtliche Verantwortlichkeit für Handeln auf Befehl im Völkerrecht, Hamburg 1953, S. 26 ff.; Zur Tatsache, dass dem auch heute noch so ist: Grayson, James W.: The Defence of Superior Orders in the International Criminal Court, Nordic Journal of Internatinal Law 64 (1995), S. 243 ff. (248).

[171] Siehe oben: 1.3.

in ihrem Bericht an die Pariser Friedenskonferenz dem einzurichtenden Gericht, darüber zu entscheiden, ob die Berufung auf höheren Befehl ausreiche, den Angeklagten von seiner Schuld freizusprechen.[172] Der Rechtsprechung des Reichsgerichts in Leipzig lässt sich hingegen schon der Grundsatz entnehmen, dass der höhere Befehl dann strafausschließende Wirkung haben kann, wenn er nicht offenkundig rechtswidrig ist und die beschuldigte Person somit auf seine Rechtmäßigkeit vertrauen durfte.[173]

Das Kriterium der offensichtlichen Rechtswidrigkeit wurde auch von der *United Nations War Crimes Commission* übernommen. Nach dem Entwurf einer für die Anwendung durch ein inter-alliiertes Tribunal empfohlenen Formulierung soll ein Verstoß gegen die Gesetze und Gebräuche des Krieges nicht durch die Berufung auf höheren Befehl gerechtfertigt werden können, wenn er so offensichtlich in Widerspruch zu diesen Gesetzen und Gebräuchen steht, dass ein durchschnittlicher Dritter unter Berücksichtigung der Umstände des Einzelfalles zu der Erkenntnis gelangen muss, dass der Befehl rechtswidrig war.[174]

Der letztlich an die Regierungen gerichtete Bericht über die Frage der Berufung auf höheren Befehl enthielt, wie schon der Bericht der *Commission des responsabilités des auteurs de la guerre et sanctions* im Jahre 1919, keine konkreten Hinweise auf ihre Voraussetzungen. Was ihre Rechtsfolgen anbelangt, so wurde neben der Straffreiheit auch die Möglichkeit der Strafmilderung ins Auge gefasst. Dennoch wollte die Kommission auch diesbezüglich keine allgemein gültige Regel vorschlagen. Sie war einheitlich der Auffassung, dass die bloße Tatsache, aufgrund höheren Befehls gehandelt zu haben, eine Person nicht von ihrer strafrechtlichen Verantwortlichkeit befreie.[175]

Der Bericht der *United Nations War Crimes Commission* wies indirekt auf die zum Ende des Krieges abgeänderten kriegsrechtlichen Bestimmungen der Vereinigten Staaten und Großbritanniens hin.[176] Bis 1944 galt nach diesen grundsätzlich, dass Soldaten für auf Befehl begangene Kriegshandlungen nicht zur Verantwortung gezogen werden können.[177] Dagegen galt nach dem *common law* der Vereinigten Staaten der Grundsatz, dass rechtswidrige Befehle weder erteilt noch befolgt werden und somit auch keine strafbefreiende Wirkung für den Ausführenden nach sich ziehen dürfen.[178] Nach der 1944 erfolgten Abänderung deutet Art. 443 des *British Military Manual* schon die spätere Auffassung des IMT an, indem er bestimmt, dass der Soldat an offensichtlich gesetzeswidrige Befehle nicht gebunden ist und ihre Befolgung ein Verbrechen darstellt. Der neue Art. 345

---

[172] Siehe oben: 3.3.1.2.

[173] Siehe oben: 3.4.3.

[174] United Nations War Crimes Commission, Fn. 2, S. 279.

[175] Ebenda, S. 280.

[176] Ebenda.

[177] Auszugsweise wiedergegeben in: United Nations War Crimes Commission, Fn. 2, S. 281.

[178] Kenny, Fn. 129, S. 80 ff.

der *United States Rules of Land Warfare* wiederum ähnelt hinsichtlich der Rechtsfolgen bereits Art. 8 des IMT-Statuts. Allerdings ist in Art. 345 der Befehl noch als Strafausschließungsgrund neben der bloßen Strafmilderung vorgesehen.[179]

Das IMT ließ den Einwand der meisten Angeklagten, sie hätten nur die Befehle Hitlers befolgt, nicht durchgehen. Das Gericht führte in seiner allgemeinen Stellungnahme über das Recht des Statuts aus, dass die Tatsache, dass ein Soldat den Befehl erhalten hat, unter Verletzung des Völkerrechts zu töten oder zu martern, niemals als ein Entschuldigungsgrund für solche Handlungen der Brutalität anerkannt worden sei. Der wirklich entscheidende Aspekt sei zudem nicht das Bestehen eines solchen Befehls, sondern die Frage, ob eine dem Sittengesetz entsprechende Wahl möglich gewesen wäre.[180] Damit verbindet das IMT die Berufung auf höheren Befehl mit den Grundsätzen des strafrechtlichen Notstandes. Aus der Verwendung des Begriffs "Handlungen der Brutalität" und den Ausführungen des IMT über die Schuld der einzelnen Angeklagten wird deutlich, dass das Gericht nur solche Befehle im Auge hatte, deren Rechtswidrigkeit für jedermann klar erkennbar, also offensichtlich war.[181] Ging es doch unter anderem um Erschießungskommandos und die vollständige Zerstörung von ganzen Städten. Ebenfalls ist davon auszugehen, dass den Angeklagten die Rechtswidrigkeit des Befehls und somit ihrer ausführenden Handlungen bewusst gewesen sein musste.

Insgesamt spiegelt das IMT-Urteil im Zusammenhang mit der Berufung auf höheren Befehl allgemeine Rechtsgrundsätze wider, welche im staatlichen Recht verankert waren und auch auf internationaler Ebene zunehmend Bestätigung erfuhren. Daher wird, obwohl das IMT-Urteil den Angeklagten letztlich keine Strafmilderung zubilligte, die Verfahrensweise des IMT in dieser Frage allgemein anerkannt.[182]
Weniger Zustimmung wurde hingegen der Regelung des Art. 8 des IMT-Statuts selbst zuteil. Die Bestimmung sei viel zu allgemein gehalten und berücksichtige nur die strafmildernde, nicht aber die allgemein anerkannte Möglichkeit der

---

[179] Art. 443 des "British Military Manual" sowie Art. 345 der "United States Rules of Land Warfare", wiedergegeben in: United Nations War Crimes Commisson, Fn. 2, S. 282; zur Auffassung, dass die Änderungen nur zu dem Zwecke eingeführt wurden, den zukünftigen deutschen Angeklagten das Verteidigungsargument des Handelns auf Befehl zu versagen: vgl. Jescheck, Fn. 22, S. 260; Fuhrmann, Fn. 169, S. 67.

[180] IMT-Urteil, Nürnberg I, Fn. 43, S. 189 ff. (250).

[181] Vgl. insbesondere die Entscheidungen gegen Keitel und Jodl, ebenda, S. 327 f. (Keitel), 367 f. (Jodl).

[182] Green, Lesly C.: Superior orders in national and international Law, Leyden 1976, S. 277 ff.; Müller-Rappard, Fn. 169, S. 216; Jescheck, Fn. 22, S. 389.

strafausschließenden Wirkung des Handelns auf Befehl. Außerdem werde nicht zwischen offensichtlich rechtswidrigen und solchen Befehlen unterschieden, die dem Untergebenen zulässigerweise als rechtmäßig erschienen sind.[183] Damit stehe Art. 8 IMT-Statut in Widerspruch zu den Rechtsordnungen der alliierten Staaten, was den Ausnahmecharakter dieser Regelung verdeutliche.[184] Andererseits wird auch die Auffassung vertreten, dass die Regelung des Art. 8 IMT-Statut den Art. 7 lediglich ergänze, da letzterem im Verfahren gegen die Hauptkriegsverbrecher die weitaus größere Bedeutung zukomme. Der Anwendungsbereich des Statuts sei schließlich auf das Verfahren gegen diejenigen beschränkt, welche eher als Befehlsgeber denn als Befehlsempfänger in Erscheinung traten.[185] Dass die Regelung des Art. 8 IMT-Statut jedoch in das Kontrollratsgesetz Nr. 10 (Art. II 4 b) übernommen wurde und somit auch auf "kleinere" Kriegsverbrecher angewendet wurde, sei allerdings bedenklich.[186]

Dass die Berufung auf höheren Befehl im Prozess gegen die Hauptkriegsverbrecher nicht die gleiche Bedeutung haben konnte wie in den Nachfolgeprozessen, kann nicht bezweifelt werden. Dennoch wurde Art. 8 IMT-Statut unnötig allgemein gehalten, da sich konkrete Voraussetzungen, bei deren Vorliegen ein Befehl strafausschließende oder strafmildernde Wirkung entwickeln konnte, bereits herauskristallisiert hatten und in den Rechtsordnungen verschiedener Staaten verankert waren.[187] Zu letzteren steht Art. 8 IMT-Statut daher, in dieser allgemeinen, den Einwand des höheren Befehls als Strafausschließungsgrund von vornherein ausschließenden Form, in Widerspruch. Bemerkenswert ist, dass sich das IMT, obwohl nach eigener Aussage ausschließlich an die Bestimmungen des Statuts gebunden, von diesen teilweise unabhängig machte. In Anbetracht der Schwere der den Angeklagten im Prozess gegen die Hauptkriegsverbrecher zur Last gelegten Taten, sollte dies letztlich keinem von diesen zugute kommen.

6.3.9 Die verbrecherischen Organisationen

Aus Art. 9 bis 11 des IMT-Statuts ergibt sich die Zuständigkeit des IMT, Gruppen oder Organisationen für verbrecherisch zu erklären. Eine solche Erklärung kann nur im Zusammenhang mit einer Verhandlung gegen ein einzelnes Mitglied einer Gruppe oder Organisation erfolgen (Art. 9).

---

[183] Fuhrmann, Fn. 169, S. 72 f.; Jescheck, Fn. 22, S. 262, 386.

[184] Fuhrmann, Fn. 169, S. 72; Köhnecke, Fn. 170, S. 74; Jescheck, Fn. 22, S. 262.

[185] Finch, Fn. 100, S. 21; von Weber, Handeln auf Befehl, S. 169, S. 19; Müller-Rappard, Fn. 169, S. 200, 202; vgl. Köhnecke, Fn. 170, S. 14.

[186] Müller-Rapard, Fn. 169, S. 200 f.

[187] Vgl. Green, Fn. 182, S. 17 ff.; Köhnecke, Fn. 170, S. 35 ff.

Art. 10 IMT-Statut bestimmt, dass in den Fällen, in denen eine Gruppe oder Organisation vom Gerichtshof für verbrecherisch erklärt worden ist, Einzelpersonen wegen Mitgliedschaft darin durch die jeweils zuständigen nationalen, militärischen oder auf besetztem Gebiete befindlichen Gerichte abgeurteilt werden sollen. Das Urteil des IMT über den verbrecherischen Charakter der Gruppe oder Organisation ist dabei bindend.
Art. 11 regelt das Verhältnis der vom IMT und der von nationalen, militärischen oder auf besetztem Gebiete befindlichen Gerichten verhängten Strafen und bestimmt, dass eine von einem der letztgenannten Gerichte verhängte Strafe zu einer durch das IMT auferlegten hinzutreten kann.
Das Urteil des IMT hatte somit nur deklaratorische Bedeutung. Die eigentliche Bestrafung von Einzelpersonen wegen Mitgliedschaft in einer für verbrecherisch erklärten Organisation fiel den jeweiligen nationalen Besatzungsgerichten zu. Die Notwendigkeit zu dieser Vorgehensweise wurde darin gesehen, dass die große Zahl von Tätern, aber auch von Opfern, einen individuellen Nachweis der Schuld unmöglich machen würde.[188] Zweck der Anklage, Organisationen und Gruppen für verbrecherisch zu erklären, war der, durch nachfolgende und vor allem schnellere Verfahren vor Militärregierungen und Militärgerichten eine große Zahl von Personen zu erfassen. Nach Schätzungen der Armee der Vereinigten Staaten hätte ein Urteilsspruch, der die angeklagten Organisationen für verbrecherisch erklärte, zu einem Verfahren gegen ungefähr 130 000 inhaftierte Personen geführt.[189] Die Sammlung von Beweismaterial gegen hunderttausende anzuklagender Personen hätte sich über viele Jahre erstreckt und es war zu befürchten, dass viele Angeklagte straffrei ausgegangen wären, weil die Beweiserbringung mit der Zeit immer schwieriger geworden wäre. Dies galt insbesondere in den Fällen, in denen mit versterbenden Opfern Zeugenaussagen für immer verloren gingen. Die Schwere der Verbrechen ergab sich nicht immer aus der individuellen Zusammensetzung von Organisationen, sondern vielmehr aus der systematischen Vorgehensweise der Organisation als Ganzes.[190] Dies rechtfertige es, von der Schuld aller Mitglieder einer Organisation auszugehen, solange nicht das Gegenteil bewiesen werden könne.[191] Dennoch müsse ein Weg gefunden werden, der nicht automatisch zu einer Kollektivschuld aller Mitglieder der verbrecherischen Organisationen und damit zu einer Bestrafung unschuldiger Einzelpersonen führe.[192]
Die dazu notwendige Konkretisierung der Bestimmungen des Statuts wurde dem IMT überlassen. Dieses erkannte die Probleme und Gefahren des Verfahrens

[188] United Nations War Crimes Commission, Fn. 2, S. 290, 294.
[189] Ergänzende Erklärung der Anklagevertretung der Vereinigten Staaten, Nürnberg I, Fn. 43, S. 157.
[190] United Nations War Crimes Commission, Fn. 2, S. 289 f.
[191] Ebenda, S. 290.
[192] Ebenda, S. 290, 297.

gegen die angeklagten Organisationen durchaus. So sprach es in seinem Urteil von einem weitreichend neuen Verfahren, welches geeignete Sicherheitsbestimmungen erforderlich mache, damit es nicht zu groben Ungerechtigkeiten führe. Außerdem müsse einer der wichtigsten Rechtsgrundsätze, nach dem strafrechtliche Schuld eine persönliche ist, unbedingt beachtet werden, um Massenbestrafungen zu vermeiden.[193]

Bedenken hatte das IMT vor allem dahin gehend, dass das Kontrollratsgesetz Nr. 10 für die Mitgliedschaft in einer für verbrecherisch erklärten Gruppe oder Organisation sogar die Todesstrafe vorsah (Art. II Ziff. 3 (a)). Es empfahl dem Kontrollrat, Klassifizierungen, Sanktionen und Strafen in den vier Besatzungszonen Deutschlands soweit wie möglich einheitlich zu gestalten. Die wegen Mitgliedschaft in einer für verbrecherisch erklärten Gruppe oder Organisation verhängten Strafen dürften daher in keinem Fall die Strafen übersteigen, welche das Entnazifizierungsgesetz vom 5. März 1946 vorsehe.[194] Die Tatsache, dass die Theorie der „Gruppenkriminalität" neu war und dass sie von späteren Gerichten ungerecht angewendet werden könne, dürfe den Gerichtshof nicht daran hindern, Greueltaten für verbrecherisch zu erklären, wenn er sich von der strafrechtlichen Schuld einer Gruppe oder Organisation überzeugt habe.

Im Rahmen der Konkretisierung der Bestimmungen der Art. 9 ff. IMT-Statut befasste sich das IMT zunächst mit dem Begriff der verbrecherischen Organisation. Das IMT führte aus, dass es sich dabei um eine Gruppe handeln müsse, welche zusammengeschlossen und für einen gemeinsamen Zweck organisiert sei. Die Gruppe müsse ferner gebildet oder benutzt worden sein in Verbindung mit im Statut beschriebenen Verbrechen. Dabei entspräche eine verbrecherische Organisation einer verbrecherischen Verschwörung insofern, als das Wesen beider die Zusammenarbeit zu verbrecherischen Zwecken sei.[195] Was die gebotene Eingrenzung des Kreises der zu bestrafenden Mitglieder solcher Organisationen angeht, so stellte das IMT auf die Kenntnis der verbrecherischen Zwecke oder Handlungen der Organisation sowie auf die Freiwilligkeit des Beitritts oder des Verbleibs in verbrecherischen Organisationen ab. Auf mangelnde Kenntnis oder Heranziehen zur Mitgliedschaft durch den Staat dürften sich allerdings diejenigen Mitglieder nicht berufen, die sich persönlich an durch Art. 6 des Statuts für verbrecherisch erklärten Taten einer Organisation beteiligt

[193] IMT-Urteil, Nürnberg I, Fn. 43, S. 189 ff. (287).
[194] Ebenda, S. 288.
[195] Ebenda.

hätten.[196] Ferner war das IMT der Auffassung, dass die bloße Mitgliedschaft als solche nicht ausreiche, um strafrechtlich zur Verantwortung gezogen zu werden.[197] Aus den Ausführungen des IMT über die einzelnen Organisationen geht schließlich hervor, dass zum einen auch die Größe der Organisation für das IMT von Bedeutung war. Im Falle der Reichsregierung sowie des Generalstabs und des Oberkommandos war die Anzahl der Personen, für die eine Erklärung des IMT über den verbrecherischen Charakter der Organisation oder Gruppe von Bedeutung sein würde, zu klein, als dass damit etwas für die Beschleunigung oder Erleichterung ihrer Prozesse gewonnen würde. Einzelprozesse seien daher zweckmäßiger als die von der Anklage verlangte Erklärung.[198] Zum anderen begrenzte das IMT die für die Strafverfolgung von Mitgliedern relevante Zeit der Mitgliedschaft auf die Zeit nach dem Kriegsausbruch am 1. September 1939, da in den entsprechenden Fällen die Grundlage des Urteils in der Teilnahme der jeweiligen Organisation an Kriegsverbrechen und Verbrechen gegen die Menschlichkeit im Zusammenhang mit dem Kriege bestand.[199]

In der Vorgehensweise des IMT im Zusammenhang mit den Organisationen wird teilweise ein Widerspruch zur Lösung der Problematik der *conspiracy* gesehen. Indem das IMT feststellte, dass dem Art. 6 IMT-Statut nicht zu entnehmen sei, dass die *conspiracy* ein separates Verbrechen darstelle, hätte das IMT von der Anwendung des Prinzips der *conspiracy* im eigentlichen Sinne ausdrücklich abgesehen. Wenn sich das IMT die *conspiracy* jedoch zur rechtlichen Grundlage für sein Urteil über die verbrecherischen Organisationen mache, dann sei dies falsch und widersprüchlich.[200] Auch wird von der Intention des IMT ausgegangen, das Mitglied für den Beitrag zur Verantwortung zu ziehen, den es freiwillig und bewusst, jedoch nicht unbedingt gewollt, zur Stärkung des verbrecherischen Potenzials seiner Organisation geleistet und dadurch Rechtsgüter gefährdet habe. Damit gehe das IMT fälschlicherweise von der Möglichkeit aus, dass jemand für eine gefährdende Haltung bestraft werden könne.[201] Weiterhin laufe das Verfahren gegen die Organisationen und ihre Mitglieder auf eine als primitiv zu bezeichnende Kollektivschuld hinaus.[202]

---

[196] Ebenda.
[197] Ebenda.
[198] IMT-Urteil, Nürnberg I, Fn. 43, S. 189 ff. (311).
[199] IMT-Urteil, Nürnberg I, Fn. 43, S. 189 ff. (S. 294 (Korps der politischen Leiter der Nazipartei), S. 301 (Gestapo und SD), S. 307 (SS)).
[200] Rauschenbach, Gerhard: Der Nürnberger Prozeß gegen die Organisationen, Bonn 1954, S. 114 ff.
[201] Ebenda, S. 190.
[202] Kelsen, Hans: Will the Judgement in the Nuremberg Trial Constitute a Precedent in International law?, in: ILQ Vol. I, No. 2, 1947, S. 153 ff. (165 f.).

Dagegen wird jedoch zu Recht argumentiert, dass aus der Feststellung des verbrecherischen Charakters einer Organisation keineswegs zu schlussfolgern sei, dass ihre Mitglieder automatisch als Verbrecher zu bestrafen seien. Die strafrechtliche Schuld der Mitglieder sei von den nationalen Gerichten individuell festzustellen.[203] Weder das angelsächsische noch das kontinentaleuropäische Rechtssystem erlaube eine kollektive Bestrafung von Mitgliedern verbrecherischer Organisationen, dies sei vom IMT auch nicht beabsichtigt gewesen.[204] Wenn es für die Vorgehensweise des IMT auch keine Präzedenzfälle im Völkerrecht gäbe, so sei die Kollektivstrafe doch damit zu rechtfertigen, dass die Macht von Organisationen sehr stark und die daraus resultierende Bedrohung der gesamten internationalen Gemeinschaft gewaltig sein könne. Daher müssten auch Organisationen dann zum Gegenstand internationaler Verfahren gemacht werden, wenn es sich um derart schwere Verletzungen des Völkerrechts handeln würde, wie sie bei Verbrechen gegen den Frieden, Kriegsverbrechen und Verbrechen gegen die Menschlichkeit gegeben seien.[205] Eine Möglichkeit, die bedrohlichen Aktivitäten von Organisationen zu begrenzen, sei die Warnung ihrer Mitglieder vor den harten rechtlichen Konsequenzen, welche eine Unterstützung der verbrecherischen Ziele einer Organisation nach sich ziehe.[206]

Es muss angemerkt werden, dass die Regelung der Art. 9 bis 11 IMT-Statut und das darauf beruhende Urteil des IMT nicht ganz unbedenklich sind. So wirkt die von Art. 9 IMT-Statut vorgesehene Verbindung zwischen der Erklärung über den Charakter einer Organisation und dem Verfahren gegen einen angeklagten Hauptkriegsverbrecher gekünstelt. Konnte doch das IMT in den Fällen Gestapo, SD sowie SS einzig und allein auf den Angeklagten Kaltenbrunner als repräsentatives Mitglied dieser Organisationen zurückgreifen.[207] Auch wenn das IMT bemüht war, die Bestrafung Unschuldiger zu verhindern, so wendete es die von ihm selbst als neu bezeichnete Theorie der "Gruppenkriminalität"[208] in dem Bewusstsein an, dass sie von späteren Gerichten ungerecht und missbräuchlich gehandhabt werden könnte. Das geht zum einen aus dem Urteil selbst hervor[209], zum anderen aus den Beratungen über das Verfahren gegen die angeklagten Organisationen.

General Clay vom alliierten Kontrollrat wies auf die Schwierigkeiten hin, welche sich bei der Strafverfolgung von Angehörigen krimineller Vereinigungen ergeben könnten, wenn man darauf bestünde, jedem Einzelnen ein ordentliches Verfahren zu sichern. Falls das IMT den Armeebehörden keine Rechtsgrundlage liefern

[203] Woetzel, Fn. 46, S. 208, 214.
[204] Ebenda, S. 208.
[205] Ebenda, S. 216 f.
[206] Ebenda, S. 217.
[207] IMT-Urteil, Nürnberg I, Fn. 43, S. 189 ff. (S. 300 (Gestapo und SD), S. 307 (SS)).
[208] Ebenda, S. 287.
[209] Ebenda.

könne, entsprechend mit den Mitgliedern verbrecherischer Organisationen zu verfahren, dann werde man sich eine eigene schaffen. Zum Entnazifizierungsgesetz vom 5. März 1946 führte er aus, dass es dieses Gesetz ermögliche, gegen die Masse der Mitglieder vorzugehen, einerlei wie das Tribunal urteilen werde.[210] Ein solches, eher administratives Vorgehen wollte man sich vom IMT nicht verbieten lassen. Der sowjetische Hauptankläger Rudenko bewertete eine Einmischung des IMT in die Vorgehensweise der Besatzungsgerichte als Versuch, die nationale Souveränität der Sowjetunion auf einem wichtigen Gebiet zu beschränken.[211] Es verwundert daher nicht, dass die Bestimmung des Art. II Ziff. 1 (b) des Kontrollratsgesetzes Nr. 10, nach der die Mitgliedschaft in einer für verbrecherisch erklärten Organisation als solche bereits ein Verbrechen darstellt, nicht im Sinne des IMT-Urteils abgeändert wurde. Auch wurden Verfahren und Strafen nicht dem IMT-Urteil entsprechend einheitlich gestaltet, sondern fielen in den verschiedenen Besatzungszonen sehr unterschiedlich aus. In der amerikanischen und französischen Zone war die Verfolgung von Mitgliedern verbrecherischer Organisationen dann auch eher Gegenstand des Entnazifizierungs-programmes und nicht von Prozessen vor den Besatzungsgerichten.[212]

Die Erklärung des IMT über den verbrecherischen Charakter einer Organisation beruhte nicht nur auf bislang unbekanntem Recht, für diese Verfahrensweise gab es auch keine Präzedenzfälle.[213] An eine solche Erklärung des IMT waren die Gerichte der Besatzungsmächte ausdrücklich gebunden, sodass es angesichts der daraus resultierenden Schuldvermutung eine Schwachstelle des IMT-Urteils darstellt, dass es nicht eindeutig klärt, wen letztlich die Beweislast in den nachfolgenden Verfahren gegen die Mitglieder verbrecherischer Organisationen trifft. Angesichts der Tatsache, dass hierüber die Meinungen auseinander gingen, war es ein Fehler, die Antwort auf diese Frage den Gerichten der Besatzungsmächte zu überlassen.[214] Gerade hier wäre es notwendig gewesen, die Allgemeinheit der Bestimmungen des IMT-Statuts zu überwinden und darauf hinzuweisen, dass die angeklagten Mitglieder verbrecherischer Organisationen, dem strafrechtlichen Grundsatz der Unschuldsvermutung entsprechend, so lange

---

[210] Clay an Peterson, 8. April 1946, in: Assistant Secretary of War, Record Group 107, "War Crimes", 000.5. Modern Military Branch, National Archives of the United States, zit. nach: Smith, Bradley F.: The Road to Nuremberg, New York 1981, S. 109, Anm. 56.

[211] Memorandum to Justice Jackson, 20. Februar 1946, in: United States Chief of Counsel for the Prosecution of Axis Criminality, Record Group 238, Modern Military Branch, National Archives of the United States, zit. nach: Smith, Fn. 210, S. 109, Anm. 57; vgl. United Nations War Crimes Commission, Fn. 2, S. 306.

[212] Rauschenbach, Fn. 200, S. 182 f.

[213] Vgl. United Nations War Crimes Commission, Fn. 2, S. 297 f.

[214] Vgl. ebenda, S. 312 f., 336 ff.; anders: Smith, Fn. 210, S. 188 f.

als unschuldig zu gelten haben, bis ihnen die Schuld von den Gerichten der Besatzungsmächte individuell nachgewiesen werden kann. Die Schwierigkeit, den unzähligen Personen, die unter dem Schutz ihrer Organisationen strafrechtliche Schuld auf sich luden, diese im Einzelnen nachzuweisen, darf nicht zur Aufgabe rechtsstaatlicher Grundsätze führen.

6.3.10 Weitere Bestimmungen des IMT-Statuts

Art. 12 IMT-Statut ermächtigt das IMT, Verfahren *in absentia* zu eröffnen und durchzuführen, wenn ein Angeklagter unauffindbar ist oder wenn es der Gerichtshof aus irgendeinem Grunde im Interesse der Gerechtigkeit für notwendig erachtet.

Gemäß Art. 13 stellt das IMT seine Verfahrensregeln selbst auf.

Art. 14 und 15 IMT-Statut regeln die Tätigkeit der Hauptankläger, von denen einer je alliierter Vertragspartei zu stellen ist. Die Hauptankläger sollen entweder gemeinsam als Komitee oder einzeln unter anderem die vor Gericht zu stellenden Hauptkriegsverbrecher bezeichnen, die notwendigen Beweismittel beibringen, Zeugen und Angeklagte vorläufig vernehmen und schließlich in der Gerichtsverhandlung als Ankläger auftreten. Zur Erfüllung ihrer Pflichten können sie auf die von ihnen zu benennenden Vertreter zurückgreifen.

Art. 16 des Statuts enthält Bestimmungen zur Durchführung eines gerechten Verfahrens. Danach haben die Angeklagten das Recht, ihre Verteidigung persönlich zu führen oder sich dazu eines Rechtsbeistandes zu bedienen. Sie sind ebenfalls befugt, Zeugen der Anklagevertretung ins Kreuzverhör zu nehmen und Beweise zur Unterstützung ihrer Verteidigung beizubringen. Auch sollen ihnen Schriftstücke und die Verhandlung übersetzt werden.

Der Gerichtshof ist nach Art. 17 befugt, Zeugen zu laden, Beweismaterial zu verlangen oder Angeklagte zu befragen.

Gemäß Art. 18 soll das IMT ein rasches Verfahren sicherstellen, es ist zu diesem Zwecke an technische Beweisregeln nicht gebunden (Art. 19).

Art. 24 regelt den Verlauf des Verfahrens und sieht vor, dass der Gerichtshof nach Verlesung der Anklageschrift jeden Angeklagten fragen soll, ob er sich "schuldig" oder "nicht schuldig" bekennt. Nachdem die Anklagevertretung ihren Standpunkt dargelegt hat und über die Zulässigkeit der Beweismittel entschieden wurde, sollen die Zeugen der Anklagevertretung und der Verteidigung vernommen werden, wobei der Gerichtshof jederzeit Fragen an einen Zeugen oder Angeklagten richten darf. Der Anklagevertretung und der Verteidigung steht darüber hinaus das Recht zu, Zeugen sowie als Zeugen auftretende Angeklagte ins Kreuzverhör zu nehmen. Nachdem Verteidigung und Anklagevertretung das Wort erhalten haben, kann jeder Angeklagte eine Erklärung vor Gericht abgeben, bevor der Gerichtshof das Urteil aussprechen und die Entscheidung verkünden soll.

Das Urteil ist nach Art. 26 endgültig und unterliegt keiner Revision.

Gemäß Art. 27 ist der Gerichtshof befugt, die Todesstrafe oder irgendeine andere Strafe zu verhängen, welche er für gerecht hält. Zusätzlich wird der Gerichtshof ermächtigt, einer für schuldig erklärten Person gestohlenes Eigentum abzuerkennen und dessen Aushändigung an den Kontrollrat anzuordnen (Art. 28). Mit der Vollstreckung der Urteile wird der alliierte Kontrollrat beauftragt, der die Urteile des Gerichtshofs gemäß Art. 29 abändern, mildern, jedoch nicht verschärfen darf. Sollte der Kontrollrat nach der Verurteilung eines Angeklagten Beweismaterial entdecken, das eine neue Belastung für jenen darstellt, dann soll er an das gemäß Art. 14 errichtete Komitee einen entsprechenden Bericht erstatten, damit letzteres so vorgehen kann, wie es dies im Interesse der Gerechtigkeit für angebracht hält (Art. 29).

6.4 Der Prozess

Am 18. Oktober 1945 wurde gemäß Art. 14 IMT-Statut die Anklage gegen die durch einen Ausschuss der Hauptankläger als Hauptkriegsverbrecher bezeichneten Personen eingereicht. Angeklagt wurden: Hermann Wilhelm Göring, Rudolf Heß, Joachim von Ribbentrop, Robert Ley, Wilhelm Keitel, Ernst Kaltenbrunner, Alfred Rosenberg, Hans Frank, Wilhelm Frick, Julius Streicher, Walter Funk, Hjalmar Schacht, Gustav Krupp von Bohlen und Halbach, Karl Dönitz, Erich Raeder, Baldur von Schirach, Fritz Sauckel, Alfred Jodl, Martin Bormann, Franz von Papen, Arthur Seyß-Inquart, Albert Speer, Constantin von Neurath und Hans Fritsche.

Anklage wurde in allen Fällen aufgrund folgender Punkte erhoben: wegen eines gemeinsamen Plans oder einer Verschwörung (Anklagepunkt eins), wegen Verbrechen gegen den Frieden (Anklagepunkt zwei), wegen Kriegsverbrechen (Anklagepunkt drei) und wegen Verbrechen gegen die Menschlichkeit (Anklagepunkt vier). Ebenfalls wurde das IMT ersucht, die Reichsregierung, das Korps der Politischen Leiter der Nationalsozialistischen Deutschen Arbeiterpartei, die Schutzstaffeln der NSDAP ("SS") einschließlich des Sicherheitsdienstes ("SD"), die Geheime Staatspolizei ("Gestapo"), die Sturmabteilungen der NSDAP ("SA"), den Generalstab und das Oberkommando der Deutschen Wehrmacht zu verbrecherischen Organisationen zu erklären.[215] Gegen den Angeklagten Bormann wurde wegen dessen Unauffindbarkeit *in absentia* verhandelt.[216] Der Angeklagte Ley beging am 25. Oktober 1945 im Gefängnis Selbstmord und das Verfahren gegen den Angeklagten Krupp wurde wegen seines geistigen und körperlichen Zustandes vertagt.[217]

---

[215] Anklage gegen die Hauptkriegsverbrecher, Nürnberg I, Fn. 43, S. 29 ff., (insb. S. 74 ff. (Anhang A, Einzelne Angeklagte), S. 86 ff. (Anhang B, Feststellung der Kriminalität von Gruppen und Organisationen)).

[216] Beschluss des Gerichtshofs über die Bekanntmachung an den Angeklagten Bormann, ebenda, S. 112 f.

[217] Beschluss des Gerichtshofs über die Vertagung des Verfahrens gegen Gustav Krupp v.

Am 20. November 1945 eröffnete das britische Mitglied des IMT, Lawrence, die erste von 403 öffentlichen Verhandlungen im Prozess gegen die Hauptkriegsverbrecher. Alle anwesenden Angeklagten erklärten sich "nicht schuldig". Während des zehn Monate dauernden und in den Sprachen englisch, russisch, französisch und deutsch geführten Prozesses wurden ungefähr 100 Zeugen gehört, Tausende von Dokumenten vorgelegt und dem Gericht eidesstattliche Erklärungen mit Hunderttausenden von Unterschriften zur Kenntnis gebracht.

Durch das am 1. Oktober 1946 ergangene Urteil wurden drei Angeklagte freigesprochen (Schacht, von Papen, Fritsche), sieben zu Haftstrafen (Heß, Funk, Dönitz, Raeder, von Schirach, Speer, von Neurath) und zwölf Angeklagte zum Tod durch den Strang verurteilt, darunter einer, gegen den *in absentia* verhandelt wurde (Göring, von Ribbentrop, Keitel, Kaltenbrunner, Rosenberg, Frank, Frick, Streicher, Sauckel, Jodl, Seyß-Inquart, Bormann). Vier Organisationen wurden für verbrecherisch erklärt (das Korps der Politischen Leiter der Nationalsozialistischen Deutschen Arbeiterpartei, die "Gestapo" und der "SD" sowie die "SS").[218] Das sowjetische Mitglied des IMT, Nikitchenko, erklärte sich mit dem Urteil gegen die Angeklagten Schacht, von Papen, Fritsche und Heß sowie gegen die angeklagten Organisationen Reichskabinett, Generalstab und Oberkommando der Wehrmacht (OKW) nicht einverstanden und legte ein Sondervotum vor. Nikitchenko hielt die Freisprüche der Angeklagten Schacht, von Papen, Fritsche für unbegründet und forderte für den Angeklagten Heß die Todesstrafe. Außerdem war er nicht damit einverstanden, dass das Reichskabinett, der Generalstab und das OKW nicht zu verbrecherischen Organisationen erklärt wurden.

6.5 Bewertung

Ein Verdienst des Nürnberger Prozesses ist es sicherlich, dass viele von der nationalsozialistischen Führung begangene Verbrechen durch das in Nürnberg vorgelegte Beweismaterial an die Öffentlichkeit gelangten - ein wichtiger Beitrag zur Aufklärung.[219] Dass der Prozess trotz der zunehmend ans Tageslicht gelangenden empörenden und menschenverachtenden Handlungen in einem würdigen und geordneten Rahmen stattfinden konnte, ist bemerkenswert.

Unter moralischen Gesichtspunkten kann das IMT-Urteil nicht in Zweifel gezogen werden. Anders hingegen verhält es sich mit der Tatsache, dass in Nürnberg die Sieger über die Besiegten richteten. Randolph Churchill, der Sohn des damaligen britischen Premierministers, führte dazu treffend aus: "Das Ergebnis des Nürnberg-Prozesses wird weitgehend deshalb gefeiert, weil es einen Präzedenzfall dazu darstellt, dass Politiker und militärische Führer, die sich künftig verschwören,

---

Bohlen, ebenda, S. 156 f.

[218] IMT-Urteil, ebenda, S. 286 ff. (die angeklagten Organisationen), S. 314 ff. (die einzelnen Angeklagten).

[219] Vgl. Grewe, Rückblick auf Nürnberg, Fn. 103, S. 249.

einen Angriffskrieg zu unternehmen, bestraft werden. Das ist eine bewundernswürdige Idee. Aber man sollte nicht übersehen, dass der Hauptgrund dafür, dass sich die Nazi-Führer vor Gericht fanden, nicht darin bestand, dass sie den Krieg führten, sondern darin, dass sie den Krieg verloren. Künftige Historiker werden daher wahrscheinlich berichten, dass die eigentliche Bedeutung von Nürnberg darin bestand, einen Präzedenzfall dafür zu schaffen, dass die Besiegten von den Siegern abgeurteilt und getötet werden. Ob das die Sache der Weltzivilisation fördern wird, erscheint zweifelhaft."[220] Wenn auch nicht von einem internationalen Tribunal, Besiegte wurden auch schon vor dem IMT-Prozess von den Siegern zur Verantwortung gezogen. Dennoch wäre die Durchsetzung von Völkerrecht im Bereich des Strafrechts erst dann gegen den Vorwurf der Parteilichkeit gefeit, wenn damit ein ständiger internationaler Strafgerichtshof beauftragt wird.[221]

Misst man Statut und Urteil des IMT an rein rechtlichen Kriterien, so vermag vor allem das Statut nicht vollständig zu überzeugen. Wie im Einzelnen versucht wurde aufzuzeigen, gilt dies insbesondere in Bezug auf die Maxime *nullum crimen, nulla poena sine lege previa*. Den Vorwurf, ein *ex post facto*-Recht geschaffen beziehungsweise angewandt zu haben, müssen sich die Alliierten - und mit gewissen Einschränkungen das IMT - gefallen lassen. Sich ihrer moralischen Prämisse, ihr Kriegsziel zu verwirklichen und die Kriegsverbrecher vor Gericht zu bringen, unterwerfend, verließen die alliierten Staatsmänner bei der Ausarbeitung des IMT-Statuts, bezüglich des Tatbestandes des Verbrechens gegen den Frieden und des Rechts der verbrecherischen Organisationen, den Boden des seinerzeit geltenden Völkerrechts. Die dabei begangenen Fehler konnten von den Richtern des IMT nur bedingt korrigiert werden.[222]

Nicht bestritten werden soll, dass auch das Völkerrecht fortgebildet werden muss. Dabei muss die vorsichtige Loslösung von hergebrachtem positivem Recht gewagt werden, um neuen Rechtssätzen den Weg bis hin zur Positivität zu erkämpfen. Dies darf, abgesehen von der gewohnheitsrechtlichen Fortbildung des Völkerrechts durch ständige Praxis, nur unter Mitwirkung aller beteiligten Staaten oder durch eine von der Völkergemeinschaft damit beauftragte Organisation geschehen. Im Bereich des Strafrechts muss dabei der diesem Recht immanente Grundsatz des Rückwirkungsverbots beachtet werden. Die sich über diesen Grundsatz hinwegsetzende und im Vorfeld der Pariser Friedenskonferenz von 1919 getätigte Äußerung des britischen Premierministers Lloyd George: "We are making international law." sollte nicht die letzte dieser Art sein, sondern auf der Londoner Konferenz im Juni 1945 vom britischen Delegierten Sir Maxwell Fyfe

[220] Randolph Churchill, Continental Daily Mail vom 8.10.1946; vgl. auch Belgion, Fn. 151, S. 180.

[221] Vgl. Reeder, René Marius: The Establishment of an International Criminal Court, Amsterdam 1962, S. 35 ff.

[222] Vgl. Smith, Fn. 210, S. 11 f.

in ähnlicher Weise wiederholt werden: "We declare what the international law is [...]".[223]

Die Hoffnung, dass der Nürnberger Prozess eine neue Epoche des Völkerrechts einleiten würde, hat sich, wenn überhaupt, erst sehr spät erfüllt. Die Prinzipien, wie sie vom Statut des IMT und von dessen Urteil anerkannt worden waren, wurden durch die Vereinten Nationen bestätigt[224] und von der *International Law Commission* ausformuliert.[225] In dieser Form waren sie zunächst Ausgangspunkt für den Entwurf eines Internationalen Strafgesetzbuchs über Verstöße gegen den Frieden und die Sicherheit der Menschheit von 1954[226] und die Statutentwürfe zur Schaffung eines Ständigen Internationalen Strafgerichtshofs von 1951 und 1953.[227]
Die sieben Nürnberger Grundsätze bestätigten die individuelle Verantwortlichkeit für Verstöße gegen das Völkerrecht (I), den Vorrang des Völkerrechts vor nationalem Recht (II), die Tatsache, dass die offizielle Stellung einer Person als Staatsoberhaupt oder als Regierungsmitglied (III) genauso wenig von strafrechtlicher Verantwortlichkeit befreit, wie die Berufung auf höheren Befehl (IV). Weiterhin bestätigt wurden das Recht auf ein faires Verfahren (V), die Tatbestände des Statuts in ihrer Ausformung durch das IMT (VI) und die Strafbarkeit der Teilnahme (VII), die nach Auffassung der International Law Commission in dem Teil des IMT-Urteils zum Ausdruck gekommen sei, welche sich mit der Schuld der einzelnen Angeklagten auseinandersetzt. Die Euphorie, die der Nürnberger Prozess zunächst auslöste, spiegelte sich nicht nur in den Tagesordnungspunkten der Organe der Vereinten Nationen, sondern auch in den vielen wissenschaftlichen Veröffentlichungen im Bereich des Völkerstrafrechts wider. Der Enthusiasmus legte sich jedoch mit der Zeit und wurde schließlich ein Opfer der Spannungen des Kalten Krieges.[228] Die erhoffte abschreckende Wirkung

223 Vgl. Lloyd George, David: The Truth about the Peace Treaties, Vol. I, London 1938 (zit.: Lloyd George, Peace Treaties I), S. 99 f. sowie International Conference on Military Trials, Fn. 3, S. 99.

224 General Assembly Resolution 95 (I), 11 December 1946, in: United Nations, Resolutions adopted by the General Assembly during its second session from 23 October to 15 December 1946, S. 188.

225 Report of the International Law Commission covering its second session, 5 June - 29 July 1950, Document A/1316, in: United Nations, International Law Commission, Yearbook 1950 I, S. 28 ff.; Yearbook 1950 II, S. 181 ff., S. 364 ff. (374 ff.).

226 Draft Code of Offences against the Peace and the Security of Mankind, DocumentA/CN.4/85, in: United Nations, International Law Commission, Yearbook 1954 II, S. 112 ff.

227 Siehe dazu: 9.

228 Vgl. Ferencz, Benjamin: An International Criminal Court, Vol. II (The beginning of wisdom), London/Rome/New York 1980, S. 48 ff.; Bassiouni, M. Cherif: Das "Vermächtnis von Nürnberg", eine historische Bewertung fünfzig Jahre danach, in:

des IMT-Prozesses blieb ebenfalls aus, nicht zuletzt eine Folge des *ad hoc*-Charakters des IMT.[229] Erst nach dem Ende des Kalten Krieges sollte die Idee von der Errichtung eines Ständigen Internationalen Strafgerichtshofs wieder verstärkt aufgegriffen und mit dem Beschluss der Konferenz von Rom am 17. Juli 1998 realisiert werden. Entsprechend sollten fünfzig Jahre vergehen, bis durch das Haager *ad hoc*-Tribunal zur Verfolgung der im ehemaligen Jugoslawien begangenen Völkerrechtsverstöße zum ersten Mal wieder eine Person wegen Kriegsverbrechen von einem internationalen Gerichtshof verurteilt wurde.
Mit dem Statut für das IMT wurden völkerrechtliche Grundsätze mit einer juristischen Wertigkeit versehen. Der Welt wurde vor Augen geführt, dass Völkerrecht mehr ist als tote Buchstaben. Vor allem aber konnte man bei der Einsetzung der Kriegsverbrechertribunale für das ehemalige Jugoslawien und Ruanda sowie bei der Ausarbeitung eines Statuts für einen Ständigen Internationalen Strafgerichtshof auf die durch den IMT-Prozess erworbenen Erfahrungen zurückgreifen Dies hat die Weiterentwicklung des Völkerstrafrechts seit Beginn der neunziger Jahre definitiv beschleunigt. Ob aus den seinerzeit begangenen Fehlern gelernt wurde, wird noch zu analysieren sein.

Hankel, Gerd/Stuby, Gerhard (Hrsg.): Strafgerichte gegen Menschheitsverbrechen, Hamburg 1995, S. 15 ff. (27); Grewe, Rückblick auf Nürnberg, Fn. 103, S. 235 f.

[229] Vgl. de Geouffre de La Pradelle, Gérsaud: Zur Aktualität der Nürnberger Prinzipien, in: Hankel, Gerd/Stuby, Gerhard (Hrsg.): Strafgerichte gegen Menschheitsverbrechen, Hamburg 1995, S. 127 ff. (136).

7. Kapitel: Der Internationale Militärgerichtshof für den Fernen Osten von Tokio

Während der Nürnberger Prozess bereits mehrere Monate lief, verkündete der Oberkommandierende der alliierten Mächte im Pazifik, der amerikanische General Mac Arthur, die Einsetzung eines Internationalen Militärgerichtshofs für den Fernen Osten in Tokio (*International Military Tribunal for the Far East*).[1] Auf Grundlage der Moskauer Erklärung vom 30. Oktober 1943 wurde unter General Mac Arthur das Statut für das IMTFE verfasst.

Anders als beim Londoner Abkommen und beim Statut für das IMT handelt es sich bei der Einsetzung des IMTFE nicht um einen gemeinsamen Akt der Alliierten. Das hängt damit zusammen, dass von den gegen Japan Krieg führenden Mächten, den Vereinigten Staaten, der Sowjetunion, Großbritannien und China, die Vereinigten Staaten die einzige Besatzungsmacht in Japan waren. Das Statut des IMTFE ist dem des IMT weitgehend ähnlich. Aus diesem Grunde kann, was die Auseinandersetzung mit Statut und Verfahren des IMTFE angeht, auf die Ausführungen über den Nürnberger Prozess verwiesen werden.

Zu den wenigen Abweichungen des IMTFE-Statuts gehört, dass es keine Bestimmungen hinsichtlich verbrecherischer Organisationen enthält. Der Tatbestand der Kriegsverbrechen (Art. 5 b) wird mit *Conventional War Crimes* statt mit *War Crimes* betitelt, auf eine Aufzählung darunterfallender Handlungen wird verzichtet. In den Tatbestand der Verbrechen gegen die Menschlichkeit (Art. 5 c) wurde die Verfolgung aus religiösen Gründen nicht aufgenommen, was sich damit erklären lässt, dass im asiatischen Konflikt keine Verfolgung von Juden zu beklagen war.[2] Entsprechend des IMTFE-Statuts (Art. 8 a) setzte General Mac Arthur den Amerikaner Joseph Keen als obersten Anklagevertreter ein. Den anderen Anklagevertretern aus den gegen Japan Krieg führenden Ländern[3] (Art. 8 b) kam nur eine Assistentenrolle zu.[4]

---

1 Im Folgenden: IMTFE. Der Umfang der zum IMTFE von Tokio veröffentlichten Literatur bleibt weit hinter demjenigen zurück, den der IMT-Prozess nach sich zog. Siehe zum IMTFE u. a.: Brackman, Arnold C.: The Other Nuremberg. The untold Story of the Tokyo War Crimes Trials, New York 1987; Minear, Richard H.: Victor's Justice. The Tokyo War Crimes Trials, Princeton 1971; Piccigallo, P.: The Japanese on Trial, Austin 1979; Röling, B.V.A.: The Tokyo Trials and beyond, Cambridge 1993; The Tokyo war crimes trial: The Complete Transcripts of the Proceedings of the International Military Tribunal for the Far East, hrsg. von R. John Pritchard und Sonja Magbanua Zaide, New York 1981 (22 Bände und 5 Ergänzungsbände, Bd. 20: Urteil, Bd. 21: Sondervoten).

2 Bassiouni, M. Cherif: Crimes against humanity in International Criminal Law, Dordrecht/Boston/London 1992 (zit.: Bassiouni, Crimes against humanity), S. 34.

3 Australien, Kanada, China, England, Frankreich, Indien, die Niederlande, Neuseeland, die

Dass der japanische Kaiser Hirohito von strafrechtlicher Verfolgung verschont wurde, verdeutlicht die Prägung des Tokioter Prozesses durch die amerikanische Besatzungspolitik.[5] Joseph Keen selbst gestand ein, dass der japanische Kaiser unter rein rechtlichen Gesichtspunkten ein Kriegsverbrecher sei.[6] Ebenfalls werden Verfahren und teilweise auch Urteil des IMTFE, im Vergleich zu Nürnberg, als unfair bezeichnet.[7]
Gemäß der Anklageschrift vom 29. April 1946 wurden 28 Personen angeklagt. Darunter befanden sich vier ehemalige Premierminister, zehn Minister und zwei Botschafter. Die Anklageschrift umfasste 55 Anklagepunkte, welche in die drei Abschnitte "Verbrechen gegen den Frieden", "Mord" sowie "Konventionelle Kriegsverbrechen und Verbrechen gegen die Menschlichkeit" unterteilt waren. Der Prozess begann am 3. Mai 1946 und endete am 12. November mit der Urteilsverkündung durch die elf Richter. Alle Angeklagten wurden schuldig gesprochen. Sieben von ihnen wurden zum Tode durch den Strang, 16 zu lebenslänglicher Freiheitsstrafe verurteilt. Die Entscheidung wurde von fünf Sondervoten begleitet, von denen eines sogar den Freispruch für alle Angeklagten forderte.

Kritisiert wurde insbesondere, dass das IMTFE-Statut vor allem im Hinblick auf die Strafbarkeit des Angriffskrieges nicht das zu Kriegsbeginn geltende Völkerrecht widerspiegeln würde. Die aus dem Krieg als Sieger hervorgegangenen Mächte hätten nicht das Recht, die Besiegten nach einem neu geschaffenen Recht zu verurteilen und sich dabei auf das Völkerrecht zu berufen.

Philippinen und die Sowjetunion.

4 Vgl. Nemoto, Koei: Die Bedeutung des Internationalen Militärtribunals von Tokio, in: Hirsch, M./Paech, N./Stuby, G. (Hrsg.): Politik als Verbrechen. 40 Jahre "Nürnberger Prozesse", Hamburg 1986, S. 26 ff. (26).

5 Ebenda; vgl. Bassiouni, Crimes against humanity, Fn. 2, S. 211 f.

6 Bassiouni, Crimes against humanity, Fn. 2, S. 212, Anm. 82; Piccigallo, Fn. 1, S. 16.

7 Bassiouni, Crimes against humanity, Fn. 2, S. 212.

8. Kapitel: Die Konvention über die Verhütung und Bestrafung des Völkermordes

Die Völkermordkonvention von 1948[1] deckt einen Großteil der Straftaten ab, welche im IMT-Statut[2] vom Tatbestand der Verbrechen gegen die Menschlichkeit (Art. 6 c) erfasst wurden. So sind nach Art. II dieser Konvention Massenmorde und massive Menschenrechtsverletzungen dann als Völkermord anzusehen, wenn sie in der Absicht geschehen, eine nationale, ethnische, rassische oder religiöse Gruppe als solche ganz oder teilweise zu zerstören. Gesellschaftliche oder politische Gruppen werden von der Konvention jedoch nicht erfasst.
Gemäß Art. 13 I a der UN-Charta hat die Generalversammlung der Vereinten Nationen die Aufgabe, die Entwicklung des Völkerrechts und seine Kodifizierung zu fördern. In ihrer Resolution vom 11. Dezember 1946 bestätigte die Generalversammlung, dass es sich beim Völkermord um ein internationales Verbrechen handle und dass seine Prävention und Bestrafung gefördert werden müsse. Zu diesem Zweck beauftragte die Generalversammlung den Wirtschafts- und Sozialrat der Vereinten Nationen mit dem Entwurf einer entsprechenden Konvention.[3] Jener wiederum bat den Generalsekretär, einige Experten zur Unterstützung heranzuziehen und einen ersten Konventionsentwurf auszuarbeiten.[4]

8.1 Der Entwurf des Generalsekretariats der Vereinten Nationen

Der Entwurf des Generalsekretariats wurde am 25. August 1947 vorgelegt.[5] Danach war jeder Vertragsstaat befugt, eine des Völkermordes schuldige Person

[1] Convention on the Prevention and Punishment of the Crime of Genocide, Adopted by the General Assembly of the United Nations on 9 December 1948, in: 78 UNTS (1951), No. 1021, S. 277 ff., BGBl. 1954 II, S. 730.

[2] Londoner Vier-Mächte-Abkommen vom 8. August 1945 und Statut für den Internationalen Militärgerichtshof, in: Internationaler Militär-Gerichtshof, Nürnberg: Der Prozeß gegen die Hauptkriegsverbrecher vor dem Internationalen Militärgerichtshof (zit.: Nürnberg Bd.-Nr.), hier: Nürnberg I, S. 7 ff.; Agreement for the Prosecution and Punishment of the Major War Criminals of the European Axis, with the Charter of the International Military Tribunal, London, 8th August 1945, in: 82 UNTS (1951), No. 251, S. 279 ff.

[3] General Assembly Resolution 96 (I) from 11 December 1946, wiedergegeben in: Djonovich, Dusan J. (Editor): United Nations Resolutions, Series I, Resolutions adopted by the General Assembly, New York, Vol. I (1946-1948), Vol. II (1948-1949) (zit.: Djonovich Bd.-Nr.), hier: Djonovich I, S. 175 f.

[4] ECOSOC Resolution 47 (IV) from 28 March 1947, Doc. E/325, in: Resolutions adopted by the Economic and Social Council during its Fourth Session from 28 February to 29 March 1947, S. 33 f.; Das Generalsekretariat wandte sich daraufhin an die Professoren Vespasian Pella, Donnedieu de Vabres und Raphael Lemkin.

[5] Draft convention on genocide, 25 August 1947, Document A/362, United Nations, Official

zu verurteilen, sodass der Völkermord unter das Weltrechtsprinzip fiel (Art. VII). Dem Grundsatz *try or extradite* entsprechend, sah Art. VIII vor, dass in den Fällen, in denen ein Verfahren vor nationalen Gerichten nicht durchführbar ist, die beschuldigte Person ausgeliefert werden muss. Völkermord gilt aus diesem Grunde nicht als politisches Verbrechen.[6] Wenn der Staat, in dem der Beschuldigte festgenommen wurde, nicht bereit ist, diesen vor seine eigenen Gerichte zu stellen, dann muss er einem Internationalen Strafgerichtshof überstellt werden. Dieselbe Regelung soll gelten, wenn die als Völkermord zu qualifizierende Handlung durch Staatsorgane oder mit Unterstützung oder Duldung eines Staates begangen wurde (Art. IX). Der zu errichtende internationale Gerichtshof soll entweder als ständige Einrichtung für alle Völkerrechtsverstöße oder als *ad hoc*-Tribunal nur für das Verbrechen des Völkermordes zuständig sein (Art. X). Dem Konventionsentwurf wurden als Anhang zu Art. X zwei weitere alternative Statutentwürfe für einen Ständigen Internationalen Strafgerichtshof (Anhang I) beziehungsweise für ein *ad hoc*-Tribunal (Anhang II) hinzugefügt, die im Wesentlichen auf den Bestimmungen der Konvention zur Einsetzung eines Internationalen Strafgerichtshofs zur Durchsetzung der Konvention über die Bekämpfung des Terrorismus aus dem Jahre 1937 beruhten.

Der Konventionsentwurf des Generalsekretariats der Vereinten Nationen wurde an die Mitgliedsstaaten mit der Bitte um Stellungnahme weitergeleitet. Dieser Bitte kamen allerdings nur sechs Staaten nach.[7] Haiti befürwortete grundsätzlich den Vorschlag des Sekretariats, war jedoch der Auffassung, dass die Zuständigkeit des Internationalen Gerichtshofs in Den Haag[8] auf Verbrechen gegen das Völkerrecht erweitert werden solle, anstatt ein eigenständiges internationales Tribunal zu errichten.[9] Venezuela vertrat hingegen den Standpunkt, dass ein Internationaler Strafgerichtshof beim seinerzeitigen Stand der internationalen Beziehungen ein inakzeptabler Eingriff in die staatliche Souveränität sei.[10] Die Vereinigten Staaten waren der Ansicht, dass die Frage eines Internationalen Strafgerichtshofs eine Einigung über die gesamte Völkermordkonvention verzögern könnte. Daher sollte die Problematik der Errichtung eines solchen Tribunals in einer separaten Konvention behandelt werden.[11] Dem Nürnberger Vorbild entsprechend sollten daher von Fall zu Fall *ad hoc*-Gerichtshöfe eingesetzt werden, die dann später

---

Records of the Second Session of the General Assembly, Sixth Committee, S. 213 ff.

6 Vgl. oben: 5.2.

7 Communications received by the Secretary-General, Draft convention on genocide, United Nations, Official Records of the Second Session of the General assembly, Sixth Committee, Documents A/401, A/401/Add. 1, A/401/Add. 2, A/401/Add. 3, S. 230 ff.

8 Im Folgenden: IGH.

9 Communications received by the Secretary-General, Fn. 7, S. 231 f.

10 Ebenda, S. 233 ff.

11 Ebenda, S. 235 ff.; zur gleichen Problematik im Zusammenhang mit der Konvention zur Bekämpfung des Terrorismus vgl.: oben unter 5.2.

durch einen ständigen Gerichtshof ersetzt werden könnten. Frankreich war, wie die Vereinigten Staaten, davon überzeugt, dass der Tatbestand des Völkermordes nicht ohne staatliche Mithilfe verwirklicht werden könne und dass angesichts der Tatsache, dass nationale Gerichte nicht gegen ihre eigene staatliche Führung vorgingen, ein Internationaler Strafgerichtshof notwendig sei.[12]
Entsprechend einer Empfehlung eines Unterausschusses des Wirtschafts- und Sozialrats wurde dieser von der Generalversammlung aufgefordert, in seiner Arbeit hinsichtlich einer Völkermordkonvention fortzufahren und nicht auf den Eingang weiterer Stellungnahmen seitens der Mitgliedsstaaten zu warten. Der Ausschuss für die Weiterentwicklung und Kodifizierung des Völkerrechts, der bald durch die *International Law Commission* ersetzt wurde, sollte dem Wirtschafts- und Sozialrat unterstützend zur Seite stehen.[13]

8.2 Der Entwurf des Wirtschafts- und Sozialrats

Der Wirtschafts- und Sozialrat setzte einen speziellen *ad hoc*-Ausschuss zur Bearbeitung des Konventionsentwurfs des Sekretariats ein.[14] Der Ausschuss tagte im April und Mai 1948 und unterzog insbesondere die Bestimmungen über Einsetzung und Zuständigkeit einer drastischen Revision. Anstatt einen ständigen internationalen Gerichtshof oder ein *ad hoc*-Tribunal mit klar umrissenem Zuständigkeitsbereich mit der Durchsetzung der Konvention zur Bekämpfung des Völkermordes zu beauftragen, sah Art. VII des neuen Entwurfs lediglich vor, dass eine des Völkermordes beschuldigte Person entweder von einem Gericht des Staates verurteilt werden soll, in dem die Tat begangen wurde, oder sich vor einem internationalen Tribunal zu verantworten habe.

8.3 Der Konventionsentwurf des *Sixth Committee* der Vereinten Nationen

Der vom *ad hoc*-Ausschuss des Wirtschafts- und Sozialrats überarbeitete Entwurf[15] war Ende des Jahres 1948 Gegenstand der Beratungen des Rechtsausschusses (*Sixth Committee*) der Vereinten Nationen.[16] Auch wenn ein

---

12 Communications received by the Secretary-General, Fn. 7, S. 245 f.

13 Report and draft resolution adopted by the Sub-Committee 2, Report of the Economic and Social Council on the Draft convention on genocide, Document A/C.6/190/Rev.1, 18 November 1947, von der Generalversammlung angenommen als: General Assembly Resolution 180 (II) from 21 November 1947, wiedergegeben in: Djonovoch I, Fn. 3, S. 320.

14 ECOSOC Revolution 117 (VI) from 13 March 1948, Doc. E/734, in: Resolutions adopted by the Economic and Social Council during its sixth session from 22 February to 11 March 1948, S. 19 f.

15 Ad hoc Committee on Genocide, Report to the Economic and Social Council on the Meetings of the Committee held at Lake Success, New York, From 5 April to 10 May 1948, in: Economic and Social Council, Official Records, Seventh Session 1948, Supplement No. 6, S. 1 ff., 18 f. (draft convention).

16 Sixth committee, summary records of meetings, 21 September - 10 December, United

Internationaler Strafgerichtshof im Entwurf des *ad hoc*-Ausschusses nicht mehr die gleiche Bedeutung hatte, wie im Entwurf des Generalsekretariats, so wurde dieser Frage in den Beratungen doch beträchtliche Aufmerksamkeit zuteil.

Einige Ausschussmitglieder waren der Überzeugung, dass ein Internationaler Strafgerichtshof notwendig sei, um Völkermord wirksam zu verhindern. Das philippinische Ausschussmitglied Inglés bemerkte beispielsweise, dass ohne die Einsetzung eines internationalen Tribunals die notwendige internationale Strafverfolgung nicht gewährleistet werden könne. Die nationale Strafverfolgung sei weitgehend wirkungslos, da staatliche Gerichte entweder nicht für das Verbrechen des Völkermordes zuständig seien oder ihre eigenen Staatsbürger begünstigen würden.[17] Weiterhin, so der Vertreter Uruguays, Rios, würde die Konvention ihre Bedeutung verlieren, wenn sie nicht die Bestrafung des Völkermordes auf internationaler Ebene sicherstelle.[18] Allein um der Hoffnung Ausdruck zu verleihen, dass ein Internationaler Strafgerichtshof früher oder später realisiert werde, sollte der Konventionsentwurf nach Ansicht des chilenischen Delegierten Arancibia Lazo auf jeden Fall einen Hinweis auf einen Internationalen Strafgerichtshof enthalten.[19] Das niederländische Ausschussmitglied sprach sich dafür aus, die Regelung des Art. VII des vom *ad hoc*-Ausschuss ausgearbeiteten Konventionsentwurfs beizubehalten, nach der entweder ein nationales oder ein internationales Gericht für die Bestrafung des Völkermordes zuständig sein sollte. Das Problem der Einsetzung eines internationalen Gerichtshofs sei allerdings so komplex, dass sich damit erst einmal die *International Law Commission* befassen solle.[20] Der Vertreter Frankreichs hingegen war der Auffassung, Art. VII des Entwurfs solle, entsprechend dem Konventionsentwurf des Generalsekretariats, auch die Regelung der Einsetzung und Zuständigkeit eines Internationalen Strafgerichtshofs beinhalten.[21]

Dagegen sprach sich das britische Ausschussmitglied Fitzmaurice schon gegen die bloße Erwähnung eines Internationalen Strafgerichtshofs aus. Da ein solches Tribunal noch nicht existiere, sei es besser, auf den IGH zurückzugreifen, auch wenn eine Unterwerfung unter seine Gerichtsbarkeit freiwillig sein solle. Da weder zu erwarten sei, dass die Staaten die Bestrafung eigener Staatsangehöriger durch ihre nationalen Gerichte zuließen, noch, dass sie einer Auslieferung solcher Personen zustimmten, könne auf Art. VII des zweiten Entwurfs ganz verzichtet werden.[22] In ähnlicher Weise äußerten sich auch die Vertreter Brasiliens und

---

Nations, Official Records of the third session of the General Assembly, Part I, Paris 1948, S. 363 ff.

17 Ebenda, S. 365.

18 Ebenda, S. 365 f.

19 Ebenda, S. 372.

20 Ebenda, S. 364 f.

21 Ebenda, S. 373.

22 Ebenda, S. 370.

Venezuelas.[23] Ein Kompromissvorschlag des amerikanischen Vertreters, Maktos, nach dem ein Internationaler Gerichtshof nur dann tätig werden dürfe, wenn nationale Gerichte nicht gegen des Völkermordes beschuldigte Personen vorgingen, und nach dem, entsprechend dem niederländischen Vorschlag, die Ausarbeitung von Einzelheiten der *International Law Commission* überlassen werden sollte, konnte sich nicht durchsetzen. Maktos machte darüber hinaus darauf aufmerksam, dass der Internationale Gerichtshof in Den Haag keine Zuständigkeit für die Verurteilung von Einzelpersonen besitze.[24] Einige Mitglieder, angeführt durch den Vertreter der Sowjetunion, sahen in der Einsetzung eines internationalen Gerichtshofs einen inakzeptablen Eingriff in ihre nationale Souveränität.[25]

Der Rechtsausschuss der Vereinten Nationen beschloss, wenn auch mit knapper Mehrheit, dass der in Art. VII enthaltene Hinweis auf ein internationales Tribunal gestrichen werden sollte.[26] Dies veranlasste den Franzosen Chaumont zu der Äußerung, der Ausschuss habe dem Konventionsentwurf damit seinen Sinn genommen.[27] Nachdem viele derer, welche gegen den Hinweis auf ein internationales Tribunal gestimmt hatten, erklärten, dass sie ein solches Gericht nicht grundsätzlich ablehnen würden, ihr Votum vielmehr auf formalen Überlegungen hinsichtlich Sprache und Form basierte[28], wurde Art. VII (nun Art. VI) erneut geändert. Man einigte sich auf die letztlich in die Konvention übernommene Formulierung, nach der des Völkermordes beschuldigte Personen vor ein zuständiges Gericht des Staates gestellt werden, in dessen Gebiet die Handlung begangen worden ist, oder vor das internationale Strafgericht, das für die vertragschließenden Parteien, die dessen Gerichtsbarkeit anerkannt haben, zuständig ist.[29]

Die Errichtung eines Internationalen Strafgerichtshofs lag somit in der Hand der Staaten, welche den bloßen Hinweis auf eine solche Institution kurz zuvor noch mehrheitlich abgelehnt hatten. Im Rahmen der Völkermordkonvention ist sie auch bis heute ausgeblieben.

8.4. Verabschiedung der Völkermordkonvention durch die Generalversammlung

Auf ihrer dritten Sitzung billigte die Generalversammlung in ihrer Resolution vom 9. Dezember 1948 die letztlich vom Rechtsausschuss ausgearbeitete Völkermordkonvention und schlug sie den Staaten zur Unterzeichnung und

[23] Ebenda, S. 371, 377 f.
[24] Ebenda, S. 378 f.
[25] Ebenda, S. 379 f.
[26] Ebenda, S. 381.
[27] Ebenda, S. 382.
[28] Ebenda, S. 382 f.
[29] Ebenda, S. 674 ff., 684.

Ratifikation vor.[30] Angesichts der während der Beratungen über die Konvention aufgetretenen Diskussion über den Sinn und die Möglichkeit einer internationalen Strafgerichtsbarkeit, stellte die Generalversammlung fest, dass infolge der Entwicklung der internationalen Gemeinschaft ein internationales Rechtsprechungsorgan immer notwendiger werde. Die *International Law Commission* wurde daher aufgefordert zu untersuchen, inwieweit die Einsetzung eines internationalen Rechtsprechungsorgans wünschenswert und möglich sei. Definiert wurde der Zuständigkeitsbereich des Gerichtes für die Ahndung des Völkermordes oder anderer Verbrechen, für die ihm durch internationale Konventionen die Zuständigkeit übertragen werde. Besondere Aufmerksamkeit sollte dabei der Frage zuteil werden, ob es möglich sei, eine Strafkammer am IGH einzurichten.[31]

---

30 General Assembly Resolution 260 (III) A from 9 December 1948, wiedergegeben in: Djonovich II, Fn. 3, S. 238 ff.

31 General Assembly Resolution 260 (III) B from 11 December 1948, wiedergegeben in: Djonovich II, Fn. 3, S. 241 f.

9. Kapitel: Die Statutentwürfe der *Committees on International Criminal Jurisdiction* der Vereinten Nationen für einen Internationalen Strafgerichtshof von 1951 und 1953

Nachdem die *International Law Commission* bereits den Auftrag erhalten hatte, die Nürnberger Prinzipien[1] auszuformulieren und ein Internationales Strafgesetzbuch zu entwerfen, sollte sie sich mit der Möglichkeit der Errichtung einer internationalen Strafgerichtsbarkeit auseinandersetzen. Während ihrer ersten Sitzungsperiode beschloss die *International Law Commission* daher, zwei Sonderberichterstatter zur genaueren Untersuchung dieses Problems einzusetzen.[2]

9.1. Die Berichte der Sonderberichterstatter Alfaro und Sandström

Ernannt wurden der Schwede Emil Sandström und Ricardo J. Alfaro aus Panama. Beide legten ihren Bericht im März 1950 vor. Während Alfaro die Errichtung einer internationalen Strafgerichtsbarkeit für wünschenswert und durchführbar hielt, war Sandström der gegenteiligen Auffassung.

Alfaro war davon überzeugt, dass ein Internationales Strafgesetzbuch und ein Strafgerichtshof notwendig seien, um Verbrechen gegen das Völkerrecht zu unterbinden.[3] Dem dürfe und könne die staatliche Souveränität nicht entgegenstehen. Es sei kaum damit zu rechnen, dass insbesondere Verbrechen, die aufgrund ihres Ausmaßes nur von Staatsoberhäuptern oder von Staatsrepräsentanten begangen werden könnten, von einzelstaatlichen Gerichten geahndet würden. Weiterhin sei das Prinzip absoluter Souveränität nicht mit dem gegenwärtigen Entwicklungsstand der Staatengemeinschaft vereinbar. Auch die Existenz der Vereinten Nationen sei mit der Aufgabe nationaler Souveränität kompatibel. Die Staatengemeinschaft sei durch Interdependenz gekennzeichnet und vergleichbar mit der Gemeinschaft von Individuen in einem Staat, daher sei auch das Recht eines Staates durch die Rechte anderer Staaten begrenzt. Die staatliche Souveränität müsse sich daher dem internationalen Recht unterordnen. Dass die Errichtung eines Internationalen Strafgerichtshofs grundsätzlich möglich

---

1 Principles of International Law Recognized in the Charter of the Nuremberg Tribunal and in the Judgment of the Tribunal, in: Report of the International Law Commission covering its second session, 5 June - 29 July 1950, Document A/1316, in: United Nations, International Law Commission, Yearbook 1950 I, S. 28 ff.; Yearbook 1950 II, S. 181 ff., S. 364 ff. (374 ff.).

2 International Law Commission, Report to the General Assembly, Chapter IV (Study of the question of international jurisdiction), Yearbook 1949, S. 278 ff. (283).

3 Report by Ricardo J. Alfaro, Special Rapporteur, International Law Commission, Yearbook 1950 II, Document A/CN.4/15, S. 1 ff.

ist, würden die Internationalen Militärgerichtshöfe von Nürnberg und Tokio verdeutlichen. Dass sie auch wünschenswert sei, spiegele sich in den verschiedenen Vorschlägen und Statutentwürfen der vergangenen dreißig Jahre wider. Allerdings mache die Einrichtung einer Strafkammer beim IGH eine Änderung dessen Statuts erforderlich. Nach Art. 34 IGH-Statut seien nur Staaten parteifähig. Die einzusetzende Gerichtsbarkeit solle über Staaten und Individuen richten. Die Zuständigkeit *ratione materiae* würde zunächst Verbrechen gegen den Frieden und die Sicherheit der Menschheit sowie den Völkermord umfassen. Die Zuständigkeit über weitere Verbrechen könnte durch eine Konvention begründet werden. Der dem Nürnberger Prozess nachgesagte Verstoß gegen den Grundsatz *nullum crimen, nulla poena sine lege* sei am besten mit der Ausformulierung eines Internationalen Strafgesetzbuches zu verhindern.
In Anerkennung der politischen Realität schlug Alfaro schließlich vor, dass Strafverfahren nur auf Initiative des Sicherheitsrats oder eines von diesem autorisierten Staates aufgenommen werden sollten.

Der zweite Sonderberichterstatter, Sandström, hingegen kam zu der Schlussfolgerung, dass die Zeit für die Einsetzung eines Internationalen Strafgerichtshofs noch nicht reif sei.[4] Wenn ein solcher Gerichtshof überhaupt errichtet werden solle, sei es ratsamer, ihn als Strafkammer beim IGH zu gründen. Auf diese Weise träten seine Mängel nicht so deutlich in Erscheinung. In Anbetracht der weltpolitischen Lage und des Entwicklungsstandes der Staatengemeinschaft sei es jedoch besser, das gesamte Vorhaben vorerst nicht weiter zu verfolgen. Internationale Strafjustiz benötige ein Strafgesetz, einen Gerichtshof und einen Mechanismus zu ihrer Durchsetzung. Die Beschuldigten müssten vor Gericht gebracht und der Strafvollzug sichergestellt werden. Da nicht eine einzige dieser Voraussetzungen erfüllt sei, müsse befürchtet werden, dass ein Internationaler Strafgerichtshof ein Misserfolg werde. Daher sei es besser, ihn erst gar nicht zu gründen. Auch würde es an dem nötigen Konsens innerhalb der Staatengemeinschaft fehlen. Dieser sei jedoch nötig, da die Einsetzung eines selbstständigen Strafgerichtshofs als weiteres Hauptorgan der Vereinten Nationen (Art. 7 UN-Charta) eine Änderung der UN-Charta erforderlich mache. Dazu müsse die Zweidrittelmehrheit in der Generalversammlung sowie die Zustimmung der mit einem Vetorecht im Sicherheitsrat vertretenen ständigen Mitgliedsstaaten erreicht werden (Art. 108 UN-Charta). Sollten einige Staaten dennoch einen Internationalen Strafgerichtshof gründen wollen, so könnten sie sich selbstverständlich einer solchen Gerichtsbarkeit unterwerfen. Eine Strafgerichtsbarkeit der gesamten Staatengemeinschaft unter dem Dach der Vereinten Nationen sei jedoch sehr unwahrscheinlich.

---

[4] Report by Emil Sandström, Special Rapporteur, International Law Commission, Yearbook 1950 II, Document A/CN.4/15, S. 18 ff.

9.2. Die Beratungen der *International Law Commission* und des *Sixth Committee* im Jahre 1950

Die beiden sich widersprechenden Berichte wurden während der zweiten Sitzungsperiode der *International Law Commission* von den anderen Kommissionsmitgliedern diskutiert.[5] Mit acht zu eins Stimmen, bei zwei Enthaltungen, sprach man sich dafür aus, dass die Einsetzung eines internationalen Rechtsprechungsorgans wünschenswert sei.[6] Das Urteil über das Realisierungspotenzial dieses Vorhabens fiel mit sieben zu drei Stimmen, bei einer Enthaltung, ebenfalls positiv aus.[7] Abschließend kam man zu der Auffassung, dass die Einrichtung einer Strafkammer am IGH zwar grundsätzlich möglich sei. Die Kommission hielt diese Vorgehensweise aber nicht für empfehlenswert.[8]

Dieser Bericht der *International Law Commission* erreichte den Rechtsausschuss der Vereinten Nationen (*Sixth Committee*) im Oktober 1950 und war dort Gegenstand einer kontroversen Debatte. Der britische Vertreter Fitzmaurice schloss sich der Ansicht des Sonderberichterstatters Sandström an und bezeichnete das Vorhaben, einen Internationalen Strafgerichtshof einzusetzen als idealistisch. Unter den gegebenen Umständen sei ein solcher zum Scheitern verurteilt und man dürfe es so weit erst gar nicht kommen lassen. Die geringen Erfolgsaussichten verdeutliche nicht zuletzt der gescheiterte Versuch eines solchen Vorhabens im Rahmen der internationalen Bekämpfung des Terrorismus aus dem Jahre 1937.[9] Auch die Vertreter Südafrikas (Roberts) und der Tschechoslowakei (Outrata) waren der Auffassung, dass die Zeit für einen Internationalen Strafgerichtshof noch nicht reif sei, und begründeten dies insbesondere damit, dass es noch keine Möglichkeit gäbe, die Auslieferung beschuldigter Personen durchzusetzen. Freiwillig würden souveräne Staaten dem wohl kaum zustimmen.[10] Auf das Nichteinmischungsgebot des Art. 2 (7) UN-Charta beriefen sich die Vertreter der Sowjetunion (Morosov) und Polens (Lachs). Ein Internationaler Strafgerichtshof stelle einen Eingriff in die staatliche Souveränität dar und sei mit den derzeitigen Grundsätzen der internationalen Beziehungen nicht vereinbar. Die einzigen Maßnahmen, welche die Vereinten Nationen treffen dürften, seien die in der UN-

---

5 Summary records of the meetings of the second session, International Law Commission, Yearbook 1950 I, S. 8 ff.

6 Report of the International Law Commission covering its second session, 5 June - 29 July 1950, International Law Commission, Yearbook 1950 II, Document A/1316, S. 364 ff. (379).

7 Ebenda.

8 Ebenda.

9 Sixth Committee, 240th Meeting, Thursday, 16 November 1950, in: United Nations, General Assembly, Fifth Session, Offical Records, S. 201 ff.

10 Sixth Committee, 242nd Meeting, Wednesday, 22 November 1950, in: United Nations, General Assembly, Fifth Session, Offical Records, S. 204, 219.

Charta vorgesehenen Sanktionen.[11] Das kanadische Ausschussmitglied Lesage hielt es für ratsamer, sich erst auf einen internationalen Katalog von Straftatbeständen zu einigen und danach das Statut für einen Internationalen Strafgerichtshof zu entwerfen.[12] Dem widersprach der Belgier Van Glabbeke. Es müsse befürchtet werden, dass ohne ein internationales Organ zur Aburteilung internationaler Verbrechen die Kodifizierung des internationalen Strafrechts nicht ernsthaft vorangetrieben werde.[13] Der Franzose Chaumont schloss sich der Auffassung des Sonderberichterstatters Alfaro an und hob hervor, dass die Errichtung eines Internationalen Strafgerichtshofs möglich und wünschenswert sei.[14] Bei der Bewertung der Erfolgsaussichten dieses Vorhabens dürfe der gescheiterte Versuch aus dem Jahre 1937 keinesfalls als Präzedenzfall herangezogen werden. Man dürfe kein Vorurteil über die Funktionsfähigkeit eines internationalen Tribunals fällen. Die Aufgabe müsse sein, ein Statut zu entwerfen, um ein solches ins Leben zu rufen. Außerdem sehe Art. VI der Völkermordkonvention[15] ausdrücklich einen Internationalen Strafgerichtshof vor. Die Staaten, welche diese Konvention unterzeichnet hätten, seien dazu verpflichtet, dessen Einsetzung zu unterstützen. Der Vertreter Uruguays, Jimenez de Arechaga, wies darauf hin, dass mögliche Bedenken gegen einen Internationalen Strafgerichtshof ebenso ausführlich in der *International Law Commission* erörtert und dessen Einsetzung dennoch mit großer Mehrheit befürwortet worden sei. Man sollte daher möglichst bald ein entsprechendes Statut entwerfen.[16] Das niederländische Ausschussmitglied, Röling, war sich zwar der Auslieferungsproblematik bewusst, vertrat jedoch die Auffassung, dass nur ein Internationaler Strafgerichtshof in der Lage sei, Mitglieder solcher Regierungen zu bestrafen, die gegen das Völkerrecht verstoßen hätten. Außerdem setze sich ein ständiger Strafgerichtshof nicht so sehr dem Vorwurf der Parteilichkeit aus, wie dies bei den *ad hoc*-Tribunalen von Nürnberg und Tokio gewesen sei, welche dennoch wichtige Meilensteine in der Entwicklung des Völkerstrafrechts darstellten. Da die politische Realität eine Auslieferung beschuldigter Personen durch souveräne Staaten eher unwahrscheinlich mache, müsse darüber nachgedacht werden, internationale Strafgerichtshöfe auf regionaler Ebene, beispielsweise innerhalb der Europäischen Gemeinschaft, der Arabischen Liga oder des Ostblocks, zu errichten. Hier bestünden nicht nur gemeinsame Interessen,

---

[11] Sixth Committee, 243rd Meeting, Thursday, 23 November 1950, in: United Nations, General Assembly, Fifth Session, Offical Records, S. 223, 225 f.

[12] Ebenda.

[13] Sixth Committee, 244th Meeting, Monday, 27 November 1950, in: United Nations, General Assembly, Fifth Session, Offical Records, S. 205.

[14] Sixth Committee, 240th Meeting, Fn. 8, S. 202 ff.

[15] Convention of the Prevention and Punishment of the Crime of Genocide, Paris, 11 December 1948, in: 78 UNTS (1951), No. 1021, S. 277 ff., BGBl. 1954 II, S. 730.

[16] Sixth Committee, 242nd Meeting, Fn. 9, S. 220.

auch sei das Vertrauen untereinander größer. Solche regionalen Gerichtshöfe seien geeignet, einem Weltstrafgerichtshof den Weg zu ebnen.[17] In einer eher vermittelnden Stellungnahme vertrat der Amerikaner Maktos die Auffassung, dass die Völkermordkonvention zwar keine Verpflichtung enthalte, einen Internationalen Strafgerichtshof zu schaffen, doch sei es an der Zeit, einen Statutentwurf zu formulieren, da die Frage der Einsetzung eines Internationalen Strafgerichtshofs nicht *in abstracto* zu lösen sei. Da die *International Law Commission* zum einen überlastet sei und zum anderen ihre Mitglieder, da keine offiziellen Regierungsrepräsentanten, auch nicht zur Klärung derart politischer Fragen befugt seien, müsse ein entsprechendes Komitee, bestehend aus offiziellen Delegierten, mit der Ausarbeitung eines Statutentwurfs beauftragt werden.[18]

Die schließlich vom Rechtsausschuss entworfene und an die Generalversammlung zur Annahme überwiesene Resolution verwies dementsprechend nur allgemein auf Art. VI der Völkermordkonvention[19] und stellte fest, dass die Entscheidung über die Errichtung eines Internationalen Strafgerichtshofs nur auf der Grundlage eines konkreten Vorschlags getroffen werden könne. Daher wurde beschlossen, dass im August 1951 ein siebzehnköpfiges Komitee aus Repräsentanten verschiedener Mitgliedsstaaten zusammenkommen sollte, um Konventions- und Statutentwürfe für die Einsetzung eines Internationalen Strafgerichtshofs auszuarbeiten. Der Bericht des Rechtsausschusses sollte
zudem den Mitgliedsstaaten mit der Bitte um Stellungnahme, möglichst bis zum 1. Juni 1951, zugeleitet werden.[20]

9.3 Der Statutentwurf des *1951 Committee on International Criminal Jurisdiction*

Das vom Rechtsausschuss vorgeschlagene und aus 17 Repräsentanten der Mitgliedsstaaten der Vereinten Nationen bestehende *Committee on International Criminal Jurisdiction* tagte während des Monats August im Jahre 1951 in Genf. Ergebnis seiner Beratungen war ein ausführlicher Bericht[21] und ein Statutentwurf

---

17 Ebenda, S. 221 f.

18 Sixth Committee, 240th Meeting, Fn. 8, S. 203 ff.; vgl. auch die Stellungnahme Garcia Amadors (Kuba), ebenda, S. 206.

19 In einem von den Vertretern Kubas, Frankreichs und des Iran vorgeschlagenen Resolutionsentwurf wurde noch darauf hingewiesen, dass Art. VI einen Internationalen Strafgerichtshof voraussetzt. Vgl. Sixth Committee, 240th Meeting, Fn. 8, S. 199.

20 Report of the Sixth Committee, Document A/1639, in: United Nations, General Assembly, Official Records, Agenda Item 52: Report of the International Law Commission on the Work of its second session (A/1316), S. 5 ff. (11 f.); General Assembly Resolution 489 (V), 12 December 1950, in: Djonovich, Dusan J. (Editor): United Nations Resolutions, Series I, Resolutions adopted by the General Assembly, New York (zit.: Djonovich Bd.-Nr.), hier: Djonovich III, S. 151 f.

21 Report du Commité Pour une Juridiction Criminelle Internationale sur les travaux de sa

für einen Internationalen Strafgerichtshof.[22] Da sich das Komitee aus Vertretern verschiedener Länder mit unterschiedlichen Rechtssystemen zusammensetzte, war es oft schwierig, einen gemeinsamen Nenner zu finden. Verschiedene Alternativen, unter anderem hinsichtlich der Art und Weise, wie ein Internationaler Strafgerichtshof eingesetzt werden könnte, wurden diskutiert und anschließend wurde darüber abgestimmt.

Was den Modus der Einsetzung angeht, so war das *1951 Committee on International Criminal Jurisdiction* der Auffassung, dass beim seinerzeitigen Stand der internationalen Beziehungen eine Änderung der UN-Charta nicht in Frage komme. Man sprach sich daher für die Einsetzung eines Strafgerichtshofs mittels einer Konvention aus.[23] Auch wurde der Variante eines Tribunals als ständige Einrichtung der Vorzug gegeben, da ein Gerichtshof mit *ad hoc*-Charakter das Problem voreingenommener Richter mit sich bringen könnte und zudem insgesamt weniger überzeugend sei (Art. 3 des Statutentwurfs).[24]

Im Hinblick auf das anzuwendende Recht einigte man sich mit der Regelung des Art. 2 – anders als in Art. 38 IGH-Statut - darauf, keine Aufzählung der Rechtsquellen in das Statut aufzunehmen.[25] Eine solche Aufzählung führe nur zu rechtstheoretischen Streitigkeiten und sei von keinem praktischen Nutzen. Aus der Arbeit des IGH müsse die Lehre gezogen werden, dass die Richter die Frage des anzuwendenden Rechts im Verlauf des Verfahrens hinreichend klären könnten. Gemäß Art. 2 des Statutentwurfs sollte der Gerichtshof Völkerrecht, einschließlich des Völkerstrafrechts, aber auch nationales Recht anwenden, wenn er dies für angemessen hielt. Begründet wurde diese Regelung damit, dass im nationalen Recht oft bedeutende Hinweise, beispielsweise hinsichtlich des Handelns auf Befehl, enthalten seien, die für das Urteil über die strafrechtliche Verantwortlichkeit einer Person von Bedeutung sein könnten. Auch könne nationales Staatsangehörigkeitsrecht für die Frage bedeutend sein, ob der Gerichtshof für die strafrechtliche Verfolgung einer beschuldigten Person überhaupt zuständig sei. Dass der Statutentwurf letztlich keine Auflistung einzelner Tatbestände enthält, lässt sich darauf zurückführen, dass zur selben Zeit intensiv über ein Internationales Strafgesetzbuch beraten wurde, welches zur Grundlage der Rechtsprechung eines Internationalen Strafgerichtshofs hätte gemacht werden sollen. Überlegt wurde, den Strafgerichtshof in Kammern zu unterteilen. Dies würde es ermöglichen, flexibler auf das Arbeitsaufkommen zu reagieren. Man hielt sich so die Möglichkeit offen, eine Kammer nur für einen bestimmten, eventuell regional begrenzten Kreis von Staaten für zuständig zu

session tenue du 1er au 31 août 1951, in: Nations Unies, Assemblée Générale, Documents Officiels: Septième Séance, Supplement No 11 (A/2136), S. 1 ff.

22 Ebenda, S. 21 ff.

23 Ebenda, S. 3.

24 Ebenda, S. 3 f.

25 Ebenda, S. 5 f.

erklären, welche sich sonst der Gerichtsbarkeit eines Internationalen Gerichtshofs nicht unterwerfen würden. Dieser Gedanke konnte sich jedoch nicht durchsetzen.[26]

Die Organisation und Arbeitsweise des Internationalen Strafgerichtshofs betreffend, diente der IGH als Vorbild. Beispielsweise übernahm man Art. 9 IGH-Statut, nach dem das Richtergremium in seiner Gesamtheit die großen Kulturkreise und die hauptsächlichen Rechtssysteme der Welt repräsentieren soll (Art. 10). Das neunköpfige Richtergremium sollte von einem sich aus Repräsentanten der Signatarstaaten des Statuts zusammensetzenden Wahlausschuss gewählt werden (Art. 5 ff.). Es wurde befürchtet, dass Staaten von der Unterzeichnung des Statuts Abstand nehmen könnten, wenn sie damit gleichzeitig die Zuständigkeit des Gerichtshofs für ihre Staatsangehörigen begründeten[27]. Daher traf man mit Art. 26 die Regelung, die Zuständigkeit des Gerichts erst mit Abschluss einer besonderen Konvention zu begründen. Den Staaten wurde darüber hinaus die Möglichkeit eingeräumt, das Gericht nur im Einzelfall für zuständig zu erklären. Auf diese Weise sollte die neue Institution eines Internationalen Strafgerichtshofs getestet werden können, was gleichzeitig eine vertrauensfördernde Maßnahme darstellen sollte. Die Möglichkeit, die Zuständigkeit des Gerichtshofs nachträglich nur für eine bestimmte Handlung zu begründen, wurde mit dem Hinweis auf den *ex post facto*-Charakter dieses Vorgehens abgelehnt. Nach Art. 27 des Statutentwurfs sollte die Zuständigkeit des Gerichtshofs von den jeweiligen Staaten anerkannt worden sein, deren Staatsangehörigkeit die beschuldigten Personen haben oder in deren Staatsgebiet die Tat begangen wurde. Gemäß Art. 28 sollte die Zuständigkeit des Gerichtshofs von der Generalversammlung der Vereinten Nationen gebilligt werden. Damit sollte unter anderem sichergestellt werden, dass der Gerichtshof weder durch Konvention noch durch besonderes Abkommen mit der Verfolgung einer Tat beauftragt werden konnte, die nach Ansicht der Staatengemeinschaft keine kriminelle Handlung darstellte.[28] Einwände gegen die Zuständigkeit des Gerichtshofs sollten nach Art. 30 von den in Art. 27 genannten Staaten und von den Parteien des Verfahrens geltend gemacht werden können. Die Entscheidung darüber sollte beim Gerichtshof selbst liegen. Die Zuständigkeit *ratione personae* sollte nur natürliche Personen umfassen, unter diesen auch Staatsoberhäupter (Art. 25). Das Komitee wollte damit ausdrücklich die entsprechende Regelung des IMT-Statuts bestätigen.[29] Gemäß Art. 29 sollten die Generalversammlung (a), eine von den Vereinten Nationen dazu ermächtigte internationale Organisation (b) und solche Signatarstaaten des Statuts, die eine Zuständigkeit des Gerichtshofs für die in Frage stehenden Verbrechen anerkannt hatten (c) befugt sein, den Gerichtshof

---

[26] Ebenda, S. 6.
[27] Ebenda, S. 8.
[28] Ebenda, S. 9.
[29] Ebenda, S. 10 f.

anzurufen. Ein Untersuchungsausschuss sollte das vom Gerichtshof beizubringende Beweismaterial würdigen und dem Gerichtshof darüber Auskunft geben, ob dieses für eine Klage ausreichend ist (Art. 30). Bejahendenfalls sollte nach Art. 34 ein Anklagevertreter benannt werden, der in Zusammenarbeit mit dem Gericht die Anklage erheben und selbige im Verfahren vor dem Gericht vertreten sollte. Art. 38 enthält Verfahrensregeln, welche ein faires Verfahren sicherstellen sollten. Darunter befinden sich das Recht des Angeklagten auf gerichtliches Gehör, auf anwaltlichen Beistand, auf Übersetzung in eine für ihn verständliche Sprache und auf Zeugenbefragung sowie auf Einsichtnahme in die Beweismittel. Das endgültige und keiner Berufung unterliegende Urteil sollte mit Mehrheitsentscheidung gefällt werden und von Sondervoten begleitet werden können (Art. 46 ff.). Art. 53 sah eine Revision des Urteils für den Fall des nachträglichen Bekanntwerdens entscheidungserheblicher Tatsachen vor. Ein fünfköpfiger Begnadigungsausschuss sollte über eine mögliche Begnadigung sowie über die Aufhebung, Verringerung oder Abänderung der Strafe entscheiden (Art. 54). Der letzte Artikel des Statutentwurfs (Art. 55) stellte klar, dass, ungeachtet der Bestimmungen des Statuts, die Staaten das Recht haben sollten, Sondergerichte mit Zuständigkeit für solche Verbrechen einzusetzen, zu deren Verfolgung sie nach allgemeinen Regeln des Völkerrechts befugt sind.
Der Bericht des *1951 Committee on International Criminal Jurisdiction* wurde an die Mitgliedsstaaten mit der Bitte um Stellungnahme weitergeleitet. Im Laufe des Jahres 1952 gingen Stellungnahmen von elf Staaten bei den Vereinten Nationen ein.[30] Wie nicht anders zu erwarten war, bekräftigten insbesondere Frankreich[31] und die Niederlande[32] ihre Unterstützung für einen Internationalen Strafgerichtshof, während Großbritannien[33] weiterhin die Auffassung vertrat, dass die Zeit für eine solche Institution noch nicht reif sei.

Im November 1952 war der Bericht des *1951 Committee on International Criminal Jurisdiction* Grundlage der Beratungen des Rechtsausschusses (*Sixth Committee*) über die Frage der Einsetzung eines Internationalen Strafgerichtshofs.[34] Zu Beginn der Beratungen sprach der niederländische Vertreter Röling von der Möglichkeit, dass einige Mitgliedsstaaten aufgrund des andauernden Widerstandes einiger Regierungen, insbesondere der

---

[30] Comments received from governments regarding the report of the Committee on International Criminal Jurisdiction, Document No. A/2186 and Add. 1, in: United Nations, General Assembly, Official Records, Agenda item 52, Annexes, Seventh Session, New York 1952-1953, S. 1 ff.

[31] Ebenda, S. 2 f.

[32] Ebenda, S. 8 ff.

[33] Ebenda, S. 12 ff.

[34] Sixth Committee, 321st - 328th Meeting, November 1952, in: United Nations, General Assembly, Seventh Session, Official Records, S. 95 ff.

Großbritanniens, mittlerweile entmutigt sein könnten. Er schlug daher vor, zunächst darüber zu entscheiden, ob die Idee der Einsetzung eines Internationalen Strafgerichtshofs überhaupt weiterverfolgt werden solle.[35] Der Franzose De Lacharrière erinnerte jedoch daran, dass die Generalversammlung auf ihrer fünften Sitzung der Auffassung war, die Frage der Einsetzung eines Internationalen Strafgerichtshofs könne nicht abstrakt gelöst werden. In Anbetracht der Tatsache, dass nur wenige Staaten durch eigene Stellungnahmen ihr Interesse an einem solchen Gerichtshof bekundet hätten, schlug er vor, dass vorerst nur die Grundzüge des Entwurfs des *1951 Committee on International Criminal Jurisdiction* erörtert werden sollten.[36]
Im Anschluss an Großbritanniens erneutes "die Zeit ist noch nicht reif"[37] wiederholte der sowjetische Delegierte seine Bedenken im Hinblick auf die Souveränität der Staaten.[38] Der Schwede Holmback schlug daher einen Kompromiss vor. Um sich ein Bild von der Auffassung möglichst vieler Mitgliedsstaaten zu machen, sollten die Staaten, die sich bisher nicht geäußert hatten, ihre Einschätzung bezüglich der Einsetzung eines Internationalen Strafgerichtshofs kundtun. Erst nachdem diese Stellungnahmen bei den Vereinten Nationen eingegangen seien, sollte sich das *Committee on International Criminal Jurisdiction* weiter mit diesem Vorhaben beschäftigen.[39] Dieser Vorschlag wurde in Form eines Resolutionsentwurfs mit der Einschränkung angenommen, dass die Beratungen nicht länger als ein Jahr verschoben werden sollten.[40]

Der Resolutionsentwurf wurde am 5. Dezember 1952 von der Generalversammlung als Resolution 687 (VII) verabschiedet. Dabei wurde auf niederländische Initiative hin die Bestimmung über die einjährige Verschiebung durch eine Regelung ersetzt, nach der sich im Jahre 1953 ein weiteres *Committe on International Criminal Jurisdiction* mit der Idee eines Internationalen Strafgerichtshofs befassen sollte. Dabei sollte insbesondere die Art und Weise seiner Einsetzung und sein Verhältnis zu den Vereinten Nationen erörtert werden.[41]

[35] Ebenda, S. 95.
[36] Ebenda.
[37] Ebenda, S. 97.
[38] Sixth Committee, 327th Meeting, Friday, 14 November 1952, in: United Nations, General Assembly, Seventh Session, Official Records, S. 133 f.
[39] Sixth Committee, 325th Meeting, Wednesday, 12 November 1952, in: United Nations, General Assembly, Seventh Session, Official Records, S. 117.
[40] Sweden: revised draft resolution (Document A/C.6/L.261/Rev.1), in: United Nations, General Assembly, Seventh Session, Official Records, Agenda item 52, Annexes, S. 19; Report of the Sixth Committee, ebenda, S. 20 ff.
[41] Netherlands: amendments to the draft resolution proposed by the Sixth Committee (A/2275), Document A/L.119, in: United Nations, General Assembly, Seventh Session, Official Records, Agenda item 52, Annexes, S. 23 f.

Im Juli 1953 wurden die eingegangenen Stellungnahmen von den Regierungen der Mitgliedsstaaten vom Generalsekretariat ausgewertet und zusammengefasst. In dieser Form waren sie Grundlage der Beratungen des zweiten, des *1953 Committee on International Criminal Jurisdiction* im Juli und August 1953.

9.4. Der Statutentwurf des *1953 Committe on International Criminal Jurisdiction*

Wie schon das erste bestand auch das zweite Komitee aus 17 Delegierten, von denen jedoch acht neu hinzugekommen waren. Insofern war abzusehen, dass der Statutentwurf aus dem Jahre 1951 einigen Änderungen unterworfen werden würde. Während grundsätzlich Einigkeit bestand, dass die Vereinten Nationen an der Einsetzung eines Internationalen Strafgerichtshofs in irgendeiner Form beteiligt sein müssten, herrschte Unklarheit über die Relation zwischen der Weltorganisation und dem Gerichtshof. Diese Beziehung war untrennbar mit der Frage verbunden, welche Rolle die Vereinten Nationen bei der Einsetzung des Gerichtshofs spielen würden. Einige Delegierte befürchteten, dass der Gerichtshof in politische Abhängigkeit zu den Vereinten Nationen geraten könnte, und sprachen sich sogar für eine völlige Unabhängigkeit aus.[42] Als Möglichkeiten zur Gründung eines Internationalen Strafgerichtshofs wurden vorgeschlagen: eine Abänderung der UN-Charta, eine multilaterale Konvention, eine Resolution der Generalversammlung und eine Resolution der Generalversammlung, deren Bestandteil ein Statut wäre. Der Gerichtshof würde nach der letzten Alternative dann ins Leben gerufen werden, wenn eine bestimmte Anzahl von Staaten die Zuständigkeit des Gerichtshofs durch eine Konvention begründeten und damit auch das Statut anerkennen würden.[43]

Gegen die Änderung der UN-Charta wurden die gleichen Bedenken geäußert wie schon im *1951 Committee on International Criminal Jurisdiction*. Die Einsetzung des Gerichtshofs durch eine Resolution der Generalversammlung hätte zwar einen zeitlichen Vorteil, doch bestünde die Gefahr der mangelnden Anerkennung. Mit acht zu zwei Stimmen, bei drei Enthaltungen, wurde entschieden, dass die Internationale Staatenkonferenz unter der Schirmherrschaft der Vereinten Nationen eine Konvention zur Einsetzung eines Internationalen Strafgerichtshofs ausarbeiten solle.

Der Gerichtshof sollte mittels des Beitritts einer bestimmten Anzahl von Staaten zu dieser Konvention, deren Bestandteil ein Statut wäre, gegründet werden. Ebenfalls müsste eine bestimmte, später genauer zu bestimmende Anzahl von Staaten die Zuständigkeit des Gerichtshofs anerkennen.[44] Um den Staaten die

---

[42] Report of the 1953 Committee on International Criminal Jurisdiction, 27 July - 20 August 1953, in: United Nations, General Assembly, Official Records: Ninth Session, Supplement No. 12 (A/2645), S. 4.

[43] Ebenda, S. 5 ff.

[44] Ebenda, S. 8.

Akzeptanz der neuen Institution eines Internationalen Strafgerichtshofs zu erleichtern, wurde die die Übertragung der Zuständigkeit regelnde Bestimmung des Art. 26 des Statutentwurfs um die ausdrückliche Klarstellung ergänzt, dass es keine Zuständigkeitsvermutung für den Gerichtshof gäbe (Art. 26 (1)). Darüber hinaus wurde mit Art. 26 (2) die Regelung getroffen, dass die Begründung der Zuständigkeit des Gerichtshofs nicht zwangsläufig zu einer Einschränkung nationaler Gerichtsbarkeit führen sollte. An die Stelle der Vorschrift des Art. 28 des bisherigen Statutentwurfs, nach der dem Gerichtshof nur mit Zustimmung der Generalversammlung die Zuständigkeit übertragen werden konnte, trat der Hinweis auf die Möglichkeit, dem Gerichtshof durch Benachrichtigung des Generalsekretärs die Zuständigkeit wieder zu entziehen. Gemäß Art. 29 sollten nur noch die Staaten und nicht mehr die Generalversammlung befugt sein, den Gerichtshof anzurufen. Ein von den Vereinten Nationen zu beauftragendes Organ sollte jedoch ein Verfahren vor dem Gerichtshof beenden können, wenn dies im Interesse des Friedens notwendig sei (Alternative B). Angesichts des politischen Charakters zumindest des Sicherheitsrats der Vereinten Nationen muss festgestellt werden, dass diese Regelung leider nicht in Vergessenheit geraten sollte und leicht modifiziert als Art. 16 in das Statut von Rom für den Ständigen Internationalen Strafgerichtshof aufgenommen wurde.[45]
Die Untersuchungskommission zur Vorbereitung der Verfahren vor dem Gerichtshof sollte sich nicht mehr aus Repräsentanten der Mitgliedsstaaten, sondern aus fünf Richtern zusammensetzen (Art. 33). Obwohl grundsätzlich keine Geschworenenverfahren vorgesehen waren, wurde auf Antrag der Vereinigten Staaten der Art. 37 um die Regelung ergänzt, dass die Staaten im Einzelfall ein solches vereinbaren können sollten.

Insgesamt ist festzustellen, dass im neuen Statutentwurf einige Kompromisse gemacht wurden, um den Staaten etwas von ihrer Skepsis gegenüber einem Internationalen Strafgerichtshof zu nehmen. Auch wurde der politischen Realität Rechnung getragen, was dazu führte, dass den Vereinten Nationen und ihren Organen weniger Einfluss auf die Organisation und Arbeitsweise eines Internationalen Gerichtshofs gewährt wurde.

Der Bericht mit dem Statutentwurf des *1953 Committee on International Criminal Jurisdiction* wurde der Generalversammlung der Vereinten Nationen vorgelegt. Dort wäre es, nachdem die theoretische Grundlage zur Gründung eines Internationalen Strafgerichtshofs in Form des Statutentwurfs vorlag, an der Zeit gewesen, die Frage zu beantworten, ob der politische Wille zu dieser Gründung vorhanden war. Stattdessen folgte die Generalversammlung einer Empfehlung des

---

[45] Vgl. unten: 14.2.2.2.

Sixth Committee[46] und beschloss, alle diesbezüglichen Beratungen zu verschieben.[47] Das *Sixth Committee* fand es - grundsätzlich zu Recht - erstrebenswert, das geplante Internationale Strafgesetzbuch (*Draft Code of Offences against the Peace and Security of Mankind*) durch einen Internationalen Strafgerichtshof zur Anwendung zu bringen. Daher sollte erst der Abschluss der Beratungen abgewartet werden, bevor man sich weiter mit dem Gerichtshof befasse. Eine Weiterentwicklung des *Draft Code* sei jedoch so lange nicht sinnvoll, bis man sich über eine Definition des Verbrechens der Aggression einigen könne.

In Anbetracht des Vietnamkrieges und der Spannungen des Kalten Krieges war damit das Schicksal des Internationalen Strafgerichtshofs bis auf weiteres besiegelt. Erst zwanzig Jahre später, am 14. Dezember 1974, verabschiedete die Generalversammlung eine Definition der Aggression.[48] Ein Internationales Strafgesetzbuch gibt es bis heute nicht.

---

[46] Report of the Sixth Committee, Document A/2827, in: United Nations, General Assembly, Official Records, Agenda item 50, Annexes, Ninth Session, New York 1954, S. 1 ff.

[47] Resolution 898 (IX) adopted by the General Assembly at its 512th plenary meeting, on 14 December 1954, Document A/RES/266, in: United Nations, General Assembly, Official Records, Agenda item 50, Annexes, Ninth Session, New York 1954, S. 3 f.

[48] General Assembly Resolution 3314 (XXIX), 14 December 1974, wiedergegeben in: Djonovich XV, Fn. 20, S. 392 ff.

10. Kapitel: Die Konvention zur Bekämpfung und Ahndung der Apartheid von 1973

Nachdem die Regierung in Südafrika im Jahre 1949 ein System der Apartheid errichtet hatte und die schon nach dem Ersten Weltkrieg einsetzenden Unabhängigkeitsbestrebungen der Kolonialländer zunahmen, verabschiedeten die Vereinten Nationen am 14. Dezember 1960 eine Erklärung über die Gewährung der Unabhängigkeit an Kolonialländer und -völker[1] sowie am 20. November 1963 eine Erklärung über die Beseitigung aller Formen rassistischer Diskriminierung.[2] Darin wurde bekräftigt, dass Rassendiskriminierung ein Hemmnis für freundschaftliche und friedliche Beziehungen zwischen den Völkern sei und den Frieden und die Sicherheit zwischen den Völkern stören könne.

Am 7. März 1966 wurde dann das erste internationale Übereinkommen zur Bekämpfung der Rassendiskriminierung verabschiedet, in dessen Präambel eine Politik der Apartheid erstmals als Gefährdung des internationalen Friedens und der Sicherheit zwischen den Völkern charakterisiert wurde. Diesem Übereinkommen mangelte es jedoch an Effektivität, sodass innerhalb der Vereinten Nationen schon bald Bemühungen einsetzten, diesen Mangel zu beheben. Das Ergebnis war die am 30. November 1973 verabschiedete und am 18. Juli 1976 in Kraft getretene Konvention zur Bekämpfung und Ahndung des Verbrechens der Apartheid.[3] Diejenigen, die sich als Einzelpersonen, als Mitglieder einer Organisation oder als Staatsrepräsentanten des Verbrechens der Apartheid schuldig gemacht hatten, sollten auf nationaler wie auch auf internationaler Ebene strafrechtlich zur Verantwortung gezogen werden. Damit schloss die Konvention eine Entwicklung ab, welche dadurch gekennzeichnet war, dass bereits in mehreren Resolutionen der Generalversammlung[4] und im Übereinkommen über die Nichtanwendbarkeit der Verjährungsvorschriften auf Kriegs- und Humanitätsverbrechen aus dem Jahre 1968 die Apartheid als ein Verbrechen gegen die Menschlichkeit anerkannt und dementsprechend verurteilt wurde. Ebenfalls geächtet waren in diesem

---

1 General Assembly Resolution 1514 (XV), 14 December 1960, in: Djonovich, Dusan J. (Editor): United Nations Resolutions, Series I, Resolutions adopted by the General Assembly, New York (zit.: Djonovich Bd.-Nr.), hier: Djonovich VIII, S. 188 f.

2 General Assembly Resolution 1904 (XVIII), 20 November 1963, in: Djonovich IV, Fn. 1, S. 224 ff.

3 International Convention on the Suppression and Punishment of the Crime of Apartheid, General Assembly Resolution 3068 (XXVIII), 30 November 1973, in: United Nations, General Assembly, Official Records: Twenty-Eighth Session, Supplement No. 30 (A/9030), S. 75 ff.

4 Vgl.: General Assembly Resolution 2022 (XX), 5 November 1965, in: Djonovich X, Fn. 1, S. 150 f.; General Assembly Resolution 2074 (XX), 17 December 1965, ebenda, S. 156 f.; General Assembly Resolution 2145 (XXI), 27 October 1966, in: Djonovich XI, Fn. 1, S. 118 f.; General Assembly Resolution 2262 (XXII), 3 November 1967, ebenda, S. 285 f.

Zusammenhang bestimmte Verhaltensweisen, die auch als Apartheid qualifiziert werden konnten und schon als Völkermord unmittelbar nach Völkerrecht strafbar waren.[5]

Aus Art. IV der Konvention ergibt sich die Verpflichtung der Staaten, alle notwendigen gesetzgeberischen Maßnahmen zur Verfolgung und Bestrafung des Verbrechens der Apartheid zu unternehmen. Art. V erklärt neben den nationalen Gerichten auch einen Internationalen Strafgerichtshof für die Ahndung des Verbrechens zuständig. Die Zuständigkeit eines internationalen Tribunals unterlag aber der fakultativen Zustimmung der Vertragsstaaten der Konvention. Um die Auslieferung einer des Apartheidverbrechens beschuldigten Person sicherzustellen, bestimmte Art. XI, dass dieses nicht als ein politisches Verbrechen anzusehen sei.[6]
Mit der Konvention wurde die Strafbarkeit des Verbrechens der Apartheid unmittelbar nach Völkerrecht begründet.[7] Die gewohnheitsrechtliche Fundierung des Verbrechens der Apartheid wird jedoch in Zweifel gezogen, da kein Staat der "westlichen Gruppe" die Apartheidkonvention unterzeichnete.[8] Der Grund für die mangelnde Anerkennung der Konvention wird darin gesehen, dass man glaubte, die Apartheid in Südafrika besser durch politische Mittel oder durch wirtschaftliche Sanktionen bekämpfen zu können.[9] Zu einer internationalen strafrechtlichen Verfolgung eines Verbrechens der Apartheid ist es bislang noch nicht gekommen.

---

5 Vgl. Präambel der Apartheidkonvention.

6 Vgl. dazu oben: 5.2., 3.

7 Triffterer, Otto: Bestandsaufnahme zum Völkerstrafrecht, in: Hankel, Gerd/Stuby, Gerhard (Hrsg.): Strafgerichte gegen Menschheitsverbrechen, Hamburg 1995 (zit.: Hankel/Stuby), S. 169 ff. (193).

8 Tomuschat, Christian: Die Arbeit der ILC im Bereich des materiellen Völkerstrafrechts, in: Hankel/Stuby, S. 270 ff. (281).

9 Ebenda, S. 282.

11. Kapitel: Die wissenschaftliche Entwicklung in der Zeit des Kalten Krieges

Aufgrund der Spannungen des Kalten Krieges kamen die Bemühungen innerhalb der Vereinten Nationen für einen Internationalen Strafgerichtshof, aber auch für ein Internationales Strafgesetzbuch zum Erliegen. Wie bereits im Anschluss an den Ersten Weltkrieg waren es die *Association Internationale de Droit Pénal* (AIDP) und die *International Law Association* (ILA), die die wissenschaftliche Diskussion in Bezug auf diese Vorhaben weiter aufrecht erhielten.[1]

11.1. Die Bemühungen der Association Internationale de Droit Pénal

Anders als nach dem Ersten Weltkrieg führten die Bemühungen der AIDP im Anschluss an den Zweiten Weltkrieg nicht zum Entwurf eines Statuts für einen Strafgerichtshof.[2]

Der Schwerpunkt des 13. Internationalen Strafrechtskongresses der AIDP 1984 in Kairo lag im Bereich der internationalen Zusammenarbeit bei der Strafverfolgung. Die Schaffung eines Internationalen Strafgerichtshofs wurde in naher Zukunft für nicht realisierbar gehalten und daher nur am Rande behandelt.[3] Es kam aber der pragmatische Vorschlag auf, dass Staaten, die eine internationale Strafgewalt befürworteten, sich zumindest auf regionaler Ebene und außerhalb der Vereinten Nationen auf eine entsprechende Konvention einigen können sollten.[4] Ungeachtet ihrer pessimistischen Einschätzung hinsichtlich der Realisierbarkeit des Vorhabens, bezeichnete die AIDP in der Entschließung zu ihrem 13. Kongress die Errichtung eines Internationalen Strafgerichtshofs, selbst auf regionaler Ebene, weiter als ein vorrangiges Ziel.[5]

Gegenstand des 14. Internationalen Strafrechtskongresses der AIDP im Jahre 1989 in Wien waren „Internationale Verbrechen und nationales Strafrecht“. In der zu diesem Themenbereich verabschiedeten Entschließung wurde zwischen völkerrechtlichen Verbrechen *stricto sensu* und völkerrechtlichen Verbrechen

---

[1] Vgl. oben unter: 4.3, 4.4.2.

[2] Vgl. oben unter: 4.4.2.2.

[3] Entschließungen des XIII. Internationalen Strafrechtskongresses in Kairo 1984, Thema IV: Strukturen und Methoden der internationalen und regionalen Zusammenarbeit in Strafsachen (zit.: Entschließungen des XIII. Internationalen Strafrechtskongresses der AIDP), in: ZStW 97 (1985), S. 731 ff. (746).

[4] Ebenda, S. 748; vgl. Grebing, Gerhardt: Zur Schaffung eines Internationalen Strafgerichtshofes, in: GA 1976, S. 97 ff. (109 f.).

[5] Entschließungen des XIII. Internationalen Strafrechtskongresses der AIDP, Fn. 3, S. 746.

lato sensu unterschieden.[6] Zu den völkerrechtlichen Verbrechen i. e. S *(stricto sensu)* sollten nur solche Verbrechen zählen, deren Strafbarkeit von der Völkergemeinschaft anerkannt sei.[7] Diese Verbrechen sollten beschränkt bleiben auf Verletzungen der höchsten Werte der internationalen Gemeinschaft. Für die strafrechtliche Verfolgung der völkerrechtlichen Verbrechen *stricto sensu* wurde ein Internationaler Strafgerichtshof gefordert. Dabei wurde weiterhin die Möglichkeit der Errichtung von internationalen Strafgerichtshöfen auf regionaler Ebene ins Auge gefasst.[8]
Noch im Jahre 1994 wurde innerhalb der AIDP die Errichtung eines internationalen Welt-Strafgerichtshofs für kaum realisierbar gehalten. Dies wurde bei der Wahl des Titels des IV. Themenbereichs des 15. Internationalen Strafrechtskongresses der AIDP in Rio de Janeiro im September 1994 deutlich: „Die Regionalisierung des internationalen Strafrechts und der Schutz der Menschenrechte bei der internationalen Zusammenarbeit in Strafsachen“.[9] Ihrer Besorgnis Ausdruck verleihend, dass Verzögerungen bei der Errichtung einer ständigen internationalen Strafgerichtsbarkeit die Probleme des Friedens und der Sicherheit der Völker auf der ganzen Welt verschlimmern würden, forderte die AIDP in einer Resolution die Vereinten Nationen auf, eine Bevollmächtigtenkonferenz einzuberufen. Diese sollte über die Errichtung eines Ständigen Internationalen Strafgerichtshofs beraten.[10] Zu einer nennenswerten Weiterentwicklung der 1989 in Wien entwickelten Ansätze kam es indes nicht.

11.2 Der Statutentwurf der *International Law Association* von 1984

Auf ihrer 61. Konferenz in Paris nahm die ILA einen Statutentwurf für einen Internationalen Strafgerichtshof in Form einer Resolution an. Die Vorarbeiten zu diesem Statutentwurf leistete das *International Criminal Law Committee* der ILA während der ILA-Konferenzen in den Jahren 1980 und 1982.

---

6 Entschließungen des XIV. Internationalen Strafrechtskongresses in Wien 1989, Thema IV: Völkerrechtliche Verbrechen und nationales Strafrecht (zit.: Entschließungen des XIV. Internationalen Strafrechtskongresses der AIDP), in: ZStW 102 (1990), S. 683 ff. (702 f.).

7 Ebenda, S. 703.

8 Ebenda, S. 704.

9 Entschließungen des XV. Internationalen Strafrechtskongresses in Rio de Janeiro 1994, Thema IV: Die Regionalisierung des Internationalen Strafrechts und der Schutz der Menschenrechte bei der Internationalen Zusammenarbeit in Strafsachen, in: ZStW 108 (1996), S. 688 ff. (711 ff.).

10 Resolution betreffend einen Internationalen Strafgerichtshof, ebenda, S. 716; zur gleichen und nahezu zeitgleichen Empfehlung der ILC siehe unten unter: 14.3.

11.2.1 Die Konferenz von Belgrad (1980)

Ausgangspunkt der Beratungen des *International Criminal Law Committee* der ILA war ein von Berichterstatter Professor Dietrich Oehler aus Deutschland vorbereiteter Statutentwurf für einen Internationalen Strafgerichtshof.[11] Dieser Statutentwurf wurde durch das *International Criminal Law Committee* mit geringfügigen Änderungen versehen und im Rahmen eines Zwischenberichts an die ILA in Form einer Resolution verabschiedet.[12] Die Besonderheit dieses Statutentwurfs bestand darin, dass der *General Counsel* einer *International Commission of Criminal Inquiry*, die den Bestimmungen einer gesonderten Konvention unterliegen sollte[13], als Öffentlicher Ankläger des Strafgerichtshofs fungieren sollte.

Die Zuständigkeit *ratione materiae* des auf Vertragsbasis zu errichtenden Strafgerichtshofs war nach Art. 1 des Statutentwurfs sehr weit gefasst. Sie umfasste keine ausformulierten Tatbestände. Vielmehr sollte sich die Zuständigkeit des Gerichtshofs auf Verstöße gegen insgesamt 16 Konventionen erstrecken, darunter die Völkermordkonvention, die Genfer Konventionen von 1949, die Konvention über die Hohe See von 1958, die Konvention über die rechtswidrige Inbeschlagnahme von Flugzeugen von 1970 und die Sklavenhandel-Konvention von 1926.

Das Richtergremium des permanenten (Art. 2) Strafgerichtshofs mit Sitz in Den Haag (Art. 16) sollte aus neun Richtern (Art. 3) mit einer Amtszeit von sechs Jahren und der Möglichkeit der Wiederwahl (Art. 7) bestehen. Die Wahl der Richter sollte nach Art. 5 den Vertragsstaaten vorbehalten bleiben. Nach Art. 10 sollte der Gerichtshof sich seine eigenen Verfahrensregeln aufstellen.

Die Jurisdiktionsgewalt des Strafgerichtshofs sollte sich gemäß Art. 18 Abs. 1 auf natürliche Personen erstrecken und gemäß Abs. 3 dem Gerichtshof von Staaten durch eine Konvention, eine individuelle Vereinbarung oder eine unilaterale Erklärung übertragen werden. Nach Art. 19 sollten die Staaten bei der Übertragung der Zuständigkeit diese auf bestimmte der von Art. 1 erfassten

---

[11] Draft Statute for an International Criminal Court (Avant-Projet), International Law Association, Report of the Fifty-Ninth Conference held at Belgrade, August 17th, 1980, to August 23rd, 1980, London 1982 (zit.: Report of the 59th Conference of the ILA), S. 409 ff.

[12] Draft Statute for an International Criminal Court (Resolution of the International Criminal Law Committee session in Paris, May 1980), Report of the 59th Conference of the ILA, Fn. 11, S. 429 ff.

[13] Draft Statute for an International Commission of Criminal Inquiry, ebenda, S. 402 ff., 421 ff.

Verbrechen oder Verbrechenskategorien beschränken können.[14] Die formelle Zuständigkeit des Gerichtshofs sollte davon abhängig sein, dass der Staatsangehörigkeitsstaat des Täters oder der Tatortstaat dem Gerichtshof die Zuständigkeit übertragen hat.

Nach Art. 21 Abs. 1 sollten nur Straftatbestände derjenigen Konventionen zur Anwendung gelangen, die von den entsprechenden Staaten auch ratifiziert worden seien. Ferner sollte der Gerichtshof Völkerrecht und allgemein anerkannte Rechtsprinzipien anwenden. Im Hinblick auf den "Allgemeinen Teil" des Strafrechts sollte der Gerichtshof völkerrechtliche Regelungen anwenden. Wenn solche nicht existieren, sollte nationales Strafrecht anzuwenden sein, vorausgesetzt, dass letzteres nicht in Widerspruch zum internationalen Recht steht (Art. 21 Abs. 2). Auch in Bezug auf strafrechtliche Sanktionen sollte auf nationales Recht zurückgegriffen werden (Art. 21 Abs. 3). Bei der Wahl des anzuwendenden materiellen Strafrechts sollte nach Art. 21 Abs. 4 vorrangig das mildeste anzuwenden sein, zu entnehmen entweder dem Recht des Staatsangehörigkeitsstaates des Täters oder dem Recht des Tatortstaates.

Nach Art. 22 sollte der Gerichtshof weder grundsätzlich vorrangig (vgl. Art. 9 Abs. 2 ICTY-Statut) noch grundsätzlich nachrangig (vgl. Art. 1 ICC-Statut) gegenüber der einzelstaatlichen Strafgerichtsbarkeit zuständig sein. Vielmehr sollte es von der freien Entscheidung der Staaten abhängen, ob sie einen Beschuldigten vor ihren eigenen Gerichten strafrechtlich verfolgen oder ihn an den Strafgerichtshof überstellen.

Nach der Regelung des Art. 23 Abs. 2 sollten Staaten den Gerichtshof direkt anrufen können.[15] Die Befugnis, Verfahren vor dem Strafgerichtshof einzuleiten, sollte auch bei der bereits erwähnten *International Commission of Criminal Inquiry* liegen, wenn ihr dazu vom Staatsangehörigkeitsstaat des Täters oder vom Tatortstaat die Befugnis übertragen wurde, vorausgesetzt, diese Staaten haben die Zuständigkeit des Gerichtshofs in Bezug auf das in Frage stehende Verbrechen anerkannt (Art. 23 Abs. 1).[16] Der *General Counsel* der *International Commission*

---

[14] Eine solche so genannte *Opt out*-Möglichkeit ist, beschränkt auf den Tatbestand der Kriegsverbrechen und auf den Zeitraum von sieben Jahren, in das Statut von Rom für den Ständigen Internationalen Strafgerichtshof aufgenommen worden. Vgl. unten unter: 15.2.2.3.

[15] Vgl. noch Art. 23 des vorherigen Statutentwurfs (Avant-Projet), Fn. 11, in dem dies noch nicht vorgesehen war.

[16] Bis zur Errichtung eines Internationalen Strafgerichtshofs sollte die Internationale Strafrechtliche Untersuchungskommission gegenüber den Vertragsstaaten der Konvention über ihre Einsetzung die Empfehlung abgeben können, Anklage gegen Personen zu erheben, die sich nach dem Ergebnis der Ermittlungen der Kommission völkerrechtlicher

of Criminal Inquiry sollte die Funktion des Öffentlichen Anklägers des Gerichtshofs ausüben (Art. 24). Im Rahmen ihrer Ermittlungstätigkeit sollte die *International Commission of Criminal Inquiry* befugt sein, Zeugen zur Vernehmung vorzuladen oder Sachverständigengutachten einzuholen (Art. 26 Abs. 1). Nach Art. 27 Abs. 1 sollte die *International Commission of Criminal Inquiry* die Staaten um Unterstützung bei der Ermittlungstätigkeit ersuchen können. Vertragsstaaten des Gerichtshofs sollten zur Zusammenarbeit verpflichtet sein, ohne dabei gegen vertragliche Verpflichtungen aus anderen Konventionen zu verstoßen (Art. 27 Abs. 2). Am Ende ihrer Ermittlungen sollte die *International Commission of Criminal Inquiry* im Falle der tatsächlichen oder rechtlichen Unbegründetheit der Staatenbeschwerde das Ermittlungsverfahren einstellen (Art. 30 Abs. 1 lit. a). Nach Art. 30 Abs. 1 lit. b sollte die Möglichkeit bestehen, die Sache durch Zustimmung aller Interessierten für erledigt zu erklären oder, wenn es nach dem Ermittlungsergebnis angezeigt war, nach Art. 30 Abs. 1 lit. c i. V. m. Abs. 2 über den Öffentlichen Ankläger Anklage erheben. Die Vertretung der Anklage vor dem Gerichtshof fiel in die Zuständigkeit des Öffentlichen Anklägers.

Der Gerichtshof sollte nicht an die Anwendung des Rechts gebunden sein, welches der Öffentliche Ankläger seiner Anklage zugrunde legt (Art. 31 Abs. 2). Mit dem Verfahren gegen den Angeklagten sollte nicht begonnen werden dürfen, bevor sich der Gerichtshof davon überzeugt hat, dass dem Angeklagten die Anklageschrift so rechtzeitig ausgehändigt wurde, dass ihm ausreichend Zeit zur Vorbereitung seiner Verteidigung geblieben ist (Art. 32 Abs. 2). Nach Art. 33 sollte vor dem Gerichtshof Anwaltszwang herrschen.

Voraussetzung für das an den Staatsangehörigkeitsstaat des Täters, den Tatortstat oder den Aufenthaltsstaat des Täters zu richtende Ersuchen auf Erlass eines Haftbefehls sollte unter anderem sein, dass einer dieser Staaten dem Gerichtshof die Zuständigkeit in Bezug auf die strafrechtliche Verfolgung des oder der dem Beschuldigten vorgeworfenen Verbrechen übertragen hat (Art. 36).

Nach dem Beginn der Verhandlung gegen den Angeklagten vor dem Gerichtshof sollte es gemäß Art. 38 nicht mehr möglich sein, ein Verfahren auf Betreiben des Beschwerdestaates einzustellen. Im Falle der Beschwerderücknahme vor Beginn der Verhandlung sollte der Angeklagte vom strafrechtlichen Vorwurf entlastet *(discharge)*, in den Fällen des Nichterwiesenseins seiner Schuld freigesprochen *(acquit)* werden. Art. 42 sah die Möglichkeit von Sondervoten vor. Die Urteile des Gerichtshofs sollten nach Art. 43 nicht der Berufung unterliegen. Die Wiederaufnahme des Verfahrens ist in Art. 45 geregelt und sollte nur dann

---

Verbrechen schuldig gemacht haben, und sie sollte die Vertragsstaaten verpflichten können, solche Verbrechen strafrechtlich zu verfolgen.

möglich sein, wenn neue, zum Zeitpunkt des Verfahrens dem Gericht und dem Angeklagten nicht bekannte entscheidungserhebliche Tatsachen vorliegen. Nach Art. 46 S. 1 sollte die Strafe in einem vom Gerichtshof dazu bestimmten Staat vollstreckt werden. Kein Staat sollte zur Vollstreckung der Todesstrafe verpflichtet sein (Art. 46 S. 2).

Zu Beginn der Beratungen über diesen Statutentwurf für einen Internationalen Strafgerichtshof machte Berichterstatter Professor Oehler deutlich, dass mit dem Gerichtshof nicht die Durchsetzung rein politischer Ziele verfolgt würde. Daher seien in den Katalog des Art. 1 keine politischen Verbrechen aufgenommen worden.[17] Auch sei es ratsam, die Zuständigkeit *ratione materiae* zunächst auf einen Kern von Verbrechen zu begrenzen, die von den Staaten in Konventionen bereits anerkannt seien. Mit zunehmender Akzeptanz des Gerichtshofs könne dessen Zuständigkeit erweitert werden.[18]
Der Philippine Santos und Professor Seyersted aus Norwegen sprachen sich dafür aus, dass die in die Zuständigkeit des Gerichtshofs fallenden Verbrechen als Straftatbestände ausformuliert werden sollten. Die bloße Auflistung der die Verbrechen enthaltenden Konventionen würde eine zukünftige Anwendung des Statuts erschweren. Ein und derselbe Verbrechenstyp fände sich in mehreren Konventionen wieder.[19] Ferner wurde kritisiert, dass einige der schwersten völkerrechtlichen Verbrechen, beispielsweise die von den Nürnberger Prinzipien erfassten, in Art. 1 nicht aufgeführt seien.[20]
Professor Sundberg aus Schweden wies darauf hin, dass die Problematik des anwendbaren Rechts (Art. 21 des Statutentwurfs) zu den Hauptproblemen bei der Ausarbeitung des Statutentwurfs gehöre. Im Hinblick auf die Anwendung internationalen Rechts dürfe nicht übersehen werden, dass es in einigen Staaten erst eines Transformationsaktes bedürfe, bevor internationales Recht innerstaatliche Geltung entfalten könne.[21] Darauf gelte es besonders in Bezug auf den Grundsatz *nulla poena sine lege* zu achten. Weiterhin gebe es im Völkerstrafrecht weder einen "Allgemeinen Teil" noch ausformulierte strafrechtliche Sanktionen. Bei dem notwendigen Rückgriff auf nationales Recht müsse vorher genau festgelegt sein, welches Recht zum Zuge komme.[22] Dies

[17] Working Session, Tuesday, 19th August, 1980, Report of the 59th Conference of the ILA, Fn. 11, S. 455 ff. (457).
[18] Ebenda.
[19] Ebenda, S. 460, 464.
[20] Ebenda, S. 469 f. (Unter Ziff. VI wurden die Tatbestände des IMT-Statuts in ihrer Ausformung durch das IMT bestätigt. Zu den Nürnberger Prinzipien siehe oben unter: 6.5.).
[21] Ebenda, S. 458.
[22] Ebenda; so auch der Norweger Seyersted, ebenda, S. 465. Für eine klare Strukturierung der in Art. 1 enthaltenen Verbrechensarten sprach sich der Japaner Hatano aus, ebenda, S. 461.

müsse auch für den Rückgriff auf außerstrafrechtliche Regelungen gelten. Professor Sunden nannte hier exemplarisch zivilrechtliche Normen zur Klärung der Eigentumsverhältnisse im Falle des Diebstahls.[23]
Nach der Auffassung des Australiers Cooper sollte es nicht nur von der Zustimmung des Staatsangehörigkeitsstaates des Täters oder des Tatortstaates abhängen, ob die *International Commission of Criminal Inquiry* zur Auslösung von Verfahren vor dem Gerichtshof befugt sei. Alternativ hinzukommen sollte auch der Staat, in dem der Täter sich aufhält.[24]
Hinsichtlich der in Art. 19 vorgesehenen *Opt out*-Möglichkeit für bestimmte der von Art. 1 erfassten Verbrechen oder Verbrechenskategorien wurde konstatiert, dass diese zwar einen Weg darstellen würde, möglichst viele Staaten zum Beitritt zum Statut zu bewegen. Andererseits würde es den Staaten damit leicht gemacht, dem Statut öffentlichkeitswirksam beizutreten, ohne eine große Verpflichtung einzugehen. Staaten könnten sich, so die Französin Holloway, beim Beitritt zum Statut einfach auf die Einbeziehung solcher Konventionen beschränken, die für sie ohne praktische Bedeutung seien.[25]
Die Bestimmungen über die Rechte des Angeklagten wurden dahin gehend kritisiert, dass sie noch unzureichend seien. Vor allem die Regelung des Art. 31 Abs. 2, wonach der Gerichtshof nicht an die Anwendung des Rechts gebunden sein sollte, welches der *General Counsel* seiner Anklage zugrunde legt, sei mit den Anforderungen an ein faires Verfahren nicht in Einklang zu bringen, solange der Angeklagte nicht auf die Veränderung des rechtlichen Gesichtspunktes hingewiesen werden muss.[26]

In den Beratungen wurde auch Kritik an der generellen Vorgehensweise der ILA geübt. Die Französin Holloway behauptete, dass eine Konvention über die Errichtung eines Internationalen Strafgerichtshofs unter den gegebenen politischen Umständen keine Chance hätte, wenigstens von einer Reihe von Staaten ohne einschneidende Vorbehalte ratifiziert zu werden. Es sei daher nicht sinnvoll, Statut,- beziehungsweise Konventionsentwürfe zu formulieren, die bei den Staaten später keine Verwendung fänden.[27] Dem wurde entgegengehalten, dass die Stagnation in der Entwicklung der Durchsetzung des Völkerstrafrechts seit den Statutentwürfen der Vereinten Nationen von 1951 und 1953[28] darauf zurückzuführen sei, dass die Außenministerien der Staaten nicht die Kapazitäten zur Ausformulierung von solch umfangreichen Statutentwürfen hätten. Der Finne Broms äußerte sich daher zuversichtlich, dass die Statutentwürfe der ILA, sobald

[23] Ebenda.
[24] Ebenda, S. 466.
[25] Ebenda, S. 463.
[26] Ebenda, S. 466, 469.
[27] Ebenda, S. 463 f.
[28] Siehe dazu oben unter: 9.

sie angenommen und an die Vereinten Nationen weitergeleitet würden, dort von den mit der Materie betrauten Organen gewürdigt und in die weitere Entwicklung mit einbezogen würden.[29]

11.2.2 Die Konferenz von Montreal (1982)

Zur Vorbereitung der 60. Konferenz der ILA in Montreal tagte das *International Criminal Law Committee* im Mai 1981 in Paris, um den Statutentwurf entsprechend den in Belgrad gemachten Anmerkungen abzuändern.[30] Die wichtigsten Änderungen sollen im Folgenden kurz dargestellt werden.

Nach einem neu eingefügten Art. 12 sollten die Mitglieder des Gerichtshofs in Ausübung ihrer Tätigkeit unter diplomatischem Schutz stehen. Als Reaktion auf die Kritik betreffend die Bestimmungen des anwendbaren Rechts wurde Art. 21 (Art. 22 neu) hinsichtlich des Rückgriffs auf nationales Recht konkretisiert. Um dem Grundsatz *nulla poena sine lege* gerecht zu werden, sollte ein Rückgriff auf den "Allgemeinen Teil" nationalen Strafrechts nur noch dann möglich sein, wenn das zur Anwendung gelangende Recht in Einklang mit dem Recht desjenigen Staates steht, in dem die Tat begangen wurde (Art. 22 Abs. 2 (neu)). Durch einen entsprechenden Verweis sollte diese Einschränkung auch für die Anwendung nationaler Regelungen in Bezug auf zu verhängende Strafen gelten (Art. 22 Abs. 3 (neu)).

Soweit der Gerichtshof nach der Regelung des bisherigen Art. 21 Abs. 4 gehalten war, das mildeste in Betracht kommende nationale Strafrecht entweder dem Recht des Staatsangehörigkeitsstaates des Täters oder dem Recht des Tatortstaates zu entnehmen, fiel zugunsten des Angeklagten im neuen Art. 22 S. 3 jede Einschränkung bei der Wahl des anzuwendenden mildesten Rechts weg.

Entsprechend dem Vorschlag des Australiers Cooper wurde Art. 24 Abs. 1 (neu) dahin gehend abgeändert, dass die Befugnis der *International Commission of Criminal Inquiry* zur Einleitung von Verfahren vor dem Strafgerichtshof nicht nur von der Zustimmung des Staatsangehörigkeitsstaates des Täters oder des Tatortstaates, sondern alternativ auch von derjenigen des Aufenthaltsstaates des Täters abhängig sein sollte.

Als Reaktion auf die in Belgrad geübte Kritik bezüglich unzureichender verfahrensrechtlicher Garantien zum Schutz des Angeklagten wurde der Statutentwurf in dieser Hinsicht um einige Bestimmungen ergänzt. Neu aufgenommen wurde eine Unschuldsvermutung zugunsten des Angeklagten (Art. 35 Abs. 1 (neu)). Im Falle einer Änderung des rechtlichen Gesichtspunktes

---

[29] Working Session, Tuesday, 19th August, 1980, Report of the 59th Conference of the ILA, Fn. 11, S. 468 f.

[30] Draft Statute for an International Criminal Court (As amended at the Committee Session held on 16th and 17th May 1981 in Paris), International Law Association, Report of the Sixtieth Conference held at Montreal, August 29th, 1982, to September 4th, 1982, London 1983 (zit.: Report of the 60th Conference of the ILA), S. 454 ff.

in Bezug auf die dem Angeklagten zur Last gelegte Tat sollten die Parteien, und damit auch der Angeklagte, darüber ordnungsgemäß aufgeklärt werden (Art. 32 Abs. 2 (neu)). Das Haftbefehlsersuchen sollte nicht mehr alternativ von dringendem Tatverdacht oder der Überzeugung von der Schuld des Beschuldigten, sondern vom kumulativen Vorliegen dieser Voraussetzungen abhängig sein (Art. 37 (neu)).

Mit diesen Änderungen war der Statutentwurf Gegenstand der Beratungen des *International Criminal Law Committee* auf der 60. Konferenz der ILA in Montreal. Berichterstatter Professor Oehler hob hervor, dass die modifizierten Bestimmungen über das vom Gerichtshof anzuwendende Recht (Art. 22) dem Grundsatz *nulla poena sine lege* gerecht würden.[31] Auch die Anforderungen an ein faires Verfahren seien durch die in den Statutentwurf aufgenommenen Regelungen erfüllt.[32] Der Amerikaner Ferencz kritisierte, dass die nach zähen Auseinandersetzungen innerhalb der Vereinten Nationen verabschiedete Definition der Aggression[33] nicht als ein in die Zuständigkeit des Gerichtshofs fallendes Verbrechen in den Katalog des Art. 1 aufgenommen wurde. Dass diese Definition den Anforderungen an einen strafrechtlichen Tatbestand nicht gerecht werde, stünde dem nicht entgegen. Es sei Aufgabe der ILA, hier eine Vorreiterrolle zu übernehmen und den Weg zur Formulierung von völkerrechtlichen Straftatbeständen zu ebnen.[34] Soweit sich Ferencz hinsichtlich des Aggressionsverbrechens auf dessen Bestätigung in den Nürnberger Prinzipien berief, hielt ihm der Schwede Sundberg entgegen, dass letzteren nicht in dem Maße Anerkennung zuteil werde, wie dies von Ferencz dargestellt würde. Im Übrigen sei es sehr unwahrscheinlich, dass sich eine *debellatio*[35] wie nach dem Zweiten Weltkrieg wiederholen werde.[36] Ferner kritisierte Sundberg die Aufnahme der Apartheidkonvention von 1973[37] in den Statutentwurf, da diese Konvention einer Anwendung durch einen Strafgerichtshof nicht zugänglich sei.

---

[31] Working Session, Tuesday, September 2, 1982, Report of the 60th Conference of the ILA, Fn. 30, S. 463 ff. (464).
[32] Ebenda.
[33] General Assembly Resolution 3314 (XXIX), 14 December 1974, wiedergegeben in: Djonovich, Dusan (Editor): United Nations Resolutions, Series I, Resolutions adopted by the General Assembly, New York (zit.: Djonovich Bd.-Nr.), hier: Djonovich XV, S. 392 ff.
[34] Working Session, Tuesday, September 2, 1982, Report of the 60th Conference of the ILA, Fn. 30, S. 463 ff. (465).
[35] Siehe dazu oben unter: 6.3.1.2.
[36] Working Session, Tuesday, September 2, 1982, Report of the 60th Conference of the ILA, Fn. 30, S. 463 ff. (465).
[37] Zur Apartheidkonvention siehe oben unter: 10.

11.2.3 Die Konferenz von Paris (1984)

Der in Montreal vom *International Criminal Law Committee* behandelte Statutentwurf wurde von der ILA auf ihrer 61. Konferenz ohne weitere nennenswerte Änderungen als Statut für einen Internationalen Strafgerichtshof angenommen.[38] In ihrer Resolution Nr. 6 1984 forderte die ILA ihren Generalsekretär auf, das Statut an den Generalsekretär der Vereinten Nationen weiter zu leiten. Nach einer in der Resolution beschlossenen Empfehlung sollte der UN Generalsekretär aufgefordert werden, das Statut an den Wirtschafts- und Sozialrat[39] sowie an die Mitgliedsstaaten der Vereinten Nationen weiterzuleiten.[40] Der Empfehlung der ILA kam der UN Generalsekretär jedoch nicht nach. Die Vorschläge der ILA wurden nicht weiterverfolgt.

Vor allem die sehr weit gefasste Zuständigkeit *ratione materiae* nach Art. 1 des Statutentwurfs hätte einer breiten Akzeptanz in der Staatengemeinschaft entgegengestanden. Der Katalog des Art. 1 ist während der Beratungen von ursprünglich 16 auf 20 Konventionen angewachsen und umfasste unter anderem mit der Apartheidkonvention von 1973 auch politische Verbrechen. Der ursprüngliche Gedanke des Berichterstatters Professor Oehler, in den Katalog des Art. 1 keine politischen Verbrechen aufzunehmen[41], wurde damit fallen gelassen. Gleiches gilt in Bezug auf den Vorsatz, dass die Zuständigkeit des Gerichtshofs nur allgemein anerkannte, von möglichst vielen Staaten ratifizierte Konventionen umfassen sollte.[42]
Einen positiven Ansatz stellt die Regelung des Art. 39 des Statutentwurfs dar. Danach sollte es mit Beginn der öffentlichen Verhandlung vor dem Gerichtshof nicht mehr möglich sein, ein Verfahren auf Betreiben des Beschwerdestaates einzustellen.[43] Die Möglichkeit, einen Staat über politischen, wirtschaftlichen oder gar militärischen Druck zur Rücknahme seiner Beschwerde zu drängen, wäre damit zu einem Zeitpunkt, in dem im Zuge der Sachverhaltsaufklärung möglicherweise unangenehme Tatsachen aufgedeckt werden, nicht mehr gegeben. Dies hätte es in wirtschaftlicher oder militärischer Abhängigkeit stehenden Staaten leichter gemacht, vom Recht der Staatenbeschwerde Gebrauch zu machen.

---

[38] Statute for an International Criminal Court, International Law Association, Report of the Sixty-First Conference held at Paris, August 26th, 1984, to September 1st, 1984, London 1985 (zit.: Report of the 61st Conference of the ILA), S. 257 ff.

[39] Bereits im Rahmen der Ausarbeitung der Genozidkonvention von 1948 war der UN Wirtschafts- und Sozialrat mit der Entwicklung des Völkerstrafrechts und seiner Kodifizierung befasst. Siehe dazu oben unter: 8.

[40] Resolution No. 6 1984, International Criminal Law, Report of the 61st Conference of the ILA, Fn. 38, S. 4 ff.

[41] Vgl. oben unter: 11.4.1.

[42] Zur mangelnden Anerkennung der Apartheidkonvention siehe oben unter: 10.

[43] Zur Befugnis des UN-Sicherheitsrats, nach Art. 16 ICC-Statut laufende Verfahren vor dem ICC zu unterbrechen, siehe unten unter: 15.2.2.2.

Der politischen Durchsetzung der Völkerstrafgerichtsbarkeit stand in erster Linie die durch die Spannungen des Kalten Krieges hervorgerufene Uneinigkeit der ständigen Mitglieder des UN-Sicherheitsrats entgegen. Ohne deren einvernehmliches Mitwirken war die Durchsetzung völkerrechtlicher Strafgerichtsbarkeit nicht zu realisieren, angesichts der politisch geteilten Welt auch nicht außerhalb der Organe der Vereinten Nationen. Erst mit dem Ende des Ost-West-Konfliktes wurde die Errichtung eines Internationalen Strafgerichtshofs wieder möglich. Im Hinblick auf die mit dem Auseinanderfallen des "Ostblocks" einhergehenden, von kriegerischen Auseinandersetzungen geprägten Unabhängigkeitsbestrebungen auf dem Balkan war ein solcher Gerichtshof aus präventiven wie repressiven Gründen auch notwendig.

12. Kapitel: Der Internationale Strafgerichtshof für das ehemalige Jugoslawien

12.1 Hintergrund

Mitte des Jahres 1991 begann auf dem Gebiet des ehemaligen Jugoslawien ein Konflikt, in dem schwere Verbrechen an der Zivilbevölkerung, den Soldaten und den Kriegsgefangenen verübt wurden. Das Fehlschlagen aller politischen Bemühungen hatte im Umfeld der Londoner Friedenskonferenz vom 26. und 27. August 1992 von verschiedener Seite den Ruf nach der Schaffung einer internationalen Institution zur Durchsetzung des Strafrechts als zusätzliches Mittel der Konfliktverhütung laut werden lassen.

Am 25. Mai 1993 beschloss der Sicherheitsrat der Vereinten Nationen mit der Resolution 827 die Einsetzung des Internationalen Strafgerichtshofs zur Verfolgung der Verantwortlichen für die seit 1991 im Hoheitsgebiet des ehemaligen Jugoslawien begangenen schweren Verstöße gegen das humanitäre Völkerrecht (*International Criminal Tribunal for the Prosecution of Persons Responsible for Serious Violations of International Humanitarian Law Committed in the Territory of the Former Yugoslavia*[1]).[2] Seit den Kriegsverbrecherprozessen von Nürnberg und Tokio nach dem Zweiten Weltkrieg fanden Ansätze strafrechtlicher Verantwortlichkeit für krasse Verletzungen völkerrechtlicher Grundstandards erstmals wieder ernsthafte politische Resonanz.[3] In der Einsicht, dass eine internationale Strafgerichtsbarkeit ein wichtiges Mittel darstellt, um dem humanitären Völkerrecht zu seiner Durchsetzung zu verhelfen, wurde an die Erfahrungen und Prinzipien der internationalen Kriegsverbrechertribunale von Nürnberg und Tokio angeknüpft und diese weitergeführt.[4]

12.2 Formelle Einsetzung des ICTY

Richtungsweisend für die Einsetzung des ICTY war primär der vom bosnischen Präsidenten A. Izetbegovic eingebrachte und von den UN- und EG-Vermittlern C. Vance und Lord D. Owen aufgegriffene Vorschlag, ein internationales Straftribunal nach den Grundsätzen der "*ad hoc*-arbitration" zu errichten.[5] Die

---

1 Im Folgenden: ICTY. Urteile, Entscheidungen und sonstige Dokumente zum ICTY können im Internet unter der folgenden Kennung abgerufen werden: http://www.un.org.icty.cases.html.

2 Resolution 827 des Sicherheitsrats vom 25.05.1993, UN Doc. S/RES/827 (1993).

3 Meron, Theodor: The Case for War Crimes Trials in Yugoslavia, in: Foreign Affairs 1993, S. 122 f.; Oeter, Stefan: Kriegsverbrechen in den Konflikten um das Erbe Jugoslawiens, in: ZaöRV 1993, S. 1 ff. (4).

4 Vgl. Roggemann, Herwig: Der Internationale Strafgerichtshof der Vereinten Nationen von 1993 und der Krieg auf dem Balkan, Berlin 1994, S. 64.

5 Letter from the President of the Republic of Bosnia and Herzegowina adressed to the Secretary-General of the United Nations (10.08.1992), UN Doc A/CN.4/1992/S-1/5

Resolution 780 (06.10.1992) des Sicherheitsrats enthielt daraufhin den ersten institutionellen Schritt einer Reaktion auf die Kriegsverbrechen, nämlich den Auftrag an den Generalsekretär der Vereinten Nationen, eine unabhängige Expertenkommission zu bilden, welche die gemäß der Resolution 771 (13.08.1992) von Staaten und humanitären Organisationen gesammelten Informationen überprüfen und auswerten sollte.[6]
Nach Vorlage des Berichtes dieser Kommission fasste der Sicherheitsrat mit der Resolution 808 vom 22.02.1993 den Entschluss, einen Internationalen Gerichtshof zur Verfolgung der Kriegsverbrechen auf dem Gebiet des ehemaligen Jugoslawien zu errichten. Der Generalsekretär der Vereinten Nationen wurde daher beauftragt, einen entsprechenden Statutentwurf auszuarbeiten.[7] Aus politischen und zeitlichen Gründen vermied man es, die bereits erwähnte Expertenkommission oder einen Ausschuss aus Repräsentanten der Mitgliedsstaaten mit dieser Aufgabe zu betrauen. Auch der Sicherheitsrat selbst zog es aus diesen Erwägungen heraus vor, sich zurückzuhalten.
Der Generalsekretär erhielt die Unterstützung des *United Nations Office of Legal Affairs*, welches auf Stellungnahmen von Regierungen der Mitgliedsstaaten, internationaler Organisationen sowie einzelner Experten zurückgreifen konnte. Aufgrund der politischen Brisanz waren die Beratungen über die Einsetzung des ICTY und den Statutentwurf geheim, sodass keine genauen Quellen über die Entwicklung des Statutentwurfs verfügbar sind.[8]
Dem gemäß der Sicherheitsratsresolution 808 vom Generalsekretär vorgelegten Bericht zufolge wurden zwei Möglichkeiten der Einsetzung eines internationalen Tribunals diskutiert.[9]
Die erste Möglichkeit bestand in der Einsetzung eines Tribunals auf Vertragsbasis. Ein von einem entsprechenden internationalen Organ, wie beispielsweise der Generalversammlung oder einer speziellen Konferenz, ausgearbeiteter Vertrag sollte den Staaten zur Unterzeichnung und Ratifikation vorgelegt werden. Dies hätte den Vorteil gehabt, dass eine ausführliche Prüfung aller relevanten Fragen hätte erfolgen können und es den am Abschluss des Vertrages teilnehmenden Staaten möglich gewesen wäre, ihre Souveränität uneingeschränkt auszuüben.[10]

(13.08.1992).

6 Resolution 771 des Sicherheitsrats vom 13.08.1992, UN Doc. S/RES/771 (1992); Resolution 780 des Sicherheitsrats vom 06.10.1992, UN Doc. S/RES/780 (1992).

7 Resolution 808 des Sicherheitsrats vom 22.02.1993, UN Doc. S/RES/808 (1993).

8 Vgl. Bassiouni, M. Cherif/Manikas, Peter: The Law of the International Criminal Tribunal of the former Jugoslavia, New York 1996 (zit.: Bassiouni/Manikas), S. 221.

9 Bericht des Generalsekretärs gemäß Ziffer 2 der Resolution 808 (1993) des Sicherheitsrats, UN Doc. S/25704 (03.05.1993), Ziff. 18 ff.

10 Ebenda, Ziff. 19; vgl.: CSCE Rapporteurs, Proposal for an International War Crimes Tribunal for the Former Yugoslavia (1993), UN Doc. S/25307, S. 67; Marx, Reinhard: Auf dem Weg zum permanenten Internationalen Straftribunal?, in: Kritische Justiz 1994, S. 358 ff. (361 f.).

Der vertragliche Weg hatte jedoch den Nachteil, dass die Ausarbeitung eines Rechtsakts und die anschließende Erreichung der für sein Inkrafttreten erforderlichen Anzahl von Ratifikationen viel Zeit in Anspruch genommen hätten. Selbst dann wäre noch nicht gewährleistet gewesen, dass der Vertrag auch von denjenigen Staaten ratifiziert worden wäre, die zu seiner Wirksamkeit Vertragsparteien sein sollten.[11]

Als zweite Möglichkeit wurde die Schaffung eines Internationalen Strafgerichtshofs durch einen Beschluss des Sicherheitsrats der Vereinten Nationen auf der Grundlage des Kapitels VII UN-Charta erwogen. Ein solcher Beschluss würde eine Maßnahme zur Wahrung oder Wiederherstellung des Weltfriedens und der internationalen Sicherheit darstellen, nachdem in der Resolution 808 die erforderliche Feststellung getroffen wurde, dass eine Bedrohung oder ein Bruch des Friedens oder eine Angriffshandlung vorlag.[12] Ein solches Vorgehen hätte den Vorteil gehabt, zeitsparend und sofort wirksam zu sein, da alle Staaten die bindende Verpflichtung hätten, jede Maßnahme zu ergreifen, die erforderlich ist, um einen als Zwangsmaßnahme nach Kapitel VII der Charta gefassten Beschluss durchzuführen (Art. 2 (6), 25 UN-Charta).[13]

In Anbetracht der Nachteile des vertraglichen Weges und der Vorteile der vorstehend beschriebenen Variante kam der Generalsekretär der Vereinten Nationen in seinem Bericht gemäß Ziffer 2 der Resolution 808 des Sicherheitsrats zu der Auffassung, dass die Einsetzung des internationalen Gerichts durch einen Beschluss des Sicherheitsrats auf Grundlage des Kapitels VII der UN-Charta erfolgen solle.[14] Der diesem Bericht beigefügte Statutentwurf des Generalsekretärs wurde am 25.05.1993 vom Sicherheitsrat mit der Resolution 827 ohne Änderungen angenommen.[15] Damit war die formelle Einsetzung des ICTY erfolgt. Nachdem die Generalversammlung am 15. September 1993 aus der Kandidatenliste der Resolution 857 (20.08.1993)[16] die Richter des ICTY ernannt hatte, konnte jenes mit seiner ersten Sitzung im November 1993 in Den Haag seine Arbeit aufnehmen.

---

[11] Bericht des Generalsekretärs, Fn. 9, Ziff. 20; vgl.: O'Brien, James C.: The International Tribunal for Violations of International Humanitarian Law in the Former Yugoslavia, in: AJIL 87 (1993), S. 639 ff. (643).

[12] Bericht des Generalsekretärs, Fn. 9, Ziff. 22; vgl. O'Brien, Fn. 11, S. 643.

[13] Bericht des Generalsekretärs, Fn. 9, Ziff. 23; vgl.: Heintschel v. Heinegg, Wolff: Zur Zulässigkeit der Errichtung des Jugoslawienstrafgerichtshofs durch Resolution 827 (1993), in: HuV Nr. 2 1996, S. 75 ff. (84); Meron, Theodor: War Crimes in Yugoslavia and the Development of International Law, in: AJIL 88 (1994), S. 78 ff. (79); Weckel, Philippe: L'Institution d'un Tribunal International pour la Répression des Crimes de Droit Humanitaire en Yugoslavie, in: AFDI 1993, S. 232 ff. (241 f.).

[14] Bericht des Generalsekretärs, Fn. 9, Ziff. 24.

[15] Resolution 827 des Sicherheitsrats vom 25.05.1993, UN Doc. S/RES/827 (1993).

[16] Resolution 857 des Sicherheitsrats vom 20.08.1993, UN Doc. S/RES/857 (1993).

12.3 Die Rechtmäßigkeit der Einsetzung des ICTY

Mit der Errichtung des ICTY nahm der Sicherheitsrat der Vereinten Nationen erstmalig mittelbar judikative Funktionen in Anspruch. Es ist daher die Frage zu beantworten, ob die zu diesem Zweck erlassenen Resolutionen 808 und 827 als juristische Grundlage des ICTY mit der UN-Charta und dem geltenden Völkerrecht vereinbar sind.

12.3.1 Kompetenz des Sicherheitsrats der Vereinten Nationen

In der UN-Charta gibt es keine ausdrückliche Vorschrift, die das Einsetzen judikativer Organe erlaubt oder verbietet[17]. Der Rat selbst stützte seine sachliche Zuständigkeit auf Kap. VII (Art. 41 und 42) der UN-Charta, um keinen Zweifel über die Verbindlichkeit seiner Maßnahme entstehen zu lassen. Der Beschluss über Zwangsmaßnahmen nach Kap. VII Art. 41, 42 UN-Charta ist für die Konfliktparteien und Drittstaaten verbindlich.[18]

12.3.1.1 Kapitel VII UN-Charta als Grundlage

Die Feststellung, dass ein Bruch des Weltfriedens vorliegt, und die Unzulänglichkeit der bisherigen Maßnahmen nach Art. 39 UN-Charta bilden die Voraussetzungen für den Sicherheitsrat, Zwangsmaßnahmen nach den Art. 41 und 42 UN-Charta zu ergreifen (Art. 39 UN-Charta). Die Aufzählung der Zwangsmaßnahmen in Art. 41 UN-Charta wird dabei als nicht abschließend betrachtet.[19]

In mehreren Resolutionen stellte der Sicherheitsrat gemäß Art. 39 UN-Charta die Bedrohung, den Bruch des Weltfriedens und das Vorliegen von Angriffshandlungen durch die kriegerischen Auseinandersetzungen auf dem Gebiet des ehemaligen Jugoslawiens fest und forderte die beteiligten Konfliktparteien mehrfach zu deren Beendigung auf.[20]

In Anbetracht des schon in der Resolution 713[21] beklagten starken Verlustes an Menschenleben in dem in Einzelstaaten zerfallenden Jugoslawien sowie im

---

[17] Advisory Opinion on the Effect of Awards of Compensation made by U.N. Administrative Tribunal (13.07.1954), ICJ Reports 1954, S. 47 ff. (56).

[18] Bericht des Generalsekretärs, Fn. 9, Ziff. 23; Simma, Bruno (Hrsg.): Charta der Vereinten Nationen, Kommentar, München 1991 (zit.: Bearbeiter, in: Simma, Charta der Vereinten Nationen), hier: Frowein, in: Simma, Charta der Vereinten Nationen, Art. 39 Rn. 27.

[19] Vgl.: Commission of French Jurists, UN Doc. S/26226 (10.02.1993), S. 13; Cot, Jean-Pierre/Pellet, Alain (Hrsg.): La Charte des Nations Unies, Commentaire, Paris/Brüssel 1985 (zit.: Cot/Pellet (Bearbeiter)), hier: Cot/Pellet (Eisemann), Art. 41, S. 695; Frowein, in: Simma, Charta der Vereinten Nationen, Fn. 18, Art. 41 Rn. 4 ff., 9.

[20] Resolutionen des Sicherheitsrats: 713 vom 25.09.1991, UN Doc. S/RES/713 (1991); 764 vom 13.07.1992, UN Doc. S/RES/764 (1992); 771 vom 13.08.1992, UN Doc. S/RES/771 (1992); 780 vom 06.10.1992, UN Doc. S/RES/780 (1992); 808 vom 22.02.1993, UN Doc. S/RES/808 (1993).

[21] Resolution 713 des Sicherheitsrats vom 25.09.1991, UN Doc. S/RES/713 (1991).

Hinblick auf die von den Flüchtlingsströmen ausgehende Gefahr des Übergreifens des Konflikts auf die Länder der Region, lag eine Bedrohung des Weltfriedens tatsächlich vor.[22] In dieser Situation kann der Drohung mit internationaler Strafverfolgung eine general-präventive Wirkung auf die am Konflikt Beteiligten nicht abgesprochen werden, zumal eine Bestrafung wegen Kriegsverbrechen durch die einzelstaatlichen Gerichte der betroffenen Staaten nur unzureichend oder überhaupt nicht stattfindet.[23]

Die Maßnahme der Errichtung des ICTY war daher nach Art. 41 UN-Charta geeignet, zur Wiederherstellung des Weltfriedens beizutragen.[24] Als Ermächtigungsgrundlage ist Kap. VII UN-Charta - insbesondere Art. 41 UN-Charta - daher als ausreichend anzusehen.

12.3.1.2 Kompetenzüberschreitung zu Lasten anderer Organe der Vereinten Nationen

Durch die Einsetzung des ICTY könnte der Sicherheitsrat auch dadurch seine Kompetenz überschritten haben, dass er unzulässig in die Kompetenz anderer Organe der Vereinten Nationen eingegriffen hat. Die Ausübung seiner Befugnisse darf nicht zu einer Verschiebung der in der Charta festgelegten institutionellen Gewichtung zwischen den Hauptorganen führen.[25]

Eine Kompetenzüberschreitung zu Lasten der Generalversammlung scheidet aus, da der Sicherheitsrat nach Art. 29 und Art. 7 Abs. 2 UN-Charta wie auch die Generalversammlung nach Art. 22 UN-Charta dazu befugt sind, nach eigenem Ermessen Nebenorgane zur Wahrnehmung ihrer Aufgaben einzusetzen. Bezüglich der Wahrung des Weltfriedens hat der Sicherheitsrat gemäß Art. 24 Abs. 1 UN-Charta die Hauptverantwortung und nach Art. 12 UN-Charta sogar Vorrang vor der Generalversammlung.

Was den IGH angeht, so besitzt dieser seinem Statut nach keine spezifische Befugnis zur internationalen Strafgerichtsbarkeit. Seine Urteile verpflichten nur Staaten (Art. 36 Abs. 1 i. V. m. Art. 34 Abs. 1 IGH-Statut), wohingegen sich die Urteile des ICTY gegen die individuell verantwortlichen Personen richten (Art. 7 ICTY-Statut). Darüber hinaus schließt der Charakter des IGH als Hauptjustizorgan die Bildung anderer Gerichte als Nebenorgane nicht aus.[26] Gegenüber dem IGH ist daher ebenfalls keine Kompetenzüberschreitung festzustellen.

---

[22] Bericht des Generalsekretärs, Fn. 9, Ziff. 19 f.

[23] CSCE Rapporteurs, Fn. 10, S. 38 ff.; Vorschlag der Commission of French Jurists, UN Doc. S/26226 (10.02.1993), S. 5, 11.

[24] Bericht des Generalsekretärs, Fn. 9, Ziff. 23; CSCE Rapporteurs, Fn. 10, S. 38 ff.; Vorschlag der Commission of French Jurists, Fn. 23, S. 5, 11; Shraga, Daphna/Zacklin, Ralph: The International Criminal Tribunal for the Former Yugoslavia, in: EJIL 5 (1994), S. 360 ff. (380).

[25] Hilf, in: Simma, Charta der Vereinten Nationen, Fn. 18, Art 22 Rn. 30.

[26] Mosler, ebenda, Art. 92 Rn. 46; vgl. Report of the Committee on International Criminal

12.3.2 Verletzung des Art. 7 Abs. 1 UN-Charta

Art. 7 Abs. 1 UN-Charta sieht keinen Internationalen Strafgerichtshof als Hauptorgan der Vereinten Nationen vor. Gemäß Art. 7 Abs. 2 ist nur die Einsetzung von Nebenorganen zulässig. Sollte der Sicherheitsrat mit der Errichtung des ICTY nicht nur ein Nebenorgan, sondern ein neues Hauptorgan errichtet haben, dann läge ein Verstoß gegen Art. 7 Abs. 1 UN-Charta vor. Außerdem würde die Schaffung eines solchen Tribunals als Hauptorgan eine Umgehung des durch Art. 108 und 109 UN-Charta vorgeschriebenen Änderungsmechanismus verkörpern, welcher eine Mitwirkung der Mitgliedsstaaten vorsieht.

Ein Organ stellt nur dann tatsächlich ein Nebenorgan dar, wenn ihm nicht sämtliche Befugnisse des ihn einsetzenden Hauptorgans übertragen werden und es vielmehr seinem Hauptorgan untergeordnet bleibt, was in Form einer Kontrolle oder Letztentscheidungsbefugnis durch das Hauptorgan geschehen könnte.[27]

Für die Stellung des ICTY als selbstständiges Hauptorgan würde sprechen, dass ein Gericht weisungsunabhängig seine Urteile fällen soll. Das ICTY dürfte aus Gründen der Rechtsstaatlichkeit und Unabhängigkeit (vgl. Art. 18 ff. ICTY-Statut) kein Unterorgan des Sicherheitsrats sein, das dessen Kontrolle unterläge.[28] Auch wäre der Sicherheitsrat aufgrund seiner Arbeitsweise und Zusammensetzung keine geeignete Berufungs- oder Revisionsinstanz für die vom ICTY gefällten Urteile.[29]

Gegen die Annahme, dass das ICTY ein Hauptorgan darstellt, spricht, dass auch ein Nebenorgan dazu berechtigt werden kann, selbstständig bestimmte Aufgaben des Sicherheitsrats mit Außenwirkung wahrzunehmen.[30] Außerdem verlöre das ICTY seinen Charakter als Nebenorgan nicht schon deshalb, weil seine Rechtsakte auch das Hauptorgan und damit in diesem Falle den Sicherheitsrat binden würden.[31] So erkannte der IGH in seinem Gutachten über den Verwaltungsgerichtshof der Vereinten Nationen ein solches Gericht als

---

Jurisdiction, General Assembly, Official Records (GAOR), UN Doc. GAOR A/2136 (1952), Ziff. 25-27.

27 Cot/Pellet (Dutheil de la Rochère), Fn. 19, Art. 7, S. 215-232; Hilf, in: Simma, Charta der Vereinten Nationen, Fn. 18, Art. 29 Rn. 8.

28 Bericht des Generalsekretärs, Fn. 9, Ziff. 28; Vorschlag der Italian Commission, UN Doc. S/25300 (17.02.1993) Annex 2, S. 9; Report of the International Law Commission on the work of its forty-forth session, 4 May - 24 July 1992, in: General Assembly, Official Records, forty-seventh session, Supplement No. 10, UN Doc. A/47/10 (1992) (zit.: 1992 Report of the ILC), S. 26.

29 Ferencz, Benjamin: An International Criminal Code and Court: Where they stand and where they are going, in: Columbia J. Transnat'l L. 1992, S. 375 ff. (381 f.).

30 Hilf, in: Simma, Charta der Vereinten Nationen, Fn. 18, Art. 29 Rn. 29.

31 O. V.: Internationaler Gerichtshof soll Kriegsverbrechen im Jugoslawien-Konflikt ahnden, in: DRiZ 1995, S. 243 ff. (245).

Nebenorgan der Generalversammlung an und sprach gleichzeitig dessen Urteilen auch dieser gegenüber Bindungskraft zu.[32]
Die Weisungsunabhängigkeit des ICTY, insbesondere gegenüber dem Sicherheitsrat, steht daher nicht in Widerspruch zu seiner Eigenschaft als Nebenorgan des Sicherheitsrates im Sinne der Art. 7 Abs. 2 i. V. m. 29 UN-Charta.
Demzufolge hat der Sicherheitsrat mit der Einsetzung des ICTY nicht gegen Art. 7 Abs. 1 UN-Charta verstoßen.

12.3.3 Verletzung des Nichteinmischungsgebots nach Art. 2 Ziff. 7 UN-Charta

Gemäß dem Nichteinmischungsgebot nach Art. 2 Ziff. 7 UN-Charta ist es den Vereinten Nationen grundsätzlich untersagt, in Angelegenheiten einzugreifen, welche ihrem Wesen nach zur inneren Zuständigkeit der Staaten gehören.
Art. 9 Abs. 2 ICTY-Statut sieht indessen das Primat des Tribunals vor dem einzelstaatlichen Gericht vor. Danach kann das ICTY jederzeit das eigentlich zuständige nationale Gericht anweisen, ihm die Zuständigkeit der Strafverfolgung zu übertragen. Die strafrechtliche Verfolgung von Einzelpersonen, insbesondere der eigenen Staatsbürger, gehört aber zum Kernbereich einzelstaatlicher Souveränität.[33] Die Einsetzung des ICTY führt daher zu einem Eingriff in die Souveränität der Nachfolgestaaten des ehemaligen Jugoslawien. Es handelt sich hier jedoch um einen zulässigen Eingriff. Das Interventionsverbot des Art. 2 Ziff. 7 UN-Charta gilt nämlich nicht, wenn der Sicherheitsrat der Vereinten Nationen gegen Kriegsparteien vorgeht, welche etwa gegen ihre Verpflichtungen zum Erhalt des Friedens (Art. 2 Ziff. 3 und 4 UN-Charta) oder gegen ihre Verpflichtungen zum Schutz der Menschenrechte (Art. 56 i. v. m. Art. 55 lit. c UN-Charta) verstoßen. Gemäß Art. 2 Ziff. 7 2. HS UN-Charta ist die Anwendung von Zwangsmaßnahmen nach Kap. VII UN-Charta mit dem Nichteinmischungsgebot vereinbar. Darin haben die Mitgliedsstaaten der Vereinten Nationen und damit auch die Nachfolgestaaten des ehemaligen Jugoslawien mit ihrem Beitritt in die Organisation eingewilligt.[34] Hierzu wird die

---

[32] Advisory Opinion on the Effect of Awards of Compensation made by U.N. Administrative Tribunal (13.07.1954), ICJ Reports 1954, S. 47 ff. (56 f.); a. A. Richter Alvarez in seinem Sondervotum, ICJ Reports 1954, S. 67 ff. (71 ff.); vgl. Hilf, in: Simma, Charta der Vereinten Nationen, Fn. 18, Art. 22 Rn. 28.

[33] Dinh, Nguyen Quoc/Daillier, Patrick/Pellet, Alain: Droit International Public, 4. édition, Paris 1992, Rn. 428, 430 f.; Vorschlag der Commission of French Jurists, Fn. 23, S. 10; Seidl-Hohenveldern, Ignaz: Völkerrecht, 7. Auflage, München 1992, Rn. 1359 ff.

[34] Zum Problem der Staatensukzession und der Nachfolge in die Satzung der Vereinten Nationen: Resolutionen der Generalversammlung vom 22.05.1992, UN Doc. A/RES/46/236 (Aufnahme Sloweniens), UN Doc. A/RES/46/237 (Aufnahme Bosnien-Herzegowinas), UN Doc. A/RES/46/238 (Aufnahme Kroatiens); zum Sonderstatus der Bundesrepublik Jugoslawien (Serbien und Montenegro): Resolution 777 des

Auffassung vertreten, dass diejenigen Staaten, welche die Kompetenz des Sicherheitsrats zur Einsetzung des ICTY in Frage stellen, den IGH anrufen können, damit dieser über das Bestehen dieser Kompetenz entscheide.[35]

12.3.4 Verletzung der Rechte der beschuldigten Personen

Nach dem Grundsatz *ne bis in idem* darf niemand für dasselbe Verbrechen zweimal vor Gericht gestellt werden. Nicht zuletzt aufgrund Art. 14 Abs. 1 S. 2 des Internationalen Pakts über bürgerliche und politische Rechte und Art. 5 Abs. 1 lit. c sowie Art. 6 Abs. 1 der Europäischen Konvention zum Schutze der Menschenrechte und Grundfreiheiten hat jeder Beschuldigte Anspruch darauf, dass die gegen ihn erhobene Anklage von einem auf Gesetz beruhenden Gericht verhandelt wird. An diese Grundsätze sind auch die Vereinten Nationen und somit auch der Sicherheitsrat und das ICTY als deren Organe gebunden.[36] Mit dem ICTY hat der Sicherheitsrat eine Gerichtsbarkeit in Konkurrenz zu derjenigen des Einzelstaates geschaffen (Art. 9 ICTY-Statut). Die Resolutionen des Sicherheitsrates stellen jedoch keine Gesetze dar. Dennoch werden festgenommene Kriegsverbrecher nicht ihrem gesetzlichen Richter entzogen, wenn das ICTY das Verfahren an sich zieht und die von ihm beantragte Auslieferung vollzogen wird. Gemäß Art. 9 und 10 ICTY-Statut geschieht dies nur, wenn bestimmte Kriterien erfüllt sind, die darüber hinaus auch mit dem Grundsatz des *ne bis in idem* in Einklang stehen.[37] Beispielsweise wenn die Handlung, derentwegen eine Person vor Gericht gestellt wurde, nur als ein gewöhnliches Verbrechen gewertet wurde, wenn das einzelstaatliche Gerichtsverfahren nicht unparteiisch war oder darauf ausgerichtet war, den Angeklagten vor internationaler strafrechtlicher Verantwortlichkeit zu schützen. Dies bringt die allgemeine Regel des Völkerrechts zur Geltung, nach der Kriegsverbrecher entweder durch den Einzelstaat selbst zu bestrafen oder zur Bestrafung auszuliefern sind (*try or extradite*).[38] In diesem Sinne haben auch die II. Strafkammer sowie die Berufungskammer des ICTY im Verfahren gegen Dusko Tadic entschieden, der von den deutschen Behörden an das Tribunal

---

Sicherheitsrats vom 19.09.1992, UN Doc. S/RES/777 (1992); Resolution der Generalversammlung vom 22.09.1992, UN Doc. GA Res 47/1 (1992); Schweisfurth, Theodor: Das Recht der Staatensukzession, in: Berichte der Deutschen Gesellschaft für Völkerrecht, Bd. 35, Heidelberg 1996, S. 49 ff. (113-115, 188 ff.).

35 Bassiouni/Manikas, Fn. 8, S. 248.

36 Reinisch, August: Das Jugoslawien-Tribunal der Vereinten Nationen und die Verfahrensgarantien des II. VN-Menschenrechtspaktes, in: Austrian J. Publ. Int'l L., Vol. 47 (1994/95), S. 173 ff. (181, 188).

37 Bericht des Generalsekretärs, Fn. 9, Ziff. 64 ff.

38 CSCE Rapporteurs, Fn. 10, S. 46-49; 1992 Report of the ILC, Fn. 28, Ziff. 115, 170; Bassiouni, M. Cherif: Inernational Criminal Law, Vol. I (Crimes), Vol. II (Procedure), Vol. III (Enforcement), New York 1986, (zit.: Bassiouni Bd.-Nr. (Bearbeiter)), hier: Bassiouni I (Bassiouni), S. 7 f.; Dinh/Daillier/Pellet, Fn. 33, Rn. 428.

überstellt wurde und der erste Angeklagte in dessen persönlichem Gewahrsam war. Nachdem die Berufungskammer, entgegen der Feststellung der II. Strafkammer, entschieden hatte, dass das Tribunal sehr wohl die Rechtmäßigkeit seiner eigenen Errichtung überprüfen kann[39], brachte sie ihre Überzeugung zum Ausdruck, dass das Primat des Tribunals rechtmäßig und unabdingbar im Hinblick auf die Gefahr sei, die Nachfolgestaaten des ehemaligen Jugoslawien könnten ihre Soldaten durch Scheinprozesse vor Verurteilungen durch das ICTY schützen.[40]

Was die Berechtigung des Sicherheitsrats zum strafrechtlichen Zugriff auf Einzelpersonen anbelangt, so ist eine solche in der UN-Charta nicht ausdrücklich vorgesehen. Adressat der Maßnahmen des Sicherheitsrats sind in der Regel vielmehr die Staaten. Andererseits wurde der Sicherheitsrat mit der Einsetzung des ICTY nur im Rahmen seiner sachlichen Zuständigkeit unter Kap. VII UN-Charta tätig, wobei die Zuständigkeit des ICTY *ratione loci et personae* auf die Verfolgung der schweren Verbrechen im ehemaligen Jugoslawien begrenzt ist (Art. 7 und 8 ICTY-Statut). Schon im Lockerbie-Fall hatte sich der Sicherheitsrat für die Strafverfolgung von Einzelpersonen ausgesprochen und der IGH erkannte ihm diese Zuständigkeit nicht ab.[41]
Die Kompetenz des Sicherheitsrats und damit des von ihm eingesetzten ICTY zum strafrechtlichen Zugriff auf Einzelpersonen ergibt sich, neben der UN-Charta, auch aus dem in den Genfer Abkommen von 1949 zum Ausdruck kommenden Universalitätsprinzip. Art. 129 des III. und Art. 146 des IV. Genfer Abkommens[42] verpflichten nicht nur die an einem Konflikt beteiligten, sondern alle Vertragsstaaten, die Verbotsnormen der Abkommen durchzusetzen und beschuldigte Personen selbst zu bestrafen oder auszuliefern. Mit den Genfer

---

[39] Appellate Chamber, Decision from 2. October 1995 on the Defence Motion (Jurisdiction of the Tribunal) in the trial against Dusko Tadic (Prosecutor v. Dusko Tadic), Case No. IT-94-I-T, Ziff. 11 ff. (im Folgenden: Appellate Chamber (Jurisdiction of the Tribunal)); anders noch Trial Chamber II, Decision from 10. August 1995 on the Defence Motion (Jurisdiction of the Tribunal) in the trial against Dusko Tadic (Prosecutor v. Dusko Tadic), Case No. IT-94-I-T, Ziff. 7 (im Folgenden: Trial Chamber II (Jurisdiction of the Tribunal)); vgl. Aldrich, George H.: Jurisdiction of the International Criminal Tribunal for the Former Jugoslavia, in: AJIL 90 (1996), S. 64 ff. (65); Heintschel v. Heinegg, Fn. 13, S. 77.

[40] Appellate Chamber (Jurisdiction of the Tribunal), Fn. 39, Ziff. 55 ff.; wie zuvor Trial Chamber II (Jurisdiction of the Tribunal), Fn. 29, Ziff. 36 ff., 42.

[41] Order on Provisional Measures on Questions of Interpretation and Application of the Montreal Convention Arising from the Aerial Incident at Lockerbie (14.04.1992), Libyan Arab Jamahiriya v. United Kingdom, ICJ Reports 1992, S. 3 ff. (14 f.).

[42] Convention de Genève Relative au Traitement des Prisonniers de Guerre du 12 Août 1949, in: 75 UNTS 1950, No. 972, S. 135 ff., BGBl. 154 II, S. 838 (III. Genfer Abkommen); Convention de Genève Relative à la Protection des Personnes Civiles en Temps de Guerre du 12 Août 1949, in: 75 UNTS 1950, No. 973, S. 287 ff., BGBl. 1954 II, S. 917, ber. 1956 II, S. 1586 (IV. Genfer Abkommen).

Abkommen wurde das humanitäre Völkerrecht daher ausdrücklich dem Universalitätsprinzip geöffnet, sodass ein besonderer Anknüpfungspunkt für die Strafverfolgung nicht mehr erforderlich ist. Alle 179 Vertragsstaaten der Genfer Abkommen sind berechtigt und verpflichtet, Personen ohne weiteren Anknüpfungspunkt strafrechtlich zu verfolgen, sobald sie ihrer habhaft werden. Demzufolge wird dem Sicherheitsrat der Vereinten Nationen die Berechtigung nicht abzusprechen sein, anstelle seiner 15 Mitglieder, die auch Vertragsstaaten der Genfer Abkommen sind, pönal tätig zu werden, beziehungsweise ein Organ damit zu beauftragen.[43]

12.4 Zuständigkeit *ratione materiae* des ICTY

Der Sicherheitsrat hat in Art. 1 ICTY-Statut die Strafbarkeit von Einzelpersonen *ratione materiae* für schwere Verletzungen des humanitären Völkerrechts festgesetzt. Im Einzelnen sind dies schwere Verletzungen der Genfer Abkommen von 1949 (Art. 2 ICTY-Statut), Verstöße gegen die Gesetze oder die Gebräuche des Krieges (Art. 3 ICTY-Statut), Völkermord (Art. 4 ICTY-Statut) und Verbrechen gegen die Menschlichkeit (Art. 5 ICTY-Statut).

Die Anwendung des Grundsatzes *nullum crimen sine lege* erfordert, dass das ICTY nur solche Regeln des humanitären Völkerrechts anwendet, welche ohne jeden Zweifel Teil des Gewohnheitsrechts sind, damit sich das Problem nicht stellt, dass nicht alle Staaten Vertragspartei bestimmter Übereinkünfte sind.[44] Der Grundsatz *nullum crimen sine lege* ist unter anderem in Art. 15 Abs. 1 und 2 des Internationalen Pakts über bürgerliche und politische Rechte, in Art. 7 Abs. 1 und 2 der Europäischen Konvention zum Schutze der Menschenrechte und Grundfreiheiten, in Art. 11 Ziff. 2 der Allgemeinen Erklärung der Menschenrechte vom 10.12.1948 und in Art. 99 des III. Genfer Abkommens vom 12.08.1949 über die Behandlung von Kriegsgefangenen verankert. Von seiner Geltung auch im Völkerstrafrecht wird daher allgemein ausgegangen.[45] Da es auf völkerrechtlicher Ebene
keine zentrale Gesetzgebungsinstanz gibt und neben Konventionen oft auf das Völkergewohnheitsrecht zurückgegriffen werden muss, unterliegt der Grundsatz *nullum crimen sine lege* hier zwangsläufig gewissen Einschränkungen.[46]

---

[43] Hollweg, Carsten: Vom Jugoslawientribunal zum allgemeinen Internationalen Strafgerichtshof?, in: ZStR (Sonderdruck) Bd. 112, 1994, Heft 3, S. 251 ff. (272 f.).

[44] Bericht des Generalsekretärs, Fn. 9, Ziff. 33 ff.

[45] CSCE Rapporteurs, Fn. 10, S. 50 ff.; Vorschlag der Commission of French Jurists, Fn. 23, S. 8; 92 Report of the ILC, Fn. 28, Ziff. 180; Pella, Vespasian V.: L'Association Internationale de Droit Pénal et la protection de la paix, in: RIDP 1946, S. 169 ff. (169); Bassiouni/Manikas, Fn. 8, S. 281 ff.; Reeder, René Marius: The Establishment of an International Criminal Court, Amsterdam
1962, S. 41 ff.

[46] Bassiouni/Manikas, Fn. 8, S. 286 f.

Um nicht gegen dieses Prinzip zu verstoßen, müsste es sich bei den in das ICTY-Statut aufgenommenen Verbotsnormen um Bestandteile des anerkannten materiellen Völkerstrafrechts handeln. Ansonsten hätte der Sicherheitsrat mit der Resolution 827 ein *ex post facto*-Recht geschaffen.

12.4.1 Schwere Verletzungen der Genfer Abkommen von 1949 (Art. 2 ICTY-Statut)

Art. 2 ICTY-Statut setzt die Strafbarkeit für schwere Verletzungen der vier Genfer Rotkreuzabkommen vom 12.08.1949 fest. Die Abkommen haben den Schutz der Verwundeten, Kranken und Schiffbrüchigen der Streitkräfte, die Behandlung der Kriegsgefangenen (I. bis III. Abkommen) und den Schutz von Zivilpersonen in Kriegszeiten (IV. Abkommen) zum Inhalt. Die Liste in Art. 2 ICTY-Statut entspricht dem kombinierten Wortlaut der Artikel 130 des III. und 147 des IV. der vier Genfer Abkommen. Als schwere Verletzungen sind danach unter anderem vorgesehen: die vorsätzliche Tötung, Folterung oder unmenschliche Behandlung wie auch Deportation und Geiselnahme.

Wenn auch die vier Genfer Abkommen gemäß ihrer gemeinsamen Art. 1 und 2 in vollem Umfang nur zwischen den Vertragsparteien gelten sollen, so kommt dem Schutz vor ihren schwersten Verletzungen inzwischen gewohnheitsrechtliche Geltung zu.[47] Die in Art. 2 ICTY-Statut erwähnten vier Genfer Konventionen von 1949 erfordern für ihre Anwendung jedoch, dass ein zwischenstaatlicher Krieg herrscht, sodass viele innerhalb Bosniens verübte Verbrechen grundsätzlich nicht erfasst sind. Das interne Konflikte regelnde Zusatzprotokoll II von 1977[48] wird, wie auch Zusatzprotokoll I[49], im ICTY-Statut nicht ausdrücklich erwähnt. Die Zusatzprotokolle I und II von 1977 zu den Genfer Abkommen haben die schweren Verletzungen dieser Abkommen klarer gefasst und den Schutz der Zivilbevölkerung ausgedehnt. Sie stellen so das humanitäre Völkerrecht auf dem neuesten Stand dar.[50] Während Zusatzprotokoll I die schwersten Verletzungen als

---

[47] Resolution der Generalversammlung vom 13.12.1993, UN Doc. GA 39/77 (1993); Meindersma, Christa: Applicability of Humanitarian Law in International and Internal Armed Conflict, in: Hague Y.B. Int'l L. 1994, S. 113 ff. (118); Meron, War Crimes Trials, Fn. 3, S. 129.

[48] Protocole additionnel aux Conventions de Genève du 12 Août 1949 relatif à la Protection des Victimes des Conflits Armés Non Internationaux (Protocole II), in: RICR Août - Septembre 1977, No 704-705, S. 91 ff., BGBl. 1990 II, S. 1551.

[49] Protocole additionnel aux Conventions de Genève du 12 Août 1949 relatif à la Protection des Victimes des Conflits Armés Internationaux (Protocole I), in: RICR Août - Septembre 1977, No 704-705, S. 3 ff., BGBl. 1990 II, S. 1637.

[50] Bothe, Michael/Partsch, Karl/Solf, Waldemar A.: New Rules for Victims of Armed Conflicts, The Hague/Boston/London 1982, S. 16, 608; Fleck, Dieter: Handbuch des humanitären Völkerrechts in bewaffneten Konflikten, München 1994 (zit.: Fleck (Bearbeiter)), hier: Fleck (Greenwood), S. 22 f.; Fleck (Gasser), S. 168; Sandoz, Yves/Swinarski, Christophe/Zimmermann, Bruno: Commentaire des Protocols

universelle, internationale Straftatbestände proklamiert (Art. 1 Abs. 2, Art. 2 lit. b und Art. 85 Abs. 5), deren Begehung unabhängig vom Charakter der Auseinandersetzung verboten ist, enthält das Zusatzprotokoll II ausführliche Schutzvorschriften für nicht-internationale Konflikte.
Der Verzicht auf einen Hinweis auf Zusatzprotokoll II erscheint auf den ersten Blick unerheblich, denn der gemeinsame Art. 3 der vier Genfer Abkommen ordnet einen Mindestschutz auch für interne Auseinandersetzungen an.[51] Der IGH stellte in seiner Nicaragua-Entscheidung vom 27.06.1986 fest, dass der gemeinsame Art. 3 Ausdruck allgemein gültiger, ungeschriebener Rechtssätze ist, die auch bei internen Konflikten zwingend zu beachten sind und auch nichtstaatliche Konfliktgruppen an diese Rechtssätze binden.[52] Doch umfasst dieser Art. 3 nicht alle schweren Kriegsverbrechen, sodass unter anderem die im Krieg auf dem Gebiet des ehemaligen Jugoslawien betriebenen "ethnischen Säuberungen", welche von Art. 17 des II. Zusatzprotokolls erfasst werden, ausgespart bleiben.
Insofern ist auch die generelle Festsetzung der Strafbarkeit *ratione temporis* seit 1. Januar 1991 (Art. 8 ICTY-Statut) für alle im Statut aufgeführten Verbrechen problematisch. Die Festlegung auf diesen Termin resultiert aus der Schwierigkeit, den Umschlagzeitpunkt zur Internationalität des Krieges genau zu bestimmen.[53] Nach der Auslegung des Generalsekretärs handelt es sich bei dem 1. Januar 1991 um ein neutrales Datum, das mit keinem bestimmten Ereignis verbunden ist und das eindeutig klarstellen soll, dass kein Urteil darüber ausgesprochen werden wird, ob der Konflikt internationaler oder interner Natur ist.[54] Angesichts der Bedeutung dieses Zeitpunkts für die Frage des anwendbaren Rechts und damit für den gültigen menschenrechtlichen Schutzstandard ist fraglich, ob diese pauschale Festsetzung mit dem Grundsatz *nullum crimen sine lege* sowie dem Bestimmtheitsgrundsatz in Einklang steht. Streng genommen gilt nach den Genfer Abkommen vor der Internationalisierung nicht der von Art. 2 ICTY-Statut proklamierte, sondern nur ein verminderter Schutzstandard. Ohne weitere Konkretisierung hinsichtlich Art. 2 des Statuts hätte der Sicherheitsrat daher einen Straftatbestand ausgedehnt und wäre in Überschreitung seiner Kompetenz legislativ tätig geworden.

---

additionnels du 8. juin 1977 aux Conventions de Genève du 12. août 1949, Genève 1986, Rn. 3524-3539.

51 Vgl.: Meron, Theodor: The Geneva Conventions as Customary Law, in: AJIL 81 (1987), S. 384 ff. (355); Gasser, Hans-Peter, in: Im Dienst der Gemeinschaft, Festschrift für Dieter Schindler zum 65. Geburtstag, hrsg. von Walter Haller u. A., Basel/Frankfurt a. M. 1989, S. 225 ff., 227.

52 IGH-Urteil vom 27.06.1986 (Military and Paramilitary Activities in and against Nicaragua), Nicaragua v. USA, ICJ Reports 1986, S. 113 ff. (114).

53 Bericht des Generalsekretärs, Fn. 9, Ziff. 62.

54 Ebenda.

Erstmals relevant wurde diese Problematik im Verfahren gegen Dusko Tadic. Sein Verteidiger behauptete, es fehle dem ICTY an der Zuständigkeit (*subject-matter jurisdiction*), da die Verbrechen, deren Tadic angeklagt war, wenn überhaupt, dann nur in einem internen Konflikt begangen wurden; Art. 2 ICTY-Statut sei auf solche nicht anwendbar.[55] Die Anklage erwiderte, dass der Konflikt im ehemaligen Jugoslawien als ganzer internationalen Charakter hatte.[56] Hilfsweise machte sie geltend, dass die Genfer Abkommen im Rahmen des Art. 2 ICTY-Statut, ungeachtet der Einordnung des Konfliktes als intern oder international, anwendbar seien.[57] Zur Begründung wurde darauf verwiesen, dass die Kriegsparteien ihre Anwendbarkeit in mehreren Erklärungen akzeptiert hatten.[58]

In der Tat hatten die Vertreter der Kriegsparteien ihre diesbezügliche Akzeptanz zum Ausdruck gebracht (22.05.1992).[59] Hier kommt auch die Problematik zum Vorschein, einerseits auf die Vertreter der Kriegsparteien als Verhandlungspartner angewiesen zu sein, andererseits aber deren Festnahme und Verurteilung durch das ICTY zu fordern.[60] Die Regierung der Vereinigten Staaten ging noch weiter als die Anklage und war der Auffassung, dass die Genfer Abkommen auch ohne die Zustimmung der Kriegsparteien auf einen internen Konflikt anwendbar seien.[61]

Die II. Strafkammer des ICTY stimmte der Auffassung der Anklage im Wesentlichen zu. Die Anwendbarkeit der Genfer Abkommen begründete die II. Strafkammer damit, dass diese Ausdruck von Gewohnheitsrecht seien und somit in einem internen Konflikt zur Anwendung gelangen können, obwohl sie als Vertragsrecht dann eigentlich nicht anwendbar seien.[62]

---

55 Defence Motions from 23 June 1995 (Jurisdiction of the Tribunal) sowie: Brief to support the Motion on the Jurisdiction of the Tribunal from 23 June 1995, Section 3, in the trial against Dusko Tadic (Prosecutor v. Dusko Tadic), Case No. IT-94-I-T.

56 Prosecutor's Response to the Defence's Motions filed on 23 June 1995 from 7 July 1995 (Jurisdiction of the Tribunal) in the trial against Dusko Tadic (Prosecutor v. Dusko Tadic), Case No. IT-94-I-T, S. 39 ff. (im Folgenden: Prosecutor's Response (Jurisdiction of the Tribunal)); vgl. Meron, Theodor: International Criminalization of Internal Atrocities, AJIL 89 (1995), S. 554 ff. (556).

57 Prosecutor's Response (Jurisdiction of the Tribunal), Fn. 56, S. 47-59.

58 Ebenda, S. 47; vgl. First Interim Report from 10.02.1993 of the Commission of Experts established pursuant to Security Council resolution 780 (1992), UN Doc. S/25274, Ziff. 45.

59 Revue Internationale de la Croix-Rouge 1992, S. 324, 326.

60 Vgl. Forsythe, David P.: Politics and the International Criminal Tribunal for the Former Yugoslavia, in: Criminal Law Forum 1994, S. 401 ff. (410).

61 Amicus Curiae Brief presented by the Government of the United States of America from 25 July 1995 in the trial against Dusko Tadic (Prosecutor v. Dusko Tadic), Case No. IT-94-I-T, Ziff. 35 f.

62 Trial Chamber II (Jurisdiction of the Tribunal), Fn. 39, Ziff. 45 ff., 52.

Die Berufungskammer lehnte in ihrer Entscheidung vom 2. Oktober 1995 zwar ebenfalls den Einwand des Angeklagten Tadic ab, es fehle dem Tribunal an der Zuständigkeit, doch tat sie dies aus anderen Gründen als die Anklage beziehungsweise die II. Strafkammer. Die Berufungskammer gelangte zu der Auffassung, dass der Konflikt auf dem Gebiet des ehemaligen Jugoslawien nicht als Ganzes internationalen Charakter habe, sondern internationale wie auch interne Elemente aufweise.[63] So waren nach Ansicht der Berufungskammer die Konflikte zwischen bosnischen Regierungseinheiten und Truppen der bosnischen Serben in Bosnien-Herzegowina sowie zwischen Soldaten der kroatischen Regierung und Rebellen der kroatischen Serben in der Krajina rein interner Natur, solange eine direkte Beteiligung von Einheiten der Republik Jugoslawien (Serbien und Montenegro) nicht stattgefunden hatte.[64] Um ihre Auffassung zu verdeutlichen, führte die Berufungskammer das *reductio ad absurdum*-Argument an. Danach würde ein als international charakterisierter Konflikt zwischen der bosnischen Regierung und den bosnischen Serben zu der absurden Situation führen, dass von Regierungseinheiten an serbischen Zivilisten verübte Verbrechen keine schweren Verletzungen im Sinne der Genfer Abkommen wären, weil diese Zivilisten keine geschützten Personen seien, wohingegen Verbrechen seitens der serbischen Truppen gegen bosnische Zivilisten schwere Verletzungen darstellen würden, da die serbischen Truppen als Teil der Armee der Republik Jugoslawien angesehen würden.[65] Darüber hinaus entschied die Berufungskammer, dass Artikel 2 ICTY-Statut nur auf internationale bewaffnete Konflikte anwendbar sei.[66] Auf das Argument, dass Art. 2 ICTY-Statut auch auf interne Konflikte anwendbar sei, weil die Konfliktparteien dies in verschiedenen Erklärungen akzeptiert hatten, ging die Berufungskammer nicht näher ein, da sie der Auffassung war, dass die dem Angeklagten Tadic zur Last gelegten Taten nicht von diesen Erklärungen erfasst würden.[67] Die Berufungskammer stellte jedoch fest, dass Art. 3 ICTY-Statut alle Verletzungen humanitären Völkerrechts erfasst, welche keine schweren Verletzungen der Genfer Abkommen im Rahmen des Art. 2 ICTY-Statut darstellen.[68]

---

[63] Appellate Chamber (Jurisdiction of the Tribunal), Fn. 39, Ziff. 77.

[64] Ebenda, Ziff. 72.

[65] Ebenda, Ziff. 76.

[66] Ebenda, Ziff. 84.

[67] Ebenda, Ziff. 144; vgl. a. A. Aldrich, Fn. 39, S. 67.

[68] Appellate Chamber (Jurisdiction of the Tribunal), Fn. 39, Ziff. 87; vgl. Shraga/Zacklin, Fn. 24, S. 366; Fenrick, W.J.: Some International Law Problems related to Prosecutions before the International Criminal Tribunal for the Former Yugoslavia, in: Duke J. Comp. & Int'l L. 1995, S. 103 ff. (108); a. A. Judge Li in seinem Sondervotum: Seperate Opinion of Judge Li on the Defence Motion (Jurisdiction of the Tribunal) in the Trial against Dusko Tadic (Prosecutor v. Dusko Tadic), Case No. IT-94-I-T, Ziff. 12.

Damit bleibt ein über den gemeinsamen Art. 3 der Genfer Abkommen hinausgehender menschenrechtlicher Schutzstandard für die Konflikte im ehemaligen Jugoslawien gewahrt, welche internen Charakter haben.[69]
Da gemäß der Entscheidung der Berufungskammer der Charakter des jeweiligen Konfliktes, in dem sich eine Person wegen Kriegsverbrechen schuldig gemacht haben könnte, im Einzelfall festgestellt werden muss, liegen Bedenken im Hinblick auf das Bestimmtheitsgebot nicht vor. Somit wurde auch der Sicherheitsrat nicht rechtsetzend tätig, sodass weder eine dahin gehende Kompetenzüberschreitung noch ein Verstoß gegen den Grundsatz *nullum crimen sine lege* vorliegt. Wie schon das IMT musste nun auch das ICTY gewisse Unklarheiten seines Statuts überwinden. Dabei dürfte es sich um einen der *ad hoc*-Gerichtsbarkeit immanenten Mangel handeln. Erneut wird deutlich, wie notwendig ein Ständiger Internationaler Strafgerichtshof ist, der sich entweder auf ein ausgereiftes Statut stützen oder besser ein internationales Strafgesetzbuch anwenden kann.

12.4.2 Verstöße gegen die Gesetze oder Gebräuche des Krieges (Art. 3 ICTY-Statut)

Art. 3 des Statuts bezieht sich auf das Haager Abkommen von 1907, betreffend die Gesetze und Gebräuche des Landkriegs, und auf die in der Anlage dazu enthaltende Haager Landkriegsordnung[70].[71] Die in Art. 3 ICTY-Statut zum Ausdruck kommenden zentralen Vorschriften der Haager Landkriegsordnung (u. a. Art. 23 lit. a und g, 25, 28, 47 und 56) verbieten insbesondere den Einsatz von Giftwaffen, die willkürliche Zerstörung von Städten oder Gebäuden sowie die Plünderung und die Zerstörung von Einrichtungen der Religion, der Kunst oder der Wissenschaft. Gemäß Art. 3 ICTY-Statut ist die Aufzählung der unter diesen fallenden Verstöße nicht abschließend.
Insofern steht die Entscheidung der Berufungskammer im Verfahren gegen Dusko Tadic, nach der von Art. 3 ICTY-Statut alle Verletzungen humanitären Völkerrechts erfasst werden, welche keine schweren Verletzungen der Genfer Abkommen nach Art. 2 ICTY-Statut darstellen, im Einklang mit der Systematik dieses Statuts. Dies gilt insbesondere für die von Abschn. I, Kap. II der Haager Landkriegsordnung erfasste Behandlung von Kriegsgefangenen, die auch als schweres Kriegsverbrechen nach Art. 130 des III. bzw. Art. 147 des IV. Genfer Abkommens gilt. Fraglich ist allerdings auch hier, ob die Vorschriften des Haager Abkommens, die zweifelsohne gewohnheitsrechtlich anerkannt sind, auch

---

[69] Aldrich, Fn. 39, S. 67.

[70] Convention concernant les lois et coutumes de la guerre sur terre, signée à la Haye, le 18 Octobre 1907, in: NRGT 3. Série Tome III, S. 31 ff., Ordnung der Gesetze und Gebräuche des Landkriegs (Haager Landkriegsordnung) als Anlage zum Abkommen betreffend die Gebräuche des Landkriegs vom 18. Oktober 1907, RGBl. 10, S. 107.

[71] Bericht des Generalsekretärs, Fn. 9, Ziff. 44.

bezüglich interner Konflikte Anwendung finden. Ansonsten würde das ICTY mit der Anwendung des Statuts gegen das Gebot des *nullum crimen sine lege* verstoßen.

Die Berufungskammer des ICTY stellte in ihrer Entscheidung im Verfahren gegen Dusko Tadic allgemein fest, dass interne Konflikte nicht von der Gesamtheit der Regeln erfasst werden, welche für internationale Konflikte gelten.[72] Es wurde jedoch eine Liste gewohnheitsrechtlicher Regeln in Bezug auf die Gebräuche des Krieges zusammengestellt, denen auch bei internen Konflikten Geltung zukommt.[73] Diese Liste deckt sich inhaltlich mit der Auflistung in Art. 3 ICTY-Statut. Von einer gewohnheitsrechtlich anerkannten Geltung der in Art. 3 ICTY-Statut aufgelisteten Verstöße kann daher ausgegangen werden.
Hinsichtlich einer internationalen strafrechtlichen Verantwortlichkeit von Individuen bei der Verletzung der Gesetze über interne Konflikte wurde bisher argumentiert, Verletzungen humanitären Völkerrechts, die keine schweren Verletzungen der Genfer Abkommen darstellten, könnten nur die internationale strafrechtliche Verantwortlichkeit von Staaten, nicht aber die von Individuen zur Folge haben.[74] Die *International Law Commission* der Vereinten Nationen folgte dieser Auffassung nicht mehr uneingeschränkt, sondern ließ in Hinblick auf Art. 20 ihres Statutentwurfs für einen Ständigen Internationalen Strafgerichtshof die Frage offen, ob auch in internen Konflikten begangene schwere Verletzungen der Gesetze und Gebräuche des Krieges zu individueller völkerstrafrechtlicher Verantwortlichkeit führen.[75]
Die Berufungskammer stellte daraufhin erstmals fest, dass eine Einzelperson, die sich der in der Entscheidung aufgelisteten Verstöße schuldig macht, auch international strafrechtlich zur Verantwortung gezogen werden kann.[76] Auch das Internationale Komitee des Roten Kreuzes folgt entgegen seiner bisherigen Ansicht nun der Auffassung der Berufungskammer.[77]
Im Verfahren gegen den Angeklagten Tadic wendete die Berufungskammer erstmals die Regeln über die Verstöße gegen die Gesetze und Gebräuche des Krieges auf einen Konflikt an, welcher nicht ausschließlich internationaler Natur

---

72 Appellate Chamber (Jurisdiction of the Tribunal), Fn. 39, Ziff. 96 ff.
73 Ebenda.
74 Kussbach, Erich: The International Humanitarian Factfinding Commission, in: Int'l & Comp. L. Q 1994, S. 174 ff., 177; Plattner, Denise: La répression pénale des violations du droit international humanitaire applicable aux conflits armés non internationaux, in: RICR 1990, S. 443 ff., 444.
75 Report of the International Law Commission on the work of its forty-sixth session, 2 May - 22 July 1994, in: General Assembly, Official Records, forty-ninth session, Supplement No. 10, UN Doc. A/49/10 (1994) (zit.: 1994 Report of the ILC), Ziff. 70, 79.
76 Appellate Chamber (Jurisdiction of the Tribunal), Fn. 39, Ziff. 120 ff.
77 Statement to the Sixth Committee of the UN General Assembly, 1. November 1995, S. 3.

war. Damit entwickelte sie das Völkergewohnheitsrecht fort. Dies könnte eine Verletzung des Gebots des *nullum crimen sine lege* verursacht haben. Dieses Gebot darf jedoch nicht jede gewohnheitsrechtliche Entwicklung für die Zukunft ausschließen, solange durch diese Entwicklung keine Handlungen kriminalisiert werden, welche zu der Zeit, in der sie begangen wurden, vernünftigerweise als rechtmäßig betrachtet werden mussten.[78] Um solche, als rechtmäßig zu betrachtende Handlungen handelt es sich bei den in der Entscheidung gegen Dusko Tadic verurteilten Verbrechen nicht.[79]
Art. 3 ICTY-Statut und die Entscheidung der Berufungskammer stehen daher in Einklang mit dem Grundsatz des *nullum crimen sine lege.*

12.4.3 Völkermord (Art. 4 ICTY-Statut)

Art. 4 ICTY-Statut übernimmt im Wortlaut die Art. 2 und 3 der Konvention über die Verhütung und Bestrafung des Völkermordes von 1948.[80] Diese implizieren bezüglich des Völkermords die Absicht, eine ethnisch-religiöse Gruppe als solche ganz oder teilweise zu zerstören. Eben diese Absicht zum Völkermord wird im Einzelfall nicht leicht nachzuweisen sein, denn bei der Durchführung einer Vertreibung im Sinne einer "ethnischen Säuberung" wird die betroffene Bevölkerungsgruppe nicht von vornherein zerstört, was jedoch auf der subjektiven Ebene tatbestandliche Voraussetzung des Art. 2 der Konvention ist.[81] Außerdem hat der IGH in seinem Urteil vom 13.09.1993 festgestellt, dass die Aufteilung oder Aneignung eines anderen souveränen Staates noch keinen Akt des Völkermordes darstellt.[82]

Die Anti-Völkermord-Konvention wird als Teil des Gewohnheitsrechts anerkannt.[83] Ungeachtet der Schwierigkeiten bei ihrer Anwendung bestehen daher keine rechtlichen Bedenken gegen ihre Aufnahme in das ICTY-Statut.

---

78 Greenwood, Christopher: International Humanitarian Law and the Tadic Case, in: EJIL 7 (1996), S. 265 ff. (281); Meron, War Crimes in Yugoslavia, Fn. 13, S. 80.

79 Greenwood, Fn. 78, S. 280.

80 Convention on the Prevention and Punishment of the Crime of Genocide, Adopted by the General Assembly of the United Nations on 9 December 1948, in: 78 UNTS (1951), No. 1021, S. 277 ff., BGBl. 1954 II, S. 730.

81 O'Brien, Fn. 11, S. 648.

82 IGH-Urteil vom 13. 09.1993, Application of the Convention on the Prevention and Punishment of the Crime of Genocide (Bosnia and Herzegowina v. Yugoslawia (Serbia and Montenegro)), Indication of provisional measures, ICJ Reports 1993, Ziff. 42.

83 Gutachten des IGH, Reservations on the Convention on the Prevention and Punishment of the crime of Genocide, ICJ Reports 1951 ,S. 23 ff.; Bericht des Generalsekretärs, Fn. 9, Ziff. 45.

12.4.4 Verbrechen gegen die Menschlichkeit (Art. 5 ICTY-Statut)

Gemäß Art. 5 ICTY-Statut sollen Personen strafrechtlich verfolgt werden, die sich wegen Verbrechen gegen die Menschlichkeit schuldig gemacht haben. Darunter fallen u. a. Mord, Deportation, Folter sowie Vergewaltigung. Diese Verbrechen müssen gegen die Zivilbevölkerung und nicht nur gegen Einzelpersonen gerichtet sein, wobei es unerheblich ist, ob der Konflikt interner oder internationaler Natur ist.

Verbrechen gegen die Menschlichkeit wurden erstmalig im IMT-Statut (Art. 6 c) sowie im Gesetz Nr. 10 des Kontrollrats für Deutschland (Art. II 1 c) erwähnt. Den Prinzipien des IMT-Statuts[84] wird teilweise gewohnheitsrechtliche Geltung beigemessen.[85] Andererseits wurde, mit Ausnahme der Fälle Barbie und Touvier, in der neueren französischen Rechtsprechung[86] seit dem Zweiten Weltkrieg niemals wieder jemand wegen Verbrechen gegen die Menschlichkeit verurteilt, sodass an der gewohnheitsrechtlichen Geltung der Nürnberger Prinzipien gezweifelt wird.[87] Dementsprechend verzichtete die *International Law Commission* in ihrem Entwurf eines Statuts für einen permanenten Internationalen Strafgerichtshof auf die Strafbarkeit wegen Verbrechen gegen die Menschlichkeit.[88] Darüber hinaus bleibt Art. 5 ICTY-Statut im Hinblick auf die Bestimmtheit hinter dem Katalog des IMT zurück.[89]

Die I. Strafkammer des ICTY präzisierte daher in ihrer Entscheidung im Verfahren gegen Dragan Nicolic den Art. 5 ICTY-Statut. Dabei wurden drei Kriterien als Voraussetzungen einer Strafbarkeit wegen Verbrechen gegen die Menschlichkeit hervorgehoben: die diskriminierende Auswahl der Opfer, die kriminelle Organisation der Verbrechen und die schwerwiegende Natur der Verbrechen.[90] Außerdem wurde die in Art. 5 ICTY-Statut erwähnte

---

84 Principles of International Law Recognized in the Charter of the Nuremberg Tribunal and in the Judgment of the Tribunal, in: Report of the International Law Commission covering its second session, 5 June - 29 July 1950, Document A/1316, in: United Nations, International Law Commission, Yearbook 1950 I, S. 28 ff.; Yearbook 1950 II, S. 181 ff., S. 364 ff. (374 ff.).

85 Ebenda, Ziff. 35.

86 Vgl. zum Fall von Klaus Barbie, der als Gestapo-Chef von Lyon 1943 und 1944 für die Deportation und Ermordung von Juden verantwortlich war: Cour d'appel de Lyon (08.07.1983), Journal du Droit International 1983, S. 779 ff. (781 f.); Chambre criminelle de la Cour de cassation (06.10.1983), Revue Générale du Droit International Public 1984, S. 507 ff. (508); Dinh/Daillier/Pellet, Fn. 33, S. 620 Rn 429, S. 625 Rn. 430.

87 Tomuschat, Christian: Grundpflichten des Individuums nach Völkerrecht, in: ArchVR 1983, S. 289 ff. (294).

88 Revised Report of the Working group on the Draft Statue for an International Criminal Court, International Law Commission, 45. session (03.05.1993 - 23.07.1993), UN Doc. A/CN.4/L.490 (19.07.1993), S. 31 ff. (zu Art. 22).

89 Weckel, Fn. 13, S. 254.

90 Trial Chamber I, Decision of October 20, 1995 in the Trial against Dragan Nicolic (Prosecutor v. Dragan Nicolic), Case No. IT-94-2-R61, Ziff. 26.

Notwendigkeit einer Verbindung der Verbrechen mit einem bewaffneten Konflikt bestätigt.[91] Ein Vergleich der zusätzlichen Anforderungen der I. Strafkammer an Art. 5 ICTY-Statut mit der Erläuterung des Generalsekretärs in seinem Bericht zeigt, dass der Generalsekretär bei der Ausarbeitung des Statuts von denselben Anforderungen an Art. 5 ICTY-Statut ausging.[92]

Dem Bestimmtheitsgebot ist mit den durch die Entscheidungen des ICTY vorgenommenen Präzisierungen somit Genüge getan. Bezüglich der gewohnheitsrechtlichen Geltung der Nürnberger Prinzipien als erstmalige Kodifizierung des Tatbestandes der Verbrechen gegen die Menschlichkeit soll hier auf die Anmerkung unter 5.3. verwiesen werden. Da es sich bei den in Art. 5 ICTY-Statut aufgeführten Verbrechen um solche handelt, bei deren Begehung von einer Rechtmäßigkeit der Tat vernünftigerweise nicht ausgegangen werden kann, verstößt Art. 5 ICTY-Statut nicht gegen den Grundsatz des *nullum crimen sine lege*.

Zusammenfassend lässt sich daher feststellen, dass die Festsetzung der Zuständigkeit *ratione materiae* des ICTY in den Art. 2 bis 5 des Statuts, zumindest nach der Präzisierung durch die Entscheidungen des Tribunals, in Einklang mit dem *nullum crimen sine lege*-Prinzip und dem Bestimmtheitsgrundsatz steht.

12.5 Struktur des ICTY

Das ICTY ist gemäß Art. 11 seines Statuts in mehrere Organe unterteilt. Im Einzelnen sind dies die Kammern, und zwar drei Strafkammern und eine Berufungskammer, der Leiter der Anklagebehörde sowie die Kanzlei, die die Kammern und den Leiter der Anklagebehörde unterstützen soll. Nach Artikel 12 ICTY-Statut setzen sich die Kammern aus 14 unabhängigen Richtern zusammen, wobei jede Strafkammer mit drei Richtern und die Berufungskammer mit fünf Richtern besetzt wird. Bis Mai 1998 bestand das ICTY aus nur zwei Strafkammern und der Berufungskammer mit insgesamt elf Richtern. Die Zahl der auf ein Verfahren wartenden Angeklagten stieg jedoch stetig an. Um die Angeklagten ohne unnötige Verzögerung vor Gericht bringen zu können, beschloss der Sicherheitsrat am 13. Mai 1998 mit Resolution 1166, die Anzahl der Strafkammern auf drei zu erhöhen und das ICTY-Statut dementsprechend abzuändern.[93]

Nach Art. 13 Abs. 2 lit. a ICTY-Statut können die Mitgliedsstaaten der Vereinten Nationen und die Nichtmitgliedsstaaten mit ständigen Beobachtermissionen am Amtssitz der Vereinten Nationen Bewerber für das Richteramt benennen. Aus diesen stellt der Sicherheitsrat eine Liste mit Kandidaten zusammen, wobei die

---

[91] Ebenda, Ziff. 30; zuvor schon Trial Chamber II (Jurisdiction of the Tribunal), Fn. 39, Ziff. 83 ff.

[92] Bericht des Generalsekretärs, Fn. 9, Ziff. 48.

[93] Resolution 1166 adopted by the Security Council at its 3878th meeting, on 13 May 1998, UN Doc. S/RES/1166 (1998).

angemessene Vertretung der hauptsächlichen Rechtssysteme der Welt zu berücksichtigen ist (Art. 13 Abs. 2 lit. c ICTY-Statut). Dieses Auswahlverfahren soll die Unabhängigkeit des Richtergremiums unterstreichen und so dem möglichen, bereits gegenüber dem IMT erhobenen Vorwurf entgegenwirken, die internationale Strafverfolgung urteile voreingenommen und stelle in Form einer Siegerjustiz lediglich ein Instrument zur Durchsetzung von Großmachtinteressen dar.[94] Aufgrund der Liste des Sicherheitsrats wählt die Generalversammlung die 14 Richter des Tribunals für eine Amtszeit von vier Jahren (Art. 13 Abs. 2 lit. d, Abs. 4 ICTY-Statut). Das erste Richtergremium wurde von der Generalversammlung im September 1993 gewählt.[95]

Dem Leiter der Anklagebehörde obliegt es, gegen die Personen Ermittlungen einzuleiten, welche für die seit dem 1. Januar 1991 im Hoheitsgebiet des ehemaligen Jugoslawien begangenen schweren Verstöße gegen das humanitäre Völkerrecht verantwortlich sind (Art. 16 Abs. 1 ICTY-Statut). Er handelt gemäß Art. 16 Abs. 2 des Statuts unabhängig und als selbstständiges Organ des ICTY. Weisungen von Regierungen oder anderen Stellen darf er weder entgegennehmen noch einholen. Der Leiter der Anklagebehörde wird gemäß Art. 16 Abs. 4 ICTY-Statut auf Vorschlag des Generalsekretärs vom Sicherheitsrat gewählt.

Zum ersten Leiter der Anklagebehörde wurde im Juli 1994 der Südafrikaner Richard Goldstone ernannt.[96]

Die Kanzlei ist nach Art. 17 Abs. 1 ICTY-Statut für die Verwaltung und für die Leistung von Hilfsdiensten für das Tribunal zuständig und besteht aus dem Kanzler und dem erforderlichen Personal (Abs. 2). Der Kanzler und das Personal der Kanzlei werden vom Generalsekretär ernannt (Art. 17 Abs. 3 und 4 ICTY-Statut).

12.6 Weitere Bestimmungen des ICTY-Statuts

Art. 7 ICTY-Statut regelt die individuelle strafrechtliche Verantwortlichkeit. Nach Art. 7 Abs. 1 ICTY-Statut macht sich strafrechtlich verantwortlich, wer ein in den Art. 2 bis 5 genanntes Verbrechen geplant, angeordnet, begangen oder dazu angestiftet hat oder auf andere Weise zur Planung, Vorbereitung oder Ausführung des Verbrechens Beihilfe geleistet hat. Art. 7 Abs. 2 ICTY-Statut gibt nahezu identisch den Wortlaut des Art. 7 IMT-Statut wieder und bestimmt, dass die

94 Vgl. Thürer, Daniel: Vom Nürnberger Tribunal zum Jugoslawien-Tribunal und weiter zu einem Weltstrafgerichtshof?, in: RSDIE/SZIER 4/93, S. 491 ff. (510).

95 International Tribunal for the Prosecution of Persons responsible for Serious Violations of International Humanitarian Law committed in the territory of the Former Yugoslavia since 1991, First Annual Report, UN Doc. A/49/342,S/1994/1007 of 29 August 1994, in: Hague Y.B. Int'l L. 1994, The Hague 1995 (zit.: First Annual Report of the International Tribunal), Annex A.

96 Ebenda, § 37; zu den Schwierigkeiten, sich auf einen unvoreingenommenen Leiter der Anklagebehörde zu einigen, vgl. Basiouni/Manikas, Fn. 8, S. 210 ff.

amtliche Stellung eines Beschuldigten, ob als Staats- beziehungsweise Regierungschef oder als verantwortlicher Amtsträger der Regierung, den Betreffenden nicht seiner strafrechtlichen Verantwortlichkeit enthebt und ihm keine Strafmilderung gewährt. Der Grundsatz, dass die Berufung auf Immunität oder auf die *Acts-of-State-Doctrine* weder rechtfertigende noch strafmildernde Wirkung haben kann, ist seit den Präzedenzfällen nach dem Zweiten Weltkrieg allgemein anerkannt.[97]

Im Verfahren über die Auslieferung des ehemaligen chilenischen Staatsoberhauptes Augusto Pinochet wurde dieser Grundsatz jüngst von den britischen Lordrichtern, der höchsten britischen Berufungsinstanz, bestätigt.[98]

Nach Art. 7 Abs. 3 ICTY-Statut enthebt die Tatsache, dass eine in den Zuständigkeitsbereich des Tribunals fallende Handlung von einem Untergebenen begangen wurde, dessen Vorgesetzten nicht der strafrechtlichen Verantwortlichkeit, wenn er wusste oder hätte wissen müssen, dass der Untergebene im Begriff war, eine solche Handlung zu begehen, oder wenn der Untergebene eine solche begangen und der Vorgesetzte nicht die erforderlichen und angemessenen Maßnahmen ergriffen hat, um die Handlung zu verhindern oder die Täter zu bestrafen. Hierbei geht es um die indirekte Verantwortlichkeit eines Vorgesetzten (*indirect command responsibility*), nach der jener nicht für das Anordnen einer strafbaren Handlung (*direct command responsibility*), sondern für das Unterlassen der Verhinderung eines Verbrechens bestraft werden soll. Was das Unterlassen erfolgsverhindernder Maßnahmen angeht, so handelt es sich um ein vorsätzliches oder fahrlässiges Unterlassungsdelikt, gegen dessen Strafbarkeit grundsätzlich keine Bedenken bestehen. Die aus der Befehlsgewalt des Vorgesetzten resultierende Garantenstellung für das Verhalten seines Untergebenen muss jedoch durch die Rechtsprechung des Tribunals konkretisiert werden. Auch muss die Anwendung des Prinzips der *indirect command responsibility* auf die Fälle beschränkt werden, in denen dem Vorgesetzten die Verhinderung des Verbrechens objektiv möglich gewesen wäre.[99]

Art. 7 Abs. 4 ICTY-Statut wiederholt nahezu wörtlich den Art. 8 IMT-Statut und bestimmt, dass die Tatsache, dass ein Angeklagter auf Anordnung seiner Regierung oder eines Vorgesetzten gehandelt hat, den Betreffenden nicht der strafrechtlichen Verantwortlichkeit enthebt, aber aus Billigkeitsgründen strafmildernd berücksichtigt werden kann. Was Voraussetzungen und Rechtsfolgen der Berufung auf höheren Befehl betrifft, bleibt Art. 7 Abs. 4 ICTY-Statut, wie schon Art. 8 IMT-Statut, unnötig ungenau. Das Kriterium der offensichtlichen Rechtswidrigkeit, aber auch die Möglichkeit einer strafbefreienden Wirkung des höheren Befehls, hätten ohne weiteres in das Statut

---

[97] Vgl. Bericht des Generalsekretärs, Fn. 9, Ziff. 55; Bassiouni/Manikas, Fn. 8, S. 345 ff.
[98] Siehe dazu oben: 6.3.7.
[99] Vgl. Bassiouni/Manikas, Fn. 8, S. 349.

aufgenommen werden können. Beide Aspekte sind durch die Entscheidungen des Reichsgerichts in Leipzig und durch das IMT-Urteil hinreichend konkretisiert worden und seither allgemein anerkannt. Der Generalsekretär wies in seinem Bericht zur Einsetzung des ICTY darauf hin, dass das Tribunal einen höheren Befehl auch im Zusammenhang mit anderen Rechtfertigungsgründen, wie dem Umstand, dass Gewissensgründe keine andere Wahl zuließen, berücksichtigen könne.[100] Bedauerlich ist daher, dass sich diese, bereits vom IMT vertretene Auffassung nicht im ICTY-Statut widerspiegelt.

Gemäß Art. 27 ICTY-Statut werden die verhängten Strafen auf Freiheitsentzug begrenzt, wobei bezüglich der Strafdauer die Praxis der Gerichte des ehemaligen Jugoslawien zu berücksichtigen ist (Art. 24 Abs. 1 ICTY-Statut). Neben der Freiheitsstrafe kann auch die Rückgabe durch strafbares Verhalten erworbener Vermögensstücke angeordnet werden (Art. 24 Abs. 3 ICTY-Statut). Die Freiheitsstrafe wird gemäß Art. 27 ICTY-Statut in Staaten verbüßt, die dem Sicherheitsrat ihre Bereitschaft bekundet haben, Verurteilte zu übernehmen.

Art. 28 regelt das Begnadigungsrecht und bestimmt, dass dieses sich nach den Rechtsvorschriften des Staates richtet, in dem der Verurteilte seine Freiheitsstrafe verbüßt. Die endgültige Entscheidung darüber liegt beim Präsidenten des ICTY.

Die Kosten des ICTY werden nach Art. 32 ICTY-Statut im Einklang mit Art. 17 UN-Charta aus dem ordentlichen Haushalt der Vereinten Nationen bestritten. Die finanziell angespannte Lage der Vereinten Nationen wirkt sich jedoch auch auf das Tribunal aus. Wie schon die das Tribunal vorbereitende Expertenkommission hat auch dieses selbst mit erheblichen finanziellen Schwierigkeiten zu kämpfen.[101] Ein Aufruf der Vereinten Nationen an die Mitgliedsstaaten, das ICTY durch Spenden zu unterstützen, stieß auf wenig Resonanz.[102] Dies dürfte auch erklären, warum die Anklagebehörde des ICTY ebenfalls für das Internationale Strafgericht zur Verfolgung von Kriegsverbrechen in Ruanda[103] zuständig ist, was dessen Effektivität angesichts der jetzt schon fast unüberschaubaren Menge von Beweismaterial zu beeinträchtigen droht.[104]

Die finanziellen Aufwendungen für die Einrichtung von Büroräumen und eines Plenarsaals, sowie für die Gehälter des Personals einschließlich der Richter sind so

---

[100] Bericht des Generalsekretärs, Fn. 9, Ziff. 57.

[101] Bergsmo, Morten: International Criminal Tribunal for the Former Yugoslavia, in: HRLJ 1994, S. 405 ff. (406 f.); Forsythe, Fn. 60, S. 405, 409; Goldstone, Richard J.: The International Tribunal for the Former Yugoslavia, in: Duke J. Comp. & Int'l L. 1995, S. 5 ff. (8); O'Brien, Fn. 11, S. 642.

[102] Bergsmo, Fn. 9, S. 407.

[103] Im Folgenden: ICTR.

[104] Vgl. Resolution 955 des Sicherheitsrats vom 08.11.1994, UN Doc. D/RES/955 (1994); sowie Art. 15 des als Anlage dieser Resolution beigefügten Statuts; Schrag, Minna: The Yugoslav Crimes Tribunal: A Prosecutor's View, in: Duke J. Comp. & Int'l L. 1995, S. 187 ff. (189).

hoch, dass kaum Geld für die eigentliche Arbeit des Tribunals übrig bleibt.[105] Bezeichnend daher, dass die Richter des auf "ad hoc"-Basis errichteten Tribunals anfangs nur auf "ad hoc"-Basis bezahlt werden konnten.[106] Es ist somit äußerst fraglich, ob angesichts der finanziell angespannten Situation des ICTY sämtliches Beweismaterial gesammelt und verarbeitet werden kann, um wenigstens wegen eines Großteils der Kriegsverbrechen Anzeige erstatten zu können. Gerade die Exhumierung von Massengräbern, die Sicherung und Archivierung sonstiger Beweismittel sowie die Überführung der Angeklagten und der Zeugen nach Den Haag ist nicht nur sehr wichtig, sondern auch äußerst kostspielig.[107]

12.7 Die Arbeitsweise des ICTY

Die Arbeitsweise des ICTY bestimmt sich nach dessen Statut und den gemäß Art. 18 ICTY-Statut erlassenen Verfahrens- und Beweisregeln.

12.7.1 Verfahrensregeln im ICTY-Statut

Gemäß Art. 18 ICTY-Statut leitet der Leiter der Anklagebehörde die Ermittlungen ein und kann dazu staatliche Behörden um Unterstützung ersuchen. Bei Vorliegen hinreichender Verdachtsgründe erstellt er eine Anklageschrift, die er einem Richter der Strafkammer zur Prüfung übergibt. Im Falle einer Bestätigung der Anklage kann der Richter nach Art. 19 Abs. 2 ICTY-Statut Verfügungen und Befehle zur Festnahme, Inhaftierung, Übergabe oder Überstellung von Personen sowie alle anderen Verfügungen erlassen, welche zur Durchführung des Verfahrens erforderlich sind. Sobald der Angeklagte an das ICTY überstellt ist, wird die Anklageschrift verlesen und ein Verhandlungstermin festgesetzt (Art. 20 ICTY-Statut).[108] Die Verhandlungen sind gemäß Art. 20 Ziff. 4 ICTY-Statut öffentlich, sofern nicht nach Maßgabe der Verfahrens- und Beweisregeln beschlossen wird, das Verfahren unter Ausschluss der Öffentlichkeit durchzuführen.

Die Urteile, die schriftlich zu begründen sind und denen abweichende Meinungen beigefügt werden können, werden gemäß Art. 23 ICTY-Statut mit Stimmenmehrheit gefällt.

In Anlehnung an Art. 14 Abs. 5 des Internationalen Paktes über bürgerliche und politische Rechte von 1966, hat der Verurteilte das Recht auf das Einlegen eines Rechtsmittels (Art. 25 ICTY-Statut). Berufungsanträge können auch vom Leiter der Anklagebehörde gestellt werden. Berufungsgründe sind Rechts- oder

---

105 First Annual Report of the International Tribunal, Fn. 95, Ziff. 36 ff.; Forsythe, Fn. 60, S. 405, 409.

106 First Annual Report of the International Tribunal, Fn. 95, Ziff. 28 ff.

107 Joyner, Christopher: Strengthening Enforcement of Humanitarian Law, in: Duke J. Comp. & Int'l L. 1995, S. 79 ff. (99); O'Brien, Fn. 11, S. 642.

108 Vgl. erste Anklage des Tribunals vom 7. November 1994 gegen Dragan Nicolic, Case No. IT-94-2-I.

Tatsachenirrtümer, wenn sie zur Fehlerhaftigkeit des Urteils geführt haben (Art. 25 Abs. 1 lit. a und b ICTY-Statut). Die Berufungskammer kann nach Art. 25 Abs. 2 ICTY-Statut die Entscheidungen der Strafkammern bestätigen, aufheben oder abändern.

Das in Art. 26 ICTY-Statut geregelte Wiederaufnahmeverfahren kann vom Verurteilten und vom Leiter der Anklagebehörde beantragt werden, wenn eine neue Tatsache bekannt wird, die zum Zeitpunkt des Verfahrens nicht bekannt war und die für die Entscheidung der Straf- oder Berufungskammer von ausschlaggebender Bedeutung hätte sein können.

12.7.2 Die Verfahrens- und Beweisregeln

Gemäß Art. 15 ICTY-Statut erließen die Richter des Tribunals am 11. Februar 1994 die Verfahrens- und Beweisregeln, welche am 14. März 1994 in Kraft traten und seitdem immer wieder weiterentwickelt und geändert wurden.[109] Diese Regeln ergänzen und präzisieren einige Artikel des Statuts.

In Anlehnung an Art. 18 ICTY-Statut bestimmt Regel 42, dass der Beschuldigte Anspruch darauf hat, sich der Dienste eines Verteidigers seiner Wahl zu bedienen. Ein solcher ist ihm gegebenenfalls unentgeltlich beizuordnen. Ebenfalls besteht Anspruch auf einen Übersetzer. Regel 42(A)(iii) gewährt dem Beschuldigten das Recht, die Aussage zu verweigern.

Die Regeln 54 ff. behandeln unter anderem Haftbefehle und Überführungsanordnungen.

Der Staat, an den ein Haftbefehl übermittelt wird, hat gemäß Regel 56 sicherzustellen, dass dieser ordentlich und unverzüglich vollzogen wird. Regel 56 bezieht sich dabei auf Art. 29 ICTY-Statut, der die Zusammenarbeit der Staatengemeinschaft mit dem ICTY beinhaltet.[110] Eine Verfügung zur Überführung von Personen an das ICTY ist als Anwendung einer verbindlichen Zwangsmaßnahme nach Kap. VII der UN-Charta anzusehen.[111] Auf die Zusammenarbeit insbesondere mit den Nachfolgestaaten des ehemaligen Jugoslawien ist das ICTY angewiesen. Im Gegensatz zu den die Nürnberger und Tokioer Tribunale errichtenden Siegermächten des Zweiten Weltkriegs hatte der Sicherheitsrat nicht die alleinige Kontrolle über das Gebiet des ehemaligen Jugoslawien.[112] Mit ihrer Unterschrift unter das Friedensabkommen von Dayton verpflichteten sich die Kriegsparteien vertraglich zur Zusammenarbeit mit allen

---

[109] UN Doc. IT/32 (1994).

[110] Der Bundestag kam seiner Verpflichtung aus Art. 29 ICTY-Statut bzw. Regel 58 mit der Verabschiedung des Gesetzes über die Zusammenarbeit mit dem ICTY nach, aufgrund dessen der Angeklagte Dusko Tadic an das Tribunal überstellt wurde (§ 3 des Gesetzes); siehe BGBl. Teil I, 1995, S. 485 ff.

[111] Bericht des Generalsekretärs, Fn. 9, Ziff. 125 f.

[112] First Annual Report of the International Tribunal, Fn. 95, S. 210, Ziff. 84; Oeter, Fn. 3, S. 41.

vom Sicherheitsrat zur Verfolgung von Kriegsverbrechen und Verletzungen humanitären Völkerrechts eingesetzten Institutionen (Art. IX des Abkommens).[113] Zwar schließt Art. 21 Ziff. 4 lit. d des ICTY-Statuts Verfahren *in absentia* des Angeklagten aus, doch in der Voraussicht, dass insbesondere die Nachfolgestaaten des ehemaligen Jugoslawien ihrer Verpflichtung zur Überführung von Personen, welche der Kriegsverbrechen beschuldigt werden, nicht immer nachkommen werden, soll insbesondere durch Regel 61 sichergestellt werden, dass das ICTY nicht vollständig dem Veto des Angeklagten unterliegt. Demnach kann der Richter, der die Anklage des Leiters der Anklagebehörde und den an den Angeklagten oder an den vermutlichen Aufenthaltsstaat desselben gerichteten Haftbefehl ursprünglich bestätigte, die Anklage auch in Abwesenheit des Angeklagten vor die Strafkammer bringen, welcher er angehört. Die Strafkammer kann nun den Beschluss fassen, dass vernünftige Gründe für die Annahme bestehen, dass der Angeklagte alle oder einige der in der Anklageschrift aufgeführten Verbrechen begangen hat. Daraufhin kann sie einen nunmehr internationalen Haftbefehl erlassen.

Diese Vorgehensweise ist grundsätzlich geeignet, das Erscheinen des Angeklagten doch noch zu erwirken, da er als per internationalem Haftbefehl gesuchte Person zum Gefangenen im eigenen Lande wird.[114]

Wenn ein Staat einen Haftbefehl nicht vollzieht, ohne dass er dafür dem Kanzler des ICTY eine Begründung mitteilt, informiert der Präsident des Tribunals den Sicherheitsrat, welcher seinerseits entsprechende Maßnahmen einleiten kann (Regel 61(E)).[115] Diese Maßnahmen würden sich gegen eine Bedrohung des Friedens richten und daher verbindlich im Sinne des Kap. VII UN-Charta sein.[116]

Gemäß Regel 66 soll die Anklagebehörde der Verteidigung ihre Beweismaterialien offen legen, soweit nicht staatliche oder öffentliche Interessen entgegenstehen.

In Sitzungen unter Ausschluss der Öffentlichkeit kann eine Strafkammer entscheiden, dass die Identität von Opfern und Zeugen der Öffentlichkeit und den Medien nicht offen gelegt wird. Es besteht dann die Möglichkeit, die Aussagen in

---

[113] Dayton Paris Peace Agreement in the form initialed on November 21, 1995 in Dayton, UN Doc. A/50/790-S/1995/999, in the form signed in Paris on December 14, 1995, ILM 35 (1996), S. 89 ff.

[114] Vgl. Forsythe, Fn. 60, S. 419.

[115] Resolution 1022 des Sicherheitsrats, UN Doc. S/RES/1022 (1995); vgl. Resolution des Sicherheitsrats 748 vom 31. März 1992 gegen Lybien wegen der Weigerung, zwei des Bombenanschlags von Lockerbie auf das Pan Am-Flugzeug von den USA angeklagte Personen auszuliefern, UN Doc. S/RES/748 (1992).

[116] Joyner, Fn. 107, S. 95; Maison, Rafaelle: La décision de la Chambre de première instance no. I du Tribunal pénal international pour l'ex-Yougoslavie dans l'affaire Nicolic, in: EJIL 7 (1996), S. 284 ff. (289).

Bild und Ton festzuhalten und der Öffentlichkeit und den Medien nur in identitätswahrender, verzerrter Form zu präsentieren (Regel 75 (B)).
Der Verteidigung gegenüber muss die Offenlegung der Identität von Opfern und Zeugen erfolgen, sobald jenen Schutz durch Institutionen des ICTY gewährt werden kann (Regel 69 (A)). Sie muss in jedem Fall so rechtzeitig erfolgen, dass ausreichend Zeit zur Vorbereitung der Verteidigung bleibt (Regel 69 (C)). Grundlage für diese Regeln zum Schutz der Opfer ist Art. 22 ICTY-Statut. Danach trifft das ICTY in seinen Verfahrens- und Beweisregeln Maßnahmen zum Schutz der Identität der Opfer. Auf Anfrage des Leiters der Anklagebehörde hat die II. Strafkammer jedoch diese Bestimmung und insbesondere das Wort "Identität" dahin gehend ausgelegt und demnach entschieden, dass zum Schutze der Opfer deren Identität nicht nur der Öffentlichkeit, sondern auch dem Angeklagten gegenüber nicht offen gelegt werden muss; dies notfalls während der gesamten Dauer des Verfahrens.[117]
Diese Entscheidung ist nicht unumstritten und sie stieß selbst innerhalb der Kammer auf Ablehnung. Zu Recht hat Richter Stephen in seinem Sondervotum (Art. 23 Ziff. 2 ICTY-Statut) die Entscheidung dahin gehend kritisiert, dass, im Hinblick auf das unabdingbare Erfordernis eines fairen Verfahrens, weder das Statut noch die Verfahrens- und Beweisregeln so ausgelegt werden könnten, dass dem Angeklagten auch während des Verfahrens die Identität von Opfern und Zeugen nicht offen gelegt werden müsse.[118] Darüber hinaus wird behauptet, dass man mit der gegenteiligen Auslegung akzeptiere, dass ein Verfahren dann nicht mehr fair sein müsse, wenn dies der einzige Weg sei, den Schutz der Opfer und Zeugen zu gewährleisten.[119] Ebenfalls wird geltend gemacht, dass Regel 75 zwar erlaubt, die Identität von Opfern und Zeugen der Öffentlichkeit und den Medien vorzuenthalten, dass aber nirgends ein Hinweis darauf zu finden sei, dass dies auch gegenüber dem Angeklagten gelte.[120]
Im Einklang mit dem Wortlaut des Statuts (Art. 21 und 22 ICTY-Statut) sowie den Verfahrens- und Beweisregeln (Regeln 66, 69 und 75) ist dem Angeklagten die Identität der Opfer und Zeugen spätestens zu Beginn des Verfahrens offen zu legen. Die Entscheidung der Strafkammer ist aber auch unvereinbar mit Regel 85 (B), nach der es der Verteidigung erlaubt werden muss, Zeugen zu verhören und

[117] Trial Chamber II, Decision from 10. August 1995 on the Prosecutor's Motion (Protective Measures for Victims and Wittnesses) in the trial against Dusko Tadic (Prosecutor v. Dusko Tadic), Case No. IT-94-I-T (im Folgenden: Trial Chamber II (Protective Measures for Victims and Wittnesses)), Ziff. 59 ff.

[118] Separate Opinion of Judge Stephen from 10. August 1995 on the Prosecutor's Motion requesting Protective Measures for Victims and Wittnesses, in the trial against Dusko Tadic (Prosecutor v. Dusko Tadic), Case No. IT-94-I-T.

[119] Leigh, Monro: The Yugoslav Tribunal: Use of Unnamed Witnesses Against Accused, in: AJIL 90 (1996), S. 235 ff. (235).

[120] Ebenda, S. 237.

Kreuzverhöre durchzuführen. Dies dürfte schwer zu realisieren sein, wenn der Verteidigung die Identität der Opfer und Zeugen vorenthalten wird.[121] Es ist daher zu begrüßen, dass die Strafkammer andeutete, bei ihren Beratungen zur Urteilsfindung die Aussagen der Zeugen außer Acht zu lassen, deren Identität dem Angeklagten nicht offen gelegt wurde, um so dem Verfahren einen fairen Charakter zu erhalten.[122]
Gemäß Regel 78 sind die Sitzungen der Kammern öffentlich, wenn sie nicht aus Gründen der öffentlichen Ordnung, des Schutzes der Opfer und Zeugen oder der Wahrung der Interessen der Gerechtigkeit unter Ausschluss der Öffentlichkeit abzuhalten sind (Regel 79).
Wenn eine Kammer den Eindruck gewinnt, dass ein Zeuge unter Eid falsch ausgesagt hat, dann kann sie den Leiter der Anklagebehörde mit einer entsprechenden Untersuchung beauftragen (Regel 91). Es besteht dann die Möglichkeit, den Zeugen wegen Meineids anzuklagen und eine Geldstrafe von maximal 10.000 $ sowie eine Freiheitsstrafe von bis zu zwölf Monaten zu verhängen.[123]
Nach Regel 107 sind die Verfahrens- und Beweisregeln der Strafkammern auf die Verfahren vor der Berufungskammer entsprechend anzuwenden.

12.8 Bewertung

Mit der am 29.11.1996 erfolgten Verurteilung des Kroaten Drazen Erdemovic wegen Verbrechen gegen die Menschlichkeit konnte das ICTY erstmals ein Verfahren erfolgreich abschließen.[124] Zum ersten Mal seit den Kriegsverbrecherprozessen von Nürnberg und Tokio ist damit wieder eine Person wegen Kriegsverbrechen durch ein internationales Gericht verurteilt worden. Ein wirklich effizientes und damit erfolgreiches Mittel zur strafrechtlichen Verfolgung von Kriegsverbrechen kann das ICTY nur sein, wenn die Staatengemeinschaft, insbesondere die Nachfolgestaaten des ehemaligen Jugoslawien, ihrer Verpflichtung aus dem Abkommen von Dayton nachkommen, mit dem Tribunal und dessen Institutionen zusammenzuarbeiten. Ihrer Verpflichtung zur Zusammenarbeit bei der Festnahme und Auslieferung von Kriegsverbrechern an

[121] Vgl. Alvarez, Jose E.: Nuremberg Revisited: The Tadic Case, in: EJIL 7 (1996), S. 245 ff. (259).
[122] Trial Chamber II (Protective Measures for Victims and Witnesses), Fn. 117, Ziff. 84.
[123] Zur "Kompetenz-Kompetenz" des ICTY, diese Regel aufzustellen vgl.: Brady, Helen J./Nemitz, Jan Christoph: The Offence of Prejury under International Law: The False Testimony of Witness L, in: HuV Nr. 3 1998, S. 162 ff.
[124] Trial Chamber I, Judgement from 29. November 1996 in the trial against Drazen Erdemovic (Prosecutor v. Drazen Erdemovic), Case No. IT-96-22-T.

das ICTY sind die Nachfolgestaaten bislang nicht ausreichend nachgekommen.[125] Dass sich mittlerweile über vierzig Personen im Gewahrsam des Tribunals befinden, lässt sich kaum auf eine Bereitschaft zur Zusammenarbeit mit dem Jugoslawientribunal zurückführen. Lediglich fünf der zurzeit noch auf ihr Verfahren wartenden Inhaftierten wurden von lokalen Behörden überstellt, neunzehn durch die SFOR-Truppe, sechzehn Personen stellten sich sogar freiwillig. Bis sich die Auffassung durchgesetzt hatte, dass das Dayton-Abkommen SFOR-Soldaten die Befugnis verleiht, per Haftbefehl gesuchte Kriegsverbrecher festzunehmen, wurden einige Beschuldigte in verschiedenen europäischen Staaten aufgegriffen und nach Den Haag überstellt.[126] So auch der erste in Gewahrsam des Tribunals befindliche Beschuldigte, Dusko Tadic, der im Februar 1994 in München verhaftet und im April 1995 nach Den Haag überstellt wurde.

Auch die Überstellung des ehemaligen jugoslawischen Präsidenten Slobodan Milosevic an das ICTY ist weniger Ausdruck einer wachsenden Bereitschaft zur Zusammenarbeit, denn das Ergebnis enormen politischen und vor allem wirtschaftlichen Drucks.[127] Im Vorfeld der Internationalen Geberkonferenz vom 29. Juni in Brüssel machten die USA ihre Teilnahme beziehungsweise ihren nicht unerheblichen finanziellen Beitrag zum Wiederaufbau Jugoslawiens von der Überstellung Milosevics nach Den Haag abhängig. Nach einem Kompetenzgerangel zwischen der jugoslawischen Bundesregierung und der Regierung der (Teil-)Republik Serbiens wurde Milosevic am 28. Juni 2001 durch Serbien nach Den Haag überstellt.
Die Anklage wirft Milosevic Völkermord, Kriegsverbrechen, Verbrechen gegen die Menschlichkeit und schwere Verletzungen der Genfer Abkommen im Kosovo sowie in Bosnien und Kroatien vor.[128] Das Verfahren gegen Slobodan Milosevic begann am 12. Februar 2002 vor der 3. Strafkammer des ICTY.

---

[125] Vgl.: Jones, John R.W.: The Implications of the Peace Agreement for the International Criminal Tribunal for the former Yugoslavia, in: EJIL 7 (1996), S. 226 ff. (244); Weckel, Fn. 13, S. 258.

[126] Vgl. zur Frage einer Befugnis der SFOR-Truppe, Haftbefehlen des ICTY Geltung zu verschaffen: Gaeta, Paola: Is NATO Authorized or Obliged to Arrest Persons Indicted by the International Criminal Tribunal for the Former Jugoslavia?, in: EJIL 9 (1998), S. 174 ff.

[127] Zur Überstellung von Slobodan Milosevic an das ICTY siehe: Magliveras, Konstantinos D.: The Interplay Between the Transfer of Slobodan Milosevic to the ICTY and Yugoslav Constitutional Law, in: EJIL 13 (2002), S. 661 ff.

[128] Second Amended Indictment from 29 October 2001 (Prosecutor v. Slobodan Milosevic, Milan Milotinovic, Nikola Sainovic, Dragoljub Ojdanic, Vlajko Stojiljkovic), Case No. IT-99-37-PT (Kosovo); First Amended Indictment from 23 October 2002 (Prosecutor v. Slobodan Milosevic), Case No. IT-02-54-T (Croatia); Initial Indictment from 22 November 2001 (Prosecutor v. Slobodan Milosevic), Case No. IT-01-51-I (Bosnia).

Inzwischen hat sich das Jugoslawientribunal eine so große Autorität erarbeitet, dass per internationalem Haftbefehl gesuchte Personen im ehemaligen Jugoslawien nicht mehr damit rechnen, einer strafrechtlichen Verfolgung in Den Haag entgehen zu können. Vor die Wahl gestellt, Gefangene im eigenen Land zu sein oder sich freiwillig dem Haager Tribunal zu stellen, entscheiden sie sich zunehmend für die letztere Alternative. Im Januar 2001 hat sich sogar die ehemalige Präsidentin der Serbischen Republik, Biljana Plavsic, freiwillig in Den Haag gestellt. Sie wurde wegen zahlreicher Verstöße gegen das humanitäre Völkerrecht in ihrer Zeit als serbische Vizepräsidentin unter Serbenführer Karadzic angeklagt und per internationalem Haftbefehl gesucht.
Das ICTY hat dazu beigetragen, dass Völkerstrafrecht mittlerweile mehr darstellt als nur Statutentwürfe.

Grundlage für eine erfolgreiche Arbeit des ICTY ist die Tatsache, dass es auf einem Fundament errichtet wurde, welches im Hinblick auf die Kompetenz des Sicherheitsrats als ausreichend fest angesehen werden darf. Eines solchen Fundamentes bedarf es auch, da es von dem Erfolg und der Akzeptanz des ICTY abhängt, ob die Entwicklung der internationalen Strafgerichtsbarkeit weitere Fortschritte macht.[129] Bezüglich der Zuständigkeit waren noch Korrekturen in Form von Präzisierungen nötig, die durch die Entscheidungen der Kammern des ICTY, insbesondere durch die Entscheidung der Berufungskammer vom 2. Oktober 1995, vorgenommen wurden. Die Erfahrungen mit dem ICTY und dem ebenfalls auf *ad hoc*-Basis errichteten IMT zeigen aber, dass *ad hoc*-Tribunale eine gewisse Ungenauigkeit ihrer unter Zeitdruck verfassten Statuten überwinden müssen.
Von Bedeutung für die Akzeptanz des ICTY wird auch sein, ob der UN-Sicherheitsrat in anderen, mit Jugoslawien (und Ruanda[130]) vergleichbaren Fällen mit ähnlicher Entschlossenheit vorgehen wird und weitere *ad hoc*-Tribunale als Maßnahmen unter Kap. VII UN-Charta einsetzt, beziehungsweise entsprechende Situationen an den Ständigen Internationalen Strafgerichtshof überweist.[131] Nach der Überwindung des Ost-West-Gegensatzes sollte der Sicherheitsrat dazu in der Lage sein, trotz des Veto-Rechts der ständigen Mitglieder.[132]

Hervorzuheben ist schließlich, dass die Errichtung des ICTY der Diskussion um eine ständige internationale Strafgerichtsbarkeit eine neue Dynamik verlieh,

---

[129] Heintschel v. Heinegg, Fn. 13, S. 84; Leigh, Fn. 113, S. 237; Meron, Fn. 3, S. 125, 135; Tomuschat, Christian: International Criminal Prosecution: The Precedent of Nuremberg Confirmed, in: Criminal Law Forum 1994, S. 237 ff. (246).
[130] Siehe unter: 13.
[131] Zur Befugnis des UN-Sicherheitsrats, den Internationalen Strafgerichtshof anzurufen, siehe unten unter: 15.1.2.3 und 15.2.2.2.
[132] Heintschel v. Heinegg, Fn. 13, S. 86.

welche zunächst zur Ausarbeitung von Statutentwürfen für einen Internationalen Strafgerichtshof durch die *International Law Commission* (ILC) führte.[133] Diese Statutentwürfe wiederum bildeten eine Grundlage für das Statut von Rom für den Ständigen Internationalen Strafgerichtshof.

[133] Siehe dazu unter: 15.

13. Kapitel: Der Internationale Strafgerichtshof für Ruanda

Im Jahre 1994 eskalierte in Ruanda ein grausamer Bürgerkrieg, in dem die dominante Volksgruppe der Hutu die sich in der Minderheit befindlichen Tutsi auszurotten versuchte. Etwa eine halbe Million Tutsi sowie gemäßigte Hutu wurden Opfer dieser Kampagne.[1] Mächtige Staaten waren nicht gewillt, in einen internen Konflikt einzugreifen, und nicht bereit zuzugeben, dass sie einen Völkermord zuließen.[2] Hunderttausende flohen in die Nachbarstaaten Ruandas, wo die Grausamkeiten jedoch weitergingen. In Anbetracht des durch die Medienberichte ausgelösten weltweiten Entsetzens reagierte der Sicherheitsrat der Vereinten Nationen endlich. Konstatierend, dass die Verstöße gegen das humanitäre Völkerrecht in Ruanda eine Bedrohung des Weltfriedens darstellen, beschloss der Sicherheitsrat in Ausübung seiner Befugnisse nach Kapitel VII UN-Charta mit der Resolution 955 vom 8. November 1994 die Einsetzung des Internationalen Strafgerichtshofs zur Verfolgung der Personen, welche für Völkermord oder andere schwere Verstöße gegen das humanitäre Völkerrecht im Hoheitsgebiet Ruandas zwischen dem 1. Januar 1994 und dem 31. Dezember 1994 verantwortlich sind, sowie ruandischer Staatsbürger, welche für während desselben Zeitraums im Hoheitsgebiet von Nachbarstaaten begangenen Völkermord und andere derartige Verstöße verantwortlich sind (*International Criminal Tribunal for Rwanda*[3]).[4] So wurde, ähnlich der Situation nach dem Zweiten Weltkrieg, kurz nach der Einsetzung des ICTY für einen anderen Kriegsschauplatz ein weiteres *ad hoc*-Tribunal eingesetzt.

Die Bestimmungen des Statuts des ICTR decken sich bis auf wenige Ausnahmen mit denen des ICTY, sodass hier auf die in diesem Zusammenhang gemachten Ausführungen verwiesen werden kann. Ein bedeutender Unterschied besteht jedoch zwischen den Zuständigkeitsbereichen *ratione materiae* der beiden Tribunale. Anders als im ICTY-Statut werden von den Bestimmungen über die Zuständigkeit *ratione materiae* des ICTR ausdrücklich Verbrechen erfasst, die in einem Konflikt nicht-internationalen Charakters begangen wurden. Diese im Vergleich zum ICTY-Statut vorgenommene Umstrukturierung des Zuständigkeitsbereichs war geboten, da es sich bei dem Konflikt in Ruanda um

---

[1] Vgl. den vorläufigen Bericht der Sachverständigenkommission über Verstöße gegen das humanitäre Völkerrecht in Ruanda, UN Doc. S/1994/1125, sowie die Berichte des Sonderberichterstatters der Menschenrechtskommission der Vereinten Nationen für Ruanda, UN Doc. S/1994/1157, Anhang I und II.

[2] Ferencz, Benjamin: Von Nürnberg nach Rom: Auf dem Weg zu einem Internationalen Strafgerichtshof, in: HuV Nr. 2 1998, S. 80 ff. (84).

[3] Im Folgenden: ICTR. Urteile, Entscheidungen und sonstige Dokumente zum ICTR können im Internet unter der folgenden Kennung abgerufen werden: http://www.un.org/ictr.

[4] Security Council Resolution 955 from 8 November 1994, UN Doc. S/RES/955 (1994).

einen reinen Bürgerkrieg handelte. So fällt neben dem Völkermord (Art. 2 ICTR-Statut) und den Verbrechen gegen die Menschlichkeit (Art. 3 ICTR-Statut) auch die strafrechtliche Verfolgung von Verstößen gegen den gemeinsamen Art. 3 der Genfer Abkommen von 1949 und gegen das Zusatzprotokoll II von 1977 in die Zuständigkeit des ICTR (Art. 4 ICTR-Statut). Nicht erfasst werden hingegen schwere Verletzungen der Genfer Abkommen und Verstöße gegen die Gesetze und Gebräuche des Krieges (vgl. Art. 2 und 3 ICTY-Statut).
Art. 12 Abs. 2 ICTR-Statut bestimmt, dass die Richter der Berufungskammer des ICTY gleichzeitig als Richter der Berufungskammer des ICTR fungieren sollen. Das Gleiche ordnet Art. 15 Abs. 3 ICTR-Statut für den Leiter der Anklagebehörde an. Mit Resolution 977 vom 22. Februar 1995 entschied sich der Sicherheitsrat der Vereinten Nationen für Arusha im Norden Tansanias als Sitz des ICTR.[5] Der stellvertretende Ankläger hat seinen Sitz im ruandischen Kigali.
Hervorzuheben ist die Entscheidung der II. Strafkammer des ICTR vom 18. Juni 1997 im Verfahren gegen den Angeklagten Joseph Kanyabashi.[6] Dessen Verteidigung war der Auffassung, dass das ICTR rechtswidrig errichtet und nicht zuständig sei, und beantragte eine entsprechende Feststellung. Aus nahezu den gleichen, unter Kapitel 11, Abschnitt 2 und 3 aufgeführten Gründen verwarf die II. Strafkammer jedoch den Antrag der Verteidigung. Dem Hinweis der II. Strafkammer auf die in der gleichen Frage ergangenen Entscheidungen der II. Straf- und der Berufungskammer des ICTY sowie auf der Tatsache, dass die Richter der Berufungskammer des ICTY gemäß Art. 12 Ziff. 2 des ICTR-Statuts auch als Richter der Berufungskammer des ICTR tätig werden[7], könnte entnommen werden, dass die Entscheidungen der Berufungskammer des ICTY eine gewisse Bindungswirkung für die Strafkammern des ICTR entfalten können. In der Entscheidung gegen den Angeklagten Kanyabashi jedenfalls übernahm die II. Strafkammer in allen Punkten die Auffassung der Berufungskammer des ICTY und wies ausdrücklich auf den überzeugenden Einfluss ihrer Entscheidung hin.[8] Dem Wortlaut kann entnommen werden, dass die II. Strafkammer des ICTR nur der Überzeugungskraft der Entscheidung, nicht aber einer solchen der Berufungskammer des ICTY selbst erlegen ist. Auch erwähnte die II. Strafkammer des ICTR widerspruchslos die Auffassung des Leiters der Anklagebehörde, nach der die beiden Tribunale teilweise auf dasselbe Personal zurückgriffen, das ICTR aber dennoch ein eigenständiges Tribunal mit eigenem Statut und eigenem Zuständigkeitsbereich sei und daher seine eigene rechtliche Identität habe.[9] Sofern

5 Security Council Resolution 977 from 22 February 1995, UN Doc. S/RES/977 (1995).
6 Trial Chamber II, Decision of 18 June 1997 on the Defence Motion on Jurisdiction in the Case against Joseph Kanyabashi, Case No. ICTR-96-15-T (im Folgenden: Trial Chamber II (Jurisdiction of the Tribunal).
7 Trial Chamber II (Jurisdiction of the Tribunal), Fn. 6, Ziff. 8.
8 Ebenda, Ziff. 8, 50.
9 Ebenda, Ziff. 38.

dies tatsächlich der Ansicht der II. Strafkammer des ICTR entspricht, ist das sehr zu begrüßen. Die Unabhängigkeit beider Tribunale ist schon aus rechtsstaatlichen Gründen geboten. Allerdings ist der Vorteil, der sich aus der Regelung insbesondere des Art. 12 Ziff. 2 ICTR-Statut ergibt, schwer von der Hand zu weisen. Dass sich die Berufungskammern beider Gerichtshöfe aus denselben Richtern zusammensetzen, führt sicherlich zu einer gewissen Einheitlichkeit der ergehenden Entscheidungen und Urteile. Der damit verbundene Gewinn an Rechtssicherheit kann der Autorität der beiden Gerichtshöfe nur zuträglich sein.

Das erste Urteil des ICTR fällte die I. Strafkammer am 2. September 1998, sie verurteilte den ruandischen Staatsbürger Jean Paul Akayesu zu lebenslänglicher Freiheitsstrafe wegen Völkermordes und Verbrechen gegen die Menschlichkeit, begangen an der Bevölkerung der Tutsi.[10] Damit ist zum ersten Mal überhaupt eine Person durch ein internationales Gericht wegen Völkermordes verurteilt worden.

---

[10] Trial Chamber I, Judgement from 2 September 1998 in the trial against Jean-Paul Akayesu, Case No. ICTR-96-4-T.

14. Kapitel: Die Statutentwürfe der *International Law Commission* der Vereinten Nationen für einen Internationalen Strafgerichtshof von 1993 und 1994[1]

Das Ende des Kalten Krieges führte zu einer Entspannung der internationalen Beziehungen, was Anlass zur Hoffnung gab, dass die Weiterentwicklung und Durchsetzung des Völkerstrafrechts nicht mehr durch den Ost-West-Konflikt behindert werde. Die Auflösung des festen Staatengefüges im so genannten Ostblock führte jedoch zu Unabhängigkeitsbestrebungen, welche von ethnischen Konflikten geprägt waren. Fortschritte auf dem Gebiet des Völkerstrafrechts waren daher nicht nur möglich geworden, sie waren auch dringend nötig, sollten doch weitere Ereignisse, wie die im ehemaligen Jugoslawien, dem Völkerstrafrecht plötzlich eine neue Dynamik und Aktualität verleihen.
Im Dezember 1988 brachte ein Bombenattentat ein amerikanisches Passagierflugzeug über dem schottischen Lockerbie zum Absturz. Trotz intensiver Bemühungen Großbritanniens und der USA weigerte sich Libyen, die beiden des Attentats verdächtigten Personen auszuliefern. In ihren Erklärungen war die libysche Regierung nur zu einer Auslieferung an ein internationales Tribunal bereit. Ein solches war jedoch nicht vorhanden.[2]
Ein ähnliches Problem stellte sich nach dem Ende des Golfkriegs. Wäre man des irakischen Staatschefs Saddam Hussein habhaft geworden, hätte es kein Gericht gegeben, vor dem man ihn, insbesondere wegen der Aggression gegen Kuwait, zur Verantwortung hätte ziehen können.[3]

Konkret wurden die Bemühungen um einen Internationalen Strafgerichtshof erst, als die karibischen und zentralamerikanischen Staaten im Jahre 1989 unter der

---

[1] Hingewiesen werden soll an dieser Stelle auf die Statutentwürfe nichtstaatlicher Organisationen, die sich in wesentlichen Punkten mit den unter Federführung der Vereinten Nationen ausgearbeiteten Entwürfen decken. Sie sollen daher nicht im Einzelnen erörtert werden. Siehe dazu u. a.: Association Internationale de Droit Pénal/International Institute of Higher Studies in Criminal Sciences/Max-Planck-Institute for Foreign and International Law, Draft Statute for an International Criminal Court prepared by a Committee of Experts, Siracusa/Freiburg, July 1995 (update 31.01.1996); Bassiouni, M. Cherif: Draft Statute International Criminal Tribunal, Érès 1993.

[2] Vgl.: Crawford, James: The ILC adopts Statute for an International Criminal Court, in: AJIL 89 (1995), S. 404 ff. (405); Tomuschat, Christian: Zum Entwurf eines ständigen Internationalen Strafgerichtshofs (Draft Statute), in: Die Friedens-Warte 70 (1995), S. 143 ff. (151).

[3] Vgl. Bassiouni, M. Cherif: Draft Statute International Criminal Tribunal, Érès 1992 (zit.: Bassiouni, Draft Statute 92), S. 27, Anm. 59.

Führung von Trinidad und Tobago einen solchen Gerichtshof als mögliches Instrument zur Bekämpfung
der Drogen-Mafia entdeckten. Letztere hatte die nationalen Justizsysteme mit ihrem Netzwerk von Finanzmacht und Drogengewalt teilweise bis zur Wirkungslosigkeit eingeschnürt.[4] Nach langer Zeit wurde die *International Law Commission* von der Generalversammlung wieder aufgefordert, sich im Rahmen der Beratungen über ein Internationales Strafgesetzbuch auch mit der Frage der Einsetzung eines Internationalen Strafgerichtshofs zu befassen, dessen Zuständigkeit die Verfolgung der durch das Strafgesetzbuch erfassten Verbrechen, einschließlich des illegalen Drogenhandels, umfasse. Es sollte aber auch die Möglichkeit eines alternativen internationalen Strafverfahrens-mechanismus erörtert werden.[5] Die *International Law Commission* entsprach dieser Aufforderung und kam zu der Auffassung, dass ein ständiger Internationaler Strafgerichtshof wünschenswert sei, der grundsätzlich in Beziehung zu den Vereinten Nationen stehen solle.[6]

14.1 Die Empfehlungen der *Working Group on an International Criminal Jurisdiction* aus dem Jahre 1992

Die grundlegenden Parameter für die Statutentwürfe von 1993 und 1994 wurden während der 44. Sitzungsperiode der *International Law Commission* im Jahr 1992 gesetzt. Von der Generalversammlung damit beauftragt, sich im Rahmen der Ausarbeitung eines Internationalen Strafgesetzbuchs weiter mit der Frage der Gründung eines Internationalen Strafgerichtshofs zu befassen[7], setzte sie eine spezielle Arbeitsgruppe zur Frage der internationalen Strafgerichtsbarkeit (*Working Group on an International Criminal Jurisdiction)* ein.[8] Diese sollte sich ausschließlich mit der internationalen Strafgerichtsbarkeit, einschließlich der Einsetzung eines Internationalen Strafgerichtshofs, beschäftigen und konkrete Vorschläge formulieren. Zunächst einmal listete die Arbeitsgruppe die Argumente für und gegen einen Internationalen Strafgerichtshof auf.

Ausgangspunkt der Argumentation für die Einsetzung eines Internationalen Strafgerichtshofs war die Tatsache, dass es seit 1945 zahlreiche Verbrechen gegen

---

[4] Vgl. Report of the International Law Commission on the work of its forty-forth session, 4 May - 24 July 1992, in: General Assembly, Official Records, forty-seventh session, Supplement No. 10, UN Doc. A/47/10 (1992) (zit.: 1992 Report of the ILC), S. 149.

[5] General Assembly Resolution 44/39, 4 December 1989, in: United Nations, General Assembly, Official Records: Forty-Fourth Session, Supplement No. 49 (A/44/49), S. 311.

[6] Report of the International Law Commission on the work of its forty-second session (1 May - 20 July 1990), in: United Nations, International Law Commission, Yearbook 1990 I Part Two, S. 1 ff. (24 f.).

[7] General Assembly Resolution 46/54, 9 December 1991, in: General Assembly, Official Records: Forty-sixth Session, Supplement No. 49 (A/46/49), S. 286 f.

[8] 1992 Report of the ILC, Fn. 4, S. 3.

die Menschlichkeit gegeben hatte, die aber unbestraft geblieben waren.[9] Man war sich der Probleme bewusst, welche durch eine strafrechtliche Verfolgung solcher Verbrechen hervorgerufen würden. Verbrechen gegen den Frieden und gegen die Menschlichkeit seien in vielen Fällen von Personen begangen worden, welche Mitglieder einer Regierung gewesen waren. Dies diskreditiere die Normen des Völkerstrafrechts. So habe es noch nie eine Anklage wegen Völkermordes gegeben, obwohl seit Inkrafttreten der Völkermord-Konvention schon mehrfach gegen diese verstoßen worden sei.[10] Auch würde der Grundsatz, dass weder die Berufung auf höheren Befehl noch die amtliche Stellung als Staatsoberhaupt oder Regierungsmitglied vor strafrechtlicher Verfolgung schützten, seines Sinnes beraubt, wenn solche Personen nicht vor Gericht gebracht würden.[11] In Fällen, in denen ein Staatschef selbst an der Tat eines oder mehrerer seiner Staatsangehörigen beteiligt war oder in denen ein Staat sich in die Gefahr terroristischer Angriffe begibt, wenn er einen in seinem Gewahrsam befindlichen Angehörigen eines anderen Staates anklagt, sei die nationale Strafjustiz entweder aufgrund von Parteilichkeit objektiv ungeeignet, die strafrechtliche Verfolgung einzuleiten, oder es sei unwahrscheinlich, dass überhaupt der Wille dazu bestehe. Die Forderung nach einer internationalen Strafgerichtsbarkeit habe daher auf jeden Fall ihre Berechtigung.[12]

Einige Mitglieder der Arbeitsgruppe sprachen sich dennoch gegen einen Internationalen Strafgerichtshof aus. Ihre Argumente basierten überwiegend auf Skepsis. Es sei unwahrscheinlich, dass sich die Staatengemeinschaft auf die Einsetzung einer internationalen Strafgerichtsbarkeit einige, welche nicht lediglich reinen *ad hoc*-Charakter habe. Der Fehlschlag einer internationalen Ahndung des Völkermordes verdeutliche dies.[13] Internationale Gerichtshöfe habe es bisher nur im Falle einer bedingungslosen Kapitulation gegeben, wenn die Verantwortlichen des besiegten Staates Verbrechen gegen das Völkerrecht begangen hätten. Das erneute Eintreten solcher Situationen sei sehr unwahrscheinlich und im Falle ihrer Wiederkehr sei ein *ad hoc*-Gerichtshof völlig ausreichend.[14] Von Ausnahmefällen abgesehen seien die Staaten nicht gewillt, die Verantwortlichkeit für Anklagen nach dem Universalitätsprinzip zu übernehmen. Und in diesen Ausnahmefällen seien sie dazu einerseits nur bereit, weil ihre eigenen Interessen oder die ihrer Staatsangehörigen tangiert würden. Andererseits akzeptierten sie nur die Zuständigkeit ihrer nationalen, nicht aber die einer internationalen Gerichtsbarkeit.[15]

---

9 Ebenda, S. 155.
10 Ebenda, S. 156.
11 Ebenda.
12 Ebenda.
13 Ebenda, S. 158.
14 Ebenda, S. 159.
15 Ebenda, S. 158.

Darüber hinaus bestünden viele bislang ungelöste technische Probleme. Solche begännen schon vor Beginn des Verfahrens mit der Festnahme und Überstellung von beschuldigten Personen an ein internationales Gericht und zögen sich bis zum Vollzug der Strafe nach einem Verfahren hin.[16] Mehrheitlich wurde in der Arbeitsgruppe jedoch das Vorhaben der Errichtung eines Internationalen Strafgerichtshofs befürwortet.[17]
Nach der Aufzählung der Argumente diskutierte die Arbeitsgruppe über die konkreten Empfehlungen, welche der *International Law Commission* vorgelegt werden sollten, um der entsprechenden Aufforderung durch die Generalversammlung nachzukommen. Die Arbeitsgruppe schlug vor, den Internationalen Strafgerichtshof auf Vertragsbasis zu gründen. Der Vertrag sollte aus dem Statut für den Gerichtshof bestehen, dem die Staaten beitreten konnten. Damit sollte jedoch nicht *ipso facto* die Zuständigkeit des Gerichtshofs anerkannt werden. Mit dem Beitritt zum Statut würde sich ein Staat grundsätzlich nur dazu verpflichten, den Gerichtshof in seiner Arbeit zu unterstützen. Die Zuständigkeit *ratione materiae* des Gerichtshofs, entweder *ad hoc* in Bezug auf eine bestimmte Tat oder im Voraus für eine Gruppe von Tatbeständen, sei gesondert anzuerkennen.[18] Die Zuständigkeit *ratione materiae* des Gerichtshofs sollte Verbrechen internationalen Charakters umfassen, welche in internationalen Abkommen definiert seien. Darunter müssten auch die Tatbestände eines Internationalen Strafgesetzbuches fallen. Damit würde man den Anforderungen des Grundsatzes *nullum crimen sine lege* gerecht werden. Es müsse möglich sein, dem Statut beizutreten, ohne damit gleichzeitig das Strafgesetzbuch anzuerkennen.[19] Der Gerichtshof müsse zumindest in der Anfangsphase eine Vertrauensbasis schaffen. Um möglichst viele der Staaten zu einem Beitritt zum Statut zu bewegen, sei die Regelung des Beitritts wie auch die Frage der Zuständigkeit des Gerichtshofs so flexibel wie möglich zu gestalten.[20] Da nicht absehbar sei, in welchem Umfang sich die Staaten an den Internationalen Gerichtshof wenden würden, sollte dieser zunächst nicht als ständig tagendes Organ konzipiert werden und aus Kostengründen nur bei entsprechender Anfrage eines Vertragsstaates zusammentreten.[21] Die Zuständigkeit *ratione personae* sei auf natürliche Personen zu beschränken und könne im Sinne einer an das Universalitätsprinzip angelehnten "abgetretenen Zuständigkeit" (*ceded jurisdiction*) ausgestaltet werden. Ein Vertragsstaat, der eine beschuldigte Person legal inhaftiert habe, könne seine aus einem internationalen Abkommen resultierende Zuständigkeit zur strafrechtlichen Verfolgung nach dem

[16] Ebenda, S. 159.
[17] Ebenda, S. 145 f.
[18] Ebenda, S. 165 f.
[19] Ebenda, S. 166 f., 171 f.
[20] Ebenda, S. 170 f.
[21] Ebenda, S. 163.

Universalitätsprinzip an das internationale Gericht abtreten, ohne dass beispielsweise der Staat, dessen Staatsangehöriger der Beschuldigte ist, berechtigt sei, dagegen vorzugehen.[22]

Die Arbeitsgruppe legte der *International Law Commission* ihre Empfehlungen vor und machte deutlich, dass es nun an der Generalversammlung und an den Mitgliedsstaaten der Vereinten Nationen liege zu entscheiden, ob das Vorhaben einer internationalen Strafgerichtsbarkeit weiter vorangebracht werden solle. Nachdem die grundlegenden Parameter gesetzt seien, könne dies sinnvoll nur in konkreter Form durch den Entwurf eines Statutentwurfs geschehen. Dafür werde allerdings ein neues Mandat benötigt.[23]

14.2 Der vorläufige Statutentwurf der *Working Group on a Draft Statute for an International Criminal Court* aus dem Jahre 1993

Das Mandat zum Entwurf eines Statuts wurde der *International Law Commission* mit Resolution 47/33 im November 1992 erteilt.[24] Die *International Law Commission* setzte erneut eine Arbeitsgruppe (*Working Group on a Draft Statute for an International Criminal Court*) ein, die nun, losgelöst von der Thematik bezüglich eines Internationalen Strafgesetzbuchs, einen Statutentwurf für einen Internationalen Strafgerichtshof ausarbeiten sollte.[25] Die nahezu gleichzeitige Einsetzung des ICTY sorgte dabei sicherlich für zusätzliche Motivation.

Gemäß dem Statutentwurf[26] sollte das internationale Gericht auf Vertragsbasis als Rechtsprechungsorgan der Vereinten Nationen, zumindest aber in Verbindung zur Weltorganisation, errichtet werden. Zwar sieht Art. 4 des Entwurfs den Gerichtshof grundsätzlich als ständige Einrichtung vor, doch wurde der Empfehlung des *92 Report of the International Law Commission* insoweit gefolgt, dass die Richter nur auf Anfrage eines Staates zur Verhandlung zusammenkommen sollten. Die von den Vertragsstaaten zu wählenden 18 Richter des Tribunals sollten für die höchsten judikativen Ämter in ihren Staaten qualifiziert sein und über Erfahrung im Straf- wie im Völkerrecht verfügen. Das Richtergremium als Ganzes sollte die bedeutendsten Rechtssysteme der Welt repräsentieren. Die Amtsdauer der Richter war auf zwölf Jahre angelegt (Art. 5 bis

[22] Ebenda, S. 169.

[23] Ebenda, S. 146 f.

[24] Resolution 47/33 of the General Assembly from 25 November 1992, General Assembly, Official Records: Forty-seventh Session, Supplement No. 49 (A/47/49), S. 287 f.

[25] Report of the International Law Commission on the work of its forty-fifth session, 3 May - 23 July 1993, in: General Assembly, Official Records, forty-eighth session, Supplement No. 10, UN Doc. A/48/10 (1993) (zit.: 1993 Report of the ILC), S. 255.

[26] Ebenda, S. 258 ff.

7). Zur Unterstützung des Gerichtshofs sollte eine Kanzlei eingerichtet werden. Der Leiter der Kanzlei sollte unter anderem zum Empfang von Erklärungen über die Anerkennung der Zuständigkeit des Gerichtshofs bereitstehen (Art. 12, 23) und daher dauerhaft angestellt sein. Die Anklagebehörde sollte sich gemäß Art. 13 aus dem Leiter der Anklagebehörde und seinem Stellvertreter zusammensetzen. Letztere sollten von den Vertragsstaaten gewählt werden und nur bei Bedarf tätig werden.

Die in die Zuständigkeit *ratione materiae* des Gerichtshofs fallenden Verbrechen lassen sich in zwei Gruppen einteilen.
Die erste Gruppe entspricht dem im *92 Report of the International Law Commission* vorgesehenen Zuständigkeitsbereich und umfasst Verstöße gegen internationale Konventionen (Art. 22). Hierunter fallen insbesondere Verstöße gegen die Völkermordkonvention von 1948 und die Apartheidkonvention von 1973 sowie schwere Verstöße gegen die Genfer Konventionen von 1949 und gegen das Zusatzprotokoll I von 1977. Weiterhin werden genannt: Verstöße gegen Konventionen, welche die Geiselnahme, Angriffe auf international geschützte Personen und Angriffe auf die Sicherheit der Luftfahrt und der Meere zum Inhalt haben.
All diesen Konventionen ist gemein, dass sie die verbotenen Handlungen ausreichend klar definieren, auf dem Universalitätsprinzip oder dem Grundsatz *aut derdere aut punire* aufbauen oder aber die Errichtung eines Internationalen Strafgerichtshofs vorsehen.[27] Aus diesem Grund wird die Anerkennung der Zuständigkeit des Internationalen Gerichtshofs zur Verfolgung der in den Konventionen genannten Verbrechen eher als eine Verpflichtung angesehen.[28] Art. 24 legt fest, welche Staaten der Zuständigkeit des Gerichtshofs nach Art. 22 hätten zustimmen müssen, und folgt dabei dem schon im *92 Report of the International Law Commission* zum Ausdruck kommenden Prinzip der *ceded jurisdiction*. Eine Ausnahme bildet der Verstoß gegen die Völkermordkonvention, da letzterer das Territorialitätsprinzip zugrunde liegt.[29] Während hier der den Beschuldigten in seinem Gewahrsam habende Vertragsstaat der Völkermordkonvention hätte zustimmen müssen (Art. 2 Abs. 1 li. b), genügt in den übrigen Fällen die Zustimmung eines Staates, der des Beschuldigten habhaft geworden wäre und der aufgrund des jeweiligen Abkommens zur Strafverfolgung berechtigt gewesen wäre (Art. 24 Abs. 1 lit. a). Nach Art. 24 Abs. 2 sollte es auch der Zustimmung des Staates bedürfen, dessen Staatsangehörigkeit der Beschuldigte besitzt, oder des Staates, auf dessen Gebiet die Tat begangen wurde, wenn diese Staaten sich nicht mit den in Art. 24 Abs. 1 genannten decken würden.

---

[27] Ebenda, S. 272 f.
[28] Vgl. die Formulierung der Kommentierungen zu Art. 23 und zu Art. 26, ebenda, S. 277, 279.
[29] Ebenda, S. 277.

Im Hinblick auf die Anerkennung der Zuständigkeit des Gerichtshofs durch die Mitgliedsstaaten (Art. 23) herrschte Uneinigkeit in der Arbeitsgruppe. Es wurden daher drei Alternativen vorgeschlagen, die der Generalversammlung zur Bewertung vorgelegt werden sollten.[30] Sie unterschieden sich primär in der Tragweite des Beitritts zum Statut für den Internationalen Strafgerichtshof.
Alternative A kommt den Empfehlungen des *92 Report of the International Law Commission* am nächsten, da sie die Frage der Anerkennung der Zuständigkeit *ratione materiae* und *ratione temporis* des Gerichtshofs äußerst flexibel gestaltet.[31] Die Zuständigkeit konnte zu jeder Zeit, also auch nach Begehung des Verbrechens, für eine bestimmte Zeitspanne und für eines oder mehrere der in Art. 22 genannten Verbrechen anerkannt werden.
Alternative B hingegen basiert auf der Vermutung, dass ein Staat mit dem Beitritt zum Statut gleichzeitig auch die Zuständigkeit des Gerichtshofs für die in Art. 22 erwähnten Verbrechen akzeptiert, wenn er Vertragsstaat der entsprechenden Konventionen ist und nicht erklärt, dass er die Zuständigkeit ablehne.
Alternative C entspricht grundsätzlich Alternative A, führt jedoch zu einer Zuständigkeitsvermutung für alle in Art. 22 genannten Verbrechen, wenn der die Zuständigkeit des Gerichtshofs anerkennende Staat von sich aus keine Einschränkung vornimmt.
Die zweite Gruppe der in die Zuständigkeit *ratione materiae* des Gerichtshofs fallenden Verbrechen umfasst Verstöße gegen gewohnheitsrechtlich anerkannte Normen des Völkerrechts (Art. 26 Abs. 2 lit. a) sowie Verstöße gegen nationales Recht, wenn letzteres dazu bestimmt ist, multilateralen Abkommen Geltung zu verschaffen (Art. 26 Abs. 2 lit. b).
Bei den Verbrechen des Art. 26 Abs. 2 lit. b sollte es sich um außergewöhnlich schwere Verbrechen handeln. Dass Art. 26 Abs. 2 lit. b in den Statutentwurf aufgenommen wurde, lässt sich insbesondere darauf zurückführen, dass es sich bei der Konvention gegen den unerlaubten Drogenhandel aus dem Jahre 1988 um eine solche handelt, die nicht ohne Rückgriff auf das nationale Recht durchsetzbar ist.[32] Da die Bemühungen um eine internationale Strafgerichtsbarkeit nicht zuletzt auf einer Initiative karibischer und zentralamerikanischer Staaten zur Bekämpfung des illegalen Drogenhandels und der Drogen-Mafia beruhten, befürchtete man starke Kritik, falls die Ahndung unerlaubten Drogenhandels nicht in den Zuständigkeitsbereich eines Internationalen Strafgerichtshofs aufgenommen würde.[33] Art. 26 Abs. 2 lit. a enthält keine Aufzählung der in Frage kommenden gewohnheitsrechtlich anerkannten Normen des Völkerrechts. Die Kommentierung der Arbeitsgruppe zu Art. 26 Abs. 2 lit. a nimmt jedoch Bezug auf den Bericht des Generalsekretärs zur Einsetzung des ICTY, nach dem die Genfer Konventionen,

---

[30] Ebenda, S. 274 ff.
[31] Ebenda, S. 275.
[32] Ebenda, S. 282.
[33] Ebenda, S. 281 f.

die Haager Landkriegsordnung, die Völkermordkonvention und das IMT-Statut ohne jeden Zweifel Teil des Völkergewohnheitsrechts sind.[34] Insofern beinhaltet Art. 26 Abs. 2 lit. a unter anderem die Zuständigkeit *ratione materiae* für den Angriffskrieg, den Völkermord, bezogen auf Staaten, welche die Völkermordkonvention nicht unterzeichnet haben, oder Menschlichkeitsverbrechen, welche nicht von den Genfer Konventionen erfasst werden, da diese bereits unter Art. 22 fallen. Der Unterschied zwischen den internationalen Abkommen des Art. 22 und denen des Art. 26 besteht darin, dass es sich bei denjenigen des Art. 26 nicht um Konventionen handelt, welche per se als Grundlage strafrechtlicher Verfolgung auf internationaler Ebene ausreichend sind.[35] Insbesondere deshalb nicht, weil diese Abkommen die verbrecherische Handlung weder als internationales Verbrechen bezeichnen noch ausreichend genau definieren. Die von Art. 26 Abs. 2 lit. b erfassten Abkommen sehen lediglich die Bekämpfung unerwünschter Verhaltensweisen auf nationaler Ebene vor. Zur Begründung der Zuständigkeit des Gerichtshofs sollte im Hinblick auf die von Art. 26 Abs. 2 lit. a erfassten Verbrechen die Akzeptanz einmal des Staates notwendig sein, auf dessen Staatsgebiet sich der Beschuldigte aufhält, und weiterhin des Staates, auf dessen Gebiet die Tat begangen wurde (Art. 26 Abs. 3 lit. a). Art. 26 Abs. 3 lit. b setzt für die Verbrechen des Art. 26 Abs. 2 lit. b die Zustimmung des Staates voraus, auf dessen Gebiet der Beschuldigte sich aufhält und der nach dem in Frage kommenden Vertrag die Befugnis zur Strafverfolgung durch seine eigenen Gerichte hat.

Nach Art. 25 sollte neben den Signatarstaaten des Statuts auch der Sicherheitsrat der Vereinten Nationen die Befugnis haben, den Internationalen Strafgerichtshof anzurufen. Dies sollte allerdings nur in Bezug auf Verbrechen gelten, die von Art. 22 und von Art. 26 Abs. 2 lit. a erfasst werden. Das von Art. 26 Abs. 2 lit. a erfasste Verbrechen der Aggression betreffend sollte der Sicherheitsrat ein solches erst ausdrücklich feststellen, bevor ein Staat den Gerichtshof deswegen (*quies causa*) anrufen können sollte (Art. 27). Nachdem im Zusammenhang mit dem Konflikt im ehemaligen Jugoslawien deutlich geworden war, dass der Sicherheitsrat nach Kapitel VII UN-Charta befugt ist, *ad hoc*-Tribunale zur Sicherung und Wiederherstellung des Weltfriedens einzusetzen, war es nur konsequent, ihm die Befugnis einzuräumen, auf ein bereits vorhandenes Internationales Strafgericht zurückzugreifen.[36] Da ein Aggressionsverbrechen nur auf Anordnung oder mit der Rückendeckung eines Staates begangen werden kann, dürfte die entsprechende Befugnis des Sicherheitsrats aus politischen Gründen die einzige Möglichkeit darstellen, es vor den Gerichtshof zu bringen. Falls aus

---

[34] Ebenda, S. 280; vgl. Bericht des Generalsekretärs gemäß Ziffer 2 der Resolution 808 (1993) des Sicherheitsrats, UN Doc. S/25704 (03.05.1993), Ziff. 35.

[35] 1993 Report of the ILC, Fn. 25, S. 272 f., 281.

[36] Vgl. ebenda, S. 278, 283; Crawford, James: The ILC's Draft Statute for an International Criminal Tribunal, in: AJIL 88 (1994), S. 140 ff. (147).

denselben Gründen auch der Sicherheitsrat dazu nicht in der Lage ist, können zumindest die im Zusammenhang mit einer Aggression begangenen und von den Art. 22 und 26 erfassten Verstöße gegen das Völkerrecht vom Gerichtshof geahndet werden.

Gemäß Art. 38 Abs. 1 sollte das Gericht sich davon überzeugen, ob seine Zuständigkeit für den jeweiligen Fall begründet ist. Zweifel an der Zuständigkeit des Gerichtshofs sollten vor diesem seitens der Staaten oder der Angeklagten geltend gemacht werden (Art. 38 Abs. 2). Die Frage des anzuwendenden Rechts wird mit Art. 28 dahin gehend beantwortet, dass der Gerichtshof das Statut, anwendbare internationale Abkommen, allgemeine Grundsätze des Völkerrechts sowie subsidiär anwendbare Regeln des nationalen Rechts anwenden sollte. Damit umfasst die Aufzählung des anwendbaren Rechts in nahezu identischer Reihenfolge genau die Rechtsquellen, auf denen die Zuständigkeitsregelungen der Art. 22 und 26 beruhen.

Klagen sollten beim Internationalen Gerichtshof eingereicht werden können von Staaten, welche die Zuständigkeit des Internationalen Gerichtshofs anerkannt haben, oder vom Sicherheitsrat der Vereinten Nationen (Art. 29).

Der Leiter der Anklagebehörde sollte daraufhin die Untersuchungen einleiten und anhand der vom Kläger beizubringenden Beweismaterialien entscheiden, ob ein Verfahren eröffnet werden soll (Art. 30).

Wäre dies nach seiner Auffassung nicht der Fall, sollte der Leiter der Anklagebehörde das aus dem Präsidenten und den Vizepräsidenten des Gerichts bestehende *bureau* unterrichten, welches die Entscheidung bestätigen oder aufheben können sollte. Im letzteren Fall sollte das *bureau* den Leiter der Anklagebehörde anweisen, eine Anklage einzuleiten. Sollte der Leiter der Anklagebehörde, der den Beschuldigten und die Zeugen verhört und Beweise sammelt, zu der Auffassung gelangen, dass der Beschuldigte anzuklagen sei, dann sollte er eine Anklage formulieren und diese an das *bureau* des Gerichts weiterleiten. Die Anklage sollte die Tatsachen beinhalten, welche zu der Auffassung führen, dass ein Verbrechen vorliege. Nach einer Bestätigung der Anklage durch das Gericht sollte das *bureau* oder eine Strafkammer des Gerichts einen Haftbefehl erlassen oder andere notwendige Maßnahmen treffen, um den Beschuldigten vor Gericht zu bringen (Art. 31 ff.).

Sollte das *bureau* zu der Auffassung gelangen, dass ein *prima facie*-Fall vorliegt, sollte es selbst die Anklage bestätigen und eine Strafkammer einberufen können (Art. 32). Das Verfahren sollte gemäß Art. 37 vor einer sich aus fünf Richtern zusammensetzenden Strafkammer stattfinden.

Art. 40 ff. beinhalten die Grundsätze für ein faires Verfahren und die Rechte des Angeklagten. Art. 41 konkretisiert den Grundsatz *nullum crimen sine lege* in Bezug auf die Zuständigkeitsregelungen der Art. 22 und 26.

Nach Art. 44 sollte der Angeklagte unter anderem das Recht auf anwaltlichen Beistand, auf einen Dolmetscher sowie darauf haben, dass alle relevanten

Dokumente in eine für ihn verständliche Sprache übersetzt werden. Auch sollten dem Angeklagten alle ihn belastenden Beweise rechtzeitig offenbart werden. Nach Art. 44 Abs. 1 lit. h waren Verfahren *in absentia* grundsätzlich nicht vorgesehen. Das Gericht sollte jedoch anders entscheiden können, wenn seiner Ansicht nach der Angeklagte absichtlich nicht vor Gericht erscheint.

Die Zulässigkeit von *in absentia*-Verfahren war in der Arbeitsgruppe umstritten. Einige Mitglieder waren der Auffassung, dass solche Verfahren gegen die grundlegendsten Rechte des Angeklagten und insbesondere gegen Art. 14 des Internationalen Pakts über bürgerliche und politische Rechte verstießen.[37] Danach habe jeder Angeklagte das Recht, bei der Verhandlung anwesend zu sein. Außerdem untergrabe das Gericht seine Autorität, wenn es Strafen ausspreche, die nicht vollzogen werden könnten.[38] Dagegen wurde argumentiert, dass es besser sei, diese Problematik differenzierter anzugehen. Wenn der Angeklagte sich eines anstehenden Verfahrens gegen ihn nicht bewusst sei, werde ein *in absentia*-Verfahren zu Recht abgelehnt. Nicht schutzwürdig sei der Angeklagte dann, wenn er nicht vor Gericht erscheine, obwohl er von dem Verfahren Kenntnis genommen habe, oder wenn er aus dem Gewahrsam des Gerichts geflohen sei.[39] In diesen Fällen dürfe sich der Gerichtshof nicht dem Veto des Angeklagten unterwerfen.[40] Die Rechte des Angeklagten blieben auch dann ausreichend gewahrt, wenn das in einem Verfahren in Abwesenheit des Angeklagten ergehende Urteil nur provisorischen Charakters sei. Mit einem solchen Urteil werde zumindest eine moralische Sanktion ausgesprochen. Diese sei geeignet, eine Isolation des Angeklagten herbeizuführen, infolge derer jener möglicherweise ausfindig gemacht und festgenommen werden könne.[41] Auf das Erscheinen des Angeklagten zu warten, obwohl dieser nicht schutzwürdig sei, könne auch deshalb nicht hingenommen werden, weil ein Verfahren auch der Beweissicherung dienlich sei und wichtige Beweismittel mit der Zeit verloren gehen könnten.[42] Angesichts der unterschiedlichen Auffassungen innerhalb der Arbeitsgruppe wurden die *International Law Commission* sowie die Generalversammlung um eine Stellungnahme zu dieser Frage gebeten.[43]

Mit Art. 45 wurde der ebenso im Internationalen Pakt über bürgerliche und politische Rechte (Art. 17 Abs. 7) enthaltene Grundsatz des *ne bis in idem* in das

---

[37] 1993 Report of the ILC, Fn. 25, S. 305; vgl. Bericht des Generalsekretärs, Fn. 34, Ziff. 101.

[38] 1993 Report of the ILC, Fn. 25, S. 305; vgl. O'Brien, James C.: The International Tribunal for Violations of International Humanitarian Law in the Former Yugoslavia, in: AJIL 87 (1993), S. 639 ff. (656 f.).

[39] 1993 Report of the ILC, Fn. 25, S. 305 f.

[40] Ebenda, S. 306.

[41] Ebenda; vgl. Forsythe, David P.: Politics and the International Criminal Tribunal for the Former Yugoslavia, in: Criminal Law Forum 1994, S. 401 ff. (419).

[42] 1993 Report of the ILC, Fn. 25, S. 306.

[43] Ebenda.

Statut übernommen. Art. 45 wiederholt nahezu identisch den Art. 10 des ICTY-Statuts, welcher der Arbeitsgruppe als Vorlage diente.[44] Nach Art. 45 Abs. 1 sollte niemand wegen Handlungen, die von Art. 22 und Art. 26 erfasst werden, vor ein einzelstaatliches Gericht gestellt werden dürfen, wenn diese Person wegen derselben Handlung bereits vom Internationalen Strafgerichtshof nach Maßgabe des Statuts verfolgt wurde. Davon sollte jedoch dann eine Ausnahme gemacht werden, wenn die Handlung, derentwegen die Person vor Gericht gestellt wurde, als ein gewöhnliches Verbrechen gewertet wurde (Art. 45 Abs. 2 lit. a) oder wenn das einzelstaatliche Gerichtsverfahren nicht unparteiisch und unabhängig war, wenn es darauf ausgerichtet war, den Angeklagten vor internationaler strafrechtlicher Verantwortlichkeit zu schützen, oder wenn der Fall nicht mit der gebotenen Sorgfalt verfolgt wurde (Art. 45 Abs. 2 lit. b). Bei der Bemessung der Strafe durch das internationale Gericht sollte die wegen derselben Handlung von einem einzelstaatlichen Gericht verhängte Strafe berücksichtigt werden, soweit diese bereits verbüßt wurde.

Nach Art. 46 sollte die Strafkammer für den Schutz der Angeklagten, Opfer und Zeugen Sorge tragen.

Nach Art. 48 Abs. 5 sollte die Zulassung von Beweismitteln untersagt sein, welche mit rechtswidrigen Mitteln unter schwerer Verletzung international geschützter Menschenrechte erlangt wurden.

Gemäß Art. 50 sollte das Gericht seine Entscheidungen in Form von Mehrheitsbeschlüssen treffen.

Anders als im ICTY-Statut (Art. 23) waren Sondervoten nicht vorgesehen (Art. 51). Diesbezüglich gingen die Meinungen in der Arbeitsgruppe ebenfalls auseinander. Gegen Sondervoten wurde geltend gemacht, dass diese der Autorität des Gerichtshofs abträglich seien und angesichts der Schwere der in den Zuständigkeitsbereich des Gerichtshofs fallenden Taten zudem eine Gefahr für die ihre abweichende Meinung veröffentlichenden Richter darstellten.[45] Andere Mitglieder der Arbeitsgruppe hingegen befürworteten die Möglichkeit von Sondervoten, da sie einerseits für die Entscheidung des Angeklagten, in Berufung zu gehen, von Bedeutung seien. Andererseits könnten sie von Interesse für die Berufungskammer sein, wenn diese über die Frage der Begründetheit des Berufungsantrags entscheiden müsse.[46] Die Arbeitsgruppe traf die richtige Entscheidung, indem sie sich gegen Sondervoten aussprach.[47]

Die von einer Strafkammer zu verhängenden Strafen sollten auf Freiheitsentzug, bis hin zu lebenslänglicher Freiheitsstrafe, und auf Geldstrafen beschränkt sein. Bei der Bemessung der Freiheitsstrafe sollte das Gericht sich nach den entsprechenden Strafandrohungen des Staates richten, dessen Staatsangehöriger

---

[44] Ebenda, S. 307 f.

[45] Ebenda, S. 315.

[46] Ebenda.

[47] Siehe dazu oben: 5.2.

der Angeklagte ist, auf dessen Gebiet die Tat begangen wurde oder der den Angeklagten festgenommen und die Zuständigkeit zu seiner Verfolgung hat (Art. 53 Abs. 1 und 2). Das Gericht sollte auch die Rückgabe rechtswidrig erlangter Vermögenswerte an die Eigentümer anordnen können (Art. 53 Abs. 3 lit. a).

Die verurteilte Person sollte einen Antrag auf Berufung stellen können, wenn sie der Auffassung gewesen wäre, dass einer Entscheidung oder einem Urteil des Gerichts ein Rechtsirrtum oder ein Tatsachenirrtum zugrunde gelegen oder aber ein offensichtliches Missverhältnis zwischen der begangenen Tat und der verhängten Strafe bestanden hätte (Art. 55). Die Frage, ob auch der Leiter der Anklagebehörde befugt sein sollte, Berufungsanträge zu stellen, wurde von der Arbeitsgruppe noch offen gelassen.[48] Die sich aus sieben Richtern zusammensetzende und mit den Rechten einer Strafkammer ausgestattete Berufungskammer des Gerichtshofs sollte gemäß Art. 56 entscheiden, ob die in Frage gestellte Entscheidung einer Strafkammer bestätigt, umgestoßen oder abgeändert werden soll.

Sollte eine neue Tatsache bekannt werden, die zum Zeitpunkt des Verfahrens vor einer Straf- oder Berufungskammer nicht bekannt war, dann sollte der Verurteilte gemäß Art. 57 einen Antrag auf Wiederaufnahme des Verfahrens stellen können, wenn diese Tatsache entscheidungserheblich war. Auch hier wurde zunächst die Frage offen gelassen, ob auch der Leiter der Anklagebehörde zur Stellung eines solchen Antrags ermächtigt werden sollte.[49]

Die Art. 58 ff. beschäftigen sich mit der internationalen Kooperation und Rechtshilfe. Dies gilt insbesondere für die Beweissicherung sowie die Festnahme und Überstellung beschuldigter Personen. Zu Problemen kommt es in diesem Zusammenhang dann, wenn ein Staat die Zuständigkeit des Gerichtshofs nicht anerkennt oder nicht Vertragsstaat des Abkommens ist, dessen Verletzung dem Beschuldigten vorgeworfen wird. Weiterhin geben viele der in Art. 22 genannten Konventionen den Signatarstaaten das Recht, selbst die Auslieferung zu beantragen oder aber die Auslieferung eigener Staatsangehöriger zu verweigern. Die Arbeitsgruppe versuchte bei der Ausarbeitung des Statutentwurfs diese Probleme zu lösen, indem sie eine Differenzierung vornahm zwischen Vertragsstaaten des Statuts, welche die Zuständigkeit des Gerichtshofs in Bezug auf das oder die betreffenden Verbrechen anerkannt haben, und solchen, bei denen dies nicht der Fall ist. Staaten, welche die Zuständigkeit des Gerichtshofs anerkannt haben, sollten in größerem Umfange verpflichtet sein, den Gerichtshof zu unterstützen, als solche, die diese Anerkennung verweigert haben. Erstere sollten insbesondere die Verpflichtung haben, einen Beschuldigten an den Gerichtshof zu überstellen (Art. 63 Abs. 3 lit. a), es sei denn, dass dieser schon vor

---

48 1993 Report of the ILC, Fn. 25, S. 321 f.

49 Ebenda, S. 324.

dem einzelstaatlichen Gericht angeklagt wurde oder bereits seine Strafe verbüßt hat (Art. 63 Abs. 6). Staaten hingegen, welche die Zuständigkeit des Gerichtshofs nicht akzeptiert haben, sollten nur allgemein verpflichtet sein, mit dem Gerichtshof zusammenzuarbeiten (Art. 58 Abs. 1). Es sollte ihnen nicht die Verpflichtung obliegen, eine beschuldigte Person an den Gerichtshof zu überstellen (Art. 63 Abs. 3 lit. c). Dies sollte jedoch nicht gelten, wenn jener Staat einem Abkommen beigetreten ist, welches die betreffende Handlung kriminalisiert. In diesem Fall sollte den Staat gemäß Art. 63 Abs. 3 lit. b die Verpflichtung des *aut dedere aut judiciare* treffen. Wenn ein Staat der Auffassung ist, dass ein Auslieferungsersuchen unbegründet ist, sollte er nach Art. 63 Abs. 7 das Recht haben, die vorübergehende Außerkraftsetzung oder sogar die Aufhebung des Haftbefehls zu beantragen. Anders als Art. 9 des ICTY-Statuts räumt Art. 63 Abs. 5 dem Gerichtshof nicht den Vorrang vor einzelstaatlichen Gerichten ein. Nur soweit es dem betreffenden Staat möglich sein sollte, wäre von diesem ein Auslieferungsersuchen des Gerichtshofs vorrangig zu behandeln.
Den Vertragsstaaten des Statuts sollte es nach Art. 65 obliegen, die Urteile des Gerichtshofs anzuerkennen und gegebenenfalls die notwendigen legislativen sowie administrativen Maßnahmen für ihre Durchsetzung zu treffen.
Eine vom Gerichtshof ausgesprochene Freiheitsstrafe sollte entweder in dem Staat verbüßt werden, in dem der Gerichtshof seinen Sitz haben sollte, oder in einem solchen, der vom Gerichtshof dazu bestimmt wurde (Art. 66 Abs. 2 und 3). Die Verbüßung der Freiheitsstrafe sollte nach Art. 66 Abs. 4 vom Gerichtshof überwacht werden. Wenn eine verurteilte Person nach den Rechtsvorschriften des Staates, in dem die Freiheitsstrafe verbüßt wird, für eine Begnadigung, eine Umwandlung der Strafe oder für eine bedingte Freilassung in Betracht kommen sollte, so sollte der betreffende Staat dies dem Gerichtshof mitteilen. Der Verurteilte sollte dann einen entsprechenden Antrag stellen, über den von einer einzuberufenden Strafkammer zu entscheiden sein sollte (Art. 67).

Der von der Arbeitsgruppe ausgearbeitete Statutentwurf wurde von der *International Law Commission* an die Generalversammlung mit der Bitte um Stellungnahme ihrer selbst sowie der Mitgliedsstaaten weitergeleitet. Die Generalversammlung würdigte während ihrer 48. Sitzungsperiode die Arbeit der *International Law Commission* beziehungsweise ihrer Arbeitsgruppe und forderte sie auf, den vorläufigen Statutentwurf zu überarbeiten. Die *International Law Commission* sollte dieser Aufgabe Priorität einräumen und möglichst zur nächsten Sitzung der Generalversammlung im Jahre 1994 einen endgültigen Entwurf vorlegen.[50]

---

[50] Resolution 48/31 of the General Assembly from 9 December 1993, General Assembly, Official Records: Forty-eighth Session, Supplement No. 49 (A/48/49), S. 328 f.

14.3 Der Statutentwurf der *Working Group on a Draft Statute for an International Criminal Court* aus dem Jahre 1994

Zu Beginn ihrer 46. Sitzungsperiode beauftragte die *International Law Commission* ihre Arbeitsgruppe (*Working Group on a draft statute for an international criminal court*) mit der Ausarbeitung eines endgültigen Statutentwurfs für einen Internationalen Strafgerichtshof.[51] Dabei folgte die Arbeitsgruppe den Vorgaben ihres Entwurfs aus dem Vorjahr, doch wurden einige bedeutende Änderungen und Verfeinerungen vorgenommen. Insbesondere in der Frage der Zuständigkeitsregelungen waren diese dringend geboten.[52]

Die im Vorjahresentwurf noch ungeklärte Frage der Beziehung des Internationalen Strafgerichtshofs zu den Vereinten Nationen wurde mit Art. 2 des Statutentwurfs aus dem Jahre 1993[53] dahin gehend beantwortet, dass der Gerichtshof zwar kein Organ der Vereinten Nationen sein sollte, jedoch als auf Vertragsbasis errichtete Institution mit diesen in enger Verbindung stehen müsse.[54] Insbesondere von dem Franzosen Pellet und von dem deutschen Ausschussmitglied Tomuschat wurde dagegen vorgebracht, dass es sinnvoller sei, den Gerichtshof nicht auf Vertragsbasis, sondern als ein Rechtsprechungsorgan der Vereinten Nationen einzusetzen. Zum einen müsse vermieden werden, dass sich nur eine elitäre Gruppe von Staaten dem Gerichtshof unterwerfe, die dessen Eingreifen überhaupt nicht zu befürchten habe, wohingegen zum anderen solche Staaten, mit deren Billigung oder gar Unterstützung die schweren, vom Statut erfassten Verbrechen begangen würden, sich der Jurisdiktionsgewalt des Gerichtshofs entziehen könnten. Zudem sei damit zu rechnen, dass viel Zeit vergehen werde, bis genügend Staaten dem Statut beiträten. So habe es zehn Jahre gedauert, bis der Pakt über bürgerliche und politische Rechte in Kraft getreten sei. Krisen wie in Ruanda oder im ehemaligen Jugoslawien, die mit schweren Menschenrechtsverletzungen einhergingen, verlangten jedoch ein schnelleres Vorgehen. Der Gerichtshof müsse daher durch eine gemeinsame Resolution der Generalversammlung und des Sicherheitsrats oder durch eine Änderung der UN-Charta gegründet werden. Dann könne auch der Sicherheitsrat der Vereinten Nationen Fälle vor den Gerichtshof bringen und jener sei in seiner Arbeit nicht dem Willen einzelner Staaten unterworfen. Schließlich spiegelten Resolutionen der Generalversammlung den Willen der Staatengemeinschaft wider.[55] Die Mehrheit der Arbeitsgruppe sprach sich jedoch für die Errichtung des Gerichtshofs

---

[51] Report of the International Law Commission on the work of its forty-sixth session, 2 May - 22 July 1994, in: General Assembly, Official Records, forty-ninth session, Supplement No. 10, UN Doc. A/49/10 (1994) (zit.: 1994 Report of the ILC), S. 17.

[52] Vgl. Crawford, The ILC adopts Statute for an International Criminal Court, Fn. 2, S. 409.

[53] 1994 Report of the ILC, Fn. 51, S. 43 ff.

[54] Ebenda, S. 45 ff.

[55] Summary records of the meetings of the forty-sixth session, 2 May - 22 July 1994, International Law Commission, Yearbook 1994 I, S. 15, 20 f.; vgl. oben: 6.3.1.

auf Vertragsbasis aus. Zum einen seien Resolutionen der Generalversammlung für die Staaten nicht bindend und zum anderen sollte der Sicherheitsrat nach Art. 23 des Statutentwurfs befugt sein, den Gerichtshof anzurufen. Damit werde grundsätzlich vermieden, dass sich Staaten der Jurisdiktionsgewalt des Internationalen Strafgerichtshofs dadurch entziehen können, dass sie dem Statut nicht beitreten. Allerdings könne der Gerichtshof in verwaltungstechnischer Hinsicht und in Anbetracht der Einbindung des Sicherheitsrats in die Begründung der Zuständigkeit (Art. 23) nur in Zusammenarbeit mit den Vereinten Nationen erfolgreich sein.[56] Daher sollte der Präsident des Gerichtshofs mit Zustimmung der Vertragsstaaten des Statuts ein Abkommen über die Beziehung des Gerichtshofs mit den Vereinten Nationen abschließen (Art. 2).

Als Organe des Gerichtshofs sind gemäß Art. 5 vorgesehen: ein Präsidium, eine Berufungskammer, Strafkammern sowie weitere Kammern nach Maßgabe des Statuts (zum Beispiel sieht Art. 37 eine Anklagekammer für Verfahren *in absentia* des Angeklagten vor), eine Anklagebehörde und eine Kanzlei. Aus Art. 5 und Art. 9, der die Zusammensetzung der Kammern regelt, ergibt sich, dass der Gerichtshof, dem Aufbau des ICTY entsprechend, eine separate Berufungskammer erhalten sollte, während der Statutentwurf aus dem Vorjahr diese personelle Trennung bei der Besetzung der Kammern noch nicht vorsah. Dadurch wird die anzustrebende Unabhängigkeit des Berufungsverfahrens vom vorhergehenden Verfahren auch nach außen deutlich.

Den bedeutendsten Änderungen wurden allerdings die Regeln über die Zuständigkeit des Gerichtshofs unterworfen. Die Bestimmungen des Statutentwurfs aus dem Jahre 1993 wurden bereits im Vorfeld der 46. Sitzungsperiode der *International Law Commission* als zu undurchsichtig und mit dem Bestimmtheitsgebot nicht immer vereinbar kritisiert.[57] Daher wurden Art. 22 und Art. 26 des Statutentwurfs aus dem Vorjahr im Grunde zusammengelegt. Dadurch kam es zur Aufhebung der künstlichen Trennung zwischen Verträgen, welche internationale Verbrechen definieren, und denen, welche lediglich die Verfolgung eines unerwünschten Verhaltens zum Inhalt haben, das ein Verbrechen nach einzelstaatlichem Recht darstellt.

Diejenigen Abkommen, die in die Zuständigkeit des Gerichtshofs fallende Verbrechen enthalten, werden im Anhang des Statutentwurfs aufgelistet. Auf diesen Anhang verweist lit. e des Art. 20, wonach nur außergewöhnlich schwere Verbrechen internationalen Charakters vom Gerichtshof verfolgt werden sollten. Um dem Vorwurf der Unbestimmtheit zu begegnen, wurden in Art. 20 lit. b bis d neben Völkermord (Art. 20 lit. a) solche Verbrechen einzeln aufgeführt, die vorher von Art. 26 Abs. 2 lit. a generell als Verstöße gegen allgemeines Völkerrecht

---

[56] 1994 Report of the ILC, Fn. 51, S. 46 f.

[57] Vgl. Comments of Governments on the Report of the Working Group on a Draft Statute for an International Criminal Court, UN Doc. A/CN.4/458 & Adds. 1-7 (1994); Crawford, The ILC adopts Statute for an International Criminal Court, Fn. 2, S. 411.

erfasst worden waren. Danach fallen die Aggression, schwere Verletzungen der in bewaffneten Konflikten anwendbaren Gesetze und Gebräuche des Krieges und Verbrechen gegen die Menschlichkeit in die Zuständigkeit des Gerichtshofs. In der Kommentierung zu Art. 20 werden die Verbrechen näher beschrieben, wobei auf die durch das Verfahren vor dem IMT und die Einsetzung des ICTY geleistete Vorarbeit zurückgegriffen wurde.[58]

Ungeachtet der am IMT geübten, teilweise begründeten Kritik wird in diesem Zusammenhang erneut deutlich, welchen Beitrag das Verfahren vor diesem Gericht zur Weiterentwicklung des Völkerstrafrechts geleistet hat und weiter leisten kann, sofern aus den seinerzeit begangenen Fehlern die richtigen Schlüsse gezogen werden. Dass dem so ist, verdeutlicht unter anderem die Tatsache, dass dem Grundsatz des *nullum crimen sine lege* in den Beratungen der *International Law Commission* besondere Aufmerksamkeit zuteil wurde, was sich in der Aufnahme eines allein diesem Grundsatz gewidmeten Artikels (Art. 39) deutlich widerspiegelt.

In den Fällen der Art. 20 lit. b bis e kommt erneut das Bestreben zum Ausdruck, den Staaten den Beitritt zum Statut und damit die Unterstützung eines Internationalen Strafgerichtshofs so leicht wie möglich zu machen. Von den Fällen des Art. 23 abgesehen, sollte der Gerichtshof nur dann aktiv werden können, wenn bestimmte Vertragsstaaten des Statuts zusätzlich die Zuständigkeit des Gerichtshofs anerkannt haben. Dies sind nach Art. 21 Abs. 1 lit. b (i) einmal der Staat, der des Beschuldigten habhaft geworden ist, und nach Art. 21 Abs. 1 lit. b (ii) der Staat des Tatortes. Letztere Bestimmung stellt eine Änderung zur entsprechenden Regelung (Art. 24 Abs. 2, Art. 26 Abs. 3) im Statutentwurf des Vorjahres dar, nach welcher der Staat zustimmen muss, auf dessen Gebiet der Beschuldigte sich aufhält.

Diese Änderung ist sehr sinnvoll, denn solange ein Staat zustimmen muss, der die beschuldigte Person tatsächlich in seinem Gewahrsam hat, werden *in absentia*-Verfahren vermieden.[59] Sollte an den Staat, der des Beschuldigten habhaft geworden ist, ein Auslieferungsgesuch gerichtet werden, ist auch die Zustimmung des ersuchenden Staates erforderlich (Art. 21 Abs. 2). Darin kommt das bereits in der Präambel des Statutentwurfs erwähnte Prinzip zum Ausdruck, nach dem der Gerichtshof eine Ergänzung zur einzelstaatlichen Gerichtsbarkeit darstellt, wenn diese nicht tätig werden will oder aus anderen Gründen ineffektiv erscheint.

Anders als nach Art. 24 des Vorjahresentwurfs sollten Staaten, die dem Statut nicht beigetreten sind, den Gerichtshof nicht mehr anrufen können. Nur diejenigen Staaten, die mit dem Beitritt zum Statut ihren Beitrag zur - insbesondere

[58] 1994 Report of the ILC, Fn. 51, S. 71 ff.

[59] Vgl. Crawford, The ILC adopts Statute for an International Criminal Court, Fn. 2, S. 412.

finanziellen - Unterstützung des Gerichtshofs leisten, sollten auch seine Dienste in Anspruch nehmen dürfen.[60]
Im Falle des Völkermordverbrechens sollte die Zustimmung eines dem Statut beigetretenen Staates ausreichen, wenn dieser Staat gleichzeitig Vertragsstaat der Völkermordkonvention ist (*inherent jurisdiction*). Begründet wurde dies mit der Schwere dieses Verbrechens und der Tatsache, dass die Völkermordkonvention in ihrem Art. VI die Zuständigkeit eines Internationalen Strafgerichtshofs vorsieht, falls dieser errichtet werde.
Insbesondere der Franzose Pellet und der Brasilianer Rodrigues sprachen sich in diesem Zusammenhang dafür aus, die *inherent jurisdicton* auf mehrere Verbrechen auszudehnen.[61] Diejenigen, die die Arbeit des Gerichtshofs in größtmöglichem Ausmaß von der freiwilligen Akzeptanz der Staaten abhängig machen wollen, müssten sich die Frage gefallen lassen, warum sie einerseits einen Internationalen Strafgerichtshof errichten wollten, wenn sie andererseits alles daransetzten, dass keine Fälle vor diesen Gerichtshof gebracht würden.[62]
Sonderberichterstatter Thiam aus Senegal und sein jamaikanischer Kollege Robinson wollten zumindest das Verbrechen der Apartheid dem Völkermord gleichsetzen.[63] Dies wurde mit dem Hinweis darauf abgelehnt, dass nach dem Ende der Apartheid in Südafrika dieses Verbrechen praktisch keine Bedeutung mehr habe und als völkerrechtliches Verbrechen nicht allgemein anerkannt sei. Außerdem sei es ratsam, sich nicht in die Aufarbeitung und Ahndung der Apartheid in Südafrika einzumischen.[64]
Das chinesische Kommissionsmitglied He sprach sich ganz gegen eine *inherent jurisdiction* aus und betonte die Notwendigkeit, zwischen dem Beitritt zum Statut und der Akzeptanz der Zuständigkeit des Gerichtshofs zu unterscheiden.[65]
Einigen konnte man sich schließlich auf den Völkermord als Fall der *inherent jurisdiction*.
Der bereits erwähnte Art. 23 sollte dem Sicherheitsrat der Vereinten Nationen die Befugnis geben, in Ausübung seiner Kompetenz nach Kap. VII UN-Charta selbst Fälle vor den Internationalen Strafgerichtshof zu bringen (Art. 23 Abs. 1). Damit wurde die richtige Konsequenz aus der Tatsache gezogen, dass alle Mitglieder des Sicherheitsrats mit ihrer Zustimmung zur Errichtung des ICTY durch dieses Organ der Vereinten Nationen grundsätzlich die Kompetenz des Sicherheitsrats zur Einsetzung von *ad hoc*-Tribunalen anerkannt haben. In Anbetracht dieser Ausgangssituation wäre es wenig sinnvoll, dem Sicherheitsrat das Recht zu verweigern, den Gerichtshof anzurufen. Bestünde doch ansonsten die Gefahr, dass

---

[60] 1994 Report of the ILC, Fn. 51, S. 83 f.
[61] Summary records of the meetings of the forty-sixth session of the ILC, Fn. 55, S. 27 f., 211.
[62] Ebenda, S. 212.
[63] Ebenda, S. 204 f., 208.
[64] Ebenda, S. 207, 213.
[65] Ebenda, S. 37 f.

der Sicherheitsrat neben einem bereits bestehenden Internationalen Strafgerichtshof separate *ad hoc*-Tribunale einsetzt.[66]
Soweit im Zusammenhang mit der Befugnis des Sicherheitsrats nach Art. 23 Abs. 1 des Statutentwurfs von der Gefahr einer parteiischen Gerichtsbarkeit oder gar einer Siegerjustiz gesprochen wurde[67], ist dem zunächst entgegenzuhalten, dass der Sicherheitsrat den Gerichtshof nur anruft. Es ist dann Aufgabe der Anklagebehörde und der Richter, unabhängig und unparteiisch über den Fall zu entscheiden. Weiterhin dürfte die Gefahr einer einseitigen, politisch motivierten Anrufung des Gerichtshofs durch Einzelstaaten größer sein als durch das 15 Mitgliedsstaaten umfassende Gremium des Sicherheitsrats. Die Errichtung eines Ständigen Internationalen Strafgerichtshofs soll doch gerade dem gegenüber *ad hoc*-Tribunalen gemachten Vorwurf der Befangenheit und Parteilichkeit entgegenwirken. Sollte ein Akt der Aggression oder eine damit zusammenhängende Handlung vor den Gerichtshof gebracht werden, müsste der Sicherheitsrat gemäß Art. 23 Abs. 2 zuerst feststellen, dass einem Staat eine solche tatsächlich vorzuwerfen ist.
Vor dem Hintergrund der vorrangigen Rolle des Sicherheitsrates bezüglich der Wahrung des Weltfriedens (Art. 12 UN-Charta) sowie der Notwendigkeit der Zusammenarbeit zwischen dem Gerichtshof und dem Sicherheitsrat wurde Art. 23 Abs. 3 in den Statutentwurf eingefügt.[68] Danach sollten Situationen, bei denen der Sicherheitsrat gemäß Kap. VII UN-Charta handelt, nur vor den Gerichtshof gebracht werden dürfen, wenn der Sicherheitsrat dies ausdrücklich bestimmt. Trotz gegenteiliger Ansicht der *International Law Commission*[69] handelt es sich hierbei faktisch um ein „Vetorecht“ des Sicherheitsrats.[70] Da der als unabhängiges Organ geplante Gerichtshof über Art. 23 Abs. 3 des Statutentwurfs der politischen Kontrolle des Sicherheitsrats zu unterliegen drohte, stieß diese Bestimmung innerhalb der *International Law Commission* auch auf Ablehnung.[71]
Eine weitere Neuerung im Vergleich zum Statutentwurf des Vorjahres stellt Art. 35 dar. Danach sollte der Gerichtshof auf Anfrage des Angeklagten, eines Staates oder aufgrund eigener Erwägungen über die Zulässigkeit des Verfahrens entscheiden. Ein Verfahren vor dem Gerichtshof sollte dann als unzulässig einzustufen sein, wenn ein Staat die Untersuchung des betreffenden Verbrechens aus offensichtlich vernünftigen Gründen eingestellt und keine Anklage erhoben hat (Art. 35 lit. a), wenn ein Staat den jeweiligen Fall gerade untersucht und der Gerichtshof vorerst keinen eigenen Handlungsbedarf sieht (Art. 35 lit. b) oder

[66] Vgl. ebenda, S. 22, 36, 221.
[67] Ebenda, S. 213.
[68] 1994 Report of the ILC, Fn. 51, S. 87.
[69] Ebenda.
[70] Arnold, Pascal: Der UNO-Sicherheitsrat und die strafrechtliche Verfolgung von Individuen, Basel/Genf/München 1999, S. 155.
[71] 1994 Report of the ILC, Fn. 51, S. 87.

wenn das Verbrechen nicht solch schweren Charakters ist, dass ein Eingreifen des Gerichtshofs notwendig ist (Art. 35 lit. c).

Auch hier kommt das bereits in der Präambel formulierte Prinzip zum Vorschein, nach dem der Gerichtshof nur in Ergänzung zur einzelstaatlichen Gerichtsbarkeit tätig wird, wenn darüber hinaus ein besonders schweres Verbrechen von internationaler Bedeutung vorliegt. Dieses Prinzip verdient Zustimmung, denn ein Internationaler Strafgerichtshof kann und darf sich nur mit schweren Vergehen internationalen Ausmaßes befassen. Ansonsten wäre er hoffnungslos überlastet. Weiterhin besteht für ein internationales Tribunal dann kein Handlungsbedarf, wenn Verbrechen mit weniger Aufwand, möglicherweise sogar mit mehr Kompetenz, von den primär zuständigen einzelstaatlichen Gerichten nach primär einschlägigem nationalem Recht geahndet werden können.

Anders als Art. 44 des Vorjahresentwurfs sieht Art. 37 nicht nur die Möglichkeit von Verfahren *in absentia* des Angeklagten vor, sondern enthält auch genauere Regelungen über die Voraussetzungen und den Ablauf eines solchen Verfahrens. Vorbild bei der Aufstellung dieser Regeln waren die entsprechenden Bestimmungen der Verfahrensregel 61 des ICTY.[72] Grundsätzlich sollte der Angeklagte während seines Verfahrens anwesend sein (Art. 37 Abs. 1), doch sollte eine Strafkammer des Gerichtshofs ein *in absentia*-Verfahren anordnen, wenn dies aus Gründen der Sicherheit oder der Gesundheit des Angeklagten geboten erscheint (Art. 37 Abs. 2 lit. a), wenn der Angeklagte das Verfahren fortlaufend stört (Art. 37 Abs. 2 lit. b) oder wenn der Angeklagte flieht (Art. 37 Abs. 2 lit. c). Bleibt der Angeklagte absichtlich dem Verfahren fern, sollte der Gerichtshof eine Anklagekammer einsetzen, um mit der Beweisaufnahme zu beginnen und um festzustellen, ob ein *prima facie*-Fall vorliegt (Art. 37 Abs. 4 lit. a und b). Bejahendenfalls sollte die Anklagekammer einen Haftbefehl erlassen (Art. 37 Abs. 4 lit. a). Die Anklagekammer sollte nach Art. 37 Abs. 3 dafür Sorge tragen, dass die Rechte des Angeklagten gewahrt bleiben. Insbesondere sollte der Angeklagte durch einen notfalls durch das Gericht zu bestellenden Rechtsbeistand vertreten sein. Sollte es später doch noch zu einem Verfahren gegen den Angeklagten kommen, ordnet Art. 37 Abs. 5 an, dass die von der Anklagekammer aufgenommenen Beweise zulässig sein sollten. Weiterhin sollte kein Richter der Anklagekammer Mitglied der Strafkammer sein dürfen.

Die seitens der *International Law Commission* im Vorjahr offen gelassene Frage, ob neben der vom Gerichtshof verurteilten Person auch der Leiter der Anklagebehörde einen Antrag auf Berufung oder auf Wiederaufnahme des Verfahrens stellen dürfe[73], wurde dahin gehend entschieden, dass dem Leiter der Anklagebehörde ein solches Recht zustehen sollte.[74]

---

[72] Ebenda, S. 108 f.; siehe oben unter: 11.7.2.

[73] Vgl. 1993 Report of the ILC, Fn. 25, S. 321 f., 324.

[74] 1994 Report of the ILC, Fn. 51, S. 125, 127.

Die *International Law Commission* legte den so überarbeiteten und praktisch in zweiter Lesung verabschiedeten Statutentwurf der Generalversammlung vor. Sie empfahl der Generalversammlung eine Staatenkonferenz mit dem Ziel einzuberufen, den Statutentwurf zu erörtern und eine Konvention zur Errichtung eines Internationalen Strafgerichtshofs zu beschließen. Anders als im Jahre 1951 bestand diesmal begründeter Anlass zu der Hoffnung, dass die Staatenkonferenz das Vorhaben der Errichtung eines Internationalen Strafgerichtshofs ein entscheidendes Stück voranbringen würde. Das politische Weltklima hatte sich bedeutend verändert und die seit Beginn der neunziger Jahre in verschiedenen Konflikten begangenen Kriegsverbrechen und schweren Menschenrechtsverletzungen führten die Notwendigkeit eines Internationalen Strafgerichtshofs deutlich vor Augen.

15. Kapitel: Die Konferenz von Rom und das Statut für den Internationalen Strafgerichtshof

Nach fünfwöchigen Verhandlungen verabschiedete eine von den Vereinten Nationen einberufene Staatenkonferenz in der Nacht vom 17. auf den 18. Juli 1998 in Rom das Statut[1] für einen Ständigen Internationalen Strafgerichtshof (*International Criminal Court*).[2] Über 500 Jahre nach dem Verfahren von Breisach und 50 Jahre nach den Nürnberger Prozessen scheint der historische Durchbruch zu einer wirksamen und nicht nur sporadischen Durchsetzung des Völkerstrafrechts gelungen zu sein.
Grundlage der Verhandlungen in Rom war der Statutentwurf eines Vorbereitungsausschusses (*Preparatory Committee*)[3], der in sechs Sitzungsperioden den Statutentwurf der *International Law Commission* aus dem Jahre 1994[4] gründlich überarbeitet und mit einer nahezu unüberschaubaren Anzahl von Optionen in Formulierungs- und Sachfragen versehen hatte, über die es auf der Staatenkonferenz zu verhandeln galt.

15.1 Die Vorbereitungen der Konferenz von Rom und die zentralen Verhandlungspunkte

Zur Vorbereitung der von der *International Law Commission* im Juli 1994 empfohlenen Einberufung einer Staatenkonferenz zur Schaffung eines Internationalen Strafgerichtshofs[5] überwies die Generalversammlung der Vereinten Nationen den Statutentwurf der *International Law Commission* zunächst an einen *ad hoc*-Ausschuss zur Gründung eines Internationalen Strafgerichtshofs (*Ad hoc Committee on the Establishment of an International Criminal Court*)[6]. Dieser legte nach zwei Sitzungen einen Abschlussbericht vor[7], nach dessen Billigung die Generalversammlung das *Preparatory Committee* im Dezember 1995 einsetzte.[8]

---

1 Rome Statute of the International Criminal Court, Adopted by the United Nations Diplomatic Conference of Plenipotentiaries on the Establishment of an International Criminal Court on 17 July 1998, UN Doc. A/CONF.183/9 (17 July 1998).
2 Im Folgenden: ICC bzw. ICC-Statut.
3 Report of the Preparatory Committee on the Establishment of an International Criminal Court, UN Doc.A/CONF.183/2/Add. 1 (14 April 1998).
4 Siehe oben unter: 14.3.
5 Report of the International Law Commission on the work of its forty-sixth session, 2 May - 22 July 1994, in: General Assembly, Official Records, forty-ninth session, Supplement No. 10, UN Doc. A/49/10 (1994) (zit.: 1994 Report of the ILC), S. 19; siehe oben unter: 14.3.
6 General Assembly Resolution 49/53, 9 December 1994, UN Doc. A/RES/49/53 (1994).
7 Report of the Ad Hoc Committee on the Establishment of an International Criminal Court, General Assembly, Official Records, Fiftieth Session, Supplement No. 22, UN Doc. A/50/22 (1995).
8 General Assembly Resolution 50/46, 11 December 1995, UN Doc. A/RES/50/46 (1995).

Das *Preparatory Committee* wurde damit beauftragt, einen konsolidierten Text einer Konvention zur Beschlussfassung auf der Staatenkonferenz in Rom vorzulegen. An den Beratungen des *Preparatory Committee* nahmen ca. 100 Delegationen teil. Aus Kostengründen wurden während der Verhandlungen des *Preparatory Committee* und auch auf der Konferenz von Rom leider keine Verhandlungsprotokolle geführt. Dies ist äußerst bedauerlich, denn angesichts der Bedeutung der Konferenz von Rom wären Verhandlungsprotokolle von großem wissenschaftlichem Nutzen. Abgesehen von Kostengründen dürfte das Fehlen von Verhandlungsprotokollen damit zu erklären sein, dass die Staaten ihre unterschiedlichen Standpunkte einander annähern mussten. Sie werden daher ein Interesse daran gehabt haben, dass der damit einhergehende vermeintliche Gesichtsverlust nicht auch noch für die Öffentlichkeit protokolliert wird.[9] Besonders wertvoll sind daher die Veröffentlichungen der *Non-Governmental Organisations' Coalition for an International Criminal Court*. Vertreter dieser nichtstaatlichen Organisationen[10] nahmen an den Beratungen des *Preparatory Committee* und an der Konferenz von Rom teil. Sie hatten zwar kein Stimmrecht, doch konnte eine begrenzte Anzahl von ihnen bei der Eröffnungs- und Abschlusssitzung das Wort ergreifen. Ihre Berichte ermöglichen zumindest einen gewissen Einblick in die Verhandlungen.[11]

Unter dem Vorsitz des Niederländers Adrian Bos traf sich das Preparatory Committee zu insgesamt sechs Sitzungen. Dabei wurden folgende Themenbereiche behandelt: Definition and elements of crimes; Principles of criminal law and penalties; Organization of the Court; Complementarity and trigger mechanism; Cooperation with States; Establishment of the International Criminal Court and relationship with the United Nations; Final clauses and Financial matters; Other matters. Die Arbeit wurde in der Vollversammlung und in Arbeitsgruppen ausgeführt. Entschieden wurde nach dem Konsens-Prinzip. Wenn kein Konsens unter den Delegierten gefunden werden konnte, wurden die

---

9 Vgl. Cassese, Antonio: The Statute of the International Criminal Court: Some Preliminary Reflections, in: EJIL 10 (1999), S. 144 ff. (145).

10 Im Folgenden: NGO(s).

11 Die Berichte über die Verhandlungen des Preparatory Committee und über die Verhandlungen der Konferenz von Rom sowie zahlreiche offizielle Dokumente können im Internet unter folgender Kennung abgerufen werden: http://www.igc.apc.org/icc. Zu den einzelnen Verhandlungen siehe: Hall, Christopher Keith: The First Two Sessions of the UN Preparatory Committee on the Establishment of an International Criminal Court, in: AJIL 91 (1997), S. 177 ff.; ders.: The Third and Fourth Session of the UN Preparatory Committee on the Establishment of an International Criminal Court, in: AJIL 92 (1998), S. 124 ff.; ders.: The Fifth Session of the UN Preparatory Committee on the Establishment of an International Criminal Court, in: AJIL 92 (1998), S. 331 ff.; ders.: The Sixth Session of the UN Preparatory Committee on the Establishment of an International Criminal Court, in: AJIL 92 (1998), S. 548 ff.

verschiedenen Optionen in den Statutentwurf aufgenommen und die Entscheidung auf die diplomatische Abschlusskonferenz verschoben.
Während der ersten beiden Sitzungen des *Preparatory Committee* bildete sich eine Gruppe gleich gesinnter Staaten (*like-minded states*) heraus, die sich - von Kanada koordiniert - besonders stark für die Verwirklichung eines effektiven, unabhängigen und Ständigen Internationalen Strafgerichtshofs einsetzte. Diese Gruppe umfasste 50 bis 60 Staaten und konnte während der letzten Sitzung noch bedeutenden Zuwachs verzeichnen. Schließlich trat mit Großbritannien der erste Vertreter der ständigen Mitglieder des Sicherheitsrats dieser Gruppe bei und Frankreich ließ zumindest in einigen strittigen Punkten Kompromissbereitschaft erkennen.
Vor der letzten Sitzung des *Preparatory Committee* trafen sich die Vorsitzenden der verschiedenen Arbeitsgruppen im niederländischen Zutphen, wo die Ergebnisse der bisherigen Verhandlungsrunden in einen logischen Zusammenhang gebracht und in einen revidierten und aktualisierten Statutentwurf eingearbeitet werden sollten.[12] Dieser Statutentwurf enthielt 1700 von Klammern umfasste Formulierungsoptionen, über die es auf der letzten Sitzung des *Preparatory Committee*, spätestens aber auf der Konferenz von Rom, Einigkeit zu erzielen galt.

Ergebnis der sechs Verhandlungsrunden war der 173 Seiten umfassende Bericht mit dem aus 116 Artikeln bestehenden Statutentwurf zur Errichtung eines Ständigen Internationalen Strafgerichtshofs.[13] Dieser Entwurf enthielt immerhin noch 1400 mit Klammern versehene Formulierungsoptionen. Trotz einiger Änderungen und der zahlreichen Optionen stimmte der Statutentwurf des *Preparatory Committee* in seinen Grundzügen immer noch mit dem ILC-Entwurf aus dem Jahre 1994 überein, der Ausgangspunkt der Beratungen des *Preparatory Committee* war.
In vielen der zu Beginn der Sitzungen des Ausschusses noch umstrittenen Fragen konnte Übereinstimmung erzielt werden. Insbesondere blieben aber Umfang der Zuständigkeit und die Einleitung von Verfahren vor dem ICC, die Rolle des Sicherheitsrats sowie die Befugnisse des Anklägers weiterhin sehr umstritten. Erst das drohende Scheitern der Konferenz von Rom sollte die Staaten in letzter Minute dazu bewegen, die Kompromisse einzugehen, die erforderlich sind, um verschiedene Rechtssysteme der Welt unter dem Dach eines gemeinsamen Strafgerichtshofs zu vereinen.
Im Folgenden soll ein Überblick über die wichtigsten und teilweise sehr umstrittenen Verhandlungspunkte während der sechs Sitzungsperioden des *Preparatory Committee* gegeben werden.

---

[12] Der Text kann im Internet unter folgender Kennung abgerufen werden: gopher://gopher.igc.apc.org:70/ 11/orgs/icc/undocs/zutphen.

[13] Report of the Preparatory Committee, Fn. 3.

15.1.1 Die Zuständigkeit *ratione materiae*

Den Umfang der Zuständigkeit betreffend war die Mehrheit im *Preparatory Committee* der Auffassung, dass die Zuständigkeit des ICC zumindest in der Anfangsphase auf die schwersten Verbrechen internationaler Bedeutung, die so genannten Kernverbrechen *(core crimes)*, begrenzt bleiben müsse. Darunter fallen Völkermord, Kriegsverbrechen und Verbrechen gegen die Menschlichkeit.

Weitgehende Einigkeit herrschte auch darüber, dass die Verbrechen im endgültigen Statut genau definiert sein müssten. Die Verfahrensweise des ILC-Entwurfs, die in den Zuständigkeitsbereich des Gerichtshofs fallenden Verbrechen nur unter Hinweis auf ihre Rechtsquelle namentlich zu erwähnen, wurde damit aufgegeben. Insofern kam es wieder zu einer Annäherung der Vorhaben eines Internationalen Strafgerichtshofs und eines Internationalen Strafgesetzbuchs, die noch im Jahre 1993 von der *International Law Commission* voneinander getrennt wurden.

15.1.1.1 Völkermord

Praktisch unumstritten war, dass das Verbrechen des Völkermordes in den Zuständigkeitsbereich des ICC fallen müsse. Art. 5 des Statutentwurfs gibt, soweit er sich auf den Völkermord bezieht, auch exakt die Definition aus Art. 2 der Völkermordkonvention[14] wieder.[15] Diskutiert wurde lediglich, wie die Voraussetzung des "ganz oder teilweise" Zerstörens einer Bevölkerungsgruppe zu interpretieren sei[16] und ob über die Völkermordkonvention hinausgehend auch soziale und politische Gruppen in den Schutzbereich des Art. 5 einzubeziehen seien. Zwar würde die Einbeziehung sozialer und politischer Gruppen deren Schutz grundsätzlich verstärken, doch hätte dies zusätzliche Beratungen erforderlich gemacht, deren Folge eine unverhältnismäßige Verzögerung gewesen wäre. Denn Angriffe auf diese Personengruppen dürften in nahezu allen Fällen bereits unter den Tatbestand der Verbrechen gegen die Menschlichkeit zu subsumieren sein.[17]

---

[14] Convention on the Prevention and Punishment of the Crime of Genocide, Adopted by the General Assembly of the United Nations on 9 December 1948, in: 78 UNTS (1951), No. 1021, S. 277 ff.; BGBl. 1954 II, S. 730.

[15] Vgl. oben unter: 8.

[16] Report of the Preparatory Committee, Fn. 3, Anmerkung 1.

[17] European Law Student's Association: Handbook on the Draft Statute for an International Criminal Court, Brussels 1998 (zit.: Handbook on the Draft Statute), S. 21.

15.1.1.2 Verbrechen gegen die Menschlichkeit

Anders als der Tatbestand des Völkermordes mussten die Verbrechen gegen die Menschlichkeit erst noch definiert werden. Hatte sich doch die Konzeption dieses Verbrechens in den Jahrzehnten seit dem IMT-Prozess weiterentwickelt.[18] Die tatbestandsmäßige Umschreibung der Verbrechen gegen die Menschlichkeit im IMT-Statut beziehungsweise im IMT-Urteil konnte somit keine völkergewohnheitsrechtliche Geltung mehr beanspruchen. Diesbezüglich vertrat die Mehrheit der Delegierten, insbesondere die Vertreter der Vereinigten Staaten, die Auffassung, dass Verbrechen gegen die Menschlichkeit auch unabhängig von einem bewaffneten Konflikt begangen werden können, sodass das Erfordernis eines Zusammenhanges mit einem bewaffneten Konflikt nicht mehr aufrechtzuerhalten sei. Diese Ansicht dürfte im Völkergewohnheitsrecht mittlerweile ihre Stütze finden, nachdem auch Art. 3 ICTR-Statut, anders als noch Art. 5 ICTY-Statut, keinen Zusammenhang mehr mit einem bewaffneten Konflikt fordert.[19]

Einig wurde man sich im *Preparatory Committee* auch darüber, dass Verbrechen gegen die Menschlichkeit nicht nur die Deportation als den grenzüberschreitenden gewaltsamen Transfer von Personen, sondern auch den gewaltsamen Personentransfer innerhalb staatlicher Grenzen darstelle.

Uneinigkeit herrschte aber vor allem über die Frage, ob Verbrechen gegen die Menschlichkeit in großem Umfang und systematisch oder in großem Umfang oder systematisch begangen werden müssen, um in den Zuständigkeitsbereich des ICC zu fallen. Beide Alternativen wurden in den Statutentwurf aufgenommen und die Entscheidung darüber somit auf die Konferenz von Rom vertagt.

15.1.1.3 Kriegsverbrechen

Die Definition der Kriegsverbrechen gehörte bei den Beratungen über den Umfang der Zuständigkeit des ICC zu den umstrittensten Punkten. Heftig diskutiert wurde zunächst darüber, ob der Definition beziehungsweise der Aufzählung der in die Zuständigkeit des ICC fallenden Kriegsverbrechen ein einleitender Absatz vorangestellt werden sollte, nach dem solche Verbrechen durch den ICC nur dann geahndet werden sollten, wenn sie als Teil eines Plans oder einer Politik oder als Teil eines groß angelegten Befehls begangen wurden. Diese so genannte Schwellenformulierung war Gegenstand heftiger Auseinandersetzungen zwischen den Vereinigten Staaten und Großbritannien einerseits und des dieser Regelung sehr kritisch gegenüberstehenden Internationalen Komitees des Roten Kreuzes auf der anderen Seite. Letzteres sah nicht ein, warum der strafrechtlichen Verfolgung von Kriegsverbrechen eine bislang unbekannte Hürde in den Weg gesetzt werden

---

[18] Hall, The Third and Fourth Session of the UN Preparatory Committee on the Establishment of an International Criminal Court, Fn. 11, S. 126.

[19] Cassese, Fn. 9, S. 150; Handbook on the Draft Statute, Fn. 17, S. 24.

sollte, welche keine Stütze im geltenden Völkerrecht fände. Den Befürwortern dieser Formulierung war daran gelegen, dass ein eventuell unbeherrschtes Verhalten eines einzelnen Soldaten nicht sofort ein Verfahren vor dem ICC nach sich zieht.[20] Schließlich konnten sich die Delegationen auf eine Option einigen, die später in Rom dem Artikel über die Kriegsverbrechen einleitend vorangestellt wurde. Nach dieser Option ist der Gerichtshof insbesondere dann für die Verfolgung von Kriegsverbrechen zuständig, wenn jene die zuvor genannten Voraussetzungen erfüllen.

Bei der Frage, ob auch nicht-internationale Konflikte in den Zuständigkeitsbereich des ICC fallen sollen, war es wiederum das Internationale Komitee des Roten Kreuzes, das sich für eine möglichst umfassende Zuständigkeit des ICC einsetzte. Unter Berufung auf die im Tadic-Fall ergangene Entscheidung der Berufungskammer des ICTY befürworteten auch die meisten Delegationen die Aufnahme der im gemeinsamen Art. 3 der Genfer Konventionen[21] und teilweise auch der in Zusatzprotokoll II aufgezählten Verbrechen in den Art. 20 lit. c des Statutentwurfs der *International Law Commission* aus dem Jahre 1994.[22] Nach einer dem Art. 1 Abs. 2 des Zusatzprotokolls II von 1977[23] entsprechenden Formulierung finden die Bestimmungen über die Verfolgung dieser Verbrechen keine Anwendung auf Fälle innerer Unruhen und Spannungen, wie Tumulte, vereinzelt und sporadisch auftretende Gewalttaten und andere ähnliche Handlungen.

Ungeachtet dieser Einschränkung wurde die jüngste und insbesondere in der Rechtsprechung des ICTY[24] zum Ausdruck kommende Entwicklung bestätigt, wonach auch in nicht-internationalen Konflikten begangene Kriegsverbrechen endgültig als Gegenstand des internationalen Rechts, des Völkerrechts, anerkannt

---

[20] Vgl. Lee, Roy S. (Hrsg.): The International Criminal Court: The Making of the Rome Statute – Issues, Negotiations, Results, The Hague 1999 (zit.: The Making of the Rome Statute (Bearbeiter)), hier: The Making of the Rome Statute (von Hebel/Robinson), S. 79 ff. (115).

[21] Convention de Genève pour l'Amelioration du Sort des Blessés et des Malades dans les Forces Armées en Campagne du 12 Août 1949, in: 75 UNTS (1950), No. 970, S. 31 ff. (I. Genfer Abkommen); Convention de Genève pour l'Amelioration du Sort des Blessés, des Malades et des Naufrages des Forces Armées sur Mer du 12 Août 1949, in: 75 UNTS (1950), No. 971, S. 85 ff. (II. Genfer Abkommen); Convention de Genève Relative au Traitement des Prisonniers de Guerre du 12 Août 1949, in: 75 UNTS (1950), No. 972, S. 135 ff., BGBl. 154 II, S. 838 (III. Genfer Abkommen); Convention de Genève Relative à la Protection des Personnes Civiles en Temps de Guerre du 12 Août 1949, in: 75 UNTS (1950), No. 973, S. 287 ff., BGBl. 1954 II, S. 917, ber. 1956 II, S. 1586 (IV. Genfer Abkommen).

[22] Im Folgenden: ILC-Entwurf.

[23] Protocole additionnel aux Conventions de Genève du 12 Août 1949 relatif à la Protection des Victimes des Conflits Armés Non Internationaux (Protocole II), in: RICR (Août-Septembre 1977), No 704-705, S. 91 ff., BGBl. 1990 II, S. 1551.

[24] Vgl. oben: 12.3.1.

werden. Eine Entwicklung hat damit ihren Abschluss gefunden, von der die Autoren der Genfer Konventionen und ihrer Zusatzprotokolle sicherlich nicht zu träumen gewagt hatten. Da in der heutigen Zeit gerade solche Konflikte vorherrschen, die keinen grenzüberschreitenden Charakter haben, wäre das ICC-Statut auf dem Gebiet der Kriegsverbrechen ansonsten weitgehend zur Bedeutungslosigkeit verurteilt.
Was die Kriegsverbrechen im Einzelnen angeht, so konnten auf der fünften Sitzung des *Preparatory Committee* wesentliche Fortschritte erzielt werden. Es war auch höchste Zeit, das noch immer unüberschaubare Dickicht von Formulierungsvorschlägen für die Definition der Kriegsverbrechen zu lichten. Der auf Grundlage eines unter deutscher Federführung ausgearbeiteten Diskussionspapiers[25] erstellte Katalog von in die Zuständigkeit des ICC fallenden Kriegsverbrechen enthielt dann auch kein mit Klammern übersätes Formulierungschaos mehr.[26] Es gelang weitgehend, die Auffassung der Vereinigten Staaten, die traditionell von einem eher begrenzten Umfang humanitären Völkergewohnheitsrechts ausgingen, mit der in der *Working Group on Definiton of Elements of Crimes* insbesondere von Neuseeland und der Schweiz sowie vom Internationalen Komitee des Roten Kreuzes vertretenen entgegengesetzten Ansicht zu verschmelzen. So wurden einige verbrecherische Handlungen in den Tatbestandskatalog aufgenommen, die noch nicht von der Haager Landkriegsordnung[27], jedoch bereits vom Zusatzprotokoll I[28] zu den Genfer Konventionen erfasst wurden. Darunter fallen insbesondere Angriffe auf Zivilpersonen und der Gebrauch verbotener Waffen.
Hinsichtlich letzterer stellte die Aufnahme atomarer Waffen in den Statutentwurf ein Problem dar, da der Gebrauch dieser Waffen als völkerrechtliches Verbrechen noch nicht anerkannt war. Man war sich aber einig darüber, dass das Statut nur geltendes Völkerrecht widerspiegeln sollte. Im Übrigen ist davon auszugehen, dass gerade die ständigen Mitglieder des Sicherheitsrats unter keinen Umständen der Aufnahme atomarer Waffen in den Statutentwurf zustimmen würden.[29] Andererseits war die Einbeziehung nur biologischer und chemischer Waffen, die

---

[25] Informal Working Paper on War Crimes Submitted by Germany, UN Doc..A/AC.249/1997/WG.1/CRP.7 (1997).

[26] Preparatory Committee on the Establishment of an International Criminal Court, Working Group on Definitions and Elements of Crimes, UN Doc. A/AC.249/1997/WG.1/CRP.9 (1997).

[27] Ordnung der Gesetze und Gebräuche des Landkriegs (Haager Landkriegsordnung) als Anlage zum Abkommen betreffend die Gebräuche des Landkriegs vom 18. Oktober 1907, in: RGBl. 10, S. 107; Convention concernant les lois et coutumes de la guerre sur terre, signée à la Haye, le 18 Octobre 1907, in: NRGT, 3. Série, Tome III, S. 31 ff.

[28] Protocole additionnel aux Conventions de Genève du 12 Août 1949 relatif à la Protection des Victimes des Conflits Armés Internationaux (Protocole I), in: RICR (Août-Septembre 1977), No 704-705, S. 3 ff., BGBl. 1990 II, S. 1637.

[29] Crimes within the Jurisdiction of the Court (von Hebel/Robinson), Fn. 19, S. 115.

so genannten Atomwaffen der Armen, keineswegs unproblematisch. Dies hätte zu einer Benachteiligung derjenigen Länder geführt, die nicht in der Lage sind, Atomwaffen herzustellen.[30] Diese Problematik wäre leicht dadurch zu umgehen gewesen, dass überhaupt keine Liste verbotener Waffen oder nur eine ganz allgemein gehaltene in den Statutentwurf beziehungsweise später in das ICC-Statut aufgenommen worden wäre. Dies wiederum wäre aber mit dem Bestimmtheitsgrundsatz kaum vereinbar gewesen. Letztlich verschob man die Entscheidung über diese Frage auf die Konferenz von Rom und nahm atomare Waffen lediglich als eine Option in den Statutentwurf auf.

Für Konflikte sorgte auch die Übernahme der Bestimmung des Art. 85 Abs. 4 lit. a des Zusatzprotokolls I in den Statutentwurf. Als Kriegsverbrechen gelten danach die von einer Besatzungsmacht durchgeführte Überführung eines Teils der Zivilbevölkerung in das von ihr besetzte Gebiet oder die Verschleppung oder Überführung der Gesamtheit oder eines Teils der Bevölkerung des besetzten Gebietes innerhalb desselben oder aus demselben heraus. Aufgrund der Aufnahme dieser Bestimmung in das endgültige Statut sah sich Israel in Rom dazu veranlasst, gegen das Statut zu stimmen.

15.1.1.4 Aggression

Was das Verbrechen der Aggression angeht, so herrschte zunächst Uneinigkeit darüber, ob es zumindest in der durch das IMT als Tatbestand des Angriffskrieges anerkannten Form in den Zuständigkeitsbereich des ICC aufzunehmen sei. Schwierigkeiten bereiteten hier die mangelnde Übereinstimmung in der Frage der Definition und die Bedenken hinsichtlich der Einleitung von Verfahren vor dem ICC nach Art. 23 (2) ILC-Entwurf.

Angesichts der Differenzen schlug Dänemark vor, dass der zu entwerfende Vertrag zur Gründung des Internationalen Strafgerichtshofs eine Klausel enthalten solle, gemäß der die Vertragsstaaten nach einer gewissen Anzahl von Jahren nach Inkrafttreten des Vertrages zusammenkommen sollten, um über die Einbeziehung von Verbrechen wie das der Aggression zu beraten, hinsichtlich derer vorerst keine Einigkeit erzielt werden könne.

Der starken Fürsprache Deutschlands ist es schließlich zu verdanken, dass eine bedeutende Anzahl von Delegationen die Aufnahme des Aggressionsverbrechens in das zukünftige ICC-Statut befürwortete. Unbeantwortet blieb hingegen die Frage, ob die Definition des Verbrechens der eher allgemeinen Formulierung des Art. 6 (a) IMT-Charta oder der Definition der Generalversammlung aus dem Jahre 1974 entnommen werden sollte, sodass beide Alternativen in den Statutentwurf aufgenommen wurden. Zur Definition von 1974 sollte allerdings bemerkt werden, dass sie dazu entworfen wurde, dem Sicherheitsrat bei der Klärung der Frage zu

---

[30] Vgl. Kirsch, Philippe/Holmes, John T.: The Birth of the International Criminal Court: The 1998 Rome Conference, in: Canadian Y.B. Int'l L. 1998, S. 3 ff. (25).

helfen, ob ein Staat einen Akt der Aggression begangen hat. Sie ist nicht auf die Feststellung individueller Verantwortlichkeit ausgelegt.
Ein Vorschlag der amerikanischen Delegation zur Definition der Kernverbrechen enthielt keine Definition des Aggressionsverbrechens.[31] Vor dem Hintergrund, dass der amerikanische Hauptankläger im Nürnberger IMT-Prozess, Robert H. Jackson, seinerzeit den Angriffskrieg als eines der schwersten Verbrechen überhaupt bezeichnete, erscheint diese Vorgehensweise überraschend.[32]

15.1.2 Die Auslösung von Verfahren *("trigger mechanism")*

Die Frage, wer unter welchen Voraussetzungen befugt sein sollte, ein Verfahren vor dem ICC auszulösen, gehörte zu den mit Abstand am meisten umstrittenen Verhandlungspunkten. Dies verdeutlichen unter anderem die weit überdurchschnittlich vielen umklammerten Formulierungsvorschläge in den Art. 6 und 10 ff. des Statutentwurfs.
Für die Auslösung von Verfahren vor dem ICC kamen drei Mechanismen in Betracht. Dies waren die Staatenbeschwerde, die Überweisung durch den Sicherheitsrat der Vereinten Nationen und die Aufnahme von Untersuchungen durch den Ankläger.

15.1.2.1 Die Staatenbeschwerde

Mit der Möglichkeit, Verfahren vor dem ICC durch eine Staatenbeschwerde (Art. 11) auszulösen, betrat man im *Preparatory Committee* kein Neuland. Sie ist beispielsweise in der Europäischen Menschenrechtskonvention oder im Internationalen Pakt über bürgerliche und politische Rechte verankert. Allerdings waren sich die staatlichen Delegierten und die Vertreter der Nichtregierungsorganisationen darüber im Klaren, dass die Staatenbeschwerde zwar ein wichtiges, aber ein bislang recht vernachlässigtes Instrumentarium war. Unter dem Internationalen Pakt über bürgerliche und politische Rechte wurde noch kein einziges Mal und unter der Europäischen Menschenrechtskommission erst in einigen wenigen Fällen von der Staatenbeschwerde Gebrauch gemacht.[33] Staatenbeschwerden, gerade vor dem ICC, dürften von den meisten damit konfrontierten Staaten als unfreundlicher Akt angesehen werden. Die Angst vor Spannungen in den diplomatischen und wirtschaftlichen Beziehungen wird die Staaten daher in den meisten Fällen von einer Verweisung eines Falles an den ICC abhalten.[34] Abgesehen von der Frage, ob alle oder nur bestimmte Staaten befugt

---

[31] Definition of Crimes: An Informal Discussion Paper Submitted by the United States, UN Doc. A/AC.249/1998/DP.11.

[32] Vgl. Hall, The Sixth Session of the UN Preparatory Committee on the Establishment of an International Criminal Court, Fn. 11, S. 551.

[33] Nowak, Manfred: UN Convenant on civil and political rights, Kehl u. a. 1993 (zit.: CCPR Commentary), Art. 41/2.

[34] Handbook on the Draft Statute, Fn. 17, S. 46.

sein sollten, einen Fall vor den ICC zu bringen, war man sich daher weitgehend darüber einig, dass es eines weniger politisch, als vielmehr rechtlich orientierten Auslösungsmechanismus bedurfte.

15.1.2.2 Die Rolle des Anklägers

Nach dem auf einen Vorschlag der *like-minded states* zurückgehenden Art. 12 des Statutentwurfs sollte der Ankläger auf eigene Initiative Untersuchungen vornehmen und Klagen einreichen können *(ex-officio power)*. Entsprechend den Regelungen in den Statuten für das ICTY beziehungsweise das ICTR sollte der Ankläger aufgrund von eigenen Informationen oder solcher von Staaten und Organisationen selbstständig *(proprio motu)* Untersuchungen vornehmen oder Klagen einreichen dürfen, ohne dass dafür eine vorhergehende Überweisung eines Falles durch einen Staat oder den Sicherheitsrat nötig wäre. Eine so weitreichende Befugnis war im Statutentwurf der *International Law Commission* noch nicht vorgesehen. Doch die gerichtshoffreundlichen Staaten waren sich darüber einig, dass auch eine politisch unabhängige Instanz Verfahren vor dem ICC auslösen können müsse, um diesen nicht zum Spielball politischer Interessen zu machen.

Die einem starken Gerichtshof skeptisch gegenüberstehenden Delegationen lehnten einen unabhängigen und mit umfangreichen Kompetenzen ausgestatteten Ankläger weitgehend ab. Zu groß war ihre Sorge vor einem "wild gewordenen" Ankläger, der seine Kompetenzen aus politischen Motiven missbrauchen könnte, insbesondere dann, wenn sein Heimatstaat in einen Konflikt involviert ist, der Gegenstand eines Verfahrens vor dem ICC ist.

Hinsichtlich dieser Bedenken galt es Entgegenkommen zu zeigen, wollte man das Ziel eines unabhängigen Anklägers bei den weiteren Verhandlungen nicht gefährden.[35]

Es wurden daher verschiedene Kontrollmechanismen vorgeschlagen und in den Statutentwurf aufgenommen, die einem möglichen Kompetenzmissbrauch des Anklägers entgegenwirken sollten. Nach dem auf einem von Deutschland und Argentinien eingebrachten Vorschlag basierenden Art. 13 des Statutentwurfs ist der Ankläger verpflichtet, die Erlaubnis einer Ermittlungskammer einzuholen, wenn er nach der Auswertung eingegangener Informationen zu der Auffassung gelangt, dass vernünftige Anhaltspunkte für weitere Ermittlungen vorliegen.[36]

---

[35] Triffterer, Otto (Hrsg.): Commentary on the Rome Statute of the International Criminal Court, Baden-Baden 1999 (zit.: Commentary on the Rome Statute (Bearbeiter)), hier: Commentary on the Rome Statute (Bergsmo/Pejic), Art. 15 Rn. 5; Handbook on the Draft Statute, Fn. 16, S. 46.

[36] Vgl. Proposal submitted by Argentina and Germany, UN Doc. A/AC.249/1998/WG.4/DP.35 (25 Mar. 1998).

Weiterhin war nach Art 43. des Statutentwurfs für die Wahl des Anklägers die absolute Mehrheit der Vertragsstaaten notwendig und bei begründeten Zweifeln an seiner Unabhängigkeit konnte der Ankläger für ein bestimmtes Verfahren oder dauerhaft von seinen Aufgaben entbunden werden.

15.1.2.3 Die Stellung des Sicherheitsrates

Die Überweisung von Situationen an den ICC ist nur ein Aspekt der Rolle des Sicherheitsrats bezüglich des ICC. Weitere Aspekte waren die Feststellung einer Aggression, die Befugnis des Sicherheitsrats, Aktivitäten des ICC unter bestimmten Voraussetzungen zu unterbrechen und vom Sicherheitsrat zu ergreifende Maßnahmen in den Fällen, in denen Vertragsstaaten ihrer Verpflichtung zur Zusammenarbeit mit dem ICC nicht nachkommen würden.

Die Bestimmung des Art. 10 Abs. 1 im Statutentwurf, nach der der Sicherheitsrat Situationen an den ICC überweisen kann, ist nichts anderes als eine Verweisung auf die Kompetenz des Sicherheitsrats, nach Kap. VII UN-Charta Maßnahmen zur Verfolgung von Kriegsverbrechen zu ergreifen, wie er dies mit der Errichtung des ICTY und des ICTR bereits getan hat.[37]

Bezüglich des Verbrechens der Aggression wurden verschiedene Optionen in Art. 10 Abs. 4-6 des Statutentwurfs übernommen, nach denen die Feststellung einer Aggression in der Kompetenz des Sicherheitsrats liegt. Demnach müsste der Sicherheitsrat zuerst eine Aggression festgestellt haben, bevor eine Anklage wegen dieses Verbrechens erhoben werden kann.

Vor allem die Vereinigten Staaten und mit Ausnahme Großbritanniens auch die anderen ständigen Mitglieder im Sicherheitsrat waren darauf bedacht, einen möglichst großen Einfluss dieses Organs und folglich einen geringeren Einfluss des Anklägers durchzusetzen.[38] Sie setzten sich sehr dafür ein, dass bei Situationen im Sinne des Kap. VII UN-Charta keine Untersuchungen oder Anklagen erfolgen dürfen, wenn nicht der Sicherheitsrat dies zuvor angeordnet hat. Sie wollten eine Bestimmung im Statut, die entsprechend dem ILC-Entwurf (Art. 23 Abs. 3)[39] ein faktisches Vetorecht des Sicherheitsrats und somit ein Vetorecht jedes ständigen Mitglieds desselben bei Situationen nach Kap. VII UN-Charta nach sich zieht. Die Frage war sehr umstritten, was erneut in vielen Formulierungsoptionen zum Ausdruck kommt. Zur Veranschaulichung soll der betreffende Art. 10 Abs. 7 des Statutentwurfs hier einmal wiedergegeben werden:

No persecution may be commenced under this Statute arising from a (dispute or) situation ((pertaining to international peace and security or an act of aggression) which (is being dealt with) (actively) by the Security Council) (as a

---

[37] Arnold, Pascal: Der UNO-Sicherheitsrat und die strafrechtliche Verfolgung von Individuen, Basel/Genf/München 1999, S. 163.

[38] Ebenda, S. 164.

[39] Siehe oben unter: 14.3.

threat to or breach of the peace or an act of aggression) (under Chapter VII of the Charter), (where the Security Council has decided that there is a threat to or breach of the peace and for which it is exercising its functions under Chapter VII of the Charter of the United Nations) (unless the Security Council otherwise decides) (without the prior consent of the Security Council).

Ein von Singapur eingebrachter Kompromissvorschlag enthält eine gewisse Abschwächung der Rolle des Sicherheitsrats. Auch bei Situationen im Sinne von Kap. VII UN-Charta sollten Fälle vor den ICC gebracht werden können, wenn der Sicherheitsrat nicht ausdrücklich, zwecks Wahrung des internationalen Friedens und der internationalen Sicherheit, das Gegenteil verlangt. Damit aber wäre nicht ein Veto, sondern ein positiver Entscheid des Sicherheitsrats notwendig, um die Tätigkeit des ICC einzustellen.

Nach einer von Kanada und Norwegen eingebrachten Option sollte der Sicherheitsrat das Tätigwerden des ICC bei Situationen im Sinne des Kap. VII UN-Charta nur für die Dauer von 12 Monaten, mit der Möglichkeit der Verlängerung, blockieren können.

Insgesamt ist im *Preparatory Committee* sehr deutlich geworden, dass die Suche nach einer Kompromisslösung in diesem Bereich angesichts der erheblich divergierenden Interessen sicherlich nicht leicht werden würde.

15.1.3 Automatische Zuständigkeit oder Zustimmung durch die Staaten

Im *Preparatory Committee* wurden im Wesentlichen drei Alternativen zur Akzeptanz der Zuständigkeit des ICC durch die Mitgliedsstaaten in Erwägung gezogen.

15.1.3.1 "Opt in/Opt out"-Regime

Entsprechend der bereits in Art. 22 ILC-Entwurf[40] getroffenen Regelung (*"Opt in/Opt out"-Regime*) hätte jeder Staat die Möglichkeit, die Zuständigkeit des ICC für bestimmte Verbrechen und für bestimmte Zeiträume selektiv zu bejahen beziehungsweise zu verneinen. Diese Regelung ist erkennbar Art. 36 IGH-Statut nachgebildet, der den Staaten trotz einer Ratifikation erhebliche Wahlfreiheit lässt. Eine solche „Gerichtsbarkeit *à la carte"*[41] hätte vermutlich zu einem chaotischen Durcheinander und damit zu einem völlig ineffektiven Gerichtshof geführt.

15.1.3.2 "State Consent"-Regime

Nach dem von Frankreich vorgeschlagenen *"State Consent"-Regime* wäre die Zustimmung verschiedener Staaten (Tatortstaat, Gewahrsamsstaat,

[40] Siehe oben unter: 14.3.

[41] Vgl. Kaul, Hans-Peter: Der Internationale Strafgerichtshof: Das Ringen um seine Zuständigkeit und Reichweite, in: HuV Nr. 3 1998, S. 138 ff. (140).

Staatsangehörigkeitsstaat des Täters, Opferstaat, der die Auslieferung verlangende Staat oder ein anderer interessierter Staat) Voraussetzung der Gerichtsbarkeit des ICC. In jedem Einzelfall, bei jedem einzelnen Verfahren und Straftäter, hätten die davon betroffenen Staaten ihre Zustimmung geben müssen, damit der Gerichtshof das betreffende Verfahren hätte durchführen können. Damit wäre die Gerichtsbarkeit den Opportunitätserwägungen der Vertragsstaaten unterworfen und wahrscheinlich weitgehend gelähmt gewesen.[42]

15.1.3.3 "inherent jurisdiction"

Nach dem Prinzip der *inherent jurisdiction* würde ein Staat, welcher Vertragspartei des Statuts wird, hierdurch die inhärente Gerichtsbarkeit in Bezug auf die durch das Statut erfassten Verbrechen akzeptieren. Die Unterstützung für diesen gerade von deutscher Seite immer wieder geforderten Ansatz nahm in den Beratungen des Vorbereitungsausschusses spürbar zu. Dies galt insbesondere für die Gruppe der *like-minded states*. Doch damit war noch nicht die Frage der Zuständigkeitsanknüpfung geklärt, d. h. welcher Staat oder welche Staaten sich der Gerichtsbarkeit unterworfen haben müssen (Tatortstaat, Gewahrsamsstaat, Staatsangehörigkeitsstaat des Täters oder Opferstaat). Während ein in der letzten Sitzung des *Preparatory Committee* (16. März bis 3. April 1998) vorgelegter britischer Vorschlag auf die Mitgliedschaft des Tatortstaates und (kumulativ) des Gewahrsamsstaates abstellte, unterbreitete die deutsche Seite in der gleichen Sitzung einen auf dem Universalitätsprinzip basierenden Vorschlag.[43] Völkermord, Verbrechen gegen die Menschlichkeit und Kriegsverbrechen seien als Kernverbrechen nach dem Weltrechtsprinzip in allen Staaten der Erde strafrechtlich verfolgbar, und zwar ohne Rücksicht auf die Nationalität des Täters, des Opfers oder den Ort des Geschehens. Diese universale Jurisdiktionsgewalt übertrügen die Staaten durch Ratifikation des Statuts auf den ICC.

Die endgültige Entscheidung zugunsten eines dieser sich teilweise entgegenstehenden, aber auch miteinander kombinierbaren Modelle sollte erst auf der Konferenz von Rom fallen.

15.1.4 Komplementarität - Vorrangige oder nachrangige Zuständigkeit des ICC

Der Begriff der Komplementarität betrifft das Verhältnis zwischen dem ICC und der nationalen Gerichtsbarkeit. Die Frage, ob der ICC gegenüber den einzelstaatlichen Gerichten vor- oder nachrangig zuständig sein sollte, wurde während der ersten und vierten Sitzung des *Preparatory Committee* (März/April

[42] Ebenda.

[43] The Jurisdiction of the International Criminal Court: An Informal Discussion Paper Submitted byGermany, UN Doc. A/AC.249/1998/DP.2.; dazu auch Kaul, Der Internationale Strafgerichtshof, Fn. 41, S. 141.

1996 sowie August 1997) erörtert. Im Wesentlichen wurden zwei unterschiedliche Auffassungen vertreten. Zum einen war dies die insbesondere von Großbritannien vorgebrachte Ansicht vom primären Recht der Staaten, Verbrecher vor Gericht zu bringen. Der Internationale Strafgerichtshof solle demnach nur dann tätig werden, wenn Staaten dazu nicht willens seien und es bei der Strafverfolgung oder der Ausführung von Haftbefehlen zu erheblichen Verzögerungen komme. Nach der auch von deutscher Seite vertretenen Auffassung hingegen sind die Staaten zur Verfolgung von Straftätern nicht nur berechtigt, sondern verpflichtet. Auch sei ein Urteil über den Willen zur Strafverfolgung seitens der Staaten nur schwer zu fällen. Nach dem Vorbild der Regelung der Art. 9 und 10 ICTY-Statut müsse daher der ICC selbst entscheiden können, ob er im Rahmen seiner konkurrierenden Zuständigkeit tätig werden soll.

15.1.5 Allgemeine Grundsätze des Strafrechts

Von der Arbeitsgruppe für allgemeine Grundsätze des Strafrechts wurde ein Entwurf der Statutbestimmungen über die Grundsätze des *nullum crimen sine lege*, *ne bis in idem*, *actus reus* und *mens rea*, über die Relevanz der Einrede des amtlichen Handelns, die Verantwortlichkeit von Befehlshabern, das Handeln auf Befehl und über die verschiedenen Handlungsformen sowie den Tatbestands- und Rechtsirrtum ausgearbeitet.

Da nur die schwersten Verbrechen internationaler Bedeutung *(core crimes)*[44] in die Zuständigkeit des ICC fallen sollten, erscheint eine Verletzung des Grundsatzes *nullum crimen sine lege* bei der Anwendung des ICC-Statuts äußerst unwahrscheinlich.[45]

Problematischer war dann schon die Handhabung des Grundsatzes *ne bis in idem*. Die Frage war, ob dieses Prinzip generell verbietet, dass jemand für dieselbe Handlung zweimal strafrechtlich verfolgt wird, oder ob dies nur innerhalb der Jurisdiktionsgewalt eines Staates beziehungsweise des ICC gilt. Schließlich einigte man sich darauf, zwischen der Anwendung des Grundsatzes *ne bis in idem* durch den ICC einerseits sowie durch einzelstaatliche Gerichte andererseits zu unterscheiden. Demzufolge sollte keine vom ICC abgeurteilte Person wegen derselben Handlung erneut vor diesen selbst oder vor ein einzelstaatliches Gericht gebracht werden (Art. 18 Abs. 1 und 2). Anders hingegen, wenn ein einzelstaatliches Gerichtsverfahren nicht unparteiisch oder darauf ausgerichtet war, den Angeklagten vor internationaler strafrechtlicher Verfolgung zu schützen (Art. 18 Abs. 3), oder wenn die Aussetzung der Vollstreckung eines Urteils eines nationalen Gerichts unbegründbar erscheint (Art. 19). Dann sollte der ICC in Einschränkung des *ne bis in idem*-Grundsatzes befugt sein, wegen derselben

---

[44] Siehe oben unter: 15.1.1.

[45] Handbook on the Draft Statute, Fn. 17, S. 56 f.

Handlung das Verfahren zu eröffnen. Allerdings bleibt die Frage offen, ob und inwieweit Entscheidungen einer Wahrheitskommission wie in Südafrika den *ne bis in idem*-Grundsatz auslösen.
Nach den Präzedenzfällen von Nürnberg bzw. Tokio sowie Den Haag bzw. Arusha kam man im *Preparatory Committee* schnell überein, dass die amtliche Stellung, beispielsweise als Staatsoberhaupt oder Regierungsvertreter, grundsätzlich keine Immunität vor dem ICC nach sich ziehen würde.
Die strafrechtliche Verantwortlichkeit eines Inhabers von Befehlsgewalt *(command responsibility)* ist nach der mit noch einigen Klammern versehenen Formulierung des Art. 25 des Statutentwurfs dann gegeben, wenn der Befehlsinhaber die Begehung von Verbrechen nicht verhindert hat, obwohl er davon Kenntnis hatte oder hätte haben müssen.
Hinsichtlich der Problematik des Handelns auf höheren Befehl wurden wegen unüberbrückbarer Differenzen zwei Optionen in den entsprechenden Artikel (Art. 32) aufgenommen. Nach dem speziell von der deutschen Delegation vertretenen *absolute liability approach* enthebt die Tatsache, dass ein Verbrechen in Ausführung eines höheren Befehls begangen wurde, den Täter nicht der strafrechtlichen Verantwortlichkeit. Dieser Ansatz war Grundlage des Art. 8 IMT-Statut und wurde in den Statuten des IMTFE sowie des ICTY beziehungsweise des ICTR bestätigt.[46] Nach dem *conditional liability approach* hingegen ist der Täter eines in Befehlsausführung begangenen Verbrechens nur dann zu bestrafen, wenn er die Rechtswidrigkeit des Befehls kannte oder kennen musste oder der Befehl offensichtlich rechtswidrig war. Die Vertreter dieser Option, allen voran die USA, beriefen sich darauf, dass der *conditional liability approach* den *absolute liability approach* mittlerweile verdrängt habe, da dieser bereits im Verfahren vor dem Reichsgericht in Leipzig angewandte Ansatz[47] seither in viele nach 1945 entworfene nationale kriegsrechtliche Bestimmungen aufgenommen wurde.[48] Eine auf den *conditional liability approach* bezogene Option schloss die Berufung auf höheren Befehl bei Völkermord und/oder Verbrechen gegen die Menschlichkeit aus.

15.1.6 Verfahrensregeln und Strafen

Im Rahmen der Erörterung der Verfahrensregeln wurde insbesondere der Problematik von *in absentia*-Verfahren große Aufmerksamkeit zuteil. Während einige Delegationen solche Verfahren a priori ablehnten, befürworteten Frankreich und die Niederlande konsequent Verfahren in Abwesenheit des Angeklagten. Fast alle Delegationen waren der Auffassung, dass *in absentia*-Verfahren unter gewissen Umständen zuzulassen seien, insbesondere dann, wenn der Angeklagte

---

[46] Siehe oben unter: 6.3.8, 12.6.
[47] Siehe oben unter: 3.4.3.
[48] Vgl.: Gaeta, Paola: The Defence of Superior Orders: The Statute of the International Criminal Court versus Customary International Law, in: EJIL 10 (1999), S. 172 ff. (176).

aus dem Gewahrsam des ICC geflohen sei. Großbritannien und einige andere Staaten vertraten hingegen die Auffassung, dass es besser sei, sich auf die Wiederergreifung des Täters zu konzentrieren. Große Zustimmung fand der Vorschlag, das Verfahren nach Regel 61 der Verfahrens- und Beweisregeln des ICTY in das Statut zu übernehmen[49], doch war man sich uneinig darüber, ob das primäre Ziel dieses Verfahrens die Sicherung von Beweismaterial oder der Erlass eines internationalen Haftbefehls sein sollte.
Was die vom ICC zu verhängenden Strafen betrifft, waren die meisten Delegationen der Auffassung, dass jene, anders als beispielsweise im ICTY-Statut, detailliert im Statut aufgeführt werden sollten, um eine einheitliche Behandlung der Verurteilten gewährleisten zu können. Umstritten war die Frage der Todesstrafe. Mehrheitlich wurde jedoch die Auffassung vertreten, dass die Todesstrafe nicht verhängt werden sollte, wie dies schon in Art. 47 des ILC-Entwurfs vorgesehen war. Befürwortet wurde auch das Recht der Opfer und ihrer Familien auf Entschädigung (Art. 73 des Statutentwurfs). Allerdings konnte man sich zunächst nicht darauf verständigen, ob Entschädigung durch den ICC oder aber durch die einzelstaatlichen Gerichte zuerkannt werden sollte, wie es allen voran die japanische Delegation befürwortete.

15.1.7 Errichtung des ICC

Weitgehend einig war man sich im *Preparatory Committee* über die Errichtung des ICC auf Vertragsbasis. Nur wenige Staaten befürworteten eine Änderung der UN-Charta als idealen Weg, den ICC einzusetzen, obwohl dies sicher der schnellere Weg gewesen wäre. Kaum noch Unterstützung fand die Möglichkeit, den ICC durch eine Resolution des Sicherheitsrats oder der Generalversammlung einzusetzen. Fast alle Delegationen sprachen sich für eine enge Beziehung zwischen dem ICC und den Vereinten Nationen auf Grundlage einer besonderen Vereinbarung aus, wie sie Art. 2 des ILC-Entwurfs vorsah.

15.1.8 Finanzierung des ICC

Unterschiedlichste Auffassungen herrschten bezüglich der Art und Weise der Finanzierung des ICC. Allen voran die Vereinigten Staaten und einige andere, dem geplanten ICC ablehnend gegenüberstehende Staaten bestanden darauf, dass der ICC von den Vertragsparteien selbst finanziert werden müsse. Der Haushalt der Vereinten Nationen sei ohnehin stark belastet und Nichtvertragsparteien würden sich kaum damit einverstanden erklären, dass ihre Beiträge zum UN-Haushalt einer Institution zukämen, die sie nicht unterstützten. Australien, Kanada, Südafrika, Trinidad und Tobago sowie viele andere Staaten hingegen befürworteten eine Finanzierung des ICC aus dem regulären UN-Haushalt. Schließlich würde der ICC im Namen der gesamten

---

[49] Siehe oben unter: 12.7.2.

Völkergemeinschaft und oft auch auf Initiative des Sicherheitsrats tätig werden. Außerdem dürfte Entwicklungsländern der Beitritt zum ICC-Statut nicht verwehrt bleiben. Sollte eine allgemeine Finanzierung aus dem UN-Haushalt nicht zu verwirklichen sein, dann müssten zumindest die Kosten eines auf Initiative des Sicherheitsrats zurückgehenden Verfahrens von den Vereinten Nationen getragen werden. Einigkeit bestand zumindest über die Akzeptanz freiwilliger Beiträge, solange sichergestellt sei, dass dadurch nicht die Unabhängigkeit des ICC in Frage gestellt werde.

15.2 Die Konferenz und das Statut von Rom

Noch vor der letzten Sitzung des *Preparatory Committee* beschloss die Generalversammlung mit ihrer Resolution vom 15. Dezember 1997 endgültig, die Diplomatische Bevollmächtigtenkonferenz zur Schaffung eines Internationalen Strafgerichtshofs vom 15. Juni bis zum 17. Juli 1998 in Rom abzuhalten.[50] An der Konferenz im Gebäude der Internationalen Organisation für Ernährungs- und Landwirtschaft nahmen 159 Regierungsdelegationen und rund 250 Delegationen der in der *Coalition for an International Criminal Court* zusammengeschlossenen NGOs teil.[51] Praktisch erst "fünf nach zwölf", da es bereits der Morgen des 18. Juli 1998 war, konnte das Statut für den ICC verabschiedet werden, das 128 Artikel umfasst, in 13 Teile gegliedert ist und im Folgenden dargestellt werden soll.[52]

15.2.1 Präambel und Teil 1 - Errichtung des ICC

Nach der Präambel des ICC-Statuts soll der ICC als ein unabhängiger Ständiger Internationaler Strafgerichtshof zur Verfolgung der schwersten und die gesamte Völkergemeinschaft betreffenden Verbrechen auf Vertragsbasis errichtet werden. Der komplementär zu den einzelstaatlichen Gerichtsbarkeiten und als ständige Einrichtung zu errichtende Gerichtshof (Art. 1 ICC-Statut) soll durch ein von der Versammlung der Vertragsstaaten zu billigendes und vom Präsidenten des ICC mit den Vereinten Nationen zu beschließendes Abkommen mit dieser

---

[50] General Assembly Resolution 52/160, 15 December 1997, UN Doc. A/RES/52/160 (1997).

[51] Non-Governmental Organizations accredited to participate in the Conference, UN Doc. A/CONF.183/INF/3 (5 June 1998).

[52] Wie bereits erwähnt, wurden während der Konferenz von Rom keine Verhandlungsprotokolle angefertigt. Ansprachen, Zusammenfassungen des Tagesgeschehens, Pressemitteilungen sowie offizielle Dokumente können aber im Internet unter einer von den Vereinten Nationen anlässlich der Konferenz eingerichteten *homepage* folgender Kennung abgerufen werden: http://www.un.org/icc/main.htm.; Zum Ganzen siehe auch: United Nations, Press Release (17 July 1998), UN Doc. L/ROM/122; Kaul, Der Internationale Strafgerichtshof, Fn. 41, S. 138 ff.; ders.: Durchbruch in Rom, in: Vereinte Nationen 4/1998, S. 125 ff.; Behrens, Hans-Jörg: Das Verfahren des Internationalen Strafgerichtshofes nach dem Statut von Rom, in: HuV Nr. 3 1998, S. 144 ff.; Ambos, Kai: Der Neue Internationale Strafgerichtshof - ein Überblick, in: NJW 1998, S. 3743 ff.

Organisation in Beziehung gebracht werden (Art. 2 ICC-Statut). Sitz des ICC ist Den Haag, doch kann der ICC bei Bedarf auch an einem anderen Ort tagen (Art. 3 ICC-Statut). Unter anderem waren auch Rom und Nürnberg als Sitz des ICC im Gespräch. Möglicherweise hat die italienische Regierung mit der Einladung zur Staatenkonferenz und der Übernahme der damit verbundenen Kosten versucht, die Chancen Roms als Sitz des ICC zu verbessern. Nürnberg seinerseits ist mit Unterstützung der bayerischen Staatsregierung an die Bundesregierung mit der Bitte herangetreten, eine Kandidatur Nürnbergs zu unterstützen. Aus historischer Sicht sprach sicherlich einiges dafür, Nürnberg zum Sitz des ICC zu bestimmen, stellen die Nürnberger Prozesse doch einen Meilenstein in der Entwicklung der Durchsetzung des Völkerstrafrechts dar, die im erfolgreichen Abschluss der Konferenz von Rom kumulierte. Dies gilt um so mehr, da die Stadt Nürnberg mit dem Schwurgerichtsgebäude den Tagungsort des IMT zur Verfügung gestellt hätte. Letztlich erhielt jedoch Den Haag den Zuschlag. Diese Stadt kann auf intensive Erfahrungen mit dem IGH und dem ICTY verweisen und zum anderen verfügen fast alle Staaten der Erde in Den Haag über diplomatische Vertretungen, was die notwendigen Kontakte zwischen dem Gerichtshof und betroffenen Staaten erleichtert.[53]

Nach Art. 4 Abs. 1 ICC-Statut, der die Rechtsstellung des Gerichtshofs definiert, besitzt dieser Völkerrechtspersönlichkeit. Der ICC besitzt weiterhin die Rechts- und Geschäftsfähigkeit, die zur Wahrnehmung seiner Aufgaben und zur Verwirklichung seiner Ziele erforderlich ist.
Rechtspersönlichkeit im Völkerrecht bedeutet die Fähigkeit, völkerrechtliche Rechte und Pflichten innezuhaben und die eigenen Rechte auf völkerrechtlicher Ebene geltend machen zu können.[54] Im Gegensatz zu Staaten besitzt der ICC nur partielle Völkerrechtssubjektivität. Letztere ist wie bei internationalen Organisationen, z. B. den Vereinten Nationen, durch den vertraglich festgelegten Organisationszweck begrenzt.[55] Völkerrechtliche Rechte und Pflichten kann der ICC nur im Rahmen seines Gründungsvertrages, also des ICC-Statuts, erlangen. Eine weitere Einschränkung der Völkerrechtssubjektivität des ICC ergibt sich daraus, dass Nichtvertragsstaaten den ICC nicht anerkennen müssen (vgl. Art. 4 Abs. 2 ICC-Statut). Die Völkerrechtspersönlichkeit des ICC ist insofern nur eine relative. Dennoch handelt es sich nach Art. 4 ICC-Statut bei dem Gerichtshof um eine ganz außergewöhnliche Institutionalisierung eines internationalen Gerichts. Andere internationale Gerichte sind lediglich Organe von Institutionen oder Organisationen und besitzen keine Völkerrechtspersönlichkeit. So ist der IGH ein (Haupt-)Organ der Vereinten Nationen. Beim ICTY beziehungsweise beim ICTR

---

[53] Vgl. Zimmermann, Andreas: Die Schaffung eines ständigen Internationalen Strafgerichtshofs, in: ZaöRV 58 (1998), S. 47 ff. (105 f.).

[54] Herdegen, Matthias: Völkerrecht, 2. Auflage, München 2002, S. 62.

[55] Ebenda, S. 66.

handelt es sich nur um Nebenorgane des Sicherheitsrats[56], der wiederum Hauptorgan der Vereinten Nationen ist. Die Errichtung des ICC geht über die bisher dargestellten internationalen Tribunale einen entscheidenden Schritt hinaus. Nach Art. 4 ICC-Statut wird mit dem ICC weder ein *ad hoc*-Tribunal noch ein Spruchorgan im Wege sekundärer UN-Rechtsdurchsetzung, sondern ein ständiger und selbstständiger Weltstrafgerichtshof geschaffen.

15.2.2 Teil 2 - Zuständigkeit, Zulässigkeit und anwendbares Recht

15.2.2.1 Die Zuständigkeit ratione materiae

Im Einklang mit dem Grundsatz der Komplementarität unterliegen nur die schwersten und die gesamte Völkergemeinschaft betreffenden Verbrechen der Jurisdiktionsgewalt des ICC. Der Verbrechenskatalog des Statuts (Art. 5 ICC-Statut) umfasst Völkermord, Verbrechen gegen die Menschlichkeit, Kriegsverbrechen und das Verbrechen der Aggression. Allerdings war die Einbeziehung des Aggressionsverbrechens in das ICC-Statut nur teilweise von Erfolg gekrönt, da nach Art. 5 Abs. 2 ICC-Statut jenes zwar grundsätzlich in den Zuständigkeitsbereich des ICC fällt, diese Bestimmung aber gleichzeitig klarstellt, dass vorher der Tatbestand definiert und die Bedingungen für die Ausübung dieser Gerichtsbarkeit festgelegt werden müssen. Eine von Deutschland mit einigen anderen Staaten, einschließlich der ständigen Mitglieder des Sicherheitsrats, erarbeitete Definition des Aggressionsverbrechens erwies sich letztlich nicht als konsensfähig, weil andere Staaten aus politischen Gründen eine weiter gefasste Definition anstrebten oder gegen die Befugnis des Sicherheitsrats waren, den Tatbestand der Aggression zuständigkeitsbegründend festzustellen. Vor dem Hintergrund aber, dass in Nürnberg und Tokio bereits 50 Jahre zuvor Personen wegen des Verbrechens der Aggression angeklagt und verurteilt wurden, musste dieses zumindest formell in das ICC-Statut aufgenommen werden.[57]

Mit den Art. 6 (Völkermord), 7 (Verbrechen gegen die Menschlichkeit) und 8 (Kriegsverbrechen) wurden erstmals genau umschriebene Tatbestände völkervertraglich ausgehandelt. Wie sich bereits während der Verhandlungen des *Preparatory Committee* abzeichnete, wurde die Definition des Völkermordverbrechens der Völkermordkonvention von 1948 übernommen.

Aus Art. 6 und 7 ICC-Statut ergibt sich, dass der Völkermord und die Verbrechen gegen die Menschlichkeit auch dann in die Zuständigkeit des Gerichtshofs fallen, wenn sie außerhalb eines bewaffneten Konfliktes begangen werden. Unter Hinweis auf den erforderlichen Zusammenhang mit einem bewaffneten Konflikt in den Statuten des IMT, des IMTFE sowie des ICTY vertraten einige Staaten die Auffassung, dass ein solcher Zusammenhang auch vom ICC-Statut als Voraussetzung der materiellen Zuständigkeit gefordert werden müsse. Die klare

---

[56] Siehe oben unter: 12.3.2.

[57] The Making of the Rome Statute (von Hebel/Robinson), Fn. 20, S. 82.

Mehrheit der Staaten ging jedoch davon aus, dass geltendes Völkergewohnheitsrecht einen Zusammenhang mit einem bewaffneten Konflikt nicht mehr voraussetzt.[58] In der Tat ist auf dieses Erfordernis bereits im Kontrollratsgesetz Nr. 10 sowie auch in der Völkermordkonvention und jüngst im ICTR-Statut verzichtet worden. Dass diese Voraussetzung noch im ICTY-Statut auftaucht, ist vielmehr das Ergebnis übermäßiger Vorsicht beim Entwurf dieses Statuts.[59]

Die im *Preparatory Committee* umstrittene Frage, ob Verbrechen gegen die Menschlichkeit in großem Umfang und systematisch oder in großem Umfang oder systematisch begangen werden müssen, um in den Zuständigkeitsbereich des ICC zu fallen, wurde zugunsten der letzteren Alternative beantwortet. Im Gegenzug wurde die Tatbestandsformulierung selbst etwas restriktiver formuliert. Unter anderem gehören auch die Folter und die Apartheid zu den Verbrechen gegen die Menschlichkeit nach Art. 7 ICC-Statut.

Der Tatbestand der Kriegsverbrechen (Art. 8 ICC-Statut) enthält über 40 Einzeltatbestände und stimmt weitgehend mit der unter deutscher Federführung zur fünften Sitzung des *Preparatory Committee* ausgearbeiteten Diskussionsgrundlage[60] sowie mit einem weiteren im Anschluss an diese Sitzung entworfenen deutschen Entwurf[61] überein.

Allerdings unterliegt auch die strafrechtliche Verfolgung von Kriegsverbrechen durch den ICC gewissen Einschränkungen. So konnten die Vereinigten Staaten die bereits erwähnte Schwellenformulierung[62] durchsetzen, nach welcher der ICC insbesondere *("in particular")* dann für die Verfolgung von Kriegsverbrechen zuständig ist, wenn diese als Teil eines Plans oder einer Politik oder als Teil eines groß angelegten Befehls begangen wurden.[63]

Da der Streit um die Aufnahme atomarer Waffen[64] in die Liste verbotener Waffen auch in Rom nicht beigelegt werden konnte, wurden schließlich weder Atomwaffen noch biologische und chemische Waffen in das ICC-Statut aufgenommen.[65]

---

[58] Vgl. ebenda.

[59] Vgl. ebenda sowie Cassese, Fn. 9, S. 150.

[60] Informal Working Paper on War Crimes Submitted by Germany, UN Doc. A/AC.249/1997/WG.1/CRP.7 (1997).

[61] Reference Paper on War Crimes Submitted by Germany, UN Doc. A/AC.249/1997/WG.1/DP.23.

[62] Siehe oben unter: 15.1.1.3.

[63] Ebenda.

[64] Vgl. ebenda.

[65] Siehe dazu: Kirsch/Holmes, Fn. 30, S. 31; The Making of the Rome Statute (von Hebel/Robinson), Fn. 20, S. 125.

In Bezug auf internationale Konflikte werden von Art. 8 ICC-Statut in erster Linie schwere Verletzungen der Genfer Abkommen von 1949 (Art. 8 Abs. 2 lit. a), Verstöße gegen Zusatzprotokoll I von 1977 und Verstöße gegen die Haager Landkriegsordnung von 1907 (Art. 8 Abs. 2 lit. b) erfasst.
Auch in internen Konflikten begangene Verbrechen unterliegen der Jurisdiktionsgewalt des ICC, denn Art. 8 Abs. 2 lit. c und d ICC-Statut enthalten die vom gemeinsamen Art. 3 der Genfer Abkommen erfassten Verbrechen sowie einige der in Zusatzprotokoll II von 1977 aufgezählten Handlungen. Der Versuch, in Rom interne Konflikte den internationalen gleichzustellen, erwies sich als noch zu verfrüht. Dieser Vorschlag ging den meisten Delegationen dann doch zu weit. Interne Konflikte unterliegen daher in geringerem Umfange der Zuständigkeit des ICC als solche internationalen Charakters. Es gelang aber, den engen Anwendungsbereich nach Art. 1 Zusatzprotokoll II aufzuweichen und somit den Zuständigkeitsbereich des ICC in Bezug auf interne Konflikte zu erweitern.[66]

15.2.2.2 Die Einleitung des Verfahrens ("trigger mechanism")

Die Mechanismen, Verfahren vor dem ICC auszulösen, wurden überwiegend im Gesamtausschuss *(Committee of the Whole)* und weniger in Arbeitsgruppen erörtert. Die Befugnis der Vertragsstaaten, den ICC einzuschalten, war nahezu unumstritten und konnte recht schnell in den die Einleitung des Verfahrens regelnden Art. 13 ICC-Statut aufgenommen werden. Nach Art. 13 lit. A, in Verbindung mit Art. 14 ICC-Statut, kann ein Vertragsstaat dem Ankläger eine bestimmte Situation mit der Bitte um Überprüfung überweisen, ob eine oder mehrere Personen eines oder mehrere der in Art. 5 ICC-Statut genannten Verbrechen begangen haben. Allerdings wurde das Beschwerdeverfahren des Art. 11 des Statutentwurfs in ein Verweisungsverfahren umgeformt. Der Unterschied zwischen den beiden Verfahren mag darin liegen, dass bei einer bloßen Verweisung die Staaten eine geringere Darlegungslast trifft und keine formale Beschwerde erhoben werden muss.[67]
Gegenstand einer Verweisung ist eine *situation.* Die Unmöglichkeit, einzelne Verbrechen (*case, matter*) an den Ankläger zu überweisen, verhindert, dass eine Verweisung gegen eine bestimmte, politisch missliebige Einzelperson gerichtet werden kann. Damit wird der ICC eher aus politischen Konflikten herausgehalten.[68]
Die Rolle des Anklägers und des Sicherheitsrats blieben jedoch bis zum Schluss höchst umstritten. Die Mehrheit der Delegationen und die *Non Governmental Organizations* drängten auf einen unabhängigen Ankläger mit der Befugnis,

[66] The Making of the Rome Statute (von Hebel/Robinson), Fn. 20, S. 82.
[67] Hoffmeister, Frank/Knoke, Sebastian: Das Vorermittlungsverfahren vor dem Internationalen Strafgerichtshof – Prüfstein für die Effektivität der neuen Gerichtsbarkeit im Völkerstrafrecht, in: ZaöRV 59/3, S. 785 ff. (788).
[68] Ebenda; The Making of the Rome Statute (Wilmshurst), Fn. 20, S. 131.

Verfahren in Gang zu bringen. Einerseits habe die Vergangenheit gezeigt, dass von der Möglichkeit einer Staatenbeschwerde kaum Gebrauch gemacht werde.[69] Zum anderen würde der ICC im Namen der gesamten Völkergemeinschaft tätig werden und müsse daher die gleichen Kompetenzen haben wie die vom Sicherheitsrat stellvertretend für die Weltgemeinschaft errichteten *ad hoc*-Tribunale für das ehemalige Jugoslawien und Ruanda.[70] Einige Staaten befürchteten jedoch weiterhin politisch motivierte Anklagen eines „wild gewordenen" Anklägers. Diesen Bedenken konnte weitgehend durch das mit den Artikeln 15 und 19 ICC-Statut eingebaute System der *checks and balances* begegnet werden, das die Autorität des Anklägers sogar noch verstärkt. Nach Art. 13 lit. c ICC-Statut kann der Ankläger als unabhängiges Organ selbst ein Tätigwerden des ICC auslösen, wenn er nach seinen Ermittlungen, die er von sich aus aufnehmen darf, zu der Auffassung gelangt, dass ein vernünftiger Anlass besteht, mit den Ermittlungen fortzufahren, und die Vorverfahrenskammer diese Auffassung bestätigt (Art. 15 ICC-Statut). Damit hat der von Deutschland und Argentinien während der letzten Sitzung des *Preparatory Committee* eingebrachte Kompromissvorschlag Eingang in das Statut gefunden, sodass auch hier die Voraussetzungen für einen effektiven und unabhängigen ICC geschaffen werden konnten.[71] Zwar ist der Ankläger der Kontrolle der Vorverfahrenskammer unterstellt, er unterliegt jedoch keiner politischen Kontrolle beispielsweise durch den Sicherheitsrat. Vielmehr verstärkt die Abhängigkeit des Anklägers von der Vorverfahrenskammer dessen Autorität, da auf ihm wegen der Verpflichtung zur Amtsermittlung (Art. 15 Abs. 3 ICC-Statut) eine ungeheure Verantwortung lastet. Die Rückendeckung des Gerichts führt zu einer Objektivierung seiner Entscheidung und befreit ihn so von dem möglichen Vorwurf, politisch motiviert zu handeln.

Art. 19 Abs. 1 ICC-Statut bestimmt, dass der Gerichtshof sich von seiner Zuständigkeit selbst überzeugen soll und aus eigenem Antrieb die Zulässigkeit eines vor ihn gebrachten Falles überprüfen kann. Im Falle eines Feststellungsersuchens durch einen Staat nach Art. 19 Abs. 2 lit. b und c ICC-Statut soll der Ankläger die Ermittlungen bis zu einer Entscheidung des Gerichts aussetzen. Nach Art. 19 Abs. 8 ICC-Statut kann der Ankläger den Gerichtshof um Ermächtigung ersuchen, mit einzelnen Ermittlungsmaßnahmen fortzufahren.

Mit Art. 13 lit. b ICC-Statut wurde die Verweisungskompetenz des Sicherheitsrates der Vereinten Nationen gegen eine kleine, aber starke Mehrheit durchgesetzt. Gegen eine solche Kompetenz des Sicherheitsrates wurde vor allem von Indien, dem Irak, Pakistan sowie auch von Libyen vorgebracht, dass sie den ICC politisieren würde und darüber hinaus eine Änderung der UN-Charta

[69] Siehe oben unter: 15.1.2.1.
[70] Vgl. Art. 18 ICTY-Statut und Art. 17 ICTR-Statut sowie oben unter: 12.7.1.
[71] Kaul, Durchbruch in Rom, Fn. 52, S. 128.

notwendig sei. Eine Kompetenz des Sicherheitsrates, *situations* an den ICC zu verweisen, sei in der UN-Charta nicht vorgesehen. Griffe dieser Einwand, dass dem Sicherheitsrat an der UN-Charta vorbei neue Befugnisse eingeräumt würden, so wäre das Verweisungsverfahren nach Art. 13 lit. b ICC-Statut schweren UN-satzungsrechtlichen Bedenken ausgesetzt.[72] Die Mehrheit der in Rom vertretenen Delegationen verwies aber zu Recht darauf, dass es nahezu unbestritten sei, dass der Sicherheitsrat nach Kap. VII UN-Charta *ad hoc*-Tribunale errichten kann, wie er es in den Fällen des ehemaligen Jugoslawiens und Ruandas auch praktiziert hat.[73] Genauso muss der Sicherheitsrat dafür sorgen können, dass eine *situation* vor einem ständigen Gerichtshof strafrechtlich verhandelt wird. Voraussetzung für ein solches nichtmilitärisches Mittel nach Art. 41 UN-Charta ist allein die Bedrohung des Weltfriedens im Sinne des Art. 39 UN-Charta. Besäße der Sicherheitsrat nicht das Recht, Verfahren vor dem ICC auszulösen, könnte er weitere *ad hoc*-Tribunale errichten, welche eventuell mit denselben Geschehnissen befasst würden. Derartige Kompetenzkonflikte müssten vermieden werden.[74]

Der Sicherheitsrat kann, entsprechend den von Singapur und Kanada im *Preparatory Committee* eingebrachten Vorschlägen[75], gemäß Art. 16 ICC-Statut die Einleitung eines Verfahrens für einen Zeitraum von 12 Monaten verhindern oder ein laufendes Verfahren für die gleiche Zeit stoppen, wenn er dies in Wahrnehmung seiner Verantwortung nach Kapitel VII UN-Charta für erforderlich hält. Sachliche Voraussetzungen für eine solche Entscheidung werden in der Vorschrift nicht genannt. Da Art. 16 ICC-Statut eine Resolution nach Kap. VII UN-Charta fordert, muss eine solche Maßnahme den Anforderungen von Art. 39 UN-Charta genügen, d. h. die vorübergehende Blockierung von Verfahren durch den Sicherheitsrat hat immer der Wahrung oder der Wiederherstellung des Weltfriedens zu dienen.[76] Auch ein Vergleich mit Art. 29 Alternative B des Statutentwurfs des *Committee on International Criminal Jurisdiction* von 1953 lässt darauf schließen, dass von Art. 16 ICC-Statut nur aus übergeordneten Gründen der Friedenssicherung Gebrauch gemacht werden soll.[77] Art. 16 ICC-Statut stellt damit ein Mittel dar, um Situationen zu meistern, in denen die Friedenswahrung beziehungsweise Friedenssicherung durch Verfahren vor dem ICC gefährdet werden könnte, sich Frieden und Gerechtigkeit einmal gegenüberstehen.[78] Allerdings beinhaltet dies die Gefahr, dass die Frage der Verfolgung der in einem Konflikt begangenen Verbrechen als Verhandlungsobjekt

---

[72] Commentary on the Rome Statute (Williams), Fn. 35, S. 349; Hoffmeister/Knoke, Fn. 67, S. 790.

[73] Commentary on the Rome Statute (Williams), Fn. 35, S. 349.

[74] Hoffmeister/Knoke, Fn. 67, S. 790.

[75] Siehe oben unter: 15.1.2.3.

[76] Arnold, Fn. 37, S. 174 f.

[77] Vgl. oben: 9.4; Kaul, Durchbruch in Rom, Fn. 52, S. 129.

[78] Commentary on the Rome Statute (Bergsmo/Pejic), Fn. 35, Art. 16 Rn. 10.

bei Friedensverhandlungen eingesetzt wird, obwohl mit dem Beschluss zur Errichtung des ICC als ständiges Organ gerade die im *ad hoc*-Mechanismus bestehende Gefahr der Vermischung von politischen und juristischen Argumenten ausgeräumt werden sollte.[79]
Positiv wiederum ist zu vermerken, dass eine Entscheidung nach Art. 16 ICC-Statut in Form einer Resolution ergehen muss, sodass das Vetorecht im Sicherheitsrat hier in umgekehrter Richtung wirkt.[80] Nach Art. 27 Abs. 3 UN-Charta bedürfen Resolutionen des Sicherheitsrats der Zustimmung von neun Mitgliedern, einschließlich sämtlicher ständiger Mitglieder. Daher kann kein Mitglied des Sicherheitsrats ein Verfahren vor dem ICC allein außer Kraft setzen. Insofern halten sich die negativen Auswirkungen dieser teilweise mit Skepsis betrachteten Vorschrift noch in Grenzen.

15.2.2.3 Formelle Zuständigkeit

Die Einleitung des Verfahrens vor dem ICC in den Fällen des Art. 13 lit. a und c setzt voraus, dass der Gerichtshof auch formell zuständig ist. Aufgrund ihrer Bedeutung war die Frage der formellen Zuständigkeit des Gerichtshofs höchst umstritten. Dem praktisch erst in letzter Minute gefundenen Kompromiss gingen heftige Auseinandersetzungen über die verschiedenen Lösungsansätze voraus. Zu den sich im Laufe der Konferenz in Rom herauskristallisierenden drei Lösungsansätzen gehörte zunächst das von der *International Law Commission* in ihrem Statutentwurf entwickelte *"Opt in/Opt out"*-Regime.[81]

Das bereits im *Preparatory Committee* von Frankreich vorgeschlagene *"State Consent"-Regime*[82] wurde durch einen Vorschlag ergänzt, nach dem es bei der Frage der Zuständigkeit allein auf den Staatsangehörigkeitsstaat des Täters ankommen dürfe. Das heißt, dass der Staat der Nationalität des mutmaßlichen Täters entweder Vertragsstaat des Statuts sein muss oder im Einzelfall dem Verfahren zustimmen muss.

Der dritte und bereits dem *Preparatory Committee* im Februar 1996 von Deutschland vorgelegte Lösungsansatz zur *"inherent jurisdiction"*[83] stieß insbesondere innerhalb der Gruppe der gerichtshoffreundlichen *like-minded states* auf große Unterstützung, sodass absehbar war, dass die formelle Zuständigkeit des

[79] Arnold, Fn. 37, S. 177.
[80] Anders noch Art. 23 Abs. 3 ILC-Statut, oben unter: 14.3.
[81] Siehe oben unter: 15.1.3.1.
[82] Siehe oben unter: 15.1.3.2.
[83] Report of the Preparatory Committee on the Establishment of an International Criminal Court, Volume II: Compilation of proposals, in: United Nations, General Assembly, Official Reports, Fifty-first Session, Supplement No. 22, Supplement No. 22A (UN Doc. A/51/22), Proposal I zu Art. 22 des ILC-Statuts.

ICC auf der Grundlage der automatischen Jurisdiktion beruhen würde. Innerhalb dieses Konzeptes der automatischen Zuständigkeit des ICC galt es jedoch, noch die Frage der Zuständigkeitsanknüpfung zu klären. Der von verschiedenen NGOs unterstützte Vorschlag der universalen Jurisdiktion[84] stieß bei den um ihre Souveränität besorgten gerichtshofunfreundlichen Staaten auf erheblichen Widerstand.[85]

Willkommener war ein Vorschlag Südkoreas, nach dem, aufbauend auf dem Prinzip der automatischen Jurisdiktion, die Zuständigkeit des ICC dann gegeben sei, wenn entweder der Tatortstaat, der Gewahrsamsstaat, der Staatsangehörigkeitsstaat des Täters, der Opferstaat oder eine Kombination dieser Staaten Mitglied des Statuts ist.

Um den Entscheidungsprozess in der Frage der formellen Zuständigkeit zu erleichtern und zu beschleunigen, wurden vom Konferenzbüro unter der Leitung des kanadischen Botschafters Kirsch sukzessive zwei Diskussionspapiere vorgelegt, welche unter anderem die unterschiedlichen Lösungsansätze zur Jurisdiktionsregelung enthielten.[86] Nachdem der deutsche Vorschlag einer automatischen universellen Zuständigkeit des ICC aufgrund mangelnder Unterstützung nicht mehr in den Diskussionspapieren enthalten war, zeigten die auf Grundlage dieser Papiere geführten Orientierungsdebatten, dass der koreanische Vorschlag einer automatischen Jurisdiktion mit Zuständigkeitsanknüpfung von einer immer größer werdenden Anzahl von Staaten favorisiert wurde. Als besonders hilfreich erwiesen sich die von der *Non-Governmental Organizations' Coalition for an International Criminal Court* veröffentlichten Auswertungsprotokolle über die Orientierungsdebatten. Danach unterstützten 64 der 85 (75 %) an den Orientierungsdebatten teilnehmenden Staaten das Modell der automatischen Zuständigkeit, wie es von Südkorea vorgeschlagen worden war. Das *"Opt in/Opt out"-Regime*, allerdings auf Verbrechen gegen die Menschlichkeit und auf Kriegsverbrechen beschränkt, wurde dagegen nur von 21 Staaten unterstützt.[87]

Dass eine nur sehr restriktive Form des südkoreanischen Vorschlags in das Statut aufgenommen wurde, geht auf eine Initiative der ständigen Mitglieder des Sicherheitsrats zurück. Insbesondere Frankreich und die Vereinigten Staaten suchten nach einer Möglichkeit, Kriegsverbrechen und Verbrechen gegen die Menschlichkeit von der automatischen Zuständigkeit auszunehmen.[88] Die

---

[84] Vgl. oben unter: 15.1.3.3.

[85] Kaul, Durchbruch in Rom, Fn. 52, S. 126.

[86] Committee of the whole, Bureau Proposal I (6 July 1998), UN Doc. A/CONF.183/C.1/L.53 sowie Bureau Proposal II (10 July 1998), UN Doc. A/CONF.183/C.1/L.59.

[87] Diese "Virtual Vote on L.59" kann im Internet unter der folgenden Kennung abgerufen werden: http://www.igc.apc.org/icc.

[88] Kaul, Der Internationale Strafgerichtshof, Fn. 41, S. 143; ders., Durchbruch in Rom, Fn. 52, S. 128.

ständigen Mitglieder des Sicherheitsrats konnten davon ausgehen, dass die gerichtshoffreundlichen Staaten einen gewissen Wert darauf legten, sie zum Statutbeitritt zu bewegen, um dem ICC eine möglichst große Autorität zu verleihen. Sie unterbreiteten daher auf informellem Wege ein restriktives Kompromisspaket, das eine *Opt out*-Möglichkeit für Kriegsverbrechen und Verbrechen gegen die Menschlichkeit für die Dauer von zehn Jahren vorsah. Diese Frist sollte mit einfacher Mehrheit im Sicherheitsrat verlängert werden können. Staaten, die dem Statut nicht beiträten, sollten die Möglichkeit haben, die Gerichtsbarkeit des ICC auszuschließen, indem sie erklärten, dass das in Frage kommende Verbrechen in offizieller Mission begangen worden sei.[89] Außerdem sollte die Zuständigkeit des ICC an die Bedingung geknüpft sein, dass der Tatortstaat ein Vertragsstaat des Statuts ist.
Angesichts dieses restriktiven Vorschlags sah sich die in Rom sehr aktiv teilnehmende deutsche Delegation dazu gezwungen, einen Tag vor dem Ende der Konferenz einen gerichtshoffreundlicheren Gegenvorschlag zu unterbreiten. Innerhalb des Konzeptes der automatischen Zuständigkeit des ICC sollte auch der Beitritt entweder des Gewahrsamsstaates oder des Opferstaates zum ICC-Statut ausreichen. Außerdem sollte die *Opt out*-Möglichkeit für Verbrechen gegen die Menschlichkeit und Kriegsverbrechen auf den letzteren Tatbestand sowie auf drei Jahre ohne Erneuerungsmöglichkeit begrenzt bleiben. Dieser Vorschlag stieß insbesondere bei den *like-minded states* auf große Zustimmung. Das Konferenzbüro legte daher am Schlusstag der Konferenz einen zwischen dem Vorschlag der ständigen Mitglieder des Sicherheitsrats und dem deutschen Vorschlag vermittelnden Kompromiss vor, welcher schließlich als Art. 12 mit großer Mehrheit in das Statut aufgenommen wurde. Danach hat der ICC in den Fällen des Art. 13 lit. a und c ICC-Statut die automatische Gerichtsbarkeit für alle Kernverbrechen, wenn der Tatortstaat oder der Staatsangehörigkeitsstaat des Täters dem Statut beigetreten ist. Fester Bestandteil dieses Kompromisses war die auf Kriegsverbrechen beschränkte *Opt out*-Möglichkeit des Art. 124 ICC-Statut, welche Vertragsstaaten die Möglichkeit gibt, für eine Übergangsperiode von sieben Jahren für sich selbst die Gerichtsbarkeit des ICC für Kriegsverbrechen auszuschließen.[90]
Diese Regelung ist sicherlich zu den größten Enttäuschungen des Statuts zu zählen. Sie mag zwar ein notwendiger Kompromiss gewesen sein, es möglichst vielen Staaten zu ermöglichen, unbelastet dem Statut beizutreten. Doch widerspricht sie den Genfer Abkommen, nach denen die Staaten zur Ahndung von Kriegsverbrechen längst verpflichtet sind. Die Freistellungsklausel schwächt damit das Recht, das der ICC gerade schützen soll.

---

[89] Dieser von den Vereinigten Staaten auch offiziell unterbreitete Vorschlag (UN Doc. A/CONF.183/C.1/L.90) wurde im Rahmen eines Nichtbefassungsantrags Norwegens mit 113 zu 17 Stimmen bei 25 Enthaltungen zurückgewiesen.

[90] Kaul, Der Internationale Strafgerichtshof, Fn. 41, S. 143.

Art. 12 ICC-Statut ist einer der Hauptgründe, warum u. a. die Vereinigten Staaten gegen das Statut gestimmt haben.[91] Sie berufen sich darauf, dass nach den grundlegendsten Prinzipien des internationalen Vertragsrechts, insbesondere Art. 34 der Wiener Konvention über das Recht der Verträge[92], nur die Parteien eines Vertrages an dessen Bestimmungen gebunden sind. Dennoch würden über Art. 12 ICC-Statut auch Nichtvertragsstaaten verpflichtet, da es möglich sei, dass ein in einem internationalen Konflikt festgenommener US-Soldat vom Tatortstaat an den ICC überstellt wird, obwohl die USA dem ICC-Statut nicht beigetreten sind.[93] Selbst wenn Staaten ihre Befugnis zur strafrechtlichen Verfolgung von Staatsangehörigen eines jeden Staates hinsichtlich internationaler Verbrechen auf den ICC übertragen könnten, sei damit das Problem der nach der jetzigen Fassung des ICC-Statuts möglichen *third party jurisdiction* nicht gelöst. Denn die Jurisdiktionsgewalt des ICC beruhe ausweislich Art. 12 seines Statuts nicht auf dem Universalitätsprinzip, sondern auf dem Beitritt zum Statut oder auf einer im Einzelfall erteilter Zustimmung zur Strafverfolgung.[94]

Der Widerstand gerade der Vereinigten Staaten gegen die Bestimmung des Art. 12 ICC-Statut mag nachvollziehbar sein, die juristische Argumentation jedoch hält genauerer Überprüfung nicht stand. Unabhängig von der Frage, ob Art. 12 ICC-Statut auf dem Universalitätsprinzip beruht oder nicht, begründet Art. 12 keine Verpflichtung von Nichtvertragsstaaten zur Kooperation mit dem Gerichtshof, wenn gegen ihre Staatsangehörigen ein Verdacht besteht. Diese Bestimmung ermächtigt den ICC nur zur strafrechtlichen Verfolgung Staatsangehöriger von Nichtvertragsstaaten, wenn die in Art. 12 Abs. 2 ICC-Statut genannten Staaten dem Statut beigetreten sind oder ihre Zustimmung erteilt haben. Zur Zusammenarbeit mit dem Gerichtshof verpflichtet das ICC-Statut mit Art. 86 und 87 Abs. 5 ausschließlich die Vertragsstaaten.[95] Nichtvertragsstaaten werden von der strafrechtlichen Verfolgung ihrer Staatsangehörigen durch den ICC vielleicht praktisch betroffen sein, Verpflichtungen werden ihnen aber nicht auferlegt.[96]

---

91 Brown, Bertram S.: U.S. Objections to the Statute of the International Criminal Court: A Brief Response, in: N.Y.U.J.Int'l L. & Pol. 31 (1999), S. 855 ff. (868 f.).

92 Vienna Convention on the law of treaties. Concluded at Vienna on 23 May 1969, in: 1155 UNTS (1980), No. 18232, S. 331 ff., BGBl. 1985 II, S. 926; United Nations, Conference on the Law of Treaties, Official Records, Documents of the Conference (UN Doc. A/CONF.39/11/Add. 2), New York 1971, S. 282.

93 Vgl. Wedgwood, Ruth: The International Criminal Court: An American View, in: EJIL (10) 1999, S. 93 ff. (100).

94 Scheffer, David.: The International Criminal Court: The Challenge of Jurisdiction, in: ASIL Proceedings 1999, S. 68 ff. (70).

95 Siehe dazu unten: 15.2.8.

96 Hafner, Gerhard/Boon, Kirsten/Rübesame, Anne/Huston, Jonathan: A Response to the American View as Presented by Ruth Wedgwood, in: EJIL (10) 1999, S. 108 ff. (118).

Mangels vertraglich begründeter Pflichten zulasten dritter Staaten ist Art. 34 der Wiener Vertragsrechtskonvention nicht verletzt.[97]

Die bereits erwähnte Übergangsregelung, nach der Vertragsstaaten die Möglichkeit haben, für sieben Jahre die Gerichtsbarkeit des ICC für sich selbst auszuschließen, ist auf den Tatbestand der Kriegsverbrechen begrenzt (Art. 124). Zumindest drei der fünf ständigen Mitglieder des Sicherheitsrats (Großbritannien, Frankreich und Russland) konnten so zur Zustimmung zu dem Statut bewegt werden. Der Preis, der dafür gezahlt wurde, ist jedoch sehr hoch, denn im Gegensatz zu dem vor der Intervention der ständigen Mitglieder des Sicherheitsrats so aussichtsreichen Vorschlag Südkoreas enthält die Zuständigkeitsregelung des Art. 12 nun eine empfindliche Strafbarkeitslücke. Verbrechen, die in internen bewaffneten Konflikten und damit in der heute vorherrschenden Form bewaffneter Konflikte begangen werden, fallen aus dem Zuständigkeitsbereich des ICC heraus, wenn der Tatortstaat oder der Staatsangehörigkeitsstaat des Täters dem ICC-Statut nicht beigetreten ist.[98] Ausgenommen sind nur die Fälle, in denen der Sicherheitsrat nach Art. 13 lit. b ICC-Statut eine Situation an den ICC verweist. Der Sicherheitsrat wird deswegen zu Recht auch als *"sledgehammer"* des ICC bezeichnet.[99]

15.2.2.4 Zulässigkeit

Die Frage der Zulässigkeit ist eng verknüpft mit dem schon in der Präambel und Art. 1 des ICC-Statuts erwähnten Grundsatzes der Komplementarität. Nach Art. 17 ICC-Statut kann der Gerichtshof nur tätig werden, wenn die einzelstaatliche Gerichtsbarkeit unfähig oder unwillig ist, ein in die Zuständigkeit des ICC fallendes Verbrechen zu verfolgen. Das Gleiche gilt, wenn die mangelnde Schwere des Verbrechens ein weiteres Vorgehen des ICC nicht rechtfertigt. Daraus wird bereits deutlich, dass der ICC, anders als das ICTY, gegenüber der einzelstaatlichen Gerichtsbarkeit nicht vorrangig zuständig ist. Dies war auch nicht zu erwarten. Da der ICC auf Vertragsbasis errichtet werden sollte, musste eine Balance gefunden werden zwischen dem Souveränitätsanspruch der Staaten und einem effektiven Gerichtshof.[100] Außerdem hat die Erfahrung mit dem ICTY gezeigt, dass die primäre Zuständigkeit allein einen Gerichtshof nicht effektiver macht, wenn Staaten die Auslieferung verdächtigter oder angeklagter Personen verweigern und der Sicherheitsrat nicht bereit ist, der Durchsetzung der von ihm selbst entworfenen und in Kraft gesetzten Bestimmungen des ICTY-Statuts mehr

---

[97] Cassese, Fn. 9, S. 160; Brown, Fn. 79, S. 869 f.

[98] Kaul, Durchbruch in Rom, Fn. 52, S. 128.

[99] Cassese, Fn. 9, S. 161.

[100] Commentary on the Rome Statute (Williams), Fn. 35, Art. 17 Rn. 20.

Nachdruck zu verleihen.[101] Eine auf Konsens beruhende und in die Tat umgesetzte Zulässigkeitsregelung nach dem Komplementaritätsprinzip wird sich daher als effektiver erweisen und von den Staaten als weitaus unangenehmer empfunden werden als eine nur um der vermeintlichen Signalwirkung willen im ICC-Statut verankerte primäre Zuständigkeit des Gerichtshofs.[102]

Bei der Prüfung der Frage, ob die einzelstaatliche Gerichtsbarkeit zur Strafverfolgung nicht gewillt ist, soll der ICC nach Art. 17 Abs. 1 ICC-Statut untersuchen, ob das einzelstaatliche Gerichtsverfahren unnötig verzögert wurde, ob es darauf ausgerichtet war, die betreffende Person vor strafrechtlicher Verfolgung zu schützen, oder ob es nicht unparteiisch und unabhängig war und ob die Art und Weise des Verfahrens nicht auf die Absicht schließen lässt, die betreffende Person vor Gericht zu bringen (Art. 17 Abs. 2 ICC-Statut).

Beschränkt wird die komplementäre Zuständigkeit des ICC allerdings durch den Art. 18 ICC-Statut, welcher die Zulässigkeit betreffende vorläufige Entscheidungen regelt. Danach muss der Ankläger seine Ermittlungen für sechs Monate unterbrechen, wenn ein betroffener Staat dies mit dem Hinweis auf seine eigenen Ermittlungen beziehungsweise seine eigene Zuständigkeit beantragt (Art. 18 Abs. 2 ICC-Statut). Wenn der Ankläger zu der Auffassung gelangt, dass der betroffene Staat bei seinen Ermittlungen nicht ernsthaft vorgeht, fällt die Zuständigkeit wieder zurück an den ICC, allerdings nur dann, wenn die Vorverfahrenskammer die Auffassung des Anklägers bestätigt und ein eventuell gegen diese Entscheidung eingelegtes Rechtsmittel des betroffenen Staates von der Berufungskammer zurückgewiesen wird. Ausnahmsweise kann der Ankläger unterbrochene Ermittlungen wiederaufnehmen, wenn wichtiges Beweismaterial ansonsten nicht erlangt werden oder verloren gehen könnte (Art. 18 Abs. 6 ICC-Statut).

15.2.2.5 Anträge auf Feststellung der Unzuständigkeit des ICC und der Unzulässigkeit eines Falles

Art. 19 Abs. 1 ICC-Statut bestimmt, dass der Gerichtshof sich von seiner Zuständigkeit selbst überzeugen soll und aus eigenem Antrieb die Zulässigkeit eines vor ihn gebrachten Falles überprüfen kann. Die Feststellung der Unzuständigkeit des ICC und der Unzulässigkeit eines Falles kann beantragt werden von dem Angeklagten oder einer Person, die entweder per Haftbefehl gesucht wird oder an die eine Aufforderung zum Erscheinen vor Gericht ergangen ist, von einem zur Strafverfolgung zuständigen Staat oder von einem Staat, dessen Akzeptanz der Zuständigkeit des ICC nach Art. 12 ICC-Statut erforderlich ist (Art. 19 Abs. 2 ICC-Statut). Gegen Entscheidungen der Vorverfahrens- oder

[101] Vgl. Brown, Bertram S.: Primacy or Complementary: Reconciling the Jurisdiction of National Courts and International Tribunals, in: The Yale Journal of International Law 23 (1998), S. 383 f.(432 f.).

[102] Ebenda, S. 431.

Berufungskammer nach Art. 19 ICC-Statut kann bei der Berufungskammer Berufung eingelegt werden. Im Falle eines Feststellungsersuchens durch einen Staat nach Art. 19 Abs. 2 lit. b und c ICC-Statut soll der Ankläger die Ermittlungen bis zu einer Entscheidung des Gerichts aussetzen. Nach Art. 19 Abs. 8 ICC-Statut kann der Ankläger den Gerichtshof um Ermächtigung ersuchen, mit einzelnen Ermittlungsmaßnahmen fortzufahren. Wenn das Gericht einen Fall nach Art. 17 ICC-Statut für unzulässig erklärt hat, kann der Ankläger gemäß Art. 19 Abs. 10 ICC-Statut eine Überprüfung dieser Entscheidung beantragen, wenn neue Tatsachen die ursprünglichen Entscheidungsgründe widerlegen.

15.2.2.6 Ne bis in idem

Die im *Preparatory Committee* gefundene Lösung, zwischen der Anwendung des Grundsatzes *ne bis in idem* durch den ICC und durch einzelstaatliche Gerichte zu unterscheiden, wurde beibehalten.[103] Art. 18 des Statutentwurfs wurde nahezu identisch als Art. 20 in das ICC-Statut übernommen.

15.2.2.7 Anwendbares Recht

Nach Art. 21 ICC-Statut sind primär das Statut selbst, die nach Art. 9 ICC-Statut zu definierenden weiteren Tatbestandselemente und die Verfahrens- und Beweisregeln anwendbar. An zweiter Stelle soll der ICC völkerrechtliche Verträge und Völkerrechtsprinzipien sowie an dritter Stelle auch nationale Rechtsgrundsätze anwenden. Diese nationalen Rechtsprinzipien müssen allerdings mit dem ICC-Statut und dem Völkerrecht in Einklang stehen.

15.2.3 Teil 3 - Allgemeine Grundsätze des Strafrechts

Art. 22 und 23 ICC-Statut beinhalten die Grundsätze *nullum crimen sine lege* und *nulla poena sine lege*. Art. 25 ICC-Statut enthält Bestimmungen über die individuelle strafrechtliche Verantwortlichkeit. Als Täterschaftsformen werden die Alleintäterschaft, die Mittäterschaft und die mittelbare Täterschaft anerkannt (Art. 25 Abs. 3 lit. a ICC-Statut). Die Teilnahme ist durch das Anordnen, Beantragen einer oder Anstiften zu einer vollendeten oder versuchten Tat und durch die Beihilfe zu einer vollendeten und versuchten Tat mit dem Zweck, die Begehung zu erleichtern, möglich (Art. 25 Abs. 3 lit. b und c ICC-Statut). Strafbar ist darüber hinaus ein sonstiger Tatbeitrag zur Begehung oder versuchten Begehung eines Verbrechens durch eine Personengruppe, die aufgrund eines gemeinsamen Zwecks gehandelt hat (Art. 25 Abs. 3 lit. d ICC-Statut). Art. 25 Abs. 3 lit. e ICC-Statut stellt entsprechend der Bestimmung des Art. III (c) der Völkermordkonvention die direkte und öffentliche Anstiftung zum Völkermord unter Strafe. Nach Art. 25 Abs. 3 lit. f ICC-Statut ist der beendete oder unbeendete, aber vollständig und freiwillig abgebrochene Versuch nicht strafbar.

---

[103] Siehe oben unter: 15.1.5.

Nach Art. 30 ICC-Statut müssen die in die Zuständigkeit des ICC fallenden Verbrechen absichtlich oder wissentlich (vorsätzlich) begangen worden sein. Art. 32 ICC-Statut unterscheidet zwischen dem Rechts- und dem Tatsachenirrtum. Beide Irrtümer können einen Strafausschließungsgrund darstellen, wenn sie das subjektive Tatbestandselement (Art. 30 ICC-Statut) aufheben. Zu den von Art. 31 ICC-Statut erfassten Schuldunfähigkeitsgründen gehören Geisteskrankheit, Selbstverteidigung, Nötigungsnotstand und Trunkenheit. Der Schuldunfähigkeitsgrund der Trunkenheit kommt allerdings nicht im Falle einer *actio libera in causa* in Betracht.

Nach Art. 27 ist das ICC-Statut unterschiedslos auf alle Personen anwendbar. In Fortführung von Art. 7 IMT-Statut und Art. 7 Ziff. 2 ICTY-Statut ist daher die offizielle Stellung als Staatsoberhaupt oder Regierungsmitglied weder ein Strafausschließungsgrund noch ein Grund für die Reduzierung der Strafe. Auch durch einzelstaatliches Recht verliehene Immunität befreit nicht von strafrechtlicher Verantwortlichkeit vor dem ICC. Militärische, aber auch zivile Vorgesetzte sind nach Art. 28 ICC-Statut wegen Unterlassung strafbar, wenn sie vorsätzlich oder fahrlässig nichts gegen Verbrechen ihrer Untergebenen unternommen haben.

In diesem Zusammenhang fällt auf, dass das ICC-Statut keine Bestimmungen enthält, die ausdrücklich den Umgang mit Amnestien behandeln. Es gibt auch keinen Hinweis darauf, dass diese Problematik im *Preparatory Committee* oder in Rom wirklich erörtert wurde.[104] Dies wird teilweise mit dem Hinweis darauf kritisiert, dass Amnestiegesetze nach Bürgerkriegen und dem Umsturz diktatorischer Regime notwendig sein können, um den inneren Frieden in jungen Demokratien zu sichern. In solchen Situationen sei es gerechtfertigt, der Stabilisierung des inneren Friedens, zumindest während der Übergangsphase zur Demokratie, Vorrang gegenüber einem Auslieferungsanspruch zur Durchsetzung des Rechts einzuräumen.[105] Dies gehe auch aus Art. 6 Abs. 5 Zusatzprotokoll II hervor, nach dem die bei Beendigung von (internen) Feindseligkeiten an der Macht befindlichen Stellen aufgefordert sind, eine möglichst weitgehende Amnestie zu gewähren.[106] Dagegen spricht jedoch, dass nur die schwersten Verbrechen internationaler Bedeutung in die Zuständigkeit des ICC fallen und die bei solchen Verbrechen meist einschlägigen Genfer Abkommen oder die Genozidkonvention keine Ausnahmen von der den Staaten auferlegten Strafverpflichtung vorsehen. Versuche, sich dieser Verpflichtung durch Amnestien

---

[104] Vgl. Arsanjani, Mahnoush H.: The International Criminal Court an National Amnesty Laws, in: ASIL Proceedings 1999, S. 65 ff. (65).

[105] Wedgwood, An American View, Fn. 93, S. 96 f.; Wedgwood, Ruth: Some Problems of a Permanent Criminal Court, in: Heere, Wybo P.: Contemporary International Law Issues, Proceedings of the Fourth Hague Joint Conference held in The Hague, The Netherlands, 2 - 5 July 1997, The Hague 1998, S. 29 ff. (30); siehe dazu auch oben unter: 3.1.

[106] Arsanjani, Fn. 104, S. 67.

zu entziehen, würden daher gegen geltendes humanitäres Völkerrecht verstoßen.[107] Es soll gar nicht bezweifelt werden, dass die strafrechtliche Verfolgung durch die nach inneren Unruhen an der Macht befindliche Konfliktpartei dazu geeignet ist, die Wiederherstellung oder Sicherung des inneren Friedens nachhaltig zu stören. Doch die Gefahr parteiischer Strafverfahren gegen Angehörige der unterlegenen Konfliktpartei vor Gerichten der Sieger ließe sich gerade durch die Einschaltung des ICC ausschließen. Auch darf die angestrebte rechtliche Gleichbehandlung interner und internationaler Konflikte nicht vor politischen Amnestieerwägungen Halt machen. Unabhängig davon obliegt dem Ankläger des ICC nach Art. 53 ICC-Statut die Prüfung, ob eine Strafverfolgung „im Interesse der Gerechtigkeit liegen würde". Durch diese allgemein gehaltene Formulierung sollten möglichst viele in Betracht kommende Gründe für ein Absehen von Strafverfolgung, auch Amnestiegesetze, in die vorzunehmende Prüfung einbezogen werden.[108] Damit steht aber auch fest, dass nationale Amnestiegesetze Verfahren vor dem ICC nicht verhindern können und dass die Entscheidung darüber vielmehr beim unabhängigen Ankläger des ICC liegt.

Art. 33 ICC-Statut behandelt die Rechtsfolgen des Handelns auf Befehl. Wie bereits während der Beratungen im *Preparatory Committee* konnte man sich auf keinen der beiden in Art. 32 des Statutentwurfs aufgeführten Ansätze, den *absolute liability approach* beziehungsweise den *conditional liability approach*, festlegen.[109] Nach harter Auseinandersetzung sah man sich daher gezwungen, beide Optionen miteinander zu verzahnen. Der so gefundene Kompromiss sieht vor, dass die Berufung auf höheren Befehl jemanden nur dann von seiner strafrechtlichen Verantwortlichkeit befreit, wenn er als Untergebener zum Gehorsam verpflichtet war, wenn er die Rechtswidrigkeit des Befehls nicht kannte und der Befehl nicht offensichtlich rechtswidrig war (Art. 33 Abs. 1 ICC-Statut). Bei Völkermord und bei Verbrechen gegen die Menschlichkeit wird in Anlehnung an den *absolute liability approach* die offensichtliche Rechtswidrigkeit des Befehls vermutet und die strafbefreiende Wirkung ausgeschlossen (Art. 33 Abs. 2 ICC-Statut). Kritisiert wird an dieser Regelung, dass sie ohne besonderen Grund von geltendem Völkergewohnheitsrecht abweiche. Danach sei die Berufung auf höheren Befehl längst kein Strafausschließungsgrund mehr.[110] Außerdem sei nur schwer vorstellbar, dass eines der in Art. 8 ICC-Statut aufgeführten Kriegsverbrechen nicht offensichtlich rechtswidrig ist. Schließlich fielen schon nach der Präambel des ICC-Statuts nur die schwersten Verbrechen von internationaler Bedeutung in die Zuständigkeit des ICC.[111]

---

[107] Hafner/Boon/Rübesame/Huston, Fn. 96, S. 111.
[108] Arsanjani, Fn. 104, S. 67.
[109] Siehe oben unter: 15.1.5.
[110] Gaeta, Fn. 48, S. 190.
[111] Ebenda, S. 190 f.; Cassese, Fn. 9, S. 156.

Diese Kritik an Art. 33 ICC-Statut ist so nicht zutreffend. Zum einen ist zweifelhaft, ob der bedingungslose Ausschluss der Berufung auf höheren Befehl tatsächlich geltendem Völkerrecht entspricht. Schließlich wies der Generalsekretär der Vereinten Nationen in seinem Bericht zur Errichtung des ICTY im Jahre 1993 darauf hin, dass das Tribunal einen höheren Befehl im Zusammenhang mit anderen Rechtfertigungsgründen sehr wohl berücksichtigen könne.[112] Dass sich diese schon vom IMT vertretene Auffassung nicht ausdrücklich im ICTY-Statut widerspiegelt, wurde bereits an anderer Stelle kritisiert.[113] Zum anderen ist die in Art. 33 ICC-Statut vorgenommene Differenzierung zwischen Kriegsverbrechen einerseits und Völkermord sowie Verbrechen gegen die Menschlichkeit andererseits durchaus gerechtfertigt. Während der Tatbestand des Völkermordes (Art. 6 ICC-Statut) nur mit der Absicht verwirklicht werden kann, eine Volksgruppe ganz oder teilweise zu zerstören, setzen Verbrechen gegen die Menschlichkeit nach der bereits erwähnten Schwellenformulierung in Art. 7 Abs. 1 ICC-Statut voraus, dass die Tat als Teil eines groß angelegten oder systematischen Angriffs gegen die Zivilbevölkerung begangen wird. Trotz der Klarstellung in der Präambel heben sich daher Art. 6 und 7 ICC-Statut in der Schwere der Delikte und in den Anforderungen an die Verwirklichung der in ihnen enthaltenen Tatbestände von den Kriegsverbrechen nach Art. 8 ICC-Statut ab. Ausnahmen von diesen Anforderungen, wie dies mit der Formulierung "insbesondere" in Art. 8 ICC-Statut der Fall ist, sind in Art. 6 und 7 ICC-Statut nicht vorgesehen. Die Unterscheidung innerhalb des Art. 33 ICC-Statut erscheint daher keinesfalls "grundlos"[114] vorgenommen worden zu sein.

15.2.4 Teil 4 - Aufbau und Verwaltung des Gerichtshofs

Der ICC setzt sich aus folgenden Organen zusammen: dem Präsidium, einer Berufungsabteilung, einer Hauptverfahrensabteilung und der Vorverfahrensabteilung sowie der Anklagebehörde und der Kanzlei (Art. 34 ICC-Statut). Insgesamt sollen 18 hauptamtliche Richter für neun Jahre und ohne die Möglichkeit der Wiederwahl von der Vertragsstaatenversammlung gewählt werden (Art. 35 und 36 ICC-Statut). Von den Richtern darf nicht mehr als einer Angehöriger desselben Staates sein (Art. 36 Abs. 7 ICC-Statut). Bei der Auswahl der Richter sollen die Vertragsstaaten eine angemessene Vertretung der hauptsächlichen Rechtssysteme der Welt, die geographischen Gegebenheiten und ein ausgewogenes Verhältnis zwischen weiblichen und männlichen Richtern berücksichtigen (Art. 36 Abs. 8 ICC-Statut).

Das Präsidium des ICC setzt sich aus dem Präsidenten und seinen zwei Stellvertretern zusammen und ist insbesondere für die ordnungsgemäße

---

[112] Bericht des Generalsekretärs gemäß Ziffer 2 der Resolution 808 (1993) des Sicherheitsrats, UN Doc. S/25704 (03.05.1993), Ziff. 57.

[113] Siehe oben unter: 12.6.

[114] Vgl. Gaeta, Fn. 48, S. 190.

Verwaltung des Gerichtshofs in Rechtssachen zuständig. Art. 39 ICC-Statut regelt die Zusammensetzung der Kammern.
Die Anklagebehörde (Art. 42 ICC-Statut) soll als unabhängiges und selbstständiges Organ des Gerichts handeln. Sie ist verantwortlich für die Aufnahme der dem ICC überwiesenen Fälle und von Informationen. Die Anklagebehörde soll die Ermittlungen durchführen und die Anklage vor Gericht führen.
Die Kanzlei (Art. 43 ICC-Statut), der ein für fünf Jahre von den Richtern des ICC zu wählender Kanzler vorsteht, ist für die Verwaltung und Unterstützung des ICC in Dingen zuständig, welche nicht als Rechtssachen vom Präsidium wahrgenommen werden. Innerhalb der Kanzlei soll eine Opfer- und Zeugenabteilung eingerichtet werden (Art. 43 Abs. 6 ICC-Statut). Sie hat die Aufgabe, die Sicherheit von Opfern und Zeugen zu gewährleisten und beratend zu unterstützen.
Gemäß Art. 50 Abs. 1 ICC-Statut sind die Amtssprachen des Gerichts: Arabisch, Chinesisch, Englisch, Französisch, Russisch und Spanisch. Englisch und Französisch sind die Arbeitssprachen des Gerichts (Art. 50 Abs. 2 ICC-Statut).
Die Verfahrens- und Beweisregeln des ICC sind von mindestens einer Zweidrittelmehrheit der Versammlung der Vertragsstaaten zu verabschieden (Art. 51 Abs. 1 ICC-Statut). Änderungen sollen von Vertragsstaaten, Richtern und dem Ankläger vorgeschlagen und von der Vertragsstaatenversammlung angenommen werden.

15.2.5 Teile 5 und 6 - Ermittlungen, Anklage und Verfahren

Gegenstand von Teil 5 des ICC-Statuts (Art. 53 ff.) sind das Ermittlungsverfahren und die Bestätigung der Anklage. Nach Einleitung des Verfahrens vor dem ICC gemäß der in Teil 3 ICC-Statut enthaltenen Regelungen obliegt es dem Ankläger zu entscheiden, ob die ihm vorliegenden Informationen eine hinreichende Grundlage für die Ermittlungen bieten (Art. 53 Abs. 1 ICC-Statut). Dabei ist zu prüfen, ob hinreichender Tatverdacht vorliegt (Art. 53 Abs. 1 lit. a ICC-Statut), ob die Zulässigkeit nach Art. 17 ICC-Statut gegeben ist (Abs. 1 lit. b) und ob in Anbetracht der Schwere des Verbrechens und der Interessen der Opfer mit einem Ermittlungsverfahren den Interessen der Gerechtigkeit gedient wird (Abs. 1 lit. c). Beruht die Entscheidung des Anklägers auf den Erwägungen nach Abs. 1 lit. c, wird sie erst durch die Bestätigung der Vorverfahrenskammer wirksam, wenn diese von ihrem Überprüfungsrecht nach Art. 53 Abs. 3 lit. b Gebrauch macht. Sollte der Ankläger in den Fällen des Art. 53 Abs. 1 lit. a und b ICC-Statut keine ausreichende Basis für Ermittlungen sehen, so soll er in den Fällen der Art. 13 lit. b (Verweisung durch den Sicherheitsrat) und Art. 14 ICC-Statut (Verweisung durch einen Vertragsstaat) die Vorverfahrenskammer, den Sicherheitsrat und den verweisenden Staat über diese Entscheidung informieren (Art. 53 Abs. 2 ICC-Statut). Der Sicherheitsrat und der verweisende Staat können die

Vorverfahrenskammer zur Überprüfung dieser Entscheidung auffordern (Art. 53 Abs. 3 lit. a ICC-Statut). Die Vorverfahrenskammer kann dann aber nicht von sich aus Ermittlungen einleiten, sondern den Ankläger nur zu einer erneuten Prüfung verpflichten.

Art. 54 ICC-Statut enthält Bestimmungen über die Rechte und Pflichten des Anklägers. Danach ist jener insbesondere zur objektiven Ermittlung verpflichtet. Anders als im Rechtssystem des *common law* hat er gleichzeitig be- und entlastende Umstände zu untersuchen (Art. 54 Abs. 1 lit. a ICC-Statut). Verpflichtet ist der Ankläger auch zum Schutz der Opfer und Zeugen (Abs. 1 lit. b) sowie zur Beachtung der Rechte aller beteiligten Personen (Abs. 1 lit. c). Neben dem Recht, Personen einzubestellen und zu vernehmen sowie Beweise zu sammeln und zu untersuchen, hat der Ankläger nach Art. 54 Abs. 3 ICC-Statut auch das Recht zu Ermittlungen auf dem Territorium anderer Staaten (*on-site investigations*). Wenn ein Staat eine diesbezügliche Aufforderung zur Rechtshilfe nicht ausführen kann, darf die Vorverfahrenskammer den Ankläger nach Art. 54 Abs. 2 lit. b i. V. m. Art. 57 Abs. 3 lit. d ICC-Statut auch ohne Einwilligung dieses Staates zu Ermittlungen auf dessen Hoheitsgebiet ermächtigen.

Die Rechte des Beschuldigten regelt Art. 55 Abs. 2 ICC-Statut. Zwar werden Verdächtige und Beschuldigte im Statut als solche begrifflich nicht erwähnt, doch enthält das Statut genaue Umschreibungen der gemeinten Personen. Dies liegt daran, dass diese Begriffe in den verschiedenen Rechtssystemen nicht einheitlich verwendet werden, obwohl sich die Rechtssysteme inhaltlich meist kaum unterscheiden. Dieser gemeinsame Gehalt konnte mithilfe der teilweise umständlichen Formulierungen in das Statut übernommen werden.[115]

Art. 56 ff. ICC-Statut enthalten Bestimmungen über die Befugnisse der Vorverfahrenskammer, deren Aufgabe die richterliche Überwachung und Begleitung der Ermittlungshandlungen ist. Auch hier hat sich überwiegend die kontinentale Rechtsauffassung durchgesetzt, nach der die unter der Aufsicht der Vorverfahrenskammer stehenden Ermittlungen nicht einseitig ausgerichtet, sondern objektiv sind.

Nach Art. 58 ICC-Statut kann eine Person nur dann verhaftet werden, wenn die Vorverfahrenskammer auf Antrag des Anklägers einen Haftbefehl erlässt. Auf Grundlage des Haftbefehls kann der ICC dann den vermutlichen Aufenthaltsstaat des Beschuldigten um dessen vorläufige Verhaftung oder Überstellung ersuchen.

Der Staat, an den ein Auslieferungsersuchen gerichtet wurde, soll in Einklang mit den Bestimmungen des Teil 9 ICC-Statut unverzüglich die notwendigen Schritte einleiten, um die gesuchte Person festzunehmen (Art. 59 Abs. 1 ICC-Statut).

Art. 61 ICC-Statut regelt die Bestätigung der Anklage und bestimmt in seinem Abs. 1, dass die Vorverfahrenskammer nach der Überstellung des Beschuldigten eine Verhandlung zur Überprüfung der gegen diesen erhobenen Vorwürfe

[115] Vgl. Behrens, Fn. 52, S. 145.

durchführt. Eine solche Beweisaufnahme kann auch *in absentia* des Beschuldigten stattfinden, wenn dieser auf sein Anwesenheitsrecht verzichtet oder nicht gefunden werden kann, obwohl alle vernünftigen Schritte unternommen wurden, sein Erscheinen vor dem Gericht sicherzustellen (Art. 61 Abs. 2 ICC-Statut).

Für den Fall, dass die Vorverfahrenskammer einen Anklagepunkt nicht bestätigt, kann der Ankläger neues Beweismaterial vorlegen und die Vorverfahrenskammer erneut um Bestätigung eines Anklagepunktes ersuchen (Art. 61 Abs. 8 ICC-Statut). Mit der Bestätigung der Anklage durch die Vorverfahrenskammer geht die Zuständigkeit auf eine Hauptverfahrenskammer über, welche nach Art. 61 Abs. 11 ICC-Statut vom Präsidium eingesetzt wird. Das Verfahren vor der Hauptverfahrenskammer soll in Anwesenheit des Angeklagten stattfinden. In Ausnahmefällen, wenn der Angeklagte dauerhaft den Prozessverlauf stört, kann er aus dem Gerichtssaal entfernt werden (Art. 63 ICC-Statut). Dann aber ist, notfalls mithilfe von Kommunikationstechnologie, seitens des Gerichts dafür Sorge zu tragen, dass der Angeklagte von außerhalb des Gerichtssaals die Verhandlung verfolgen und seinem Rechtsbeistand Weisungen erteilen kann. Damit ist eine Hauptverhandlung *in absentia* des Angeklagten nicht zulässig, denn bei Maßnahmen nach Art. 63 ICC-Statut handelt es sich um reguläre Verfahrensmaßnahmen.[116]

Der schon während der Verhandlungen des *Preparatory Committee* insbesondere von Frankreich unternommene Versuch, *in absentia*-Verfahren vor dem ICC zuzulassen, ist damit gescheitert. Die Mehrheit der Delegationen auf der Konferenz von Rom befürchtete, dass solche Abwesenheitsverfahren zu reinen Schauprozessen werden könnten.

Die in Art. 67 ICC-Statut genannten Rechte des Angeklagten entsprechen denen des Art. 14 des Internationalen Paktes über bürgerliche und politische Rechte.

Art. 69 ICC-Statut trifft Regelungen zum Beweisverfahren. Nicht zugelassen ist Beweismaterial, das durch einen Verstoß gegen das Statut oder gegen international anerkannte Menschenrechte erlangt worden ist, wenn dieser Verstoß die Verlässlichkeit des Beweises in Zweifel zieht oder die Zulassung des Beweises dem Sinn des Verfahrens zuwiderlaufen und zu einer Beschädigung seiner Integrität führen würde.

Art. 70 ICC-Statut regelt die Zuständigkeit des ICC zur Verfolgung von Straftaten gegen seine Rechtspflege. Die in Abs. 1 aufgeführten Verstöße wie Falschaussage, Bestechung oder unzulässige Zeugenbeeinflussung werden vom ICC selbst verfolgt, wobei Einzelheiten des Verfahrens noch in den Verfahrens- und Beweisregeln festzulegen sind. Als wegen eines Verfahrensverstoßes zu verhängende Strafen sind Geldstrafe und Haftstrafe bis zu fünf Jahren vorgesehen (Art. 70 Abs. 3 ICC-Statut). Als Strafmaßnahmen wegen ordnungswidrigen Verhaltens vor Gericht sind Geldstrafen, Entfernung aus dem Gerichtssaal oder

[116] Vgl. ebenda, S. 148.

andere, in den Verfahrens- und Beweisregeln noch zu bestimmende Ordnungsstrafen (Art. 71 ICC-Statut) festgelegt. Die Vertragsstaaten des Statuts sind gemäß Art. 70 Abs. 4 ICC-Statut dazu verpflichtet, ihre Definitionen aller Verstöße, die nach ihrem nationalen Recht gegen die Justiz und im Rahmen von Verfahren begangen werden können, in der Weise zu erweitern, dass auch Verfahren vor dem ICC erfasst werden.
Art. 72 ICC-Statut enthält Bestimmungen über die Vorlage von Informationen, welche die nationale Sicherheit betreffen. Die gerichtshoffreundlichen *like-minded states* befürworteten einen von Großbritannien eingebrachten Vorschlag, nach dem der ICC einen bindenden Beschluss über die Vorlagepflicht fassen sollte. Dagegen wollten die Vereinigten Staaten und Frankreich dem ICC lediglich die Befugnis einräumen, die fehlende Zusammenarbeit eines Staates festzustellen und die Angelegenheit zur Entscheidung an die Versammlung der Vertragsstaaten zu überweisen. Angesichts der Tatsache, dass der ICC über kein Mittel zur Durchsetzung seiner Entscheidung verfügt, unterscheiden sich beide Auffassungen - von einer Signalwirkung des britischen Vorschlags abgesehen - nur in der Theorie. Der in Art. 72 ICC-Statut gefundene Kompromiss erkennt diese Realität an. Der Gerichtshof kann zunächst, wenn er die Relevanz der gesuchten Informationen für das Verfahren festgestellt hat und alle Möglichkeiten geprüft worden sind, diese Informationen auf geeignete Weise zu schützen oder auf anderem Wege zu beziehen, feststellen, dass der betreffende Staat seine Verpflichtung zur Zusammenarbeit verletzt hat. Diese Feststellung soll an die Versammlung der Vertragsstaaten weitergeleitet werden. Darüber hinaus enthält Art. 72 Abs. 7 lit. a (iii) bzw. lit. b (ii) ICC-Statut ein indirektes Durchsetzungsmittel. Der ICC kann danach hinsichtlich des Erwiesenseins der beweiserheblichen Tatsache diejenigen Schlussfolgerungen aus der Informationsverweigerung ziehen, die er für angemessen hält. Wenn ein Staat Informationen vertraulich von einem Dritten erhalten hat und dieser der Offenlegung nicht zustimmt, kann der im Besitz der Informationen befindliche Staat nach Art. 73 ICC-Statut die Informationen verweigern. Mit dieser Vorschrift soll verhindert werden, dass kleine Staaten, die sich beispielsweise der Nachrichtendienste anderer Staaten bedienen, vom ICC unter Druck gesetzt werden können, wenn sich der andere Staat auf Art. 72 ICC-Statut beruft.

Entscheidungen der Hauptverfahrenskammer sollen nach Art. 74 Abs. 2 ICC-Statut auf die Bewertung des gesamten Verfahrens gestützt sein. Nach Art. 73 Abs. 3 sollen die Richter bemüht sein, ihr Urteil einstimmig zu fällen; gelingt dies nicht, so erfolgt Mehrheitsentscheid. Im Falle einer Mehrheitsentscheidung sind abweichende Meinungen nicht ausdrücklich zugelassen. Art. 74 Abs. 5 ICC-Statut bestimmt jedoch, dass die Begründung einer Mehrheitsentscheidung neben den Auffassungen der Mehrheit auch die der Minderheit enthalten soll. Diese Regelung ist sehr zu begrüßen, da es der Institution ICC dadurch leichter fallen

wird, sich ihre Autorität zu erarbeiten, und andererseits dem Verurteilten die Entscheidung erleichtert wird, in Berufung zu gehen.[117]
Art. 75 ICC-Statut regelt die Wiedergutmachung für die Opfer. Danach kann das Gericht in seinem Urteil feststellen, ob und in welcher Höhe die Opfer Schäden erlitten haben, und den Verurteilten zu Rückerstattung, Entschädigung oder Rehabilitation verpflichten. Dabei kann der Verurteilte direkt zur Ersatzleistung verpflichtet werden oder das Gericht ordnet eine Entschädigungszahlung aus dem von der Versammlung der Vertragsstaaten zugunsten der Opfer einzurichtenden Treuhandfonds (Art. 79 ICC-Statut) an.

15.2.6 Teile 7 und 10 - Strafen und deren Vollstreckung

Obwohl im *Preparatory Committee* überlegt wurde, den einzelnen Verbrechenstatbeständen jeweils eine Strafrahmenbestimmung beizufügen, ließ sich angesichts der unterschiedlichen Auffassungen zum Strafrahmen nur ein allgemeiner Strafenkatalog realisieren. Dieser ist in Art. 77 ICC-Statut enthalten und umfasst die lebenslange Freiheitsstrafe, die zeitige Freiheitsstrafe von bis zu 30 Jahren, die Geldstrafe und die Einziehung der durch das Verbrechen rechtswidrig erlangter Vermögenswerte.
Umstritten war bei den Verhandlungen zu Teil 7 des ICC-Statuts die Frage der Todesstrafe. Einige Staaten sprachen sich für die Aufnahme der Todesstrafe in das ICC-Statut aus und begründeten dies damit, dass es inakzeptabel sei, die der Begehung völkerrechtlicher Kernverbrechen überführten Täter vor dem ICC besser zu stellen, als dies vor einer Anzahl ihrer nationalen Strafgerichte der Fall sei. Bei der deutlichen Mehrheit der Delegationen stieß die Todesstrafe auf verfassungsrechtliche und völkerrechtliche Bedenken. Nach dem letztlich gefundenen Kompromiss wurde die Todesstrafe nicht in den Strafenkatalog des Art. 77 ICC-Statut aufgenommen, doch stellt Art. 80 ICC-Statut klar, dass die in Teil 7 ICC-Statut enthaltenen Bestimmungen keine Auswirkung auf die auf nationaler Ebene vorgesehenen Strafen haben sollen, und hindert somit die einzelstaatlichen Gerichtsbarkeiten nicht an der Verhängung der Todesstrafe. Vom ICC-Statut geht damit leider keine Signalwirkung für ein weltweites Verbot der unter anderem durch das Zweite Fakultativprotokoll zu dem Internationalen Pakt über bürgerliche und politische Rechte von 1989 sowie durch Protokoll Nr. 6 zur Menschenrechtskonvention von 1983 völkerrechtlich geächteten Todesstrafe aus.[118]

---

[117] Vgl. Report of the International Law Commission on the work of its forty-fifth session, 3 May - 23 July 1993, in: General Assembly, Official Records, forty-eighth session, Supplement No. 10, UN Doc. A/48/10 (1993) (zit.: 1993 Report of the ILC), S. 315 sowie oben: 5.2.

[118] Vgl. Kreß, Claus: Strafen, Strafvollstreckung und internationale Zusammenarbeit im Statut des Internationalen Strafgerichtshofes, in: HuV Nr. 3 1998, S. 151 ff. (152).

Die lebenslange Freiheitsstrafe ist nach Art. 77 Abs. 1 lit. b ICC-Statut nur zulässig, wenn dies angesichts der außergewöhnlichen Schwere des Verbrechens als auch der persönlichen Umstände des Täters gerechtfertigt erscheint.
Die Strafzumessungsfrage wird in Art. 78 Abs. 1 ICC-Statut geregelt. Danach hat das Gericht bei der Strafzumessung unter anderem die Schwere der Tat und die persönlichen Umstände des Täters einzubeziehen. Die sicherlich erforderlichen Detailregelungen sind den Verfahrens- und Beweisregeln vorbehalten. Die allgemeine und nicht zwischen Ideal- und Realkonkurrenz unterscheidende Konkurrenzregelung des Art. 78 Abs. 3 ICC-Statut bestimmt für den Fall einer Verurteilung für mehrere Verbrechen, dass sowohl Einzelstrafen als auch eine Gesamtstrafe gebildet werden müssen.

Anders als das ICTY-Statut enthält das ICC-Statut im Rahmen der Strafregelungen keinen Verweis auf das Recht des Tatortstaates. Inwieweit diese Bestimmungen durch noch zu formulierende Verfahrens- und Beweisregeln konkretisiert werden, bleibt abzuwarten. Grundsätzlich bietet sich hier aber die Gelegenheit, ein autonomes Konzept völkerstrafrechtlicher Strafregelungen zu entwickeln.[119]
Die Strafvollstreckung ist in Teil 10 (Art. 103 ff.) ICC-Statut geregelt. Art. 103 ICC-Statut definiert die Rolle der Staaten bei der Strafvollstreckung. Der ICC wählt aus einer Liste von Staaten, die sich vorher zur Strafvollstreckung bereit erklärt haben, den Vollstreckungsstaat aus (Art. 103 Abs. 1 lit. a und Abs. 3 ICC-Statut). Kann kein geeigneter Vollstreckungsstaat gefunden werden, so erfolgt die Vollstreckung in den Niederlanden als Gaststaat des ICC (Art. 103 Abs. 4 ICC-Statut). Die vom ICC ausgesprochene Strafe ist für den Vollstreckungsstaat bindend (Art. 105 Abs. 1 ICC-Statut) und die Überwachung ihrer Vollstreckung obliegt allein dem Gerichtshof (Art. 106 Abs. 1 ICC-Statut).

15.2.7 Teil 8 - Berufung und Wiederaufnahme des Verfahrens

Die Bestimmungen über Rechtsmittel gegen Urteile finden sich im achten Teil des ICC- Statuts (Art. 81 ff.). Nach diesen Bestimmungen haben beide Parteien, der Ankläger und die verurteilte Person, das Recht, Rechtsmittel gegen Urteile der Hauptverfahrenskammer oder gegen Entscheidungen der Vorverfahrenskammer einzulegen. Wie bereits bei der Pflicht des Anklägers zur objektiven Ermittlung, hat sich auch hier die kontinentale Rechtsauffassung gegenüber dem *common law*-System durchsetzen können. Im Rechtssystem der *common law*-Staaten hat der Ankläger im Falle eines Freispruchs des Angeklagten nicht das Recht, ein Rechtsmittel einzulegen. Dort entscheiden dem Angeklagten gleichgestellte Bürger als *jury* und einen "zweiten Versuch" bekommt der Ankläger nicht.

[119] Ebenda, S. 153.

Nach Art. 81 Abs. 1 lit. a ICC-Statut kann der Ankläger gegen die Entscheidung einer Hauptverfahrenskammer wegen verfahrensrechtlicher Fehler oder wegen eines Tatsachen- oder Rechtsirrtums Berufung einlegen. Dies kann er entsprechend seiner objektiven und über eine reine Parteirolle hinausgehenden Stellung natürlich auch im Namen des Angeklagten tun. Zusätzlich zu den in Art. 81 Abs. 1 lit. a ICC-Statut genannten Gründen darf der Verurteilte gemäß Art. 81 Abs. 1 lit. b ICC-Statut die Berufung auf jeden anderen Grund stützen, der geeignet ist, die Fairness oder die Verlässlichkeit eines gegen ihn ergangenen Urteils in Frage zu stellen.
Nicht leicht nachvollziehbar ist Art. 81 Abs. 3 lit. c ICC-Statut. Danach kann auch ein Freigesprochener aufgrund einer Entscheidung der Hauptverfahrenskammer weiter in Haft gehalten werden, wenn der Ankläger dies beantragt. Zwar darf dies nur in Ausnahmefällen geschehen, doch ein Antragsgrund sind die Erfolgsaussichten der Berufung. Von Verfahrensfehlern abgesehen, dürfte es schwer vorstellbar sein, dass die Hauptverfahrenskammer zwar zu einem Freispruch kommt, aber zugleich dem Ankläger gute Chancen auf einen Berufungserfolg einräumt.
Neben dem Urteil über die Schuld des Angeklagten oder über das Strafmaß können gemäß Art. 82 ICC-Staut auch sonstige Entscheidungen des Verfahrens mittels einer Beschwerde angefochten werden. Dies gilt beispielsweise für Entscheidungen über die Zulässigkeit von Fällen oder Entscheidungen, welche ein faires und ordnungsgemäßes Verfahren in Frage stellen können und bezüglich derer nach Auffassung der Vorverfahrens- oder Hauptverfahrenskammer im Interesse eines zügigen Verfahrens eine sofortige Verfügung der Berufungskammer ergehen sollte (Art. 82 Abs. 1 ICC-Statut).
Die für alle Beschwerdeverfahren zuständige Berufungskammer kann das angefochtene Urteil oder den Strafausspruch aufheben oder abändern (Art. 83 Abs. 2 lit. a ICC-Statut) oder eine neue Verhandlung vor einer anderen Hauptverfahrenskammer anordnen (Art. 83 Abs. 2 lit. b ICC-Statut). In den Fällen, in denen der Verurteilte oder zu seinen Gunsten der Ankläger in Berufung geht, bestimmt Art. 83 Abs. 2 ICC-Statut, dass das Urteil der Hauptverfahrenskammer nicht zum Nachteil des Verurteilten abgeändert werden darf (Verbot der *reformatio in peius*). Wie Art. 74 Abs. 5 ICC-Statut für die Entscheidungen der Hauptverfahrenskammer, bestimmt Art. 83 Abs. 4 ICC-Statut, dass die Begründung einer Mehrheitsentscheidung neben den Argumenten der Mehrheit auch die der Minderheit enthalten soll. Anders als Urteile der Hauptverfahrenskammern können Urteile der Berufungskammer auch Sondervoten überstimmter Richter enthalten, soweit sie sich auf Rechtsfragen beziehen. Somit hat die Möglichkeit von Sondervoten letztlich doch Eingang in das ICC-Statut gefunden. Sollte der ICC ebenso schnell Anerkennung finden, wie es dem ICTY mit seiner Rechtsprechung gelungen ist, dann trägt die Regelung des Art. 83 Abs. 4 ICC-Statut sicherlich der rechtsfortbildenden Funktion

abweichender Meinungen Rechnung. Sollte dieser Prozess jedoch länger dauern, dann dürfte diese Regelung der Autorität des ICC anfangs nicht besonders zuträglich sein. Und im Falle mangelnder allgemeiner Anerkennung wiederum wird eine Rechtsfortbildung über Sondervoten überstimmter Richter der Berufungskammer ebenfalls schwer möglich sein. Allerdings muss hinzugefügt werden, dass Art. 83 Abs. 4 ICC-Statut das Ergebnis einer lange andauernden Auseinandersetzung über die Zulassung von Sondervoten darstellt. Die Problematik abweichender Meinungen auf der Konferenz von Rom zu einem Stolperstein werden zu lassen, wäre ganz sicher unangebracht gewesen.
Die Wiederaufnahme des Verfahrens ist in Art. 84 ICC-Statut geregelt und ist nur dann möglich, wenn neue, zum Zeitpunkt des Verfahrens nicht verfügbare entscheidungserhebliche Beweise vorliegen (Abs. 1 lit. a) oder die Entscheidung auf gefälschten Beweisen beruht (Abs. 1 lit. b). Nach Art. 84 Abs. 1 lit. c ICC-Statut ist die Wiederaufnahme auch für den Fall vorgesehen, dass einem Richter ein schwerer Pflichtverstoß in dem Verfahren nachgewiesen werden kann. Wenn die Berufungskammer dem Antrag stattgibt, dann kann sie die Sache an die ursprüngliche Hauptverfahrenskammer zurückverweisen, eine neue Hauptverfahrenskammer einsetzen oder die Zuständigkeit für die Sache an sich ziehen (Art. 84 Abs. 2 ICC-Staut).
Endet das Wiederaufnahmeverfahren mit einem Freispruch, dann hat der ursprünglich Verurteilte nach Art. 85 Abs. 2 ICC-Statut ein Recht auf Haftentschädigung, wenn er nicht selbst für die zugrunde liegende falsche Beweislage verantwortlich ist. Haftentschädigung wird auch bei unrechtmäßig erlittener Haft gewährt (Art. 85 Abs. 1 ICC-Statut) sowie in Ausnahmefällen dann, wenn ein Angeklagter vor einem Freispruch rechtmäßig in Haft gehalten wurde, der Gerichtshof aber eine offensichtliche und schwerwiegende Fehlleistung feststellt (Art. 85 Abs. 3 ICC-Statut).

15.2.8 Teil 9 - Internationale Zusammenarbeit und Rechtshilfe

Die Vorschriften über internationale Zusammenarbeit befinden sich im umfangreichen 9. Teil des ICC-Statuts. Sie machen deutlich, dass der ICC Völkerrecht nur mit den Staaten, nicht gegen sie durchsetzen kann.[120] Während der Konferenz von Rom standen sich zwei Grundpositionen gegenüber. Zum einen waren es die Vereinigten Staaten, Japan, China, Israel, Mexiko, Indien und die arabischen Staaten, die, ihre staatliche Souveränität betonend, am traditionellen Auslieferungs- und Rechtshilferecht festhalten wollten. Auf der anderen Seite wollte die Gruppe der *like-minded states* ein neuartiges Zusammenarbeitsregime zwischen den Vertragsstaaten und dem ICC durchsetzen. Besonders anschaulich

---

[120] Ambos, Fn. 52, S. 3746.

wird dieser Dissens im Statutentwurf des *Preparatory Committe* an den Begriffsoptionen *extradition/surrender/transfer.*[121]

Einleitend zu den Bestimmungen des 9. Teils enthält Art. 86 ICC-Statut das Grundprinzip, dass die Vertragsstaaten zur Zusammenarbeit mit dem ICC verpflichtet sind. Art. 87 ICC-Statut beinhaltet allgemeine Form- und Verfahrensregeln für die an die Vertragsstaaten gerichteten Ersuchen des ICC zur Zusammenarbeit. Sollten Vertragsstaaten oder, nach entsprechender Vereinbarung, auch Nichtvertragsstaaten die Zusammenarbeit verweigern, so kann der ICC diese Pflichtverletzung feststellen und den Vorgang an die Versammlung der Vertragsstaaten überweisen. Im Falle einer Verfahrensauslösung durch den Sicherheitsrat erfolgt die Überweisung an dieses Organ (Abs. 5 und 7). Art. 88 ICC-Statut verpflichtet die Vertragsstaaten dazu, ihr nationales Verfahrensrecht den Notwendigkeiten der Zusammenarbeit mit dem ICC anzupassen.

Anders als Vertragsstaaten können Nichtvertragsstaaten vom ICC selbst natürlich nur um Zusammenarbeit gebeten, nicht jedoch verpflichtet werden.[122]

Die wichtigste Form der Zusammenarbeit, die Überstellung beschuldigter Personen, ist in den Art. 89 ff. ICC-Statut geregelt. Sonstige Formen der Zusammenarbeit werden von den Art. 93 ff. ICC-Statut erfasst.

Die Vertragsstaaten sind nach Art. 89 Abs. 1 ICC-Statut dazu verpflichtet, den Festnahme- und Überstellungsersuchen des ICC nachzukommen. Gegenstand langer Verhandlungen auf der Konferenz von Rom waren mögliche Gründe der Staaten für eine Verweigerung der Überstellung beschuldigter Personen. Befürchtet wurde vor allem, dass Staaten dem Ersuchen um Überstellung im Falle eigener Staatsangehöriger nicht nachkommen würden. Hier verwiesen auch grundsätzlich gerichtshoffreundliche Delegationen auf nationale verfassungsrechtliche Auslieferungsverbote. Da die Möglichkeit, die Überstellung eigener Staatsangehöriger zu verweigern, geeignet ist, den ICC zu instrumentalisieren, war eine Lösung dieser Problematik dringend geboten. Sie wurde mit der Wahl des Begriffs "Überstellung" auch gefunden. Denn abgesehen davon, dass die Staaten nach dem Komplementaritätsprinzip die Möglichkeit haben, die Überstellung eigener Staatsangehöriger durch eigene Strafverfolgungsmaßnahmen zu verhindern, handelt es sich bei dem ICC um ein von den Vertragsstaaten gemeinsam errichtetes Gericht. Die "Überstellung" von Personen an diesen verlängerten Arm nationaler Gerichtsbarkeit aber unterscheidet sich von der "Auslieferung" im zwischenstaatlichen Bereich. Außerdem können die Vertragsstaaten zur Überstellung von Personen nur in Übereinstimmung mit ihrem nationalen Verfahrensrecht verpflichtet werden, wobei Letzteres, wie bereits erwähnt, den Notwendigkeiten der Zusammenarbeit mit dem ICC anzupassen ist (Art. 88 ICC-Statut). Wie bereits im ICTY-Statut (Art. 29 Abs. 2 lit. e) wird also

[121] Vgl. Report of the Preparatory Committee, Fn. 3, S. 133 (Art. 87).

[122] Vgl. oben unter: 15.2.2.3.

im Verhältnis zwischen den Staaten und dem ICC anstatt des tradierten Begriffs "Auslieferung" (*extradition*) der Begriff "Überstellung" (*surrender*) verwendet und Art. 102 lit. b ICC-Statut stellt klar, dass der Begriff "Auslieferung" in seiner Anwendung auf das Verhältnis zwischen den Staaten beschränkt bleibt.

So konnte verhindert werden, dass eine Ausnahme von der Überstellungspflicht im Hinblick auf eigene Staatsangehörige in das ICC-Statut aufgenommen wurde. Lediglich eine Aufschiebung der Überstellung ist möglich. Dies bestimmt Art. 89 Abs. 2 ICC-Statut unter Hinweis auf das in Art. 20 ICC-Statut anerkannte Prinzip des *ne bis in idem* für die Fälle, in denen noch ein Vorverfahren über die Frage der Zulässigkeit nach Art. 18 ICC-Statut anhängig ist.[123]

Für den Fall konkurrierender Ersuchen hat nach Art. 90 ICC-Statut das Überstellungsersuchen des ICC grundsätzlich Vorrang vor dem einzelstaatlichen. Wenn der ersuchende Staat ein Vertragsstaat ist, dann soll der ersuchte Staat dem konkurrierenden Ersuchen des ICC Vorrang einräumen, wenn der ICC die Zulässigkeit des Falles bejaht hat (Art. 90 Abs. 2 ICC-Statut).

Ist der ersuchende Staat hingegen nicht dem Statut beigetreten, soll der ersuchte Staat dem Überstellungsersuchen des ICC nach Art. 90 Abs. 4 ICC-Statut dann Priorität einräumen, wenn er dem dritten Staat gegenüber völkerrechtlich nicht zur Auslieferung verpflichtet ist. Sollte eine solche Auslieferungsverpflichtung jedoch bestehen, hat der ersuchte Staat gemäß Art. 90 Abs. 6 ICC-Statut die Wahl zwischen der Überstellung an den ICC und der Auslieferung an den Drittstaat. Eine Wahlmöglichkeit wird dem ersuchten Staat nach Art. 90 Abs. 7 lit. b ICC-Statut auch dann zugestanden, wenn das Überstellungsersuchen des ICC mit einem auf eine andere Tat derselben Person gestützten Auslieferungsersuchen eines Vertragsstaates oder eines einer völkerrechtlichen Auslieferungsverpflichtung gegenüberstehenden Drittstaates konkurriert. Über die in Art. 90 Abs. 6 lit. a bis c ICC-Statut genannten Kriterien hinaus, soll der relativen Deliktsschwere hier besonderes Gewicht beigemessen werden. Da nur die schwersten und die gesamte Völkergemeinschaft betreffenden Verbrechen in die Zuständigkeit des ICC fallen, dürfte dem Überstellungsersuchen des ICC regelmäßig vorrangig nachgekommen werden.

Nach den Vorschriften über die Überstellung von Personen regelt Art. 93 sonstige Formen internationaler Zusammenarbeit. Auch hier galt es, einen Kompromiss zwischen der Gruppe der gerichtshoffreundlichen *like minded states* und den *common law*-Staaten mit den Vereinigten Staaten an der Spitze zu finden. Während letztere darlegten, dass sie eine Verpflichtung zur Durchführung sonstiger Rechtshilfemaßnahmen ohne Rücksicht auf ihr nationales Recht nicht akzeptieren können, hielten die ein autonomes Zusammenarbeitsregime anstrebenden gerichtshoffreundlichen Staaten einen Verweis auf das nationale Recht nicht für wünschenswert. Der letztlich errungene Kompromiss kommt

[123] Vgl. Kreß, Fn. 118, S. 158.

zunächst in Art. 93 Abs. 1 ICC-Statut zum Ausdruck, nach dem die Vertragsstaaten zur Zusammenarbeit mit dem ICC in Einklang mit den Bestimmungen des Statuts, aber auch mit nationalem Verfahrensrecht, angehalten sind. Hier ist jedoch wieder Art. 88 ICC-Statut von Bedeutung, nach dem die Staaten geeignete Verfahren zur Zusammenarbeit mit dem ICC bereitstellen sollen.
Für den Fall eines der Zusammenarbeit im Rahmen des Art. 93 Abs. 1 ICC-Statut entgegenstehenden fundamentalen Rechtsprinzips von genereller Anwendung im Recht des ersuchten Staates sieht Art. 93 Abs. 3 ICC-Statut Konsultationen zwischen diesem Staat und dem ICC vor. Dabei soll erörtert werden, ob die Zusammenarbeit nicht in modifizierter Form erfolgen kann. Durch den Zusatz "von genereller Anwendung" konnte die Gefahr von auf den ICC zugeschnittenen Regelungen zur Verweigerung der Zusammenarbeit vermieden werden. Viel spricht auch dafür, dass es sich bei den fundamentalen Rechtsprinzipien um solche von Verfassungsrang handeln muss.
Im Falle konkurrierender Zusammenarbeitsersuchen durch den ICC und einen anderen Staat soll der zweifach ersuchte Staat in Konsultationen mit dem ICC und dem anderen Staat treten und versuchen, beiden Ersuchen gegebenenfalls unter zeitlichen oder inhaltlichen Modalitäten nachzukommen (Art. 93 Abs. 9 lit. a (i) ICC-Statut).
Art. 93 Abs. 10 ICC-Statut regelt die Zusammenarbeit des ICC mit den Staaten. Dabei handelt es sich praktisch um die Zusammenarbeit in umgekehrter Richtung, die insbesondere die Übermittlung der während eines Verfahrens gesammelten Informationen und Beweise beinhaltet.
Die bereits während der Sitzungen des *Preparatory Committee* äußerst umstrittene Problematik von Ermittlungen des Anklägers auf dem Hoheitsgebiet anderer Staaten (*on-site investigations*) wird in Art. 99 Abs. 4 ICC-Statut geregelt. Angesichts der Strittigkeit dieses Themas und der Souveränitätsbedenken vieler Delegationen handelt es sich bei den von Art. 99 Abs. 4 ICC-Statut erfassten Ermittlungsmaßnahmen um solche ohne Zwangscharakter. Das Ersuchen nach Art. 99 Abs. 4 ICC-Statut ist weniger auf aktive Mitarbeit, als vielmehr auf die Duldung von Ermittlungsmaßnahmen gerichtet. Exemplarisch hervorgehoben werden die Untersuchung öffentlicher Stätten sowie die Vernehmung von sich dazu bereiterklärenden Personen. Letzteres kann - obwohl während der Verhandlungen sehr umstritten - auch ohne Beisein behördlicher Vertreter des ersuchten Staates geschehen. Aus dem hieraus zu ziehenden Umkehrschluss ergibt sich, dass die Untersuchung öffentlicher Stätten nur in Anwesenheit von Amtsträgern vorgenommen werden darf.[124] Die Untersuchung solcher Orte ist zudem nur ohne Veränderung, das heißt ohne substanzverletzende Eingriffe möglich. Exhumierungsmaßnahmen bei der Untersuchung von Massengräbern

[124] Ebenda, S. 161.

beispielsweise sind daher nur mit Zustimmung und unter Aufsicht amtlicher Stellen des ersuchten Staates möglich.
Bei der Frage der Zustimmung der Vertragsstaaten zu *on-site investigations* wird zwischen dem Vertragsstaat als Tatortstaat (Art. 99 Abs. 4 lit. a) und anderen Vertragsstaaten (Abs. 4 lit. b) unterschieden. Während Ermittlungen auf dem Gebiet des Tatortstaates auch ohne dessen Zustimmung zulässig sind, ist die Regelung für Ermittlungen auf dem Gebiet anderer Vertragsstaaten nicht eindeutig und daher noch konkretisierungsbedürftig. So sind nach Art. 99 Abs. 4 lit. b ICC-Statut Untersuchungen auf dem Gebiet eines Vertragsstaates, der nicht gleichzeitig Tatortstaat ist, nur nach entsprechenden Konsultationen und vorbehaltlich etwaiger vom Vertragsstaat geltend gemachter vernünftiger Bedingungen oder Bedenken vorgesehen.
Gegenstand des Art. 101 ICC-Statut ist der Grundsatz der Spezialität bei der Überstellung von Personen, der in diesem Zusammenhang allerdings nicht als Individualrecht ausgestaltet ist. Denn nach Art. 101 Abs. 2 ICC-Statut kann ein um Überstellung ersuchter
Staat gegenüber dem ICC auf die Garantie des Art. 101 Abs. 1 ICC-Statut verzichten, nach
der die überstellte Person nur wegen derjenigen Tat angeklagt, bestraft oder in Gewahrsam gehalten werden darf, die Grundlage der Überstellung war.

15.2.9 Teile 11 und 12 - Vertragsstaatenversammlung und Finanzierung

Der aus dem Art. 112 bestehende Teil 11 des ICC-Statuts enthält Bestimmungen über Aufgaben, Zusammensetzung und Organisation der Vertragsstaatenversammlung, des politischen Organs des Gerichtshofs. Jeder Vertragsstaat soll durch einen Delegierten in diesem Gremium vertreten sein. Weiterhin sollen als Beobachter auch Vertreter derjenigen Staaten der Versammlung angehören, die das Statut oder die Abschlusserklärung (*final act*) lediglich unterzeichnet haben. In der Versammlung hat jeder Vertragsstaat eine Stimme. Grundsätzlich tritt die Versammlung einmal jährlich zusammen, in besonderen Fällen auch zu außerordentlichen Sitzungen. Unter anderem soll sie sich mit Fällen der Zusammenarbeitsverweigerung gemäß Art. 87 Abs. 5 und 7 ICC-Statut befassen sowie über den Haushalt des ICC beraten und beschließen.
Die finanziellen Aufwendungen des ICC und der Vertragsstaatenversammlung sollen aus einem Fonds des Gerichtshofs bestritten werden (Art. 114). Dieser setzt sich zusammen aus den Beiträgen der Vertragsstaaten und der Vereinten Nationen (Art. 115 ICC-Statut). Insbesondere die Kosten der Verfahren, die aufgrund eines Verweises durch den Sicherheitsrat zum ICC gelangen, sollen von den Vereinten Nationen getragen werden (Art. 115 lit. b ICC-Statut). Darüber hinaus kann der ICC nach Art. 116 ICC-Statut auf freiwillige Beiträge von Regierungen, internationalen Organisationen, Einzelpersonen, Firmen und anderen

Einrichtungen zurückgreifen. Dies soll aber in Übereinstimmung mit den von der Vertragsstaatenversammlung noch zu beschließenden Kriterien geschehen. Die Beratungen des *Preparatory Committee* wiesen bereits darauf hin, dass durch diese Kriterien sichergestellt werden muss, dass freiwillige Beiträge nicht die Unabhängigkeit des ICC in Frage stellen.

15.2.10 Teil 13 - Schlussbestimmungen

Die Schlussbestimmungen des ICC-Statuts (Art. 119 bis 128) enthalten Regelungen über die Beilegung von Streitigkeiten, Statutänderungen und über das Inkrafttreten des Statuts. Streitigkeiten über die richterlichen Aufgaben des Gerichtshofs sollen durch diesen selbst entschieden werden (Art. 119 Abs. 1 ICC-Statut). Andere Streitigkeiten zwischen zwei oder mehreren Staaten hinsichtlich der Auslegung und Anwendung des Statuts, die innerhalb von drei Monaten nicht durch Verhandlungen beigelegt werden können, sollen der Staatenversammlung überwiesen werden. Diese soll selbst einen Versuch zur Beilegung des Konflikts unternehmen oder aber weitere Lösungsvorschläge unterbreiten, die einen Verweis an den IGH beinhalten können (Art. 119 Abs. 2 ICC-Statut).

Nach Art. 120 ICC-Statut sind Vorbehalte zum Statut nicht zulässig. Anders als Statutsbestimmungen rein institutioneller Art, die jederzeit geändert werden können (Art. 122 ICC-Statut), sind sonstige Änderungen des Statuts gemäß Art. 121 Abs. 1 ICC-Statut frühestens sieben Jahre nach seinem Inkrafttreten möglich. Entsprechende Vorschläge können von den Vertragsstaaten eingebracht werden. Der Vertragsstaatenversammlung oder einer von dieser einberufenen Konferenz zur Überarbeitung des Statuts obliegt es, über den Änderungsvorschlag eine Einigung durch Konsens zu erzielen. Andernfalls bedarf die Änderung der Zweidrittelmehrheit der Vertragsstaaten (Abs. 2 und 3). Hinsichtlich eines Vertragsstaates, der einer Änderung der Art. 5 bis 8 ICC-Statut nicht zustimmt, bestimmt Art. 121 Abs. 5 ICC-Statut, dass der Gerichtshof seine Gerichtsbarkeit über ein von der Veränderung erfasstes Verbrechen nicht ausübt, wenn das Verbrechen von Angehörigen des betreffenden Vertragsstaates oder in dessen Hoheitsgebiet begangen wurde. Diese Regelung kann eine Benachteiligung der Staaten nach sich ziehen, die das Statut nicht unterzeichnen und nicht an der Vertragsstaatenversammlung teilnehmen. Dies mag ein Anreiz sein, dem Statut beizutreten, doch ist eine Art Zweiklassengesellschaft nicht geeignet, dem ICC skeptisch gegenüberstehende Staaten auf die Seite des ICC zu ziehen.[125] Unter rein rechtlichen Gesichtspunkten hingegen ist die Regelung des Art. 121 Abs. 5 ICC-Statut nicht zu beanstanden. Denn nach Art. 34 des Wiener Übereinkommens über

[125] Wedgwood, An American View, Fn. 93, S. 104.

das Recht der Verträge[126] begründet ein Vertrag für einen Drittstaat nicht nur keine Pflichten, sondern auch keine Rechte.[127]
Unabhängig von Statutänderungen, die auf Vorschläge der Vertragsstaaten zurückgehen, bestimmt Art. 123 Abs. 1 ICC-Staut, dass der Generalsekretär sieben Jahre nach Inkrafttreten des Statuts eine Konferenz zu dessen Überarbeitung einberufen soll. Danach kann die Einberufung einer solchen Konferenz jederzeit von einem Vertragsstaat beantragt werden (Art. 123 Abs. 2 ICC-Statut).
Das ICC-Statut lag bis zum 31. Dezember 2000 im Hauptquartier der Vereinten Nationen zur Unterzeichnung aus (Art. 125 Abs. 1 ICC-Statut). Ein nachträglicher Beitritt zum ICC-Statut erfolgt durch Hinterlegung der Beitrittsurkunde beim Generalsekretär (Art. 125 Abs. 3 ICC-Statut). Das ICC-Statut trat gemäß seinem Art. 126 zum ersten Tag des Monats in Kraft, der auf den 60. Tag nach Hinterlegung des 60. Ratifikations-, Annahme- oder Beitrittsinstruments beim Generalsekretär der Vereinten Nationen folgte. Diese Voraussetzung war bereits knapp vier Jahre nach dem Abschluss der Konferenz von Rom, am 1. Juli 2002, erfüllt, nachdem am 11. April die 60. Ratifikationsurkunde beim Generalsekretär hinterlegt wurde. Es wird damit gerechnet, dass der ICC im Laufe des Jahres 2003 seine praktische Arbeit aufnehmen wird.

Mit Resolution F der Schlussakte der Konferenz von Rom wurde beschlossen, eine Vorbereitungskommission (*Preparatory Commission*) einzusetzen, deren Aufgabe darin bestand, alle nötigen Vorkehrungen dafür zu treffen, dass der ICC ohne unnötige Verzögerung seine Tätigkeit aufnehmen kann.[128] Dazu gehörten unter anderem die Formulierung der Verfahrens- und Beweisregeln, die Vervollständigung der Tatbestände der Art. 6 bis 8 ICC-Statut durch die Definition weiterer Tatbestandselemente sowie die Regelung der Beziehung zwischen dem ICC und den Vereinten Nationen und dem Sitz des Gerichtshofs. Außerdem sollte die *Preparatory Commission* Vorschläge zur Aufnahme des Aggressionsverbrechens in die Zuständigkeit des ICC ausarbeiten und der Vertragsstaatenversammlung bei einer Konferenz zur Überarbeitung des Statuts vorlegen.

---

[126] Vienna Convention on the law of treaties. Concluded at Vienna on 23 May 1969, in: 1155 UNTS (1980), No. 18232, S. 331 ff., BGBl. 1985 II, S. 926; United Nations, Conference on the Law of Treaties, Official Records, Documents of the Conference (UN Doc. A/CONF.39/11/Add.2), New York 1971, S. 282.

[127] Hafner/Boon/Rübesame/Huston, Fn. 96, S. 119.

[128] Final Act of the United Nations Diplomatic Conference of Plenipotentiaries on the Establishment of an International Criminal Court, UN Doc. A/CONF.183/10 (17 July 1998).

Die Verfahrens- und Beweisregeln (*Rules of Procedure and Evidence)*[129] sowie die Definition weiterer Tatbestandselemente *(Elements of Crimes)*[130] wurden im Juni 2000 von der *Preparatory Commission* im Entwurf angenommen.
Die Verfahrens- und Beweisregeln umfassen 225 Bestimmungen. Sie enthalten Regelungen von der Vereidigung der Richter über den Verfahrensablauf bis hin zu Richtlinien bezüglich der Strafzumessung. Die Verfahrens- und Beweisregeln sind mit der deutschen Strafprozessordnung vergleichbar.
In Bezug auf das Aggressionsverbrechen unterbreitete die *Preparatory Commission* der Versammlung der Vertragsstaaten in einem Resolutionsentwurf den Vorschlag, eine spezielle Arbeitsgruppe mit der Aufnahme des Aggressionsverbrechens in die Zuständigkeit des ICC zu beauftragen. Die Arbeitsgruppe sollte möglichst noch im Laufe des Jahres 2003 zusammenkommen.[131] In einem Diskussionspapier der *Preparatory Commission* wurde die als Richtschnur für den UN-Sicherheitsrat gedachte Aggressionsdefinition aus dem Jahre 1974[132] einer Anwendung, bezogen auf die strafrechtliche Verantwortlichkeit von Individuen, zugänglich gemacht. Nach dem Diskussionspapier ist der Tatbestand der Aggression dann erfüllt, wenn eine Person, die in der Lage ist, politische oder militärische Staatsgewalt auszuüben, willentlich und wissentlich einen Akt der Aggression befiehlt oder an der Planung, Vorbereitung, Auslösung oder Durchführung eines solchen Aktes aktiv teilnimmt.[133] Hinsichtlich der Definition des Aggressionsaktes selbst wird explizit auf die Definition aus dem Jahre 1974 verwiesen. Vor der Aufnahme der Ermittlungen durch den Ankläger des ICC in Bezug auf ein Aggressionsverbrechen soll der ICC nachprüfen, ob der UN-Sicherheitsrat das Vorliegen eines solchen Verbrechens festgestellt hat. Liegt eine solche Feststellung nicht vor, soll der ICC den Sicherheitsrat von der betreffenden Situation unterrichten, damit letzterer entsprechende Maßnahmen einleiten kann. Trifft der Sicherheitsrat keine Feststellung hinsichtlich des Vorliegens eines Aggressionsverbrechens, soll der ICC nach den Formulierungsoptionen des Diskussionspapiers mit dem Strafverfahren fortfahren (Option 1), das Verfahren einstellen (Option 2), die Generalversammlung um Stellungnahme ersuchen

[129] Finalized draft text of the Rules of Procedure and Evidence, Report of the Preparatory Commission for the International Criminal Court, Part I, UN Doc. PCNICC/2000/Add.1.
[130] Finalized draft text of the Elements of Crimes, Report of the Preparatory Commission for the International Criminal Court, Part II, UN Doc. PCNICC/2000/Add.2.
[131] Proposals for a provision on the crime of aggression, Report of the Preparatory Commission for the International Criminal Court (continued), Part II, UN Doc. PCNICC/2002/2/Add.2., S. 2.
[132] General Assembly Resolution 3314 (XXIX), 14 December 1974, wiedergegeben in: Djonovich, Dusan (Editor): United Nations Resolutions, Series I, Resolutions adopted by the General Assembly, New York (zit.: Djonovich Bd.-Nr.), hier: Djonovich XV, S. 392 ff.
[133] Proposals for a provision on the crime of aggression, Fn. 131, S. 3.

(Option 3), die Generalversammlung (Option 4a) oder den Sicherheitsrat (Option 4b) ersuchen, ein Gutachten des IGH einzuholen, oder mit dem Verfahren fortfahren, wenn er feststellt, dass der IGH im Rahmen seiner Zuständigkeit gemäß Kap. II IGH-Statut die Verantwortlichkeit des betreffenden Staates für ein Aggressionsverbrechen festgestellt hat.

Von der *Preparatory Commission* wurden ferner die Verfahrensregeln für die Versammlung der Vertragsstaaten des ICC-Statuts entworfen. Die Vertragsstaaten kamen im September 2002 zu ihrer ersten Versammlung im Sinne des Art. 112 ICC-Statut zusammen.[134] Die Versammlung verabschiedete nicht nur die von der *Preparatory Commission* im Entwurf vorgelegten Regelungen, beispielsweise die Verfahrens- und Beweisregeln, sondern setzte auch das Budget für die erste, den Zeitraum bis Ende 2003 umfassende Finanzperiode des ICC in Höhe von gut 30 Mio. Euro fest. Schließlich wählten die Vertragsstaaten auch das achtzehnköpfige Richtergremium des ICC in Übereinstimmung mit Art. 36 ICC-Statut. Eine Einigung in Bezug auf den ersten Ankläger des ICC, der gemäß Art. 42 Abs. 4 ICC-Statut von der absoluten Mehrheit der Vertragsstaaten gewählt werden muss, konnte noch nicht erzielt werden.

15.3 Bewertung

Mit dem am 1. Juli 2002 in Kraft getretenen Römischen Statut wird zum ersten Mal ein internationales Tribunal mit eigener, wenn auch beschränkter Rechtspersönlichkeit errichtet. Auch wurden erstmalig genau umschriebene Straftatbestände für einen Internationalen Strafgerichtshof völkervertraglich ausgehandelt. Ein diesbezüglicher Schlussstrich wird aber erst dann gezogen werden können, wenn das ICC-Statut insoweit zu Völkergewohnheitsrecht werden sollte. Im Hinblick auf die Straftatbestände erwies sich der Versuch, in Rom interne Konflikte den internationalen gleichzustellen, als noch zu verfrüht. Dennoch gelang es, den engen Anwendungsbereich nach Art. 1 Zusatzprotokoll II aufzuweichen und somit den Zuständigkeitsbereich des ICC in Bezug auf interne Konflikte zu erweitern. So konnte weitgehend der Tatsache Rechnung getragen werden, dass es sich bei internen Konflikten um die heute vorherrschende Form bewaffneter Konflikte handelt. Die bei internen Konflikten nach der Zuständigkeitsregelung des Art. 12 ICC-Statut bestehende Strafbarkeitslücke (der Tatortstaat oder der Staatsangehörigkeitsstaat des Täters ist dem ICC-Statut nicht beigetreten) konnte dadurch geschmälert werden, dass es gegen den erheblichen Widerstand der gerichtshoffeindlichen Staaten gelang, dem UN-Sicherheitsrat die Befugnis zu verleihen, Verfahren vor dem ICC einzuleiten (Art. 13 lit. b ICC-Statut). Über diese in Art. 13 lit. b ICC-Statut geschaffene Befugnis des

[134] Assembly of States Parties to the Rome Statute of the International Criminal Court, First Session, New York, 3-10 September 2002, Official Records, ICC-ASP/1/3.

Sicherheitsrats besteht wegen der Verknüpfung mit Kap. VII UN-Charta die Möglichkeit, eine vertraglich nicht begründete Zuständigkeit des ICC zu überwinden.[135] Denn Zwangsmaßnahmen des Sicherheitsrats nach Kap. VII UN-Charta sind auch für Nichtvertragsstaaten verbindlich.

Von der Regelung des Art. 16 ICC-Statut, nach der die Einleitung von Verfahren vom Sicherheitsrat für zwölf Monate verhindert oder laufende Verfahren für den gleichen Zeitraum unterbrochen werden können, ist im Grunde schon vor Inkrafttreten des Statuts Gebrauch gemacht worden. In Anlehnung an Art. 16 ICC-Statut machten die Vereinigten Staaten ihre notwendige Zustimmung zur im Juli 2002 anstehenden Verlängerung des Bosnien-Mandates mit Erfolg davon abhängig, dass der Sicherheitsrat einen Beschluss fasst, nach dem der ICC für zunächst zwölf Monate keine Ermittlungen gegen Staatsangehörige aufnimmt, die an UN-Missionen teilnehmen und deren Heimatländer den ICC ablehnen. Nach Art. 16 ICC-Statut ist die Aussetzung strafrechtlicher Ermittlungen daran gebunden, dass der Sicherheitsrat nach Kap. VII UN-Charta zur Wahrung oder Wiederherstellung des internationalen Friedens oder der internationalen Sicherheit handelt. Die Verlängerung des SFOR-Mandates trägt zweifelsohne zur Sicherung des immer noch fragilen Friedens auf dem Balkan bei. Inwiefern es zur Verwirklichung dieses Ziels aber erforderlich ist, amerikanischen Soldaten pauschal Immunität bei Friedenseinsätzen zuzusichern, ist nicht ersichtlich. Da nur die schwersten Verbrechen internationaler Bedeutung in die Zuständigkeit des ICC fallen, erscheint eine Resolution, die bestimmten Staaten Immunität in Bezug auf solche Verbrechen von vornherein zusichert, im Hinblick auf Sinn und Zweck des Art. 39 UN-Charta äußerst zweifelhaft.

Auch das neben Art. 16 ICC-Statut bestehende zweite "Schlupfloch", die *Opt out*-Möglichkeit des Art. 124 ICC-Statut, stößt auf völkerrechtliche Bedenken. Diese, auf Druck der gerichtshoffeindlichen ständigen Mitglieder im UN-Sicherheitsrat in das Statut aufgenommene Regelung widerspricht dem Grundsatz des *try or extradite*. Dieser ist unter anderem fest verankert in Art. 129 des III. und Art. 46 des IV. Genfer Abkommens von 1949[136]. Von Staaten, die sich veranlasst sehen, bei ihrem Beitritt zum Statut für eine Übergangsperiode von sieben Jahren die Zuständigkeit des ICC in Bezug auf Kriegsverbrechen auszuschließen, wird kaum zu erwarten sein, dass sie gewillt sind, Kriegsverbrecher vor ihre eigenen Gerichte zu stellen. Besäßen sie diesen Willen, bestünde wegen des im ICC-Statut

[135] Kaul, Der Internationale Strafgerichtshof, Fn. 41, S. 144.

[136] Convention de Genève Relative au Traitement des Prisonniers de Guerre du 12 Août 1949, in: 75 UNTS 1950, No. 972, S. 135 ff., BGBl. 154 II, S. 838 (III. Genfer Abkommen); Convention de Genève Relative à la Protection des Personnes Civiles en Temps de Guerre du 12 Août 1949, in: 75 UNTS 1950, No. 973, S. 287 ff., BGBl. 1954 II, S. 917, ber. 1956 II, S. 1586 (IV. Genfer Abkommen).

verankerten Komplementaritätsprinzips keine Notwendigkeit, die Zuständigkeit des ICC von vornherein pauschal zu begrenzen.

Abgesehen von solchen, auf Betreiben der Gegner eines Internationalen Strafgerichtshofs um des größtmöglichen Konsenses willen in das ICC-Statut aufgenommenen Ausnahmeregelungen und Schlupflöchern, wurde mit dem ICC-Statut das Fundament für eine erfolgreiche Durchsetzung des Völkerstrafrechts gelegt, die notwendige Zusammenarbeit zumindest der Vertragsstaaten mit dem Gerichtshof einmal vorausgesetzt. Dem geschlossenen Auftreten der bis zum Ende der Konferenz auf 60 Staaten angewachsenen Gruppe der gerichtshoffreundlichen Staaten (*like-minded states*) ist es zu verdanken, dass ein schwacher, politischen Einflüssen unterliegender Gerichtshof verhindert werden konnte. Hatten doch die Vereinigten Staaten versucht, durch massiven Druck zahlreiche Staaten Lateinamerikas, Asiens und Afrikas, aber auch die Bonner, Londoner und andere europäische Regierungen bis unmittelbar vor der Abstimmung auf ihre Linie zu zwingen. Selbst der Rückzug amerikanischer Truppen aus Europa wurde für den Fall der Unterstützung eines Internationalen Strafgerichtshofs angekündigt. Die Vereinigten Staaten, die sich ansonsten gerne in der Rolle des Vorreiters in Menschenrechtsfragen sehen, erlebten jedoch in Rom ein diplomatisches Desaster. Nur sechs Staaten schlugen sich auf ihre Seite, 120 standen auf der anderen, darunter die gesamte Europäische Union, nach anfänglichem Zögern auch Russland. Gegen die Geschlossenheit der *like-minded states* kam die Weltmacht nicht an. Alle Vorschläge der amerikanischen Delegation, die darauf ausgerichtet waren, den künftigen ICC der Kontrolle durch den Sicherheitsrat - das heißt ihrer eigenen und derer der vier anderen ständigen Mitglieder - zu unterwerfen, wurden abgewiesen. Nicht nur, dass die Vereinigten Staaten sich in Rom mit verbündeten Staaten entzweiten, sie gingen dazu noch eine äußerst fragwürdige Koalition mit Staaten ein, denen sie in Menschenrechtsfragen sonst den erhobenen Zeigefinger entgegenhalten, darunter China, Libyen und der Irak. So groß war die Furcht, dass sich die vielen amerikanischen Soldaten im Ausland eines Tages in Den Haag verantworten müssen - als Zielscheibe politischer Anklagen.
Auslöser dieser Bedenken war der unabhängige Ankläger und die Tatsache, dass ein Tätigwerden des ICC auch dann möglich ist, wenn beispielsweise das Land des Verdächtigten dem ICC-Statut nicht beigetreten ist. Rein theoretisch würde der Beitritt Bosnien-Herzegowinas oder Jugoslawiens genügen, um einen Fall ins Rollen zu bringen, selbst wenn Washington weder den ICC anerkennt noch sein Statut ratifiziert. Bei genauerer Betrachtung sind diese Befürchtungen kaum nachvollziehbar, bleibt doch der Fall "amerikanischer Soldat vor dem ICC" sehr unwahrscheinlich. In Rom bestand von vornherein Einigkeit über den Grundsatz der Komplementarität. Der ICC erlangt Zuständigkeit nur dann, wenn der Einzelstaat nicht handelt oder nicht handeln kann, wenn ein Justizsystem zusammengebrochen oder der Willfährigkeit eines Diktators ausgeliefert ist. Bei

den Vereinigten Staaten, wie bei anderen funktionierenden rechtsstaatlichen Demokratien, wird sich das Gericht kaum oder nie einschalten. Außerdem beschränkt sich die Zuständigkeit des ICC auf die schwersten Verbrechen von internationalem Belang. Das unbeherrschte Verhalten eines einzelnen Soldaten wird den ICC kaum beschäftigen. Dies kann auch nicht die Aufgabe des Weltgerichtshofs sein, wenn dieser effektiv arbeiten soll.

Es war richtig, in Rom die vielleicht einmalige Gelegenheit zu nutzen und ein Statut für einen Ständigen Internationalen Strafgerichtshof zu verabschieden, auch gegen den Willen Washingtons. Ansonsten hätte das ganze Vorhaben für viele Jahre, vielleicht sogar für immer, fallen gelassen werden müssen. Jetzt, nachdem das ICC-Statut in Kraft getreten ist, sollte versucht werden, die gerichtshofskeptischen Staaten, allen voran die USA, für den ICC zu gewinnen und nicht unnötig zu isolieren. Letzteres würde den ICC schwächen. Es ist daher zu begrüßen, dass die Vereinigten Staaten an den Beratungen der aus Vertretern der Vertragsstaaten bestehenden *Preparatory Commission* mit Beobachterstatus teilnehmen dürfen.

Zwar ist das in Rom beschlossene System internationaler Strafverfolgung umso effektiver, je weniger der ICC zu tun bekommt. Seine größtmögliche Effektivität wird der ICC nur dann erzielen können, wenn möglichst viele Staaten sein Statut ratifizieren und sich damit zur Zusammenarbeit mit dem ICC verpflichten. Der Gerichtshof selbst wird über keine eigene Polizei oder Vollzugsgewalt verfügen.[137] Ihren freiwillig übernommenen Verpflichtungen in Teil 9 des Römischen Statuts sollten die Vertragsstaaten nachkommen. Dennoch haben mit den Staaten der Europäischen Union die stärksten Befürworter des Internationalen Strafgerichtshofs bei den Verhandlungen im UN-Sicherheitsrat über die Verlängerung des Bosnien-Mandats im Juli 2002 auf amerikanischen Druck hin bilateralen Immunitätsabkommen zum Schutz vor Strafverfolgung durch den ICC zugestimmt, wenn auch unter engen Voraussetzungen. Damit wurde bereits im Jahr des Inkrafttretens des Statuts von Rom die Möglichkeit eröffnet, dieses, insbesondere die Immunitätsabkommen erfassende Bestimmung des Art. 98 ICC-Statut, zu umgehen.

[137] Kaul, Durchbruch in Rom, Fn. 52, S. 129.

Rückblick und Ausblick

Die Durchsetzung des Völkerstrafrechts auf internationaler Ebene hat mit dem Inkrafttreten des Statuts von Rom zur Errichtung des Ständigen Internationalen Strafgerichtshofs im Juli 2002 ihren vorläufigen Höhepunkt erreicht. Die Bestimmungen des ICC-Statuts sind weitgehend das Ergebnis einer sehr langen Entwicklung, welche die vorliegende Abhandlung nachgezeichnet hat.

Ausgangspunkt der hier vorgenommenen Betrachtung ist das Verfahren gegen den Landvogt Peter von Hagenbach in Breisach im Jahre 1474. Abgesehen von seiner Zusammensetzung kann das Breisacher Tribunal auch wegen seines Umgangs mit der Problematik der Berufung auf höheren Befehl als Vorläufer der Tribunale von Nürnberg und Tokio angesehen werden.

Den ersten neuzeitlichen Ansatzpunkt zur Durchsetzung des Völkerstrafrechts bildet ein Statutentwurf für einen Internationalen Strafgerichtshof aus dem Jahre 1872, der vom Mitbegründer des Internationalen Komitees des Roten Kreuzes, Gustave Moynier, vorgelegt wurde. Moynier sah sich bei seinem Versuch, unter dem Eindruck der im Deutsch-Französischen Krieg von 1870/71 begangenen Humanitätsverbrechen eine Grundlage für die völkerstrafrechtliche Verfolgung von Kriegsverbrechen zu schaffen, vielfach mit den gleichen Problemen konfrontiert wie über hundert Jahre später die staatlichen Delegationen auf der Konferenz von Rom im Juni und Juli 1998.

Die Strafbestimmungen des im Juni 1919 unterzeichneten Versailler Vertrages stellen den ersten Bruch mit der Tradition des *ius publicum europaeum* dar, nach der ein Friedensschluss nicht mit Streitfragen zu belasten war, die Anlass zum Krieg gewesen oder in dessen Verlauf hinzugetreten waren. Die im Krieg zugefügten Verletzungen sollten keinen Grund zu neuen Streitigkeiten geben dürfen. Erstmalig deutlich wurde durch das Scheitern der Durchführung der Strafbestimmungen des Versailler Vertrages auch, dass sich das Völkerstrafrecht in Ermangelung eines supranationalen Vollzugsorgans grundsätzlich nur mit und nicht gegen die Staaten durchsetzen lässt. Die Kriegsverbrecherjustiz nach dem Ersten Weltkrieg scheiterte an der Auslieferungsfrage. Ob die Verfahren vor dem Internationalen Sondergerichtshof nach Art. 227 und vor dem Internationalen Militärgerichtshof gemäß Art. 229 des Versailler Vertrages angesichts der selbst unter den Alliierten geübten Kritik an den unbestimmten und politisch ausgerichteten Strafbestimmungen erfolgreich hätten durchgeführt werden können, muss bezweifelt werden. Die Vorschläge, einen Internationalen Strafgerichtshof im Rahmen des Völkerbundes zu schaffen, wurden leider nicht weiter aufgegriffen. Auch den darauf ausgerichteten wissenschaftlichen Bemühungen zwischen den Weltkriegen war kein Erfolg beschieden.

Am Ende des Zweiten Weltkrieges galt es für die siegreichen Staaten erneut darüber zu entscheiden, ob die Führung des besiegten Deutschland strafrechtlich zur Verantwortung zu ziehen sei. Allerdings stellte sich diesmal nicht die Frage, wie man der beschuldigten Personen habhaft werden könne. Unter moralischen Gesichtspunkten kann der Nürnberger Prozess vor dem IMT nicht in Zweifel gezogen werden. Gemessen an rechtlichen Kriterien ist bezüglich der Tatbestände des Verbrechens gegen den Frieden und der verbrecherischen Organisationen ein Verstoß gegen den Grundsatz des *nullum crimen sine lege* zu konstatieren, der durch die Rechtsprechung des IMT nur bedingt korrigiert werden konnte.
Wie das nationale Strafrecht ist auch das Völkerstrafrecht nicht statisch. Es bedarf einer fortwährenden Anpassung an sich ändernde soziale oder faktische Gegebenheiten. In Versailles und Nürnberg wurde diese Anpassung im Anschluss an kriegerische Auseinandersetzungen vollzogen, um den *ad hoc* zu errichtenden Tribunalen die strafrechtliche Verfolgung von bis dahin nicht sanktionierten oder nicht einmal bekannten Verbrechensarten oder Konfliktsituationen zu ermöglichen. Von entscheidendem Nachteil für die Fortentwicklung des Völkerstrafrechts war dabei, dass sie als Reaktion auf kriegerische Auseinandersetzungen von den siegreichen Parteien in Angriff genommen wurde. Im Anschluss an die beiden Weltkriege des vergangenen Jahrhunderts hatte dies zur Folge, dass dem Unrecht nicht immer die Stärke des Rechts, sondern auch das Recht des Stärkeren entgegengesetzt wurde.

Knapp 50 Jahre später galt es erneut, auf sich ändernde faktische Gegebenheiten zu reagieren. Bürgerkriege und damit Konflikte weitgehend internen Charakters wurden weltweit zur vorherrschenden Form kriegerischer Auseinandersetzungen. Wie schon das IMT musste nun das ICTY gewisse Unklarheiten seines unter enormem Zeitdruck ausformulierten Statuts überwinden, die dadurch entstanden waren, dass völkerrechtliche Verbotsnormen weitgehend erstmalig auf einen internen Konflikt anzuwenden waren.
Der überzeugenden Arbeit des ICTY und des ICTR ist es zu verdanken, dass die anfängliche Kritik an ihrer Einsetzung nicht nur weitgehend verstummt, sondern umgeschlagen ist in die Überzeugung von der Notwendigkeit einer internationalen Strafgerichtsbarkeit. Es muss sich allerdings die Einsicht durchsetzen, dass für das Insistieren auf unzeitgemäßen und überzogenen Souveränitätsansprüchen in einer zunehmend von Interdependenz geprägten Welt genauso wenig Platz ist wie für die Auffassung, Völkerrecht verlöre seine Geltung, wenn eigene Staatsbürger, insbesondere Soldaten, betroffen sind.

Die mit dem Ende des Ost-West-Konfliktes einhergehenden Unabhängigkeitsbestrebungen führten nicht nur zu von ethnischen Konflikten geprägten Bürgerkriegen, sie verliehen dem Völkerstrafrecht plötzlich eine neue Dynamik. Die Weiterentwicklung und Durchsetzung des Völkerstrafrechts war nun nicht mehr durch die Spannungen des Kalten Krieges behindert. Anders als die unter dem Dach der Vereinten Nationen formulierten Statutentwürfe der *Committees on International Criminal Jurisdiction* von 1951 und 1953 konnten die Statutentwürfe der *International Law Commission* von 1993 und 1994 die in sie gesetzten Hoffnungen erfüllen. Sie wurden zur Grundlage des ICC-Statuts.

In Rom wurde mit dem ICC-Statut die Voraussetzung für einen starken und unabhängigen Gerichtshof geschaffen. Dass es sich bei dem Ergebnis einer Staatenkonferenz mit nahezu 160 Teilnehmerstaaten um einen Kompromiss mit auch weniger befriedigenden Elementen handelt, liegt auf der Hand. Dennoch wurde in Rom mehr erreicht, als selbst noch kurz vor Abschluss der Konferenz erwartet werden konnte. Erstmalig wurden genau umschriebene Tatbestände völkervertraglich ausgehandelt. Positiv hervorzuheben sind ferner das im ICC-Statut verankerte Prinzip der Komplementarität und die Befugnis des UN-Sicherheitsrats, Verfahren vor dem ICC auszulösen. Die mit der Kompromisslösung des Art. 12 ICC-Statut einhergehende Strafbarkeitslücke konnte so wenigstens teilweise geschlossen werden. Denn in internen und damit in der heute vorherrschenden Form von bewaffneten Konflikten begangene Verbrechen fallen aus der Zuständigkeit des ICC heraus, wenn der Tatortstaat und der Staatsangehörigkeitsstaat des Täters dem ICC-Statut nicht beigetreten sind. Ausgenommen sind nur die Fälle, in denen der Sicherheitsrat eine Situation an den ICC verweist.
Mit dem Inkrafttreten des ICC-Statuts ist das Vorhaben "Internationaler Strafgerichtshof" Wirklichkeit geworden. Seit der Amtseinführung der 18 Richter am 11. März 2003 ist der ICC auch kein abstraktes Statut mehr.[1] Der Gerichtshof ist jetzt sichtbar geworden, er hat ein Gesicht. Jetzt muss sich der ICC und die Reichweite seiner Zuständigkeit *ratione materiae* möglichst schnell im Bewusstsein potenzieller Kriegsverbrecher festsetzen. Dass es sich beim ICC um einen ständigen und nicht nur um einen für bestimmte Konflikte zuständigen Gerichtshof handelt, wird dabei ein entscheidender Vorteil sein.

Die Erwartungen, dass bereits die Einsetzung der *ad hoc*-Tribunale für das ehemalige Jugoslawien und Ruanda eine abschreckende Wirkung entfalten werde, haben sich nur bedingt erfüllt. Wenige Jahre später wurden im Kosovo wieder zahlreiche Massengräber entdeckt.

Dennoch, vieles, was heute selbstverständlich erscheint, wurde zu Beginn der neunziger Jahre noch nicht für möglich gehalten. Die Fälle Pinochet und Milosevic zeigen, dass die strafrechtliche Verantwortlichkeit von Staatsoberhäuptern auf dem besten Weg ist, Wirklichkeit zu werden.

---

1 Deutschland ist durch den Diplomaten und Völkerrechtler Hans-Peter Kaul vertreten.

Staatsoberhäupter, die gegen das Völkerrecht verstoßen, müssen von nun an damit rechnen, für ihr Handeln zur Verantwortung gezogen zu werden, zumindest aber Gefangene in ihrem eigenen Land zu sein. Und Letzteres gilt auch nur so lange, bis es zu einem Machtwechsel kommt. Auf der Ebene der Staatsführung entfaltet das Völkerstrafrecht zunehmend abschreckende Wirkung.

Sobald der ICC in Den Haag seine Arbeit aufnimmt, dürfte die Straflosigkeit schwerer Verstöße gegen das Völkerrecht endgültig der Vergangenheit angehören.

Abkürzungsverzeichnis

AFDI	Annuaire français de droit international
AIDP	Association Internationale de Droit Pénal
AJIL	American Journal of International Law
ArchVR	Archiv des Völkerrechts
ASIL	American Society of International Law
Austrian J. Publ. Int'l L.	Austrian Journal of Public International Law
Bd.	Band
BGBl.	Bundesgesetzblatt
BYIL	The British Yearbook of International Law
Canadian Y.B. Int'l L.	The Canadian Yearbook of International Law
Columbia J. Transnat'l L.	Columbia Journal of Transnational Law
CSCE	Commission on Security and Cooperation in Europe
DJZ	Deutsche Juristen-Zeitung
Doc.	Document
DRiZ	Deutsche Richterzeitung
Duke J. Comp.& Int'l L.	Duke Journal of Comparative and International Law
ECOSOC	Economic and Social Council of the United Nations
EJIL	European Journal of International Law
Fn.	Fußnote
GAOR	General Assembly Official Records
Hague Y.B. Int'l L.	Hague Yearbook of International Law

Harv. L. Rev.	Harvard Law Review
HRLJ	Human Rights Law Journal
Hrsg.	Herausgeber
HuV	Humanitäres Völkerrecht
ICC	International Criminal Court
ICJ	International Court of Justice
ICTR	International Criminal Tribunal for Ruanda
ICTY	International Criminal Tribunal for the Former Yugoslavia
IFOR	multinational implementation force
IGH	Internationaler Gerichtshof
ILA	International Law Association
ILC	International Law Commission
ILM	International Legal Materials
ILQ	The International Law Quarterly
IMT	International Military Tribunal at Nuremberg
IMTFE	International Military Tribunal for the Far East
Int'l & Comp. L. Q	The international and comparative law quarterly
JDI	Journal de droit international
lit.	litera
NGO(s)	Non-Governmental Organisation(s)
NJW	Neue Juristische Wochenschrift
No.	number/numéro
Nr.	Nummer
NRGT	Nouveau Recueil Général de Traités

N.Y.U. J. Int'l L. & Pol.	The New York University Journal of International Law and Politics
o. V.	ohne Verfasserangabe
RdC	Recueil des Cours de l'Académie de Droit International
RDILC	Revue de Droit International et de Législation Comparée
RÉDI	Revue Égyptienne de Droit International
RGBl.	Reichsgesetzblatt
RICR/IRRC	Revue Internationale de la Croix-Rouge/ Internatinal Review of the Red Cross
RIDP	Revue Internationale de Droit Pénal
RSC	Revue de science criminelle et de droit pénal comparé
RSDIE/SZIER	Revue suisse de droit international et de droit européen/Schweizerische Zeitschrift für internationales und europäisches Recht
SFOR	multinational stabilization force
StIGH	Ständiger Internationaler Gerichtshof
u. a.	unter anderem
UN	United Nations
UNCIO	United Nations Conference on International Organization
UNTS	United Nations Treaty Series
v.	versus
VA. L. Rev.	Virginia Law Review
vgl.	vergleiche

Vol.	Volume
Yale J. Int'l L.	The Yale Journal of International Law
ZaöRV und	Zeitschrift für ausländisches öffentliches Recht
	Völkerrecht
Ziff.	Ziffer
zit.	zitiert
ZStR	Schweizerische Zeitschrift für Strafrecht

Quellen und Literatur

Quellen

Allied Control Council Law No. 10, 20 December 1945, in: Trials of War Criminals before the Nuremberg Military Tribunals under Control Council Law No. 10, Vol. XV, II.B.

Alfaro, Ricardo J.: Report to the International Law Commission, in: International Law Commission, Yearbook 1950 II, New York 1957, S. 1 ff.

Association Internationale de Droit pénal: Premier Congrès International de Droit Pénal, Bruxelles (26-29 juillet 1926), Actes du Congrès, Paris 1927

dies.: Deuxième Congrès International de Droit Pénal, Bucarest (6-12 octobre 1929), Actes du Congrès, Paris 1930

dies.: Entschließungen des XIII. Internationalen Strafrechtskongresses in Kairo 1984, in: ZStW 97 (1985), S. 731 ff.

dies.: Entschließungen des XIV. Internationalen Strafrechtskongresses in Wien 1989, in: ZStW 102 (1990), S. 683 ff.

dies.: Entschließungen des XV. Internationalen Strafrechtskongresses in Rio de Janeiro 1994, in: ZStW 108 (1996), S. 688 ff.

Berber, Fritz: Das Diktat von Versailles, Entstehung – Inhalt – Zerfall. Eine Darstellung in Dokumenten, 2 Bände, Essen 1939

Carnegie Endowment for International Peace: The Proceedings of the Hague Peace Conferences, The Conference of 1899, New York 1920

dies.: The Proceedings of the Hague Peace Conferences, The Conference of 1907, Vol. I, II, New York 1920

Commission du Conseil suprême des Puissances alliées: Résolutions de la Commission du Conseil suprême des Puissances alliées du 7. Janvier 1922, in: JDIl 48 (1921), S. 1077 ff.

Conférence de la Paix, Recueil des Actes de la Conférence, Partie IV, Commissions de la Conférence (Procès-verbaux, Rapports et Documents), B. Questions Générales, (2) Commission des Responsabilités des Auteurs de la Guerre et Sanctions, Paris, Imprimerie Nationale 1922

Dayton Paris Peace Agreement in the form initialed on November 21, 1995 in Dayton, UN Doc. A/50/790-S/1995/999; in the form signed in Paris on December 14, 1995, in: ILM 35 (1996), S. 89 ff.

Djonovich, Dusan J. (Editor): United Nations Resolutions, Series I, Resolutions adopted by the General Assembly, New York
Vol. I (1946-1948)
Vol. II (1948-1949)
Vol. III (1950-1952)
Vol. IV (1952-1953)
Vol. VIII (1960-62)
Vol. X (1964-65)
Vol. XI (1966-68)
Vol. XV (1974-1976)

Documents on British Foreign Policy 1919-1939, First Series, Vol. I, II, VII, VIII, IX, XV, hrsg. von Rohan Butler u. a., Her Majesty's Stationery Office, London 1947-67

Erdmann, Karl Dietrich/Booms, Hans (Hrsg.): Akten der Reichskanzlei: Weimarer Republik. Das Kabinett Müller I: 27. März 1920 bis 21. Juni 1920, bearbeitet von Martin Vogt, Boppard am Rhein 1971

dies.: Akten der Reichskanzlei: Weimarer Republik. Das Kabinett Bauer: 21. Juni 1919 bis 27. März 1920, Bearbeitet von Anton Golecki, Boppard am Rhein 1980

Gesetz über den Friedensschluß zwischen Deutschland und den alliierten und assoziierten Mächten, 12. August 1919, in: Reichsgesetzblatt 1919, S. 687 ff.

International Court of Justice: Reservations on the Convention on the Prevention and Punishment of the crime of Genocide, ICJ Reports 1951, S. 23 ff.

ders.: Advisory Opinion on the Effect of Awards of Compensation made by U.N. Administrative Tribunal (13.07.1954), ICJ Reports 1954, S. 47 ff.

ders.: Judgement from 27 June 1986, Military and Paramilitary Activities in and against Nicaragua, Nicaragua v. USA, ICJ Reports 1986, S. 113 ff.

ders.: Order on Provisional Measures on Questions of Interpretation and Application of the Montreal Convention Arising from the Aerial Incident at Lockerbie (14.04.1992), Libyan Arab Jamahiriya v. United Kingdom, ICJ Reports 1992, S. 3 ff.

ders.: Judgement from 13 September 1993, Application of the Convention on the Prevention and Punishment of the Crime of Genocide (Bosnia and Herzegowina v. Yugoslawia (Serbia and Montenegro)), Indication of provisional measures, ICJ Reports 1993, Ziff. 42.

International Law Association: Report of the Thirty-First Conference held at The Palace of Justice, Buenos Aires, August 24th to August 30th, 1922, Vol. 1, London 1923

dies.: Report of the Thirty-Third Conference held at The Riddarhused and at The Riksdagshused, Stockholm, September 8th to September 13th, 1924, London 1925

dies.: Report of the Thirty-Fourth Conference held at The Chamber of Commerce, Vienna, August 5th to August 11th, 1926, London 1927

dies.: Report of the Thirty-Eigth Conference held at Budapest, September 6th to September 10th, 1934, London 1935

dies.: Report of the Fifty-Ninth Conference held at Belgrade, August 17th, 1980 to August 23rd, 1980, London 1982

dies.: Report of the Sixtieth Conference held at Montreal, August 29th, 1982 to September 4th, 1982, London 1983

dies.: Report of the Sixty-First Conference held at Paris, August 26th, 1984 to September 1st, 1984, London 1985

International Law Commission: Report to the General Assembly, Chapter IV (Study of the question of international jurisdiction), in: International Law Commission, Yearbook 1949, New York 1956, S. 278 ff.

dies.: Summary records of the meetings of the second session, in: International Law Commission, Yearbook 1950 I, New York 1958, S. 8 ff.

dies: Report of the International Law Commission covering its second session, 5 June - 29 July 1950, in: International Law Commission, Yearbook 1950 II, New York 1957, S. 364 ff.

dies.: Draft Code of Offences against the Peace and the Security of Mankind, DocumentA/CN.4/85, in: United Nations, International Law Commission, Yearbook 1954 II, S. 112 ff.

dies.: Report of the International Law Commission on the work of its forty-forth session, 4 May - 24 July 1992, in: General Assembly, Official Records, forty-seventh session, Supplement No. 10, UN Doc. A/47/10 (1992)

dies.: Report of the International Law Commission on the work of its forty-fifth session, 3 May - 23 July 1993, in: General Assembly, Official Records, forty-eighth session, Supplement No. 10, UN Doc. A/48/10 (1993)

dies.: Summary records of the meetings of the forty-sixth session, 2 May-22 July 1994, UN Doc. A/CN.4/SER.A/1994, International Law Commission, Yearbook 1994 I, New York/Geneva 1996

dies.: Report of the International Law Commission on the work of its forty-sixth session, 2 May - 22 July 1994, in: General Assembly, Official Records, forty-ninth session, Supplement No. 10, UN Doc. A/49/10 (1994)

dies.: Report of the International Law Commission on the work of its forty-eighth session, 6 May - 26 July 1996, in: General Assembly, Official Records, fifty-first session, Supplement No. 10, UN Doc. A/51/10 (1996) dies.: Report of the International Law Commission on the work of its fifty-third session, 23 April to 1 June and 2 July to 10 August 2001, in: General Assembly, Official Records, fifty-sixth session, Supplement No. 10, UN Doc. A/56/10 (2001)

Internationaler Militär-Gerichtshof, Nürnberg: Der Prozeß gegen die Hauptkriegsverbrecher vor dem Internationalen Militärgerichtshof,
Bd. I, Einführungsband
Bd. V, Verhandlungsniederschriften, 9. Januar 1946 - 21. Januar 1946

International Tribunal for the Prosecution of Persons responsible for Serious Violations of International Humanitarian Law committed in the territory of the Former Yugoslavia since 1991, First Annual Report, UN Doc. A/49/342,S/1994/1007 of 29 August 1994, in: Hague Y.B. Int'l L. 1994, The Hague 1995

Jackson, Robert H.: Report of Robert H. Jackson, United States Representative to the International Conference on Military Trials, Department of State, Publication 3080, Washington 1949

ders.: Grundlegende Rede vorgetragen im Namen der Vereinigten Staaten von Amerika, Frankfurt 1946

Knebel, Hans: Tagebuch September 1473 - Juni 1476, in: Basler Chroniken, Bd. 2, Leipzig 1880

Kraus, Herbert/Rödiger, Gustav: Urkunden zum Friedensvertrage von Versailles vom 28. Juni 1919, 2 Teile, Berlin 1920/21

League of Nations, Committee for the International Repression of Terrorism: Report to the Council on the First Session of the Committee, Held from April 30th to May 8th, 1935, Official No.: C.184.M.102.1935.V.

dies.: Committee for the International Repression of Terrorism, 1. Report to the Council adopted by the Committee on January 15th, 1936, 2. Report adopted by the Council on January 23rd, 1936, Series of League of Nations Publications V. Legal 1936. V. 2., Official No.: A. 7. 1936.V.

dies.: Committee for the International Repression of Terrorism, Report adopted by the Council on April 26th, 1937, Series of League of Nations Publications V. Legal 1937. V. 1., Official No.: C.222.M.162.1937.V.

London International Assembly: Reports on the Trial and Punishment of War Criminals, Arranged by M. de Baer, London 1944

dies.: Recommendations of the London International Assembly, London 1944

Londoner Vier-Mächte-Abkommen vom 8. August 1945 und Statut für den Internationalen Militärgerichtshof, in: Internationaler Militär-Gerichtshof, Nürnberg: Der Prozeß gegen die Hauptkriegsverbrecher vor dem Internationalen Militärgerichtshof, Bd. I, Einführungsband, S. 7 ff.

Mantoux, Paul: Les délibérations du Conseil des Quatre, Paris 1955
Bd. 1: Jusqu'à la remise à la Délégation Allemande des conditions de paix
Bd. 2: Depuis la remise à la Délégation Allemande des conditions de paix jusqu'à la Signature du Traité de Versailles

Martens, G. F. : Nouveau Recueil Général de Traités, Continuation Du Grand Recueil de G. F. Martens par Heinrich Triepel, 3. Série Tome III, Leipzig 1910

Nations Unies, Commité Pour une Juridiction Criminelle, Rapport de sa session tenue du 1er au 31 aout 1951, in: Nations Unies, Assemblée Générale, Documents Officiels: Septième Séance, Supplement No. 11 (A/2136), S. 1 ff.

Note des Präsidenten der Friedenskonferenz vom 3. 2. 1920 an den Vorsitzenden der deutschen Friedensdelegation, in: Verhandlungen der verfassungsgebenden Deutschen Nationalversammlung, Bd. 341, Berlin 1920, Aktenstück 2161, S. 2390

Permanent Court of International Justice, Advisory Committee of Jurists, Proces-Verbaux of the Proceedings of the Committee, June 16th - July 24th 1920, The Hague 1920

Régime Autonome des Publications Officielles (Hrsg.): Internationale Dokumente zur Vorbereitung des Friedens, 1941-1945, Baden-Baden 1948

Reimchronik über Peter von Hagenbach und die Burgunderkriege, in: Quellensammlung der badischen Landesgeschichte, Bd. 3, Karlsruhe 1863, S. 257 ff.

Rome Statute of the International Criminal Court, Adopted by the United Nations Diplomatic Conference of Plenipotentiaries on the Establishment of an International Criminal Court on 17 July 1998, UN Doc. A/CONF.183/9 (17 July 1998)

Sandström, Emil: Report to the International Law Commission, in: International Law Commission, Yearbook 1950 II, New York 1957, S. 18 ff.

Schwabe, Klaus (Hrsg.): Quellen zum Friedensschluß von Versailles, Darmstadt 1997

Shawcross, Sir Hartley: Die Rede des englischen Hauptanklagevertreters, Hamburg 1946

The Tokyo war crimes trial: The Complete Transcripts of the Proceedings of the International Military Tribunal for the Far East, hrsg. von R. John Pritchard und Sonja Magbanua Zaide, New York 1981 (22 Bände und 5 Ergänzungsbände)

United Nations: Ad hoc Committee on Genocide, Report to the Economic and Social Council on the Meetings of the Committee held at Lake Success, New York, From 5 April to 10 May 1948, in: UN Economic and Social Council, Official Records, Seventh Session 1948, Supplement No. 6, S. 1 ff.

dies.: Report of the 1953 Committee on International Criminal Jurisdiction, 27 July-20 August 1953, in: United Nations, General Assembly, Official Records: Ninth Session, Supplement No. 12 (A/2645), New York 1954

dies.: Statute of the International Tribunal for Rwanda, Security Council Resolution 955 from 8 November 1994, UN Doc. D/RES/955 (1994) (Annex)

dies.: Report of the Preparatory Committee on the Establishment of an International Criminal Court, UN Doc. A/CONF.183/2/Add. 1 (14 April 1998)

United Nations War Crimes Commission: History of the United Nations War Crimes Commission and the Development of the Laws of War, London 1948

United States of America, Department of State: Papers Relating to the Foreign Relations of the United States, The Paris Peace Conference 1919, Bände I, III, V, VII, Washington 1942-1947

Vereinte Nationen: Bericht des Generalsekretärs gemäß Ziffer 2 der Resolution 808 (1993) des Sicherheitsrats, in: UN Doc. S/25704 (03.05.1993)

dies.: Statut des Internationalen Gerichts zur Verfolgung der Verantwortlichen für die seit 1991 im Hoheitsgebiet des ehemaligen Jugoslawien begangenen schweren Verstöße gegen das humanitäre Völkerrecht, in: Anlage zu UN Doc. S/25704 (03.05.1993)

Verhandlungen der verfassungsgebenden Deutschen Nationalversammlung, Stenographische Berichte, Bd. 328, Berlin 1920

Verhandlungen der verfassungsgebenden Deutschen Nationalversammlung, Stenographische Berichte, Bd. 332, Berlin 1920

Weißbuch enthaltend Abdrucke der vom Reichsgericht auf Grund der Gesetze vom 18. Dezember 1919 / 24. März 1920 erlassenen Urteile, in: Verhandlungen des Reichstags, I. Wahlperiode 1920, Anlagen zu den Stenographischen Berichten, Bd. 368, Aktenstück Nr. 2584, S. 2542 ff.

Literatur

Monographien:

Aroneanu, Eugène: Le crime contre l'humanité, Paris 1961

Arnold, Pascal: Der UNO-Sicherheitsrat und die strafrechtliche Verfolgung von Individuen, Basel/Genf/München 1999

Association Internationale de Droit Pénal/International Institute of Higher Studies in Criminal Sciences/Max-Planck-Institute for Foreign and International Law: Draft Statute for an International Criminal Court prepared by a Committee of Experts Siracusa/Freiburg, July 1995 (update 31.01.1996)

Baker, Ray Stannard: Woodrow Wilson, Life and Letters, Vol. 8 (Armistice), New York 1939

de Barante: Histoire des ducs de Bourgogne de la Maison de Valois, Tome Sixième, Paris 1842

Bassiouni, M. Cherif: International Criminal Law: A Draft International Criminal Code, Alphen/Germantown 1980

ders. (Hrsg.): International Criminal Law, New York 1986
Vol. I (Crimes)
Vol. II (Procedure)
Vol. III (Enforcement)

ders.: A Draft International Criminal Code and a Draft Statute for an International Criminal Court, Dordrecht/Boston/Lancaster 1987

ders.: Crimes against humanity in International Criminal Law, Dordrecht/Boston/London 1992

ders.: Draft Statute International Criminal Tribunal, Érès 1992

ders.: Draft Statute International Criminal Tribunal, Érès 1993

Bassiouni, M. Cherif/Nanda Ved P.: A Treatise on International Criminal Law, Springfield (Ill.) 1973
Vol. I (Crimes and Punishment)
Vol. II (Jurisdiction and Cooperation)

Bassiouni, M. Cherif/Manikas, Peter: The Law of the International Criminal Tribunal of the former Jugoslavia, New York 1996

Belgion, Montgomery: Victor's Justice, Hinsdale, Illinois 1949

Bluntschli, Johann Caspar: Das moderne Völkerrecht der zivilisierten Staaten, 3. Auflage, Nördlingen 1878

Bothe, Michael/Partsch, Karl/Solf, Waldemar A.: New Rules for Victims of Armed Conflicts, The Hague/Boston/London 1982

Brackman, Arnold C.: The Other Nuremberg. The untold Story of the Tokyo War Crimes Trials, New York 1987

Cot, Jean-Pierre/Alain Pellet (Hrsg.): La Charte des Nations Unies, Commentaire, Paris/Brüssel 1985

Dahm, Georg: Zur Problematik des Völkerstrafrechts, Göttingen 1956

Dinh, Nguyen Quoc/Daillier, Patrick/Pellet, Alain: Droit International Public, 4. édition, Paris 1992

Donnedieu de Vabres, Henri: Les principes modernes du Droit Pénal International, Paris 1928

ders.: Le jugement de Nuremberg et le principe de légalité des délits et des peines, Brüssel 1947

Dumas, Jacques: De la Responsabilité internationale des Etats à raison de crimes et de délits commis sur leur territoire au préjudice d'étrangers, Paris 1930

Ebermayer, Ludwig: 50 Jahre Dienst am Recht, Leipzig/Zürich 1930

European Law Student's Association: Handbook on the Draft Statute for an International Criminal Court, Brussels 1998

Erger, Johannes: Der Kapp-Lüttwitz-Putsch. Ein Beitrag zur deutschen Innenpolitik 1919/20, Düsseldorf 1967

Fay, Sidney Bradshaw: The Origins of the World War, Bd. I, New York 1929

Ferencz, Benjamin: An International Criminal Court, London/Rome/New York 1980
Vol. I (Half a century of hope)
Vol. II (The beginning of wisdom)

Fleck, Dieter: Handbuch des humanitären Völkerrechts in bewaffneten Konflikten, München 1994

Friedmann, Leon (Hrsg.): The Law of War. A Documentary History, Vol. 1, New York 1972

Fuhrmann, Peter: Der höhere Befehl als Rechtfertigungsgrund im Völkerrecht, München 1960

Ginsburgs, George: Moscow's Road to Nuremberg, The Soviet Background to the Trial, The Hague/Boston/London 1996

Ginsburgs, George/Kudriavtsev, V.N. (Hrsg.): The Nuremberg Trial and International Law, Dordrecht/Boston/London 1990

Glaser, Stefan: Droit international pénal conventionnel, Bruxelles 1970

Glueck, Sheldon: The Nuremberg Trial and Aggressive War, New York 1946

Green, Lesly C.: Superior orders in national and international Law, Leyden 1976

Grewe, Wilhelm G.: Ein Besatzungsstatut für Deutschland, Stuttgart 1948

ders.: Epochen der Völkerrechtsgeschichte, Baden-Baden 1984

Grotius, Hugo: De iure belli ac pacis, libri tres, Amsterdam 1651

Hankel, Gerd/Stuby, Gerhard (Hrsg.): Strafgerichte gegen Menschheitsverbrechen, Hamburg 1995

Heffter, August Wilhelm: Das Europäische Völkerrecht der Gegenwart, 8. Auflage, bearbeitet von Heinrich Geffken, Berlin 1888

Herdegen, Matthias: Völkerrecht, 2. Auflage, München 2002

Hoffmann, Gerhard: Strafrechtliche Verantwortung im Völkerrecht, Frankfurt am Main/Berlin 1962

Hoppe, Rudolf: Die Kriegsbeendigung nach Völkerrecht und deutschem Reichsrecht, Greifswald 1918

House, Edward M./Seymour, Charles: What Really Happened at Paris, London 1921

Jackson, Robert H.: The Case against the Nazi Criminals, Washington 1946

Jescheck, Hans-Heinrich: Die Verantwortlichkeit der Staatsorgane nach Völkerstrafrecht, Bonn 1952

Kelsen, Hans: Peace through law, New York 1944

Kenny, Courtney S.: Outlines of Criminal Law, 15 edition, Cambridge 1936

Köhnecke, Walter: Die strafrechtliche Verantwortlichkeit für Handeln auf Befehl im Völkerrecht, Hamburg 1953

Lee, Roy S. (Hrsg.): The International Criminal Court: The Making of the Rome Statute – Issues, Negotiations, Results, The Hague 1999

Libal, Gisela: Aspekte der britischen Deutschlandpolitik 1919-1922, Göppingen 1972

Lloyd George, David: The Truth about the Peace Treaties, Vol. I, London 1938

ders.: War Memoirs, Bd. VI, London 1936

Mayer, Arno J.: Politics and Diplomacy of Peacemaking, London 1968

Mérignhac, A./Lémonon, E.: Le Droit des Gens et la Guerre de 1914-1918, Tome II, Paris 1921

Miller, David Hunter: My Diary at the Conference of Paris, 3. Bd., New York 1924

Minear, Richard H.: Victor's Justice. The Tokyo War Crimes Trials, Princeton 1971

Moynier, Gustave: Étude sur la Convention de Genève pour l'amélioration du sort des militaires blessés dans les armées de campagne, Paris 1870

ders.: Conférence sur la Convention de Genève, Genève 1891

ders.: Considérations sur la Sanction Pénale a donner à la Convention de Genève, Lausanne 1893

Müller-Rappard, Ekkehard: L'Ordre Supérieur Militaire et la Responsabilité Pénale du Subordonné, Paris 1965

Mullins, Claud: The Leipzig Trials, London 1921

Nowak, Manfred: UN Convenant on civil and political rights, Kehl u. a. 1993

Oehler, Dietrich: Internationales Strafrecht, 2. Auflage, Köln/Berlin/Bonn/München 1983

Oppenheim-Lauterpacht: International Law, 6. Auflage, Bd. I, London/New York/Toronto 1946

Orde, Anne: Great Britain and International Security, 1920-1926, London 1978

Pella, Vespasian V.: La Criminalité Collective des États et le Droit Pénal de l'Avenir, 2. Auflage, Bucarest 1926

ders.: La Guerre-Crime et les criminels de guerre, Paris/Genf 1946

Piccigallo, P.: The Japanese on Trial, Austin 1979

Politis, Nicolais: La justice internationale, Paris 1923

Rauschenbach, Gerhard: Der Nürnberger Prozess gegen die Organisationen, Bonn 1954

Read, James Morgan: Atrocity Propaganda 1914-1919, New York 1972

Reeder, René Marius: The Establishment of an International Criminal Court, Amsterdam 1962

Röling, B.V.A.: The Tokyo Trials and beyond, Cambridge 1993

Roggemann, Herwig: Der Internationale Strafgerichtshof der Vereinten Nationen von 1993 und der Krieg auf dem Balkan, Berlin 1994

Sandoz, Yves/Swinarski, Christophe/Zimmermann, Bruno: Commentaire des Protocols additionnels du 8. juin 1977 aux Conventions de Genève du 12. aout 1949, Genève 1986

Schlepple, Eberhard: Das Verbrechen gegen den Frieden und seine Bestrafung, Frankfurt am Main 1983

Schwabe, Klaus: Deutsche Revolution und Wilson-Frieden. Die amerikanische und deutsche Friedensstrategie zwischen Ideologie und Machtpolitik 1918/19, Düsseldorf 1971

Schwarzenberger, Georg: International Law as Applied by International Courts and Tribunals, Vol. 2, London 1968

Schwengler, Walter: Völkerrecht, Versailler Vertag und Auslieferungsfrage, Kiel 1980

Seidl-Hohenveldern, Ignaz: Völkerrecht, 7. Auflage, München 1992

Simma, Bruno (Hrsg.): Charta der Vereinten Nationen, Kommentar, München 1991

Smith, Bradley F.: The Road to Nuremberg, New York 1981

Sunga, Lyal S.: Individual responsibility in international law for serious human rights violations, Dordrecht/Boston/London 1992

Trapp, Erwin: Die kriegsrechtliche Bedeutung der Nürnberger Urteile, Düsseldorf 1957

Triffterer, Otto (Hrsg.): Commentary on the Rome Statute of the International Criminal Court, Baden-Baden 1999

von Ullmann, E.: Völkerrecht, 2. Auflage, Tübingen 1908

von Weber, Hellmuth: Internationale Strafgerichtsbarkeit, Berlin/Bonn 1934

ders.: Die strafrechtliche Verantwortlichkeit für Handeln auf Befehl, Schloß Bleckede a. d. Elbe 1948

Wehberg, Hans: Das Genfer Protokoll betreffend die friedliche Erledigung internationaler Streitigkeiten, Berlin 1927

Willis, James F.: Prologue to Nuremberg: The Politics and Diplomacy of Punishing War Criminals of the First World War, Westport (Conn.)/London 1982

Woetzel, Robert K.: The Nuremberg Trials in International Law, London/New York 1960

Zander, Jens-Peter: Das Verbrechen im Kriege - Ein völkerrechtlicher Begriff, Würzburg 1969

Aufsätze:

Aldrich, George H.: Jurisdiction of the International Criminal Tribunal for the Former Jugoslavia, in: AJIL 90 (1996), S. 64 ff.

Alvarez, Jose E.: Nuremberg Revisited: The Tadic Case, in: EJIL 7 (1996), S. 245 ff.

Ambos, Kai: Der Neue Internationale Strafgerichtshof - ein Überblick, in: NJW 1998, S. 3743 ff.

Arsanjani, Mahnoush H.: The International Criminal Court and National Amnesty Laws, in: ASIL Proceedings 1999, S. 65 ff.

Bassiouni, M. Cherif: Das "Vermächtnis von Nürnberg", eine historische Bewertung fünfzig Jahre danach, in: Hankel, Gerd/Stuby Gerhard (Hrsg.): Strafgerichte gegen Menschheitsverbrechen, Hamburg 1995, S. 15 ff.

Behrens, Hans-Jörg: Das Verfahren des Internationalen Strafgerichtshofes nach dem Statut von Rom, in: HuV Nr. 3 1998, S. 144 ff.

Bergsmo, Morten: International Criminal Tribunal for the Former Yugoslavia, in:HRLJ 1994, S. 405 ff.

Brady, Helen J./Nemitz, Jan Christoph: The Offence of Prejury under International Law: The False Testimony of Witness L, in: HuV Nr. 3 1998, S. 162 ff.

Brierly, J.L.: Do we need an International Criminal Court?, in: BYBIL 1928, S. 274 ff.

Brown, Bertram S.: Primacy or Complementarity: Reconciling the Jurisdiction of National Courts and International Tribunals, in: Yale J. Int'l L. 23 (1998), S. 383 ff.

ders.: U.S. Objections to the Statute of the International Criminal Court: A Brief Response, in: N.Y.U. J. Int'l L. & Pol. 31 (1999), S. 855 ff.

Brügel, J. W.: Das Schicksal der Strafbestimmungen des Versailler Vertrages, in: Vierteljahreshefte für Zeitgeschichte, S. 263 ff.

Cadoux, C. J.: The Punishing of Germany after the War of 1914-1918, in: The Hibbert Journal 43, S. 107 ff.

Caloyanni, Mégalos A.: La cour permanente de justice criminelle internationale, in: RIDP No. 4 1926, S. 469 ff. (in englischer Fassung S. 492 ff.)

ders.: La réforme du statut de la Cour permanente de justice internationale in: RIDP 1930, 151 ff.

ders.: L'organisation de la Cour Permanente de Justice Internationale et son avenir, in: RdC 1931, Bd. IV, S. 655 ff.

ders.: Les procès de Nuremberg et la justice pénale internationale, in: Revue de droit international, des sciences diplomatiques et politiques 1946, S. 174 ff.

ders.: La justice pénale internationale et son avenir, in: RSC 1946, S. 341 ff.

Cassese, Antonio: The Statute of the International Criminal Court: Some Preliminary Reflections, in: EJIL 10 (1999), S. 144 ff.

Crawford, James: The Forty-Fifth Session of the International Law Commission, in: AJIL 88 (1994), S. 134 ff.

ders.: The ILC's Draft Statute for an International Criminal Tribunal, in: AJIL 88 (1994), S. 140 ff.

ders.: The ILC adopts Statute for an International Criminal Court, in: AJIL 89 (1995), S. 404 ff.

Donnedieu de Vabres, Henri: Y a-t-il lieu d'instituer une juridiction criminelle internationale?, in: RIDP Nos 2-3 1926, S. 353 ff.

ders.: La répression internationale du terrorisme. Les Conventions de Genève (16 Novembre 1937), in: RDILC, Série 3, Tome XIX 1938, S. 37 ff.

ders.: De l'organisation d'une juridiction pénale internationale, in: RIDP 1949, S. 3 ff.

Draeger, Hans: Die internationale Erörterung der Kriegsschuldfrage, in: Zehn Jahre Versailles, I. Bd., hrsg. von Heinrich Schnee und Hans Draeger, Berlin 1929, S. 51 ff.

Fenrick, W.J.: Some International Law Problems related to Prosecutions before the International Criminal Tribunal for the Former Yugoslavia, in: Duke J. Comp. & Int'l L. 1995, S. 103 ff.

Ferencz, Benjamin: An International Criminal Code and Court: Where they stand and where they are going, in: Columbia J. Transnat'l L. 1992, S. 375 ff.

ders.: Von Nürnberg nach Rom: Auf dem Weg zu einem Internationalen Strafgerichtshof, in: HuV Nr. 2 1998, S. 80 ff.

Finch, George A.: The progressive development of international law, in: AJIL 41 (1947), S. 20 ff.

Fischer Williams, Sir John: Sanctions under the Convenant, in: BYBIL 1936, S. 130 ff.

Forsythe, David P.: Politics and the International Criminal Tribunal for the Former Yugoslavia, in: Criminal Law Forum 1994, S. 401 ff.

Gaeta, Paola: Is NATO Authorized or Obliged to Arrest Persons Indicted by the International Criminal Tribunal for the Former Jugoslavia?, in: EJIL 9 (1998), S. 174 ff.

dies.: The Defense of Superior Orders: The Statute of the International Criminal Court versus Customary International Law, in : EJIL 10 (1999), S. 172 ff.

Gasser, Hans-Peter, in: Im Dienst der Gemeinschaft, Festschrift für Dieter Schindler zum 65. Geburtstag, hrsg. von Walter Haller u. A., Basel/Frankfurt a. M. 1989, S. 225 ff.

de Geouffre de La Pradelle, Gérsaud: Zur Aktualität der Nürnberger Prinzipien, in: Hankel, Gerd/Stuby, Gerhard (Hrsg.): Strafgerichte gegen Menschheitsverbrechen, Hamburg 1995, S. 127 ff.

Goldstone, Richard J.: The International Tribunal for the Former Yugoslavia, in: Duke J. Comp. & Int'l L. 1995, S. 5 ff.

Grayson, James W.: The Defence of Superior Orders in the International Criminal Court, Nordic Journal of Internatinal Law 64 (1995), S. 243 ff.

Grebing, Gerhardt: Zur Schaffung eines Internationalen Strafgerichtshofes, in: GA 1976, S. 97 ff.

Greenwood, Christopher: International Humanitarian Law and the Tadic Case, in: EJIL 7 (1996), S. 265 ff.

Gregory, S.S.: Criminal responsibility of sovereigns for willful violations of the laws of war, in: VA. L. Rev. 1919-20, S. 400 ff.

Grewe, Wilhelm G.: Rückblick auf Nürnberg, in: Festschrift für Karl Doehring, hrsg. von Kay Hailbronner/Georg Ress/Torsten Stein, Berlin/Heidelberg/New York u. a. 1989, S. 229 ff.

Hafner, Gerhard/Boon, Kirsten/Rübesame, Anne/Jonathan, Huston: A Response to the American View as Presented by Ruth Wedgwood, in: EJIL 10 (1999), S. 108 ff.

Hall, Christopher Keith: The First Two Sessions of the UN Preparatory Committee on the Establishment of an International Criminal Court, in: AJIL 91 (1997), S. 177 ff.

ders.: The Third and Fourth Session of the UN Preparatory Committee on the Establishment of an International Criminal Court, in: AJIL 92 (1998), S. 124 ff.

ders.: The Fifth Session of the UN Preparatory Committee on the Establishment of an International Criminal Court, in: AJIL 92 (1998), S. 331 ff.

ders.: The Sixth Session of the UN Preparatory Committee on the Establishment of an International Criminal Court, in: AJIL 92 (1998), S. 548 ff.

ders.: The first proposal for a permanent international criminal court, in: IRRC March 1998 (No. 322), S. 57 ff.

Heimpel, Hermann: Das Verfahren gegen Peter von Hagenbach zu Breisach (1474), in: Zeitschrift für die Geschichte des Oberrheins, Bd. 55 der Neuen Folge, Karlsruhe i. B. 1942

Heintschel v. Heinegg, Wolff: Zur Zulässigkeit der Errichtung des Jugoslawienstrafgerichtshofs durch Resolution 827 (1993), in: HuV Nr. 2 1996, S. 75 ff.

Hoffmeister, Frank/Knoke, Sebastian: Das Vorermittlungsverfahren vor dem Internationalen Strafgerichtshof – Prüfstein für die Effektivität der neuen Gerichtsbarkeit im Völkerstrafrecht, in: ZaöRV 59/3 (1999), S. 785 ff.

Hollweg, Carsten: Vom Jugoslawientribunal zum allgemeinen Internationalen Strafgerichtshof?, in: ZStr (Sonderdruck) Bd. 112, 1994, Heft 3

Hudson, Manley O.: The proposed international criminal court, in: AJIL 1938, S. 549 ff.

Jones, John R.W.: The Implications of the Peace Agreement for the International Criminal Tribunal for the former Yugoslavia, in: EJIL 7 (1996), S. 226 ff.

Joyner, Christopher: Strengthening Enforcement of Humanitarian Law, in: Duke J. Comp. & Int'l L. 1995, S. 79 ff.

Kahl, Wilhelm: Das Ergänzungsgesetz zur Verfolgung von Kriegsverbrechen, in: DJZ 25 (1920), Sp. 337 f.

Kaufmann, Erich: Die für die Aburteilung von "Kriegsverbrechen" eingesetzten Gerichtsbarkeiten und der Kontrollrat, in: Festschrift für Carl Bilfinger, Köln/Berlin 1954

Kaul, Friedrich Karl: Die Verfolgung deutscher Kriegsverbrecher nach dem ersten Weltkrieg, in: Zeitschrift für Geschichtswissenschaft 1966, S. 19 ff.

Kaul, Hans-Peter: Durchbruch in Rom, in: Vereinte Nationen 4/1998, S. 125 ff.

ders.: Der Internationale Strafgerichtshof: Das Ringen um seine Zuständigkeit und Reichweite, in: HuV Nr. 3 1998, S. 138 ff.

Kelsen, Hans: Will the Judgement in the Nuremberg Trial Constitute a Precedent in International law?, in: ILQ Vol. I, No. 2, 1947, S. 153 ff.

Kirsch, Philippe/Holmes, John T.: The Birth of the International Criminal Court: The 1998 Rome Conference, in: Canadian Y.B. Int'l L. 1998, S. 3 ff.

Kraus, Herbert: Vom Recht des Nürnberger Internationalen Militärgerichtsprozesses, in: Festschrift für Hermann Jahrreiss, hrsg. von Karl Carstens und Hans Peters, Köln/Berlin/Bonn/München, S. 221 ff.

Kreß, Claus: Strafen, Strafvollstreckung und internationale Zusammenarbeit im Statut des Internationalen Strafgerichtshofes, in: HuV Nr. 3 1998, S. 151 ff.

Kussbach, Erich: The International Humanitarian Factfinding Commission, in: Int'l & Comp. L. Q 1994, S. 174 ff.

Lammasch, Heinrich: Compulsory Arbitration at the Second Hague Peace Conference, in: AJIL 4 (1910), S. 83 ff.

Larnaude, A./de Lapradelle, F.: Examen de la responsabilité pénale de l'empereur Guillaume II d'Allemagne, in: JDI 46 (1919), S. 131 ff.

Leigh, Monro: The Yugoslav Tribunal: Use of Unnamed Witnesses Against Accused, in: AJIL 90 (1996), S. 235 ff.

von Lersner, Kurt: Die Auslieferung der deutschen Kriegsverbrecher, in: Zehn Jahre Versailles, I. Bd., hrsg. von Heinrich Schnee und Hans Draeger, Berlin 1929, S. 15 ff.

Liang, Yuen-Li: The Establishment of International Criminal Jurisdiction, First Phase in: AJIL 46 (1952), S. 73 ff., Second Phase in: AJIL 47 (1953), S. 638 ff.

Lundstedt, Vilhelm: Die Auslieferungsforderung der Entente nach strafrechtlichen Gesichtspunkten, in: DJZ 25 (1920), Sp. 241 ff.

Magliveras, Konstantinos D.: The Interplay Between the Transfer of Slobodan Milosevic to the ICTY and Yugoslav Constitutional Law, in: EJIL 13 (2002), S. 661 ff.

Maison, Rafaelle: La décision de la Chambre de première instance no. I du Tribunal pénal international pour l'ex-Yougoslavie dans l'affaire Nicolic, in: EJIL 7 (1996), S. 284 ff.

Malache, M.K.A.: De la piraterie, in: RÉDI 26 (1970), S. 124 ff.

Marx, Reinhard: Auf dem Weg zum permanenten Internationalen Straftribunal?, in: Kritische Justiz 1994, S. 358 ff.

Marx, Wilhelm: Die Rechtsgrundlagen der Pariser Friedensverhandlungen und ihre Verletzung durch den Vertrag von Versailles, in: Zehn Jahre Versailles, I. Bd., hrsg. von Heinrich Schnee und Hans Draeger, Berlin 1929, S. 1 ff.

Meindersma, Christa: Applicability of Humanitarian Law in International and Internal Armed Conflict, in: Hague Y.B. Int'l L. 1994, S. 113 ff.

Mérignhac, Alexandre: De la responsabilité pénale des actes criminels commis au cours de la guerre de 1914-1918, in: RDILC, Série 3, Tome I (1920), S. 34 ff.

Meron, Theodor: The Geneva Conventions as Customary Law, in: AJIL 81 (1987), S. 384 ff.

ders.: The Case for War Crimes Trials in Yugoslavia, in: Foreign Affairs 1993, S. 122 ff.

ders.: War Crimes in Yugoslavia and the Development of International Law, in: AJIL 88 (1994), S. 78 ff.

ders.: International Criminalization of Internal Atrocities, in: AJIL 89 (1995), S. 554 ff.

Mone, Fridegar I.: Einleitung zur Reimchronik über Peter von Hagenbach und die Burgunderkriege, in: Quellensammlung der badischen Landesgeschichte, Bd. 3, Karlsruhe 1863, S. 183 ff.

Moynier, Gustave: Note sur la création d'une institution judiciaire internationale propre à prévenir et à réprimer les infractions à la Convention de Genève, in: Bulletin international des Sociétés de secours aux militaires blessés, Comité international de la Croix-Rouge, No. 11, avril 1872, S. 122 ff.

Nemoto, Koei: Die Bedeutung des Internationalen Militärtribunals von Tokio, in: Hirsch, M./Paech, N./Stuby, G. (Hrsg.): Politik als Verbrechen. 40 Jahre "Nürnberger Prozesse", Hamburg 1986, S. 26 ff.

O'Brien, James C.: The International Tribunal for Violations of International Humanitarian Law in the Former Yugoslavia, in: AJIL 87 (1993), S. 639 ff.

Oeter, Stefan: Kriegsverbrechen in den Konflikten um das Erbe Jugoslawiens, in: ZaöRV 1993, S. 1 ff.

Pella, Vespasian V.: La répression de la piraterie, in: RdC 15 (1926 V), S. 145 ff.

ders.: L'influence d'une Juridiction criminelle internationale, in RIDP Nos. 2-3 1926, S. 391 ff.

ders.: La convention de Genève pour la prévention et la répression du terrorisme et pour la création de la cour pénale internationale, in: Revue de droit pénal et de criminologie et Archives internationales de médicine légale 18 (1938), S. 430 ff.

ders.: L'Association Internationale de Droit Pénal et la protection de la paix, in: RIDP 1946, S. 169 ff.

ders.: Towards an International Criminal Court, in: AJIL 44 (1950), S. 37 ff.

Plattner, Denise: La répression pénale des violations du droit international humanitaire applicable aux conflits armés non internationaux, in: RICR 1990, S. 443 ff.

Politis, Nicolais: Y a-t-il lieu d'instituer une juridiction criminelle internationale; et dans la supposition d'une réponse affirmative, comment l'organiser?, in: Association internationale de Droit Pénal, Premier Congrès International de Droit Pénal, Bruxelles (26-29 juillet 1926), Actes du Congrès, Paris 1927, S. 409 ff.

von Puttkamer, Ellinor: Die Haftung der politischen und militärischen Führung des Ersten Weltkriegs für Kriegsurheberschaft und Kriegsverbrechen, in: ArchVR (I) 1948/49, S. 424 ff.

Reinisch, August: Das Jugoslawien-Tribunal der Vereinten Nationen und die Verfahrensgarantien des II. VN-Menschenrechtspaktes, in: Austrian J. Publ. Int'l L., Vol. 47 (1994/95), S. 173 ff.

Rolin-Jaequemyns, Gustave: Note sur le Projet de M. Moynier avec lettres de MM. Lieber, Ach. Morin, de Holtzendorff et Westlake, in: RDILC, Tome VI 1872, S. 325 ff.

Roux, André: L'entraide mutuelle des États dans la lutte contre la criminalité, in: RdC 1931, Bd. II, S. 168 ff.

Saldana, Quintiliano: La Justice Pénale Internationale, in: RdC 10 (1925 V), S. 223 ff.

ders.: La justice criminelle internationale, in: Association internationale de Droit Pénal, Premier Congrès International de Droit Pénal, Bruxelles (26-29 juillet 1926), Actes du Congrès, Paris 1927, S. 377 ff.

Sayre, Francis B.: Criminal Conspiracy, in: Harv. L. Rev. 35 (1922), No. 4, S. 393 ff.

Scheffer, David: The International Criminal Court: The Challenge of Jurisdiction, in: ASIL Proceedings 1999, S. 68 ff.

Schrag, Minna: The Yugoslav Crimes Tribunal: A Prosecutor's View, in: Duke J. Comp. & Int'l L. 1995, S. 187 ff.

Shraga, Daphna/Zacklin, Ralph: The International Criminal Tribunal for the Former Yugoslavia, in: EJIL 5 (1994), S. 360 ff.

Schwarzenberger, Georg: A Forerunner of Nuremberg: The Breisach War Crime Trial of 1474, in: Manchester Guardian, 28. September 1946, S. 4

Schweisfurth, Theodor: Das Recht der Staatensukzession, in: Berichte der Deutschen Gesellschaft für Völkerrecht, Bd. 35, Heidelberg 1996

Simons, D.: L'Extradition de l'ex-Empereur d'Allemagne et la Hollande, in: JDI 46 (1919), S. 953 ff.

Sottile, Antoine: Le terrorisme international, in: RdC 65 (1938), S. 91 ff.

The Times: The Times, London: Newspaper Ltd., Ausgaben vom 12. September 1919, 13. Juni 1920, 7. Juli 1920, 4. Juli 1922

Thürer, Daniel: Vom Nürnberger Tribunal zum Jugoslawien-Tribunal und weiter zu einem Weltstrafgerichtshof?, in: RSDIE/SZIER 4/93, S. 491 ff.

Tomuschat, Christian: Grundpflichten des Individuums nach Völkerrecht, in: ArchVR 1983, S. 289 ff.

ders.: International Criminal Prosecution: The Precedent of Nuremberg Confirmed, in: Criminal Law Forum 1994, S. 237 ff.

ders.: Zum Entwurf eines ständigen Internationalen Strafgerichtshofs (Draft Statute), in: Die Friedens-Warte 70 (1995), S. 143 ff.

ders.: Die Arbeit der ILC im Bereich des materiellen Völkerstrafrechts, in: Hankel, Gerd/Stuby, Gerhard (Hrsg.): Strafgerichte gegen Menschheitsverbrechen, Hamburg 1995, S. 270 ff.

Triffterer, Otto: Bestandsaufnahme zum Völkerstrafrecht, in: Hankel, Gerd/Stuby, Gerhard (Hrsg.): Strafgerichte gegen Menschheitsverbrechen, Hamburg 1995, S. 169 ff.

Weckel, Philippe: L'Institution d'un Tribunal International pour la Répression des Crimes de Droit Humanitaire en Yugoslavie, in: AFDI 1993, S. 232 ff.

Wedgwood, Ruth: The International Criminal Court: An American View, in: EJIL 10 (1999), S. 93 ff.

Wheeler, Everett P.: Attacks on unarmed merchant vessels - Discussion, in: ASIL Proceedings 11 (1917), S. 35 ff.

Widmann, Berthold: Die Anklage gegen Deutschlands Kriegsführung, in: Zehn Jahre Versailles, I. Bd., hrsg. von Heinrich Schnee und Hans Draeger, Berlin 1929, S. 81 ff.

Wiedersum: Betrachtungen aus Anlaß des Prozesses Stenger-Crusius von Mr. van Slooten, in: Zeitschrift für Völkerrecht 12 (1922-23), S. 174 ff.

Zimmermann, Andreas: Die Schaffung eines ständigen Internationalen Strafgerichtshofs, in: ZaöRV 58 (1998), S. 47 ff.

o. V.: Internationaler Gerichtshof soll Kriegsverbrechen im Jugoslawien-Konflikt ahnden, in: DRiZ 1995, S. 243 ff.

o. V.: "Belgique - Criminels de guerre allemande - Jugements de la Cour de Leipzig – Protestations - Dessaisissement", in: JDI 48 (1921), S. 772 f.

Kolibri 360 GmbH
Ferdinand-Jühlke-Straße 7
99095 Erfurt, Deutschland
produktsicherheit@kolibri360.de

Druck:
CPI Druckdienstleistungen GmbH
im Auftrag der
Kolibri 360 GmbH
Ferdinand-Jühlke-Str. 7
99095 Erfurt